J. Ebert

PONS

Reisewörterbuch

Englisch

bearbeitet von
Derrick P. Jenkins

Ernst Klett Verlag für Wissen und Bildung
Stuttgart · Dresden

Bildquellen
British Airways, Stuttgart: 55; Daily Telegraph Colour Library (© A. Stirling), London: 90; Her Majesty's Stationery Office, London: 48/49 (aus "The Highway Code"); IfA, Stuttgart: 21, 25, 39, 109, 112, 116, 124, 128, 131, 155, 183; D. P. Jenkins, Stuttgart: 75, 87, 89, 124, 163, 169; London Transport, London: 69; Mauritius, Stuttgart (SDP): 29, (Vidler): 139; Mairs Geographischer Verlag, Ostfildern: 170/171; E. Meyer-Koch, Stuttgart: 83; R. Reinboth, Stuttgart: 107, 119, 134; Spectrum Colour Library, London: 63; M. Sucha, Frankfurt: 11; G. Wustmann, Kirchberg i. W.: Vorderer Vorsatz

PONS Reisewörterbuch
Bearbeitet von:
Derrick P. Jenkins

Redaktion:
Barbara Pflüger
Regina Reinboth

Die Deutsche Bibliothek – CIP-Einheitsaufnahme
Pons-Reisewörterbuch. – Stuttgart; Dresden:
Klett-Verlag für Wissen und Bildung
NE: Reisewörterbuch
Englisch. [Hauptbd.]. Bearb. von Derrick P. Jenkins. – [Neuausg.],
1. Aufl. – 1992
ISBN 3-12-518611-0
NE: Jenkins, Derrick P.

Gedruckt auf chlorfrei gebleichtem Papier

1. Auflage 1992

Umschlaggestaltung: BSS, Sachse und Partner GmbH, Bietigheim-Bissingen
Fotosatz: Fotosatz Kaufmann, Stuttgart
Reproduktionen: Günther Piltz, Esslingen
Druck: Konkordia Druck GmbH, Bühl/Baden
Printed in Germany.

ISBN 3-12-518611-0

Inhalt

Vorwort 6
Aussprache 7
Abkürzungen 9

1 **Auf einen Blick** 11
Oft gesagt und oft gehört 12
Zahlen/Maße/Gewichte 13
Zeitangaben 17
Uhrzeit 17 *Sonstige Zeitangaben* 18 *Wochentage* 19
Monate 19 *Jahreszeiten* 20 *Feiertage* 20 *Datum* 21
Wetter 21
Wortliste Wetter 22 *Wortliste Farben* 24

2 **Kontakte** 25
Begrüßung/Vorstellung/Bekanntschaft 26
Alleine unterwegs/Verabredung 27
Besuch 28
Abschied 30
Bitte und Dank 30
Entschuldigung/Bedauern 31
Glückwunsch 32
Verständigungsschwierigkeiten 32
Meinungsäußerung 33
Angaben zur Person 33
Alter 33 *Beruf/Studium/Ausbildung* 34
Wortliste Berufe/Studium/Ausbildung 34

3 **Unterwegs** 39
Ortsangaben 40
Auto/Motorrad/Fahrrad 40
Auskunft 40 *An der Tankstelle* 41 *Parken* 42
Eine Panne 42 *In der Werkstatt* 43 *Verkehrsunfall* 44
Auto-/Motorrad-/Fahrradvermietung 45
Wortliste Auto/Motorrad/Fahrrad 50
Flugzeug 55
Im Reisebüro/Am Flughafen 55
An Bord 56 *Ankunft* 56 *Wortliste Flugzeug* 57
Eisenbahn 59
Im Reisebüro/Auf dem Bahnhof 59 *Im Zug* 60
Wortliste Eisenbahn 61
Schiff 62
Auskunft 62 *An Bord* 64 *Wortliste Schiff* 64
An der Grenze 66
Paßkontrolle 66 *Zollkontrolle* 66 *Wortliste Grenze* 67
Nahverkehrsmittel 68
Taxi 72
Zu Fuß 72
Wortliste Unterwegs in der Stadt 73

4 **Unterkunft** 75
Auskunft 76
Hotel/Pension/Privatzimmer 76
An der Rezeption 76 *Gespräche mit dem Hotelpersonal* 78
Beanstandungen 80 *Abreise* 81
Wortliste Hotel/Pension/Privatzimmer 81
Ferienhäuser/Ferienwohnungen 84
Wortliste Ferienhäuser/Ferienwohnungen 84
Camping 85
Jugendherberge 87
Wortliste Camping/Jugendherberge 87

5 **Gastronomie** 89
Essen gehen 90
Im Restaurant 91
Bestellung 91
Beanstandungen 92
Die Rechnung 93
Einladung zum Essen/Essen in Gesellschaft 93
Wortliste Gastronomie 94
Speisekarte/Getränkekarte 97 / 104

6 **Kultur und Natur** 107
Auf dem Verkehrsbüro 108
Sehenswürdigkeiten/Museen 108
Wortliste Sehenswürdigkeiten/Museen 109
Ausflüge 116
Wortliste Ausflüge 117
Veranstaltungen/Unterhaltung 118
Theater/Konzert/Kino 118
Wortliste Theater/Konzert/Kino 119
Bar/Diskothek/Nachtclub 121
Wortliste Bar/Diskothek/Nachtclub 122

7 **Am Strand/Sport** 123
Im Schwimmbad/Am Strand 124
Sport 125
Wortliste Strand/Sport 126

8 **Einkaufen/Geschäfte** 131
Fragen/Preise 132
Wortliste Geschäfte 133
Lebensmittel 135
Wortliste Lebensmittel 135
Drogerieartikel 140
Wortliste Drogerieartikel 140
Tabakwaren 142
Kleidung/Lederwaren/Reinigung 142
Wortliste Kleidung/Lederwaren/Reinigung 144

Bücher und Schreibwaren ... 146
Wortliste Bücher und Schreibwaren 146
Haushaltswaren ... 147
Wortliste Haushaltswaren 147
Elektro- und Fotoartikel ... 148
Wortliste Elektro- und Fotoartikel 149
Beim Optiker ... 150
Beim Uhrmacher/Juwelier ... 151
Wortliste Uhrmacher/Juwelier 151
Beim Friseur ... 152
Wortliste Friseur 153

9 **Allgemeine Dienste** ... 155
Geldangelegenheiten ... 156
Wortliste Geldangelegenheiten 157
Auf der Post ... 160
Postlagernd 160 *Telegramme/Telefax* 161
Wortliste Post 161
Telefonieren ... 162
Wortliste Telefonieren 165
Auf der Polizei ... 166
Wortliste Polizei 167
Fundbüro ... 168

10 **Gesundheit** ... 169
In der Apotheke ... 170
Wortliste Apotheke 170
Arztbesuch ... 172
Beim Zahnarzt ... 175
Im Krankenhaus ... 176
Wortliste Arzt/Zahnarzt/Krankenhaus 176

11 **Geschäftsreise** ... 183
Der lange Weg zum Geschäftspartner ... 184
Wortliste Weg zum Geschäftspartner 185
Verhandlung/Konferenz/Messe ... 185
Wortliste Verhandlung/Konferenz/Messe 186
Ausstattung ... 188
Wortliste Ausstattung 189

Kurzgrammatik ... 190

Wörterbuch Deutsch–Englisch ... 216

Wörterbuch Englisch–Deutsch ... 246

Vorwort

Das PONS Reisewörterbuch Englisch ist ein „Verständigungsführer“. Mit ihm lernen Sie nicht nur einzelne Wörter, sondern wie Sie sich tatsächlich im Ausland verständigen können.

Für Alltagssituationen, in die Sie bei Ihrer Reise geraten, sind die gebräuchlichsten Redewendungen aufgeführt. Diese sind dialogisch aufgebaut, so daß Sie nicht nur wissen, was Sie zu sagen haben, sondern auch die entsprechenden Antworten verstehen können.
Beachten Sie die blauen Punkte. Sie markieren Äußerungen oder Sätze, mit denen Sie auf Ihrer Auslandsreise am häufigsten konfrontiert werden.

Das PONS Reisewörterbuch Englisch ist in 11 Themenbereiche gegliedert. Es begleitet Sie auf allen Etappen Ihrer Auslandsreise: auf der Anreise oder bei der Ankunft im Hotel, am Strand genauso wie bei einem Treffen mit Geschäftsfreunden.
Zu jedem dieser Themenbereiche finden Sie die wichtigsten Redewendungen mit thematisch geordneten Wortlisten. In ihnen sind die wichtigsten Begriffe aufgeführt, die in den jeweiligen Situationen vorkommen können.
Mit Hilfe dieser Wortlisten sowie des zusätzlichen Wörterbuchteils am Ende des Buches können Sie die aufgeführten Beispielsätze den konkreten Situationen individuell anpassen.

Darüber hinaus sind alle englischen Begriffe und Redewendungen in Lautschrift angegeben. Die Kurzgrammatik hilft Ihnen, sich rasch über den Aufbau der englischen Sprache zu orientieren.

Bilder und nützliche Tips informieren Sie und stimmen Sie auf kulturelle Besonderheiten und die landschaftlichen Reize Großbritanniens ein.

Und um auch Ihre Verständigung in den USA zu erleichtern, sind Amerikanismen in Klammern angegeben.

Aussprache

ˈ	vor einer Silbe bedeutet, daß die nachfolgende Silbe betont ist. Bei einer Hauptbetonung steht das Zeichen oben vor der Silbe, bei einer Nebenbetonung unten; z. B. [ˈtelɪˌvɪʒn].	
:	bedeutet, daß der vorhergehende Laut lang zu sprechen ist.	
‿	zwischen zwei Wörtern bedeutet, daß man den letzten Buchstaben des ersten Wortes zum nächsten Wort hinüberzieht: this is [ðɪs‿ɪz].	
ɪ	wie L**i**ste	film [fɪlm]
e	wie B**ä**cker	well [wel]
ʌ	kurzes a, wie in St**a**dt	but [bʌt], London [ˈlʌndən]
ʊ	wie R**u**ck	look [lʊk]
u:	langes u wie P**u**ma	room [ru:m]
i:	langes i wie W**ie**n	bean [bi:n]
a:	langes a, etwa wie in B**a**hn	sardine [sɑ:ˈdi:n]
aɪ	wie M**ai**, d**ei**n	nice [naɪs]
æ	ganz offener ä-Laut, etwa zwischen B**ä**cker und b**a**cken	happy [ˈhæpɪ], ham [hæm]
eɪ	nicht wie kl**ei**n, sondern e-i, d. h. von [e] zu [ɪ] gleiten	station [ˈsteɪʃn], way [weɪ]
eə	ä-Laut wie in B**ä**r, dann zu [ə] gleiten	there [ðeə]
ə	kurzes, schwaches, nur angedeutetes e, etwa wie in bitt**e**, dank**e**	about [əˈbaʊt], welcome [ˈwelkəm]
ɜ:	ähnlich wie das ö in M**ö**rder, Lippen nicht runden	German [ˈdʒɜ:mən], Germany [ˈdʒɜ:mənɪ]
ɪə	auf das [ɪ] gleich ein kurzes [ə] folgen lassen, ähnlich wie in h**ier**	here [hɪə]
ʊə	auf das [ʊ] gleich ein kurzes [ə] folgen lassen	poor [pʊə]

ɒ	kurzes offenes o, etwa wie in **o**ffen, K**o**pf	John [dʒɒn], not [nɒt]
ɔ:	langes offenes o, etwa wie in H**o**rn	hall [hɔ:l], all [ɔ:l]
ɔɪ	offenes kurzes o, dann zu i gleiten, wie in h**eu**te	boy [bɔɪ], Roy [rɔɪ]
əʊ	auf das [ə] sofort ein u folgen lassen: ə-u	hello [həˈləʊ]
aʊ	wie in M**au**s	now [naʊ]
ŋ	wie in la**ng**, kra**nk**	England [ˈɪŋglənd]
r	Zunge an den Gaumen heben und leicht zurückbiegen	Robert [ˈrɒbət], from [frɒm]
s	wie in rei**ß**en, la**ss**en	salad [ˈsæləd], sir [sɜ:]
z	wie in le**s**en, rei**s**en	is [ɪz], houses [ˈhaʊzɪz]
θ	[s] gesprochen mit der Zungenspitze zwischen den Zähnen	thank you [ˈθæŋkjʊ]
ð	[z] gesprochen mit der Zungenspitze zwischen den Zähnen	this [ðɪs], there [ðeə]
ʃ	wie in Ti**sch**	ship [ʃɪp], she [ʃi:]
tʃ	t mit nachfolgendem [ʃ]	cheese [tʃi:z]
ʒ	wie in Gara**g**e, Lo**g**e	television [ˈtelɪˌvɪʒn]
dʒ	d und gleich anschließender [ʒ]-Laut, wie in In**ge**nieur	John [dʒɒn], German [ˈdʒɜ:mən]
v	wie in **W**ein, **W**asser, **V**ioline	invitation [ˌɪnvɪˈteɪʃn]
w	nicht wie dt. w, sondern mit vorgestülpten Lippen ein kurzes u bilden, dann schnell zum nachfolgenden Laut übergehen	way [weɪ], welcome [ˈwelkəm]

Beachten Sie: Ein d am Wortende darf nicht wie ein t ausgesprochen werden, sondern muß deutlich als d hörbar sein: cold [kəʊld]. Ebenso darf ein g am Wortende nicht wie ein k ausgesprochen werden, sondern muß deutlich als g hörbar sein: egg [eg]

Das Alphabet

A	a	[eɪ]	J	j	[dzeɪ]	S	s	[es]
B	b	[biː]	K	k	[keɪ]	T	t	[tiː]
C	c	[siː]	L	l	[el]	U	u	[juː]
D	d	[diː]	M	m	[em]	V	v	[viː]
E	e	[iː]	N	n	[en]	W	w	[ˈdʌbljuː]
F	f	[ef]	O	o	[əʊ]	X	x	[eks]
G	g	[dʒiː]	P	p	[piː]	Y	y	[waɪ]
H	h	[eɪtʃ]	Q	q	[kjuː]	Z	z	[zed]
I	i	[aɪ]	R	r	[ɑː]			

Abkürzungen im Reisewörterbuch

adj	Adjektiv, Eigenschaftswort	adjective
adv	Adverb, Umstandswort	adverb
AE	amerikanisches Englisch	American English
Am	amerikanisch	American
BE	britisches Englisch	British English
Br	britisch	British
conj	Konjunktion, Bindewort	conjunction
el	Elektrotechnik, Elektrizität	electricity
f	Femininum, weiblich	feminine gender
fam	Umgangssprache, familiär	familiar, colloquial
fig	bildlich, übertragen	figurative
GB	Großbritannien	Great Britain
m	Maskulinum, männlich	masculine gender
n	Neutrum, sächlich	neuter gender
pl	Plural, Mehrzahl	plural
poss prn	Possessivpronomen, besitzanzeigendes Fürwort	possessive pronoun
prp	Präposition, Verhältniswort	preposition
rel	kirchlich, geistlich	religious
sing	Singular, Einzahl	singular
s.o.	jemand	someone
s.th.	etwas	something
tele	Telekommunikation, Nachrichtentechnik	telecommunications
USA	Vereinigte Staaten von Amerika	United States of America
v	Verb, Zeitwort	verb

Allgemeine Abkürzungen

AA	Automobile Association	Automobilklub
AD	Anno Domini	nach Christus
am	ante meridiem, before noon	vormittags
Ave	Avenue	Avenue
BA	Bachelor of Arts	unterster akademischer Grad (Geisteswissenschaften)
BBC	British Broadcasting Corporation	Britische Rundfunkgesellschaft
BC	Before Christ	vor Christus
BR	British Railways	Britische Eisenbahn
BSc	Bachelor of Science	unterster akademischer Grad (Naturwissenschaften)
BST	British Summer Time	Sommerzeit in England
C	Centigrade	Celsius
c/o	care of	bei (Adresse)
EEC	European (Economic) Community	Europäische Wirtschaftsgemeinschaft (EG)
eg	for example	zum Beispiel
GB	Great Britain	Großbritannien (England, Wales, Schottland)
GMT	Greenwich Mean Time	Weltzeit
hp	horsepower	Pferdestärke, PS
ie	id est, that is	das heißt
lb	pound(s)	Pfund (Gewicht)
MA	Master of Arts	höherer akademischer Grad
MD	Doctor of Medicine	Doktor der Medizin
MP	Member of Parliament	Mitglied des Parlaments, Abgeordneter
mph	miles per hour	Stundenmeilen
Mt	Mount	Berg
NB	Nota Bene, note well	Nota Bene, beachten
NHS	National Health Service	Britisches Gesundheitswesen
no	number	Nr
p	pence; page(s)	Pence; Seite(n)
pa	per annum	pro Jahr
PC	Personal Computer	PC
PM	Prime Minister	Premierminister
pm	post meridiem, after noon	nachmittags
PO	Post Office	Postamt
pto	please turn over	bitte wenden
RAC	Royal Automobile Club	Automobilklub
Rd	Road	Straße
Rev	Reverend	Ehrwürden
Sq	Square	Platz
St	Saint; Street	Sankt; Straße
TV	Television	Fernsehen
UK	United Kingdom	Vereinigtes Königreich (England, Wales, Schottland, Nordirland)
VAT	Value Added Tax	Mehrwertsteuer
YHA	Youth Hostels Association	entspricht dem DJH (Deutsches Jugendherbergswerk)

1 Auf einen Blick
The Essentials

Oft gesagt und oft gehört

Common terms

Ja.	Yes. [jes]
Nein.	No. [nəʊ]
Bitte.	Please. [pli:z]
Danke.	Thank you. [ˈθæŋkjʊ]
Bitte schön.	You're welcome. [jɔ: ˈwelkəm]
Wie bitte?	Pardon? [ˈpɑ:dn]
Selbstverständlich.	Of course. [əv ˈkɔ:s]
Einverstanden!	Agreed! [əˈgri:d]
In Ordnung!	OK! [ˌəʊˈkeɪ]
Verzeihung!	Excuse me. [ɪkˈskju:z ˌmi:]
Einen Augenblick, bitte.	Just a minute, please. [ˌdʒʌst‿ə ˈmɪnɪt ˌpli:z]
Genug!	That's enough! [ðæts‿ɪˈnʌf]
Hilfe!	Help! [help]
Wer?	Who? [hu:]
Was?	What? [wɒt]
Welcher/welche/welches?	Which? [wɪtʃ]
Wem?	Who ... to? [hu: tu:]
Wen?	Who? [hu:]
Wo?	Where? [weə]
Wo ist/Wo sind ...?	Where's/Where are ...? [weəz/ˈweərə]
Woher?	Where ... from? [weə ˈfrɒm]
Wohin?	Where ... to? [weə ˈtʊ]
Warum? Weshalb?	Why? [waɪ]
Wofür? Wozu?	What ... for? [ˌwɒt ˈfɔ:]
Wie?	How? [haʊ]
Wieviel?	How much? [ˌhaʊ ˈmʌtʃ]

Wie viele?	How many? [ˌhaʊˈmenɪ]
Wie lange?	How long? [ˌhaʊˈlɒŋ]
Wann?	When? [wen]
Ich möchte …	I'd like … [ˌaɪdˈlaɪk]
Gibt es …?	Is there …?/Are there …? [ˈɪz ðeə/ˈɑːðeə]

Zahlen/Maße/Gewichte

Numbers/Measures/Weights

0	nought [nɔːt], zero [ˈzɪərəʊ]
1	one [wʌn]
2	two [tuː]
3	three [θriː]
4	four [fɔː]
5	five [faɪv]
6	six [sɪks]
7	seven [ˈsevn]
8	eight [eɪt]
9	nine [naɪn]
10	ten [ten]
11	eleven [ɪˈlevn]
12	twelve [twelv]
13	thirteen [ˌθɜːˈtiːn]
14	fourteen [ˌfɔːˈtiːn]
15	fifteen [ˌfɪfˈtiːn]
16	sixteen [ˌsɪksˈtiːn]
17	seventeen [ˌsevnˈtiːn]
18	eighteen [ˌeɪˈtiːn]
19	nineteen [ˌnaɪnˈtiːn]
20	twenty [ˈtwentɪ]

21	twenty-one [ˌtwentɪˈwʌn]
22	twenty-two [ˌtwentɪˈtuː]
23	twenty-three [ˌtwentɪˈθriː]
24	twenty-four [ˌtwentɪˈfɔː]
25	twenty-five [ˌtwentɪˈfaɪv]
26	twenty-six [ˌtwentɪˈsɪks]
27	twenty-seven [ˌtwentɪˈsevn]
28	twenty-eight [ˌtwentɪˈeɪt]
29	twenty-nine [ˌtwentɪˈnaɪn]
30	thirty [ˈθɜːtɪ]
31	thirty-one [ˌθɜːtɪˈwʌn]
32	thirty-two [ˌθɜːtɪˈtuː]
40	forty [ˈfɔːtɪ]
50	fifty [ˈfɪftɪ]
60	sixty [ˈsɪkstɪ]
70	seventy [ˈsevntɪ]
80	eighty [ˈeɪtɪ]
90	ninety [ˈnaɪntɪ]
100	a (one) hundred [ə (ˈwʌn) ˈhʌndrəd]
101	a (one) hundred and one [ə (ˈwʌn)ˈhʌndrəd‿ənd ˈwʌn]
200	two hundred [ˈtuː ˈhʌndrəd]
300	three hundred [ˈθriː ˈhʌndrəd]
1000	a (one) thousand [ə (ˈwʌn)ˈθaʊzənd]
2000	two thousand [ˈtuː ˈθaʊzənd]
3000	three thousand [ˈθriː ˈθaʊzənd]
10000	ten thousand [ˈten ˈθaʊzənd]
100000	a (one) hundred thousand [ə (ˈwʌn) ˈhʌndrəd ˈθaʊzənd]
1000000	a (one) million [ə (ˈwʌn) ˈmɪljən]

1.	first [fɜ:st]
2.	second [ˈsekənd]
3.	third [θɜ:d]
4.	fourth [fɔ:θ]
5.	fifth [fɪfθ]
6.	sixth [sɪksθ]
7.	seventh [ˈsevnθ]
8.	eighth [eɪtθ]
9.	ninth [naɪnθ]
10.	tenth [tenθ]
1/2	a half [ə ˈhɑ:f]
1/3	a (one) third [ə (ˈwʌn) ˈθɜ:d]
1/4	a (one) quarter [ə (ˈwʌn) ˈkwɔ:tə]
3/4	three-quarters [ˈθri:ˈkwɔ:təz]
3,5 %	three point five per cent [ˈθri: pɔɪnt ˈfaɪv pəˈsent]
27 °C	twenty-seven degrees Centigrade [ˌtwentɪˈsevn dɪˈgri:z ˈsentɪgreɪd]
–5 °C	minus five degrees Centigrade [ˈmaɪnəs ˈfaɪv dɪˈgri:z ˈsentɪgreɪd]
1992	nineteen-ninety-two [ˈnaɪnti:n ˌnaɪntɪˈtu:]
Millimeter	millimetre [ˈmɪlɪˌmi:tə]
Zentimeter	centimetre [ˈsentɪˌmi:tə]
Meter	metre [ˈmi:tə]
Kilometer	kilometre [ˈkɪləˌmi:tə]
Meile	mile [maɪl]
Seemeile	nautical mile [ˈnɔ:tɪkl ˌmaɪl]
Quadratmeter	square metre [ˌskweə ˈmi:tə]
Quadratkilometer	square kilometre [ˌskweə ˈkɪləˌmi:tə]
Ar	are [ɑ:]

Hektar	hectare ['hektɑ:]
Liter	litre ['li:tə]
Gramm	gram(s) [græm(z)]
Pfund	pound(s) [paʊnd(z)]
Kilogramm	kilogram(s) ['kɪləgræm(z)]
Dutzend	a dozen [ə 'dʌzn]

Maße und Gewichte

1 inch [ɪntʃ] (in)		= 2,54 cm
1 foot [fʊt] (ft)	= 12 inches	= 30,48 cm
1 yard [jɑ:d] (yd)	= 3 feet [fi:t]	= 0,91 m
1 mile [maɪl] (m)	= 1760 yards	= 1,609 km*
1 pint [paɪnt] (pt)		= 0,57 Liter (GB)/ 0,47 Liter (USA)
1 quart [kwɔ:t] (qt)	= 2 pints	= 1,14 Liter (GB)/ 0,95 Liter (USA)
1 gallon ['gælən] (gal)	= 4 quarts	= 4,55 Liter (GB)/ 3,79 Liter (USA)
1 ounce [aʊns] (oz)		= 28,35 gr
1 pound [paʊnd] (lb)	= 16 ounces	= 453,59 gr
1 stone [stəʊn] (st)	= 14 pounds	= 6,35 kg
1 hundredweight (cwt) ['hʌndrədweɪt]	= 112 pounds (GB)/ 100 pounds (USA)	= 50,8 kg/ 45,4kg
1 ton [tʌn]	= 20 hundredweight	= 1016 kg (GB)/ 907,8 kg (USA)

* Faustregel:

$$\frac{\text{Kilometer} \times 5}{8} = \text{Meilen} \qquad \frac{\text{Meilen} \times 8}{5} = \text{Kilometer}$$

Zeitangaben

Telling the time

Uhrzeit	Time
Wieviel Uhr ist es?	What time is it? [wɒt ˈtaɪm‿ɪz‿ɪt]
Können Sie mir bitte sagen, wie spät es ist?	Can you tell me the time, please? [ˌkən jʊ ˈtel mɪ ðə ˈtaɪm pli:z]
Es ist (genau/ungefähr) …	It's (exactly/about) … [ɪts (ɪgˈzæktlɪ/əˈbaʊt)]
3 Uhr.	three o'clock. [ˈθri:‿əˈklɒk]
5 nach 3.	five past three. [ˈfaɪv pɑ:st ˈθri:]
3 Uhr 10.	ten past three. [ˈten pɑ:st ˈθri:]
Viertel nach 3.	quarter past three. [ˈkwɔ:tə pɑ:st ˈθri:]
halb 4.	half past three. [ˈhɑ:f pɑ:st ˈθri:]
Viertel vor 4.	quarter to four. [ˈkwɔ:tə tə ˈfɔ:]
5 vor 4.	five to four. [ˈfaɪv tə ˈfɔ:]
1 Uhr.	one o'clock. [ˈwʌn‿əˈklɒk]
12 Uhr mittag/Mitternacht.	noon/midnight. [nu:n/ˈmɪdnaɪt]
Geht diese Uhr richtig?	Is this clock right? [ɪz ðɪs klɒk ˈraɪt]
Sie geht vor/nach.	It's fast/slow. [ɪts ˈfɑ:st/ˈsləʊ]
Es ist spät/zu früh.	It's late/too early. [ɪts ˈleɪt/tu:‿ˈɜ:lɪ]
Um wieviel Uhr?/Wann?	What time? [ˌwɒt ˈtaɪm]/When? [wen]
Um 1 Uhr.	At one o'clock. [ət ˈwʌn‿əˈklɒk]
Um 2 Uhr.	At two o'clock. [ət ˈtu:‿əˈklɒk]
Gegen 4 Uhr.	At about four o'clock. [ət‿əˈbaʊt ˈfɔ:r‿əˈklɒk]
In einer Stunde.	In an hour's time [ɪn‿ən‿ˈaʊəz ˈtaɪm]
In zwei Stunden.	In two hours' time. [ɪn ˈtu: ˈaʊəz ˈtaɪm]
Nicht vor 9 Uhr morgens.	Not before nine a.m. [ˈnɒt bɪˈfɔ: ˈnaɪn‿ˈeɪˈem]
Nach 8 Uhr abends.	After eight p.m. [ˈɑ:ftər‿ˈeɪt ˈpi:ˈem]
Zwischen 3 und 4.	Between three and four. [bɪˈtwi:n ˈθri:‿ənd ˈfɔ:]
Wie lange?	How long? [ˈhaʊ ˈlɒŋ]
Zwei Stunden (lang).	For two hours. [fə ˈtu: ˈaʊəz]

Von 10 bis 11.	From ten to eleven. [frəm 'ten tʊ‿ɪ'levn]
Bis 5 Uhr.	Till five o'clock. [tɪl 'faɪv‿ə'klɒk]
Seit wann?	Since when? [sɪns 'wen]
Seit 8 Uhr morgens.	Since eight a.m. [sɪns‿'eɪt‿'eɪ'em]
Seit einer halben Stunde.	For half an hour. [fə 'hɑ:f‿ən‿'aʊə]
Seit acht Tagen.	For a week. [fər‿ə 'wi:k]

Sonstige Zeitangaben	Other expressions of time
abends	in the evening [ɪn ði:‿'i:vnɪŋ]
alle halbe Stunde	every half hour ['evrɪ hɑ:f 'aʊə]
alle zwei Tage	every other day ['evrɪ 'ʌðə 'deɪ]
am Sonntag/am Wochenende	on Sunday/at the weekend [ɒn 'sʌndeɪ/ət ðə ˌwi:k'end]
bald	soon [su:n]
diese Woche	this week [ˌðɪs 'wi:k]
gegen Mittag	about noon/midday/lunchtime [ə'baʊt 'nu:n/'mɪddeɪ/'lʌntʃtaɪm]
gestern	yesterday ['jestədɪ]
heute	today [tə'deɪ]
heute morgen/abend	this morning/this evening [ðɪs 'mɔ:nɪŋ/ðɪs‿'i:vnɪŋ]
in 14 Tagen	in a fortnight's time [ɪn‿ə 'fɔ:tnaɪts 'taɪm]
innerhalb einer Woche	within a week [wɪ'ðɪn‿ə 'wi:k]
jeden Tag	every day ['evrɪ 'deɪ]
jetzt	now [naʊ]
kürzlich	recently ['ri:sntlɪ]
letzten Montag	last Monday ['lɑ:st 'mʌndɪ]
manchmal	sometimes ['sʌmtaɪmz]
mittags	at lunchtime [ət 'lʌnʃtaɪm]
morgen	tomorrow [tə'mɒrəʊ]
morgen früh/abend	tomorrow morning/tomorrow evening [tə'mɒrəʊ 'mɔ:nɪŋ/tə'mɒrəʊ‿i:vnɪŋ]
morgens	in the morning [ɪn ðə 'mɔ:nɪŋ]

nachmittags	in the afternoon [ɪn ðɪ‿ˌɑːftəˈnuːn]
nächstes Jahr	next year [ˈnekst ˈjɜː]
nachts	at night [ət ˈnaɪt]
stündlich	every hour, hourly [ˈevrɪ‿ˈaʊə, ˈaʊəlɪ]
täglich	every day, daily [ˈevrɪ ˈdeɪ, ˈdeɪlɪ]
tagsüber	during the day [ˈdjʊərɪŋ ðə ˈdeɪ]
übermorgen	the day after tomorrow [ðə ˈdeɪ‿ˈɑːftə təˈmɒrəʊ]
um diese Zeit	about this time [əˈbaʊt ðɪs ˈtaɪm]
von Zeit zu Zeit	from time to time [frəm ˈtaɪm tə ˈtaɪm]
vor zehn Minuten	ten minutes ago [ˈten ˈmɪnɪts‿əˈgəʊ]
vorgestern	the day before yesterday [ðə ˈdeɪ bɪˈfɔː ˈjestədɪ]
vormittags	during the morning [ˈdjʊərɪŋ ðə ˈmɔːnɪŋ]

Wochentage — Days of the week

Montag	Monday [ˈmʌndɪ]
Dienstag	Tuesday [ˈtjuːzdɪ]
Mittwoch	Wednesday [ˈwenzdɪ]
Donnerstag	Thursday [ˈθɜːzdɪ]
Freitag	Friday [ˈfraɪdɪ]
Samstag	Saturday [ˈsætədɪ]
Sonntag	Sunday [ˈsʌndɪ]

Monate — Months of the year

Januar	January [ˈdʒænjʊərɪ]
Februar	February [ˈfebrʊərɪ]
März	March [mɑːtʃ]
April	April [ˈeɪprl]
Mai	May [meɪ]
Juni	June [dʒuːn]
Juli	July [dʒuːˈlaɪ]

August	August ['ɔ:gəst]
September	September [sep'tembə]
Oktober	October [ɒk'təʊbə]
November	November [nəʊ'vembə]
Dezember	December [dɪ'sembə]

Jahreszeiten	**Seasons**
Frühling	spring [sprɪŋ]
Sommer	summer ['sʌmə]
Herbst	autumn (*Am* fall) ['ɔ:təm, fɔ:l]
Winter	winter ['wɪntə]

Feiertage	**Holidays**
Neujahr	New Year's Day ['nju: ˌjɜ:z 'deɪ]
Karfreitag	Good Friday ['gʊd 'fraɪdɪ]
Ostern	Easter ['i:stə]
Ostermontag	Easter Monday ['i:stə 'mʌndɪ]
Erster Montag im Mai	May Day Holiday ['meɪ ˌdeɪ 'hɒlɪdeɪ] *(GB)*
Letzter Montag im Mai	Spring Bank Holiday ['sprɪŋ ˌbæŋk 'hɒlɪdeɪ] *(GB)*
4. Juli	Independence Day [ˌɪndɪ'pendəns ˌdeɪ] *(US)*
Letzter Montag im August	August Bank Holiday ['ɔ:gəst ˌbæŋk 'hɒlɪdeɪ] *(GB)*
Letzter Donnerstag im November	Thanksgiving ['θæŋksˌgɪvɪŋ] *(US)*
Heiliger Abend	Christmas Eve ['krɪsməs‿'i:v]
Weihnachten	Christmas ['krɪsməs]
1. Weihnachtsfeiertag	Christmas Day ['krɪsməs 'deɪ]
2. Weihnachtsfeiertag	Boxing Day ['bɒksɪŋ ˌdeɪ]
Silvesterabend	New Year's Eve ['nju: ˌjɜ:z‿'i:v]

Datum

The Date

Den Wievielten haben wir heute?	What's the date (today)? [ˈwɒts ðə ˈdeɪt (təˈdeɪ)]
Heute ist der 1. Mai.	Today's the first of May (May the first). [təˈdeɪz ðə ˈfɜːst‿əv ˈmeɪ (ˈmeɪ ðə ˈfɜːst)]

Landschaft bei Donegal Town

Wetter

The weather

Wie wird das Wetter heute?	What's the weather going to be like today? [ˈwɒts ðə ˈweðə ˈgəʊɪŋ tə bɪ laɪk təˈdeɪ]
Wir bekommen schönes/schlechtes/unbeständiges Wetter.	It's going to be fine/wet/changeable. [ɪts ˈgəʊɪŋ tə bɪ ˈfaɪn/ˈwet/ˈtʃeɪnʒəbl]
Es bleibt schön.	It's going to stay fine. [ɪts ˈgəʊɪŋ tə steɪ ˈfaɪn]
Es wird wärmer/kälter.	It's going to get warmer/colder. [ɪts ˈgəʊɪŋ tə get ˈwɔːmə/ˈkəʊldə]
Es soll regnen/schneien.	It's going to rain/snow. [ɪts ˈgəʊɪŋ tə ˈreɪn/ˈsnəʊ]

Es ist kalt/heiß/schwül.	It's cold/hot/close. [ɪts 'kəʊld/'hɒt/'kləʊs]
Es zieht ein Gewitter auf.	There's going to be a thunderstorm. [ðeəz 'gəʊɪŋ tə bi:‿ə 'θʌndəstɔ:m]
Es ist neblig/windig.	It's foggy/windy. [ɪts 'fɒgɪ/'wɪndɪ]
Die Sonne scheint.	The sun's shining. [ðə 'sʌnz 'ʃaɪnɪŋ]
Der Himmel ist wolkenlos/bedeckt.	The sky's clear/overcast. [ðə skaɪz 'klɪə/ˌəʊvə'kɑ:st]
Wieviel Grad haben wir heute?	What's the temperature today? [wɒts ðə 'temprətʃə tə'deɪ]
Es ist 20 Grad Celsius.	It's twenty degrees Centigrade. [ɪts 'twentɪ dɪ'gri:z 'sentɪgreɪd]
Wie ist der Straßenzustand in ...?	What are the roads like in ...? [wɒt‿ə ðə 'rəʊdz laɪk‿ɪn ...]
Die Straßen sind glatt.	The roads are icy. [ðə 'rəʊdz‿ər‿'aɪsɪ]
Die Sicht beträgt nur 20 m/weniger als 50 m.	Visibility is only 20 metres/less than 50 metres. [ˌvɪzɪ'bɪlətɪ‿ɪz‿'əʊnlɪ 'twentɪ 'mi:təz/les ðən 'fɪftɪ 'mi:təz]
Schneeketten sind erforderlich.	You need snow chains. [jʊ ni:d 'snəʊtʃeɪnz]

Wortliste Wetter

Barometer	barometer [bə'rɒmɪtə]
bewölkt	cloudy ['klaʊdɪ]
Blitz	lightning ['laɪtnɪŋ]
Bö	gust of wind [ˌgʌst‿əv 'wɪnd]
Dämmerung	
(am Morgen)	dawn [dɔ:n]
(am Abend)	dusk [dʌsk]
diesig	hazy ['heɪzɪ]
Donner	thunder ['θʌndə]
Ebbe	low tide ['ləʊ 'taɪd]
Eis	ice [aɪs]
feucht	damp [dæmp]
Flaute	calm [kɑ:m]
Flut	high tide ['haɪ 'taɪd]

Frost	frost [frɒst]
Glatteis	black ice ['blæk 'aɪs]
Graupel	hailstone ['heɪlstəʊn]
Hagel	hail [heɪl]
heiß	hot [hɒt]
heiter	bright [braɪt]
Hitze	heat [hi:t]
~welle	heatwave ['hi:tweɪv]
Hoch	anticyclone [ˌæntɪ'saɪkləʊn]
kalt	cold [kəʊld]
Klima	climate ['klaɪmɪt]
Luft	air [eə]
~druck	atmospheric pressure [ˌætməs'ferɪk 'preʃə]
naß	wet [wet]
Nebel	fog [fɒg]
Niederschlag	rain(fall) ['reɪn(fɔ:l)]
Nieselregen	drizzle ['drɪzl]
Pulverschnee	powder snow ['paʊdə snəʊ]
Regen	rain [reɪn]
~schauer	shower ['ʃaʊə]
regnerisch	rainy ['reɪnɪ]
Schnee	snow [snəʊ]
~sturm	snowstorm ['snəʊstɔ:m]
schwül	humid ['hju:mɪd]
Sonne	sun [sʌn]
Sonnen|aufgang	sunrise ['sʌnraɪz]
~untergang	sunset ['sʌnset]
sonnig	sunny ['sʌnɪ]
sternenklar	starry ['stɑ:rɪ]
Tauwetter	thaw [θɔ:]
Temperatur	temperature ['temprɪtʃə]
Tief	depression [dɪ'preʃn]
trocken	dry [draɪ]
Überschwemmung	flooding, floods ['flʌdɪŋ, flʌdz]
warm	warm [wɔ:m]
wechselhaft	changeable ['tʃeɪnʒəbl]
Wetter|bericht	weather report ['weðə rɪ'pɔ:t]
~vorhersage	weather forecast ['weðə ˌfɔ:kɑ:st]
Wind	wind [wɪnd]
~stärke	wind-force ['wɪndfɔ:s]
Wolke	cloud [klaʊd]
Wolkenbruch	cloudburst ['klaʊdbɜ:st]

Wortliste Farben

beige	beige [beɪʒ]
blau	blue [blu:]
braun	brown [braʊn]
kastanien~	chestnut ['tʃesnʌt]
farbig	coloured ['kʌləd]
ein~	plain [pleɪn]
mehr~	multi-coloured ['mʌltɪˌkʌləd]
gelb	yellow ['jeləʊ]
golden	gold [gəʊld]
grau	grey [greɪ]
grün	green [gri:n]
lila	purple ['pɜ:pl]
orange	orange ['ɒrɪnʒ]
rosa	pink [pɪŋk]
rot	red [red]
schwarz	black [blæk]
silbern	silver ['sɪlvə]
türkisfarben	turquoise ['tɜ:kwɔɪz]
violett	purple, violet ['pɜ:pl, 'vaɪəlɪt]
weiß	white [waɪt]
hell …	light … [laɪt]
dunkel …	dark … [dɑ:k]

2 Kontakte
Making contact

Begrüßung/Vorstellung/Bekanntschaft

Saying hello/Introductions/Making friends

Guten Morgen/Tag!	Good morning/afternoon! [gʊd ˈmɔːnɪŋ/ˌɑːftəˈnuːn]
Guten Abend!	Good evening. [gʊd‿ˈiːvnɪŋ]
Hallo!/Grüß dich!	Hello/Hi! [həˈləʊ/haɪ]
Wie ist Ihr Name/ Wie heißt du?	What's your name? [wɒts jɔː ˈneɪm]
Mein Name ist .../ Ich heiße ...	My name's ... [maɪ neɪmz ...]
Angenehm.	How do you do? [ˈhaʊdjʊˈduː]
Es freut mich, Sie kennenzulernen.	Pleased to meet you. [ˈpliːzd tə ˈmiːt jʊ]
Darf ich bekannt machen? Das ist ...	May I introduce you? This is ... [ˈmeɪ‿aɪ‿ˌɪntrəˈdjuːs jʊ ˈðɪs‿ɪz ...]
Frau X.	Mrs X. [ˈmɪsɪz]
Fräulein X.	Miss X. [mɪs]
Frau/Fräulein X.	*(neutrale Anrede)* Ms X. [mɪz]
Herr X.	Mr X. [ˈmɪstə]
mein Mann.	my husband. [maɪ ˈhʌzbənd]
meine Frau.	my wife. [maɪ ˈwaɪf]
mein Sohn.	my son. [maɪ ˈsʌn]
meine Tochter.	my daughter. [maɪ ˈdɔːtə]
mein Bruder/meine Schwester.	my brother/sister. [maɪ ˈbrʌðə/ˈsɪstə]
mein Freund/meine Freundin.	my boyfriend/girlfriend. [maɪ ˈbɔɪfrend/ˈgɜːlfrend]
mein Kollege/meine Kollegin.	my colleague. [maɪ ˈkɒliːg]
Wie geht es Ihnen/ Wie geht's?	How are you? [haʊ‿ˈɑː jʊ/haʊ‿ə ˈjʊ]
Danke. Und Ihnen/dir?	Fine thanks. And you? [ˈfaɪn θæŋks. ənd ˈjʊ]

"How do you do?" ist keine Frage als solche. Man erwartet auch "How do you do?" als Antwort.

Woher kommen Sie/ kommst du?	Where are you from? ['weərə jʊ 'frɒm]
Ich bin aus ...	I'm from ... [aɪm frəm ...]
Sind Sie/Bist du schon lange hier?	Have you been here long? [həv jʊ bɪn hɪə 'lɒŋ]
Ich bin seit ... hier.	I've been here since ... [aɪv 'bɪn hɪə sɪns ...]
Wie lange bleiben Sie/ bleibst du?	How long are you staying? ['haʊ 'lɒŋ‿ə jʊ 'steɪɪŋ]
Sind Sie/Bist du zum ersten Mal hier?	Is this your first time here? [ɪz ðɪs jɔ: 'fɜ:st 'taɪm hɪə]
Sind Sie/Bist du allein?	Are you on your own? [ɑ: jʊ‿ɒn jɔ:r‿'əʊn]
Nein, ich bin mit meiner Familie hier/mit Freunden unterwegs.	No, I'm with my family/with friends. [nəʊ aɪm wɪð maɪ 'fæmlɪ/wɪð 'frendz]
Sind Sie/Bist du auch im Hotel Astoria/auf dem Campingplatz ...?	Are you staying at the Astoria Hotel/at the camping site, too? [ɑ: 'ju: 'steɪɪŋ‿ət ðɪ‿əs'tɔ:rɪə həʊ'tel/ət ðə 'kæmpɪŋ saɪt 'tu:]

Alleine unterwegs/Verabredung

Travelling alone/Making a date

Warten Sie/Wartest du auf jemanden?	Are you waiting for someone? [ɑ: jʊ 'weɪtɪŋ fə 'sʌmwʌn]
Haben Sie/Hast du für morgen schon etwas vor?	Have you got any plans for tomorrow? [həv jʊ gɒt‿ˌenɪ 'plænz fə tə'mɒrəʊ]
Wollen wir zusammen hingehen?	Shall we go together? ['ʃəl wɪ gəʊ tə'geðə]
Wollen wir heute abend miteinander ausgehen?	Shall we go out together this evening? ['ʃəl wɪ gəʊ‿'aʊt tə'geðə ðɪs‿'i:vnɪŋ]
Darf ich Sie/dich zum Essen einladen?	Can I invite you for a meal? [kən‿aɪ‿ɪn'vaɪt‿jʊ fər‿ə 'mi:l]
Wann treffen wir uns?	When shall we meet? ['wen ʃəl wɪ 'mi:t]
Darf ich Sie/dich abholen?	Shall I pick you up? ['ʃəl‿aɪ 'pɪk jʊ‿'ʌp]

Wann soll ich kommen?	When shall I come round? ['wen ʃəl‿aɪ kʌm 'raʊnd]
Treffen wir uns um 9 Uhr …	Let's meet at 9 o'clock … ['lets 'mi:t‿ət 'naɪnə'klɒk]
vor dem Kino.	in front of the cinema. [ɪn 'frʌnt‿əv ðə 'sɪnəmə]
auf dem … Platz.	at … Square. [ət '… 'skweə]
im Café.	in the café. [ɪn ðə 'kæfeɪ]
Sind Sie verheiratet?	Are you married? [ɑ: jʊ 'mærɪd]
Hast du einen Freund/eine Freundin?	Have you got a boyfriend/a girlfriend? [həv jʊ gɒt‿ə'bɔɪfrend/ə 'gɜ:lfrend]
Darf ich Sie/dich nach Hause bringen?	Can I take you home? [kən‿aɪˌteɪk‿jʊ 'həʊm]
Ich bringe Sie/dich noch zum/zur …	I'll come as far as the … [aɪl ˌkʌm‿əz 'fɑ:r‿əz ðə' …]
• Möchten Sie/Möchtest Du auf einen Kaffee hereinkommen?	Would you like to come in for a coffee? [wʊd jʊ 'laɪk tə ˌkʌm‿'ɪn fər‿ə 'kɒfɪ]
Kann ich Sie/dich wiedersehen?	Can I see you again? [kən‿aɪ si:‿jʊ‿ə'gen]
Ich hoffe, Sie/dich bald wiederzusehen.	I hope I'll see you again soon. [aɪ 'həʊp aɪl si: jʊ ə'gen 'su:n]
Vielen Dank für den netten Abend.	Thank you so much for a pleasant evening. ['θæŋkjʊ 'səʊ 'mʌtʃ fər‿ə 'pleznt 'i:vnɪŋ]
Lassen Sie mich bitte in Ruhe!	Please leave me alone. ['pli:z li:v mi:‿ə'ləʊn]
Hau ab!	Go away/Get lost! ['gəʊ‿ə'weɪ/'get 'lɒst]
Jetzt reicht's!	That's enough!/That'll do! ['ðæts‿ɪ'nʌf/'ðætl 'du:]

Besuch

A visit

Entschuldigen Sie, wohnt hier Herr/Frau/Fräulein X?	Excuse me, does Mr/Mrs/Miss X live here? [ɪks'kju:z 'mi: dʌz 'mɪstə/'mɪsɪz/mɪs 'eks lɪv 'hɪə]

Nein, er/sie ist umgezogen.	No, he's/she's moved. ['nəʊ hi:z/ʃi:z 'mu:vd]
Wissen Sie, wo er/sie jetzt wohnt?	Do you know where he's/she's living now? [dju: 'nəʊ weə hi:z/ʃi:z 'lɪvɪŋ 'naʊ]
Kann ich mit Herrn/Frau/Fräulein X sprechen?	Can I speak to Mr/Mrs/Miss X, please? ['kən‿aɪ spi:k tə 'mɪstə/'mɪsɪz/mɪs 'eks pli:z]
Wann ist er/sie zu Hause?	When will he/she be home? ['wen wɪl hi:/ʃi: bɪ 'həʊm]
Kann ich eine Nachricht hinterlassen?	Can I leave a message? ['kən‿aɪ li:v ə 'mesɪdʒ]
Ich komme später noch einmal vorbei.	I'll come back later. [aɪl 'kʌm ˌbæk 'leɪtə]
• Kommen Sie/Komm herein.	Come in. ['kʌm 'ɪn]
• Nehmen Sie/Nimm bitte Platz.	Please sit down. ['pli:z ˌsɪt 'daʊn]

Ich soll Sie/dich von Paul grüßen.	Paul asked me to give you his regards. ['pɔ:l ɑ:skt mɪ tə 'gɪv jʊ hɪz rɪ'gɑ:dz]
• Was darf ich Ihnen/dir zu trinken anbieten?	What can I offer you to drink? ['wɒt kən‿aɪ‿'ɒfə jʊ tə 'drɪŋk]

Auf Ihr/dein Wohl!	Cheers! [tʃɪəz]
Können Sie/Kannst du nicht zum Mittagessen/Abendessen bleiben?	Wouldn't you like to stay for lunch/dinner? ['wʊdnt jʊ laɪk tə steɪ fə 'lʌnʃ/'dɪnə]
Vielen Dank. Ich bleibe gern, wenn ich nicht störe.	Thank you. I'd like to stay, if I'm not causing you any bother. ['θæŋkjʊ. aɪd 'laɪk tə steɪ ɪf aɪm 'nɒt 'kɔ:zɪŋ jʊ 'enɪ 'bɒðə]
Es tut mir leid, aber ich muß jetzt gehen.	I'm sorry, but I have to go. [aɪm 'sɒrɪ bət aɪ 'hæv tə 'gəʊ]

Abschied

Saying goodbye

Auf Wiedersehen!	Goodbye/Bye-bye! [ˌgʊd'baɪ/ˌbaɪ'baɪ]
Bis bald!	See you soon! ['si: jʊ 'su:n]
Bis später!	See you later! ['si: jʊ 'leɪtə]

Im BE heißt "See you later!" später am selben Tag. Im AE dagegen heißt es irgendwann: heute, morgen, nächstes Jahr, oder nie!

Bis morgen!	See you tomorrow! ['si: jʊ tə'mɒrəʊ]
Gute Nacht!	Good night! [ˌgʊd 'naɪt]
Tschüß!	Cheerio! [ˌtʃɪərɪ'əʊ]
Alles Gute!	All the best! ['ɔ:l ðə 'best]
Viel Vergnügen!	Have fun! ['hæv 'fʌn]
Gute Reise!	Have a good journey. ['hæv‿ə gʊd 'dʒɜ:nɪ]
Ich lasse von mir hören.	I'll be in touch. [aɪl bi:‿ɪn 'tʌtʃ]
Grüßen Sie/Grüß ... von mir.	Give ... my regards. [gɪv ... maɪ rɪ'gɑ:dz]

Bitte und Dank

Making requests and expressing thanks

Ja, bitte.	Yes, please. [ˌjes 'pli:z]
Nein, danke.	No, thank you. [ˌnəʊ 'θæŋkjʊ]

Darf ich Sie um einen Gefallen bitten?	Could you do me a favour? ['kʊd jʊ du: mi:‿ə 'feɪvə]
Gestatten Sie?	May I? ['meɪ‿aɪ]
Können Sie mir bitte helfen?	Can you help me, please? ['kən jʊ 'help mɪ pli:z]
Danke.	Thank you. ['θæŋkjʊ]
Vielen Dank.	Thank you very much. ['θæŋkjʊ 'verɪ 'mʌtʃ]
Danke, sehr gern.	Yes, thank you. ['jes 'θæŋkjʊ]
Danke, gleichfalls!	Thank you. The same to you. ['θæŋkjʊ. ðə 'seɪm tə 'ju:]
Das ist nett, danke.	That's very kind of you, thank you. [ðæts 'verɪ 'kaɪnd‿əv jʊ 'θæŋkjʊ]
Vielen Dank für Ihre Hilfe/Mühe.	Thank you very much for your help/trouble. ['θæŋkjʊ 'verɪ 'mʌtʃ fə jə 'help/'trʌbl]
Bitte sehr./Gern geschehen.	Don't mention it./You're welcome. [dəʊnt 'menʃn‿ɪt/jɔ: 'welkəm]

Entschuldigung/Bedauern

Apologies/Regrets

Entschuldigung!	I'm sorry! [aɪm 'sɒrɪ]
Ich muß mich entschuldigen.	I must apologize. [aɪ 'mʌst‿ə'pɒlədʒaɪz]
Das tut mir leid.	I'm so sorry! [aɪm 'səʊ 'sɒrɪ]
Es war nicht so gemeint.	I didn't mean it. [aɪ 'dɪdn 'mi:n‿ɪt]
Schade!	What a pity! [ˌwɒt‿ə 'pɪtɪ]
Es ist leider nicht möglich.	I'm afraid that's impossible. [aɪm‿ə'freɪd ðæts‿ɪm'pɒsəbl]
Vielleicht ein andermal.	Perhaps another time. [præps ə'nʌðə taɪm]

Glückwunsch

Congratulations/Best wishes

Herzlichen Glückwunsch!	Congratulations! [kənˌgrætjʊˈleɪʃnz]
Alles Gute!	All the best! [ˈɔːl ðə ˈbest]
Alles Gute zum Geburtstag!	Happy birthday! [ˈhæpɪ ˈbɜːθdeɪ]
Viel Erfolg!/Viel Glück!/ Hals und Beinbruch!	Good luck! [ˈgʊd ˈlʌk]
Gute Besserung!	Get well soon! [ˈget ˌwel ˈsuːn]
Schönes Wochenende!	Have a nice weekend! [ˈhæv‿ə ˈnaɪs ˌwiːkˈend]

Verständigungsschwierigkeiten

Language difficulties

Wie bitte?	Pardon? [ˈpɑːdn]
Ich verstehe Sie/dich nicht. Bitte, wiederholen Sie/wiederhole es.	I don't understand. Would you repeat that, please? [aɪ ˈdəʊnt‿ʌndəˈstænd. ˈwʊd jʊ rɪˈpiːt ðæt pliːz]
Bitte sprechen Sie/sprich etwas langsamer/lauter.	Would you speak a bit more slowly/ a bit louder, please? [ˈwʊd jʊ spiːk‿əˈbɪt mɔː ˈsləʊlɪ/ə bɪt ˈlaʊdə pliːz]
Ich verstehe/habe verstanden.	I understand. [aɪ‿ˌʌndəˈstænd]
Sprechen Sie/Sprichst du …	Do you speak … [djʊ spiːk]
Deutsch?	German? [ˈdʒɜːmən]
Englisch?	English? [ˈɪŋglɪʃ]
Französisch?	French? [ˈfrenʃ]
Ich spreche nur wenig …	I only speak a bit of … [aɪ‿ˈəʊnlɪ spiːk‿əˈbɪt‿əv …]
Was heißt … auf englisch?	What's … in english? [ˈwɒts … ɪn ɪŋglɪʃ]
Was bedeutet das?	What does that mean? [ˈwɒt dəz ˈðæt miːn]
Wie spricht man dieses Wort aus?	How do you pronounce this word? [ˈhaʊ djʊ prəˈnaʊns ðɪs ˈwɜːd]

Schreiben Sie/Schreibe es mir bitte auf!	Would you write it down for me, please? ['wʊd jʊ raɪt‿ɪt 'daʊn fə mɪ pli:z]
Buchstabieren Sie/Buchstabiere es bitte!	Could you spell it, please? ['kʊd jʊ 'spel‿ɪt pli:z]

Meinungsäußerung

Opinions

Das gefällt mir (nicht).	I (don't) like it. [aɪ ('dəʊnt) 'laɪk‿ɪt]
Ich möchte lieber …	I'd prefer … [aɪd prɪ'fɜ:]
Am liebsten wäre mir …	I'd really like … [aɪd 'rɪəlɪ laɪk]
Das wäre nett.	That would be nice. ['ðæt wʊd bɪ 'naɪs]
Mit Vergnügen.	With pleasure. [wɪð 'pleʒə]
Prima!	Fine! [faɪn]
Ich habe keine Lust dazu.	I don't feel like it. [aɪ 'dəʊnt 'fi:l‿laɪk‿ɪt]
Ich will nicht.	I don't want to. [aɪ 'dəʊnt 'wɒnt‿tʊ]
Das kommt nicht in Frage.	That's out of the question. [ðæts‿'aʊt‿əv ðə 'kwestʃn]
Auf gar keinen Fall.	Certainly not! ['sɜ:tnlɪ 'nɒt]
Ich weiß noch nicht.	I don't know yet. [aɪ 'dəʊnt 'nəʊ jet]
Vielleicht.	Perhaps./Maybe. [pə'hæps/'meɪbi:]
Wahrscheinlich.	Probably. ['prɒbəblɪ]

Angaben zur Person

Personal information

Alter	Age
Wie alt sind Sie/bist du?	How old are you? [haʊ‿'əʊld‿ə jʊ]
Ich bin 39.	I'm thirty-nine. [aɪm ˌθɜ:tɪ'naɪn]
Wann haben Sie/hast du Geburtstag?	When's your birthday? ['wenz jɔ: 'bɜ:θdeɪ]
Ich bin am 12. April 1954 geboren.	I was born on April the twelfth, nineteen fifty-four. [aɪ wəz 'bɔ:n‿ɒn‿'eɪprəl ðə 'twelfθ 'naɪnti:n ˌfɪftɪ'fɔ:]

Beruf/Studium/ Ausbildung	**Work/Studies/Education**
Was machen Sie/machst du beruflich?	What do you do for a living? ['wɒt djʊ du: fər‿ə 'lɪvɪŋ]
Ich bin Fabrikarbeiter/in.	I work in a factory. [aɪ wɜ:k‿ɪn‿ə 'fæktrɪ]
Ich bin Büroangestellte/r.	I work in an office. [aɪ wɜ:k‿ɪn‿ən‿'ɒfɪs]
Ich bin Beamter/Beamtin.	I'm a civil servant. [aɪm‿ə 'sɪvl 'sɜ:vənt]
Ich bin Freiberufler.	I do freelance work. [aɪ du: 'fri:lɑ:ns wɜ:k]
Ich bin Rentner/in.	I'm retired. [aɪm rɪ'taɪəd]
Ich bin arbeitslos.	I'm unemployed. [aɪm‿ˌʌnɪm'plɔɪd]
Ich arbeite bei ...	I work for ... [aɪ wɜ:k fə(r) ...]
Ich gehe noch zur Schule.	I'm still at school. [aɪm 'stɪl‿ət 'sku:l]
Ich gehe ins Gymnasium/ in eine Gesamtschule.	I go to grammar school/to a comprehensive. [aɪ gəʊ tə 'græmə ˌsku:l/tʊ‿ə ˌkɒmprɪ'hensɪv]
Ich bin Student/in.	I'm a student. [aɪm‿ə 'stju:dənt]
Wo/Was studieren Sie/ studierst du?	Where/What are you studying? ['weər‿/'wɒt‿ə jʊ 'stʌdɪɪŋ]
Ich studiere ... in München.	I'm studying ... in Munich. [aɪm 'stʌdɪɪŋ ... ɪn 'mju:nɪk]
Was für Hobbies haben Sie/hast du?	What are your hobbies? ['wɒtə jɔ: 'hɒbɪz]

Wortliste Berufe/Studium/Ausbildung

Altenpfleger/in	old people's nurse ['əʊld 'pi:plz 'nɜ:s]
Angestellte/r	white-collar worker ['waɪtˌkɒlə 'wɜ:kə]
Anglistik	English ['ɪŋglɪʃ]
Apotheker/in	pharmacist ['fɑ:məsɪst]
Arbeiter/in	blue-collar worker ['blu:ˌkɒlə 'wɜ:kə]
Archäologie	archaeology [ˌɑ:kɪ'ɒlədʒɪ]
Architekt/in	architect ['ɑ:kɪtekt]
Architektur	architecture ['ɑ:kɪtektʃə]

Arzt/Ärztin	doctor [ˈdɒktə]
Arzthelferin	doctor's receptionist [ˈdɒktəz rɪˈsepʃənɪst]
Auszubildende/r	trainee [treɪˈniː]
Automechaniker	motor mechanic [ˈməʊtəmɪˌkænɪk]
Bäcker/in	baker [ˈbeɪkə]
Beamter/Beamtin	civil servant [ˈsɪvl ˈsɜːvənt]
Berufsschule	vocational school [vəʊˈkeɪʃnl skuːl]
Betriebswirt/in	management expert [ˈmænɪdʒmənt ˌekspɜːt]
Betriebswirtschaft	business management [ˈbɪznɪs ˈmænɪdʒmənt]
Bibliothekar/in	librarian [laɪˈbreərɪən]
Biologe/in	biologist [baɪˈɒlədʒɪst]
Biologie	biology [baɪˈɒlədʒɪ]
Briefträger/in	postman/-woman [ˈpəʊstmən/-ˌwʊmən]
Buchhalter/in	book-keeper [ˈbʊkˌkiːpə]
Buchhändler/in	bookseller [ˈbʊkˌselə]
Chemie	chemistry [ˈkemɪstrɪ]
Chemiker/in	chemist [ˈkemɪst]
Dachdecker/in	roofer [ˈruːfə]
Datentypist/in	keyboarder [ˈkiːˌbɔːdə]
Dekorateur/in	decorator [ˈdekəreɪtə]
Designer/in	designer [dɪˈzaɪnə]
Dolmetscher/in	interpreter [ɪnˈtɜːprɪtə]
Dozent/in	lecturer [ˈlektʃərə]
Drogist/in	chemist [ˈkemɪst]
EDV-Fachmann/-frau	computer specialist [kəmˈpjuːtə ˈspeʃəlɪst]
Eisenbahner/in	railwayman [ˈreɪlweɪmən] railway employee [ˈreɪlweɪ‿ˌemˈplɔɪiː]
Elektriker/in	electrician [ˌɪlekˈtrɪʃn]
Erzieher/in *(Kindergarten)*	nursery-school teacher [ˈnɜːsərɪˌskuːl ˈtiːtʃə]
Facharbeiter/in	skilled worker [ˈskɪld ˈwɜːkə]
Fahrlehrer/in	driving instructor [ˈdraɪvɪŋ‿ɪnˈstrʌktə]
Fischer/in	fisherman [ˈfɪʃəmən]
Florist/in	florist [ˈflɒrɪst]
Förster/in	forester [ˈfɒrɪstə]
Fotograf/in	photographer [fəˈtɒgrəfə]
Friseur, Friseuse	hairdresser [ˈheəˌdresə]
Gärtner/in	gardener [ˈgɑːdnə]
Gastwirt/in	landlord/landlady [ˈlænlɔːd/ˈlænˌleɪdɪ]
Geographie	geography [dʒɪˈɒgrəfɪ]

Geologie	geology [dʒɪ'ɒlədʒɪ]
Germanistik	German ['dʒɜːmən]
Geschäftsführer/in	manager ['mænɪdʒə]
Geschichte	history ['hɪstrɪ]
Glaser	glazier ['gleɪzjə]
Handelsschule	commercial college [kə'mɜːʃl 'kɒlɪdʒ]
Handwerker/in	manual worker; *(Kunst~)* craftsman/-woman ['mænjʊəl ˌwɜːkə; 'krɑːftsmən/-ˌwʊmən]
Haus|frau	housewife ['haʊswaɪf]
~mann	househusband ['haʊsˌhʌzbənd]
~meister/in	caretaker ['keəˌteɪkə]
Hebamme	midwife ['mɪdwaɪf]
Heilpraktiker/in	non-medical practitioner ['nɒnˌmedɪkl præk'tɪʃnə]
Hochschule	university, college [ˌjuːnɪ'vɜːsɪtɪ, 'kɒlɪdʒ]
Informatik	information studies [ˌɪnfə'meɪʃn 'stʌdɪz]
Ingenieur/in	engineer [ˌendʒɪ'nɪə]
Installateur/in	plumber ['plʌmə]; *(Elektro)* electrician ['ɪlek'trɪʃn] *(Gas)* gas-fitter ['gæsˌfɪtə]
Institut	institute ['ɪnstɪtjuːt]
Journalist/in	journalist ['dʒɜːnəlɪst]
Jura	law [lɔː]
Juwelier	jeweller [dʒuːələ]
Kassierer/in	cashier [kæ'ʃɪə]
Kaufmann/frau	businessman/-woman ['bɪznɪsmæn/ -ˌwʊmən]
Kellner/in	waiter/waitress ['weɪtə/'weɪtrɪs]
Koch/Köchin	cook [kʊk]
Konditor/in	confectioner [kən'fekʃənə]
Kraftfahr|er	driver ['draɪvə]
~zeugmechaniker/in	motor mechanic ['məʊtəmɪˌkænɪk]
Kranken|gymnast/in	physiotherapist [ˌfɪzɪə'θerəpɪst]
~pfleger	male nurse ['meɪl 'nɜːs]
~schwester	nurse [nɜːs]
Künstler/in	artist ['ɑːtɪst]
Kunst|akademie	college of art ['kɒlɪdʒ‿əv‿'ɑːt]
~geschichte	history of art ['hɪstrɪ‿əv‿'ɑːt]
Laborant/in	laboratory technician [lə'bɒrətrɪ tek'nɪʃn]
Landwirt/in	farmer ['fɑːmə]
Lehrer/in	teacher ['tiːtʃə]
Lehrling	apprentice [ə'prentɪs]
Makler/in	estate agent [ɪ'steɪt‿ˌeɪdʒənt]
Maler	painter ['peɪntə]

Mannequin	fashion model [ˈfæʃn ˌmɒdl]
Maschinenbau	mechanical engineering [mɪˈkænɪkl ˌenʒɪˈnɪərɪŋ]
Masseur/in	masseur/masseuse [mæˈsɜː/mæˈsɜːz]
Mathematik	mathematics [ˌmæθɪˈmætɪks]
Matrose	sailor [ˈseɪlə]
Maurer	bricklayer [ˈbrɪkˌleɪə]
Mechaniker/in	mechanic [mɪˈkænɪk]
Medizin	medicine [ˈmedsɪn]
Meteorologe/in	meteorologist [ˌmiːtjəˈrɒlədʒɪst]
Metzger/in	butcher [ˈbʊtʃə]
Musik	music [ˈmjuːzɪk]
Musiker/in	musician [mjuːˈzɪʃn]
Notar/in	notary [ˈnəʊtərɪ]
Operator/in	computer operator [kəmˈpjuːtər‿ɒpəreɪtə]
Optiker/in	optician [ɒpˈtɪʃn]
Pfarrer/in	parish priest [ˈpærɪʃ ˈpriːst], (*anglikanisch*) vicar [ˈvɪkə]
Pharmazie	pharmacy [ˈfɑːməsɪ]
Philosophie	philosophy [fɪˈlɒsəfɪ]
Physik	physics [ˈfɪzɪks]
Physiker/in	physicist [ˈfɪzɪsɪst]
Pilot/in	pilot [ˈpaɪlət]
Politikwissenschaft	political science [pəˈlɪtɪkl ˈsaɪəns]
Polizist/in	policeman/-woman [pəˈliːsmən/-ˌwʊmən]
Postbeamter/-beamtin	post-office worker [ˈpəʊstˌɒfɪs ˈwɜːkə]
Professor/in	professor [prəˈfesə]
Programmierer/in	(computer) programmer [(kəmˈpjuːtə) ˈprəʊgræmə]
Psychologe/in	psychologist [saɪˈkɒlədʒɪst]
Psychologie	psychology [saɪˈkɒlədʒɪ]
Rechtsanwalt/-anwältin	lawyer [ˈlɔːjə]
Redakteur/in	editor [ˈedɪtə]
Reiseleiter/in	courier [ˈkʊrɪə]
Rentner/in	pensioner [ˈpenʃənə]
Restaurator/in	restorer [rɪˈstɔːrə]
Richter/in	judge [dʒʌdʒ]
Romanistik	Romance languages [rəˈmæns ˈlæŋgwɪdʒɪz]
Schauspieler/in	actor/actress [ˈæktə/ˈæktrɪs]
Schlosser/in	locksmith, metalworker [ˈlɒksmɪθ, ˈmetlˌwɜːkə]
Schneider/in	tailor, dressmaker [ˈteɪlə, ˈdresˌmeɪkə]
Schreiner/in	carpenter [ˈkɑːpɪntə]

Schriftsteller/in	writer, author/ess ['raɪtə, 'ɔ:θə/-rɪs]
Schuhmacher/in	shoemaker ['ʃu:ˌmeɪkə]
Schule	school [sku:l]
Gesamtschule	comprehensive (school) [ˌkɒmprɪ'hensɪv (sku:l)]
Grundschule	primary school ['praɪmərɪ sku:l]
Gymnasium	grammar school ['græmə sku:l]
Hauptschule/Realschule	secondary modern (school) ['sekəndrɪ 'mɒdn (sku:l)]
Schüler/in	schoolboy/-girl ['sku:lbɔɪ/-gɜ:l]
Sekretär/in	secretary ['sekrətrɪ]
Slawistik	Slavonic studies [slə'vɒnɪk ˌstʌdɪz]
Sozialarbeiter/in	social worker ['səʊʃl ˌwɜ:kə]
Soziologie	sociology [ˌsəʊsj'ɒlədʒɪ]
Steuerberater/in	tax consultant ['tæks kən'sʌltnt]
Steward/ess	steward/stewardess ['stjʊəd/ˌstʊə'des]
Student/in	student ['stju:dnt]
Studienfach	subject ['sʌbdʒɪkt]
Studium	studies ['stʌdɪz]
Taxifahrer/in	taxi driver ['tæksɪˌdraɪvə]
Techniker/in	technician [tek'nɪʃn]
Technische Hochschule	technical college ['teknɪkl 'kɒlɪdʒ]
Technische(r) Zeichner/in	draughtsman/-woman ['drɑ:ftsmən/-ˌwʊmən]
Theaterwissenschaft	theatre studies [θɪ'etə ˌstʌdɪz]
Theologie	theology [θɪ'ɒlədʒɪ]
Therapeut/in	therapeutist [ˌθerə'pju:tɪst]
Tierarzt/-ärztin	vet [vet]
Übersetzer/in	translator [træns'leɪtə]
Uhrmacher/in	watchmaker ['wɒtʃˌmeɪkə]
Umweltbeauftragte/r	environmental officer [ɪnˌvaɪərn'mentl 'ɒfɪsə]
Universität	university [ˌju:nɪ'vɜ:sɪtɪ]
Verkäufer/in	shop assistant, salesperson ['ʃɒp əˌsɪstənt, 'seɪlzˌpɜ:sn]
Vertreter/in	representative, rep [ˌreprɪ'zentətɪv, rep]
Vorlesungen	lectures ['lektʃəz]
Werkzeugmacher/in	toolmaker ['tu:lˌmeɪkə]
Wirtschafts|prüfer/in	accountant, auditor [ə'kaʊntənt, 'ɔ:dɪtə]
~wissenschaftler/in	economist [ɪ'kɒnəmɪst]
Wissenschaftler/in	scientist ['saɪəntɪst]
Zahnarzt/-ärztin	dentist ['dentɪst]
Zahntechniker/in	dental technician ['dentl tek'nɪʃn]
Zimmermann	carpenter ['kɑ:pɪntə]

3 Unterwegs
On the way

Ortsangaben

Giving directions

links	left [left]
rechts	right [raɪt]
geradeaus	straight on [ˌstreɪt‿ˈɒn]
vor	in front of [ɪn ˈfrʌnt‿əv]
hinter	behind [bɪˈhaɪnd]
nach	after [ˈɑ:ftə]
neben	next to [ˈnekstʊ]
gegenüber	opposite [ˈɒpəzɪt]
hier	here [hɪə]
dort	there [ðeə]
nah	near [nɪə]
weit	far [fɑ:]
Straße	street, road [stri:t, rəʊd]
Kreuzung	crossroads, junction [ˈkrɒsrəʊdz, ˈdʒʌŋʃn]
Kurve	bend [bend]

Auto/Motorrad/Fahrrad

By car, motorbike or bike

Auskunft	Information
Entschuldigung, wie komme ich nach ...?	Excuse me, how do I get to ..., please? [ɪksˈkju:z‿ˈmi: ˈhaʊ dʊ‿aɪ get tʊ ... ˌpli:z]
Können Sie mir den Ort/die Strecke/das auf der Karte zeigen?	Can you show me the town/the way/that on the map, please? [ˈkæn‿jʊ ˈʃəʊ mɪ ðə ˈtaʊn/ðə ˈweɪ/ˈðæt‿ɒn ðə ˈmæp pli:z]
Wie weit ist das?	How far is it? [ˈhaʊ ˈfɑ:r‿ɪz‿ɪt]
Bitte, ist das die Straße nach ...?	Excuse me, is this the road to ...? [ɪksˈkju:z‿ˈmi: ɪz ˈðɪs ðə rəʊd tʊ ...]

Wie komme ich zur Autobahn nach …?	How do I get to the … motorway? ['haʊ dʊ‿aɪ get tə ðə … 'məʊtəweɪ]
● Immer geradeaus bis … Dann links/rechts abbiegen.	Straight on until you get to … Then turn left/right. ['streɪt‿'ɒn‿ən'tɪl jʊ get tʊ … 'ðen tɜ:n 'left/'raɪt]
● Folgen Sie den Schildern.	Follow the signs. ['fɒləʊ ðə 'saɪnz]
Gibt es auch eine wenig befahrene Straße nach …?	Is there a quiet road to …? [ɪz ðeər‿ə 'kwaɪət 'rəʊd tʊ …]
● Sie sind hier falsch. Sie müssen zurückfahren bis …	You're on the wrong road. Drive back to … [jʊər‿ɒn ðə 'rɒŋ 'rəʊd. 'draɪv 'bæk tʊ …]

An der Tankstelle — At the garage/petrol station

Wo ist bitte die nächste Tankstelle?	Where's the nearest garage/petrol station, please? ['weəz ðə 'nɪərɪst 'gærɑ:dʒ/'petrəlsteɪʃn pli:z]
Ich möchte … Liter …	…litres of … ['li:təz‿əv]
Normalbenzin.	three-star, ['θri:stɑ:]
Super.	four-star, ['fɔ:stɑ:]
Diesel.	diesel, ['di:zl]
bleifrei/verbleit.	unleaded/leaded, please. [ˌʌn'ledɪd/'ledɪd pli:z]
Volltanken, bitte.	Fill her up, please. ['fɪl‿ər‿'ʌp pli:z]
Prüfen Sie bitte …	Please check … [pli:z tʃek]
den Ölstand.	the oil. [ðɪ‿'ɔɪl]
den Reifendruck.	the tyre pressure. [ðə 'taɪə 'preʃə]
Sehen Sie auch das Kühlwasser nach.	Please check the water, too. [pli:z tʃek ðə 'wɔ:tə 'tu:]
Könnten Sie mir einen Ölwechsel machen?	Could you change the oil, please? ['kʊd‿jʊ ˌtʃeɪnʒ ðɪ‿'ɔɪl pli:z]
Ich möchte den Wagen waschen lassen.	I'd like to have the car washed, please. [aɪd laɪk tə hæv ðə ˌkɑ: 'wɒʃt pli:z]
Ich möchte eine Straßenkarte dieser Gegend, bitte.	I'd like a road map of this area, please. [aɪd laɪk‿ə 'rəʊd mæp‿əv ðɪs‿'eərɪə pli:z]
Wo sind bitte die Toiletten?	Where are the toilets, please? ['weərə ðə 'tɔɪlɪts pli:z]

Parken — Parking

Gibt es hier in der Nähe eine Parkmöglichkeit?	Is there a car-park near here? [ɪz ðeər‿ə ˈkɑːpɑːk nɪə hɪə]
Kann ich den Wagen hier abstellen?	Can I park my car here? [ˈkən‿aɪ ˌpɑːk maɪ ˈkɑː hɪə]
Könnten Sie mir £ ... für die Parkuhr wechseln?	Could you give me change for £ ... for the parking-meter? [ˈkʊd‿jʊ gɪv‿mɪ ˈtʃeɪnʒ fə ... paʊndz fə ðə ˈpɑːkɪŋˌmiːtə]
Ist der Parkplatz bewacht?	Is there an attendant? [ɪz ðeər‿ən əˈtendənt]
● Wir sind leider voll besetzt.	I'm afraid we're full up. [aɪm əˈfreɪd wɪə ˈfʊl ˈʌp]
Wie lange kann ich hier parken?	How long can I park here? [ˈhaʊ ˈlɒŋ kən‿aɪ ˈpɑːk hɪə]
Wie hoch ist die Parkgebühr pro ...	How much is it ... [ˈhaʊ ˈmʌtʃ ɪz‿ɪt]
Stunde?	by the hour? [baɪ ðɪ ˈaʊə]
Tag?	per day? [pə ˈdeɪ]
Nacht?	per night? [pə ˈnaɪt]
Ist das Parkhaus die ganze Nacht geöffnet?	Is the car-park open all night? [ɪz ðə ˈkɑːpɑːk‿ˈəʊpən‿ɔːl ˈnaɪt]

Eine Panne — A breakdown

Ich habe eine Panne/einen Platten.	My car's broken down./I've got a flat tyre. [maɪ ˈkɑːz ˈbrəʊkn ˈdaʊn/aɪv gɒt‿ə ˈflæt ˈtaɪə]
Meine Auto-/Motorradnummer ist ...	My registration number is ... [maɪ ˌredʒɪsˈtreɪʃn ˈnʌmbər‿ɪz ...]
Würden Sie mir bitte einen Mechaniker/einen Abschleppwagen schikken?	Would you send a mechanic/a breakdown truck, please? [ˈwʊd‿jʊ send‿ə mɪˈkænɪk/ə ˈbreɪkdaʊn trʌk pliːz]
Könnten Sie mir mit Benzin aushelfen?	Could you lend me some petrol, please? [ˈkʊd‿jʊ lend mɪ sʌm ˈpetrəl pliːz]

Könnten Sie mir beim Reifenwechsel helfen?	Could you help me change the tyre, please? ['kʊd‿jʊ help mɪ tʃeɪnʒ ðə 'taɪə pli:z]
Würden Sie mich bis zur nächsten Werkstatt/ Tankstelle mitnehmen?	Could you give me a lift to the nearest garage? ['kʊd‿jʊ gɪv mɪ‿ə 'lɪft tə ðə 'nɪərɪst 'gærɑ:dʒ]

In der Werkstatt — At the garage

Wo ist hier in der Nähe eine Werkstatt?	Is there a garage near here? ['ɪz ðeər‿ə 'gærɑ:dʒ 'nɪə 'hɪə]
Können Sie mit mir kommen/mich abschleppen?	Can you come with me/give me a tow? ['kən‿jʊ kʌm 'wɪð mɪ/gɪv mi:‿ə 'təʊ]
Mein Wagen springt nicht an.	The car won't start. [ðə 'kɑ: wəʊnt 'stɑ:t]
Wissen Sie, woran es liegt?	Do you know what the problem is? [djʊ 'nəʊ wɒt ðə 'prɒbləm‿ɪz]
Mit dem Motor stimmt was nicht.	There's something wrong with the engine. [ðeəz 'sʌmθɪŋ 'rɒŋ wɪð ðɪ‿'enʒɪn]
Die Bremsen funktionieren nicht.	The brakes don't work. [ðə 'breɪks dəʊnt 'wɜ:k]
... ist/sind defekt.	... is/are faulty. [... ɪz/ɑ: 'fɔ:ltɪ]
Der Wagen verliert Öl.	I'm losing oil. [aɪm 'lu:zɪŋ 'ɔɪl]
Können Sie mal nachsehen?	Could you have a look? ['kʊd‿jʊ 'hæv‿ə 'lʊk]
Wechseln Sie bitte die Zündkerzen aus.	Change the spark-plugs, please. ['tʃeɪnʒ ðə 'spɑ:kplʌgz pli:z]
Haben Sie Ersatzteile für diesen Wagen?	Have you got spares for this model? [həv jʊ gɒt 'speəz fə ðɪs 'mɒdl]
Machen Sie bitte nur die nötigsten Reparaturen.	Just carry out the essential repairs, please. [dʒʌst 'kærɪ‿'aʊt ðɪ‿ɪ'senʃl rɪ'peəz pli:z]
Wann ist der Wagen/das Motorrad fertig?	When will the car/the motorbike be ready? ['wen wɪl ðə kɑ:/ðə 'məʊtəbaɪk bɪ 'redɪ]
Was wird es kosten?	How much will it be? ['haʊ 'mʌtʃ wɪl‿ɪt 'bi:]

Verkehrsunfall	A road accident
Es ist ein Unfall passiert.	There's been an accident. [ðeəz bi:n‿ən‿ˈæksɪdənt]
Rufen Sie bitte ... einen Krankenwagen. die Polizei. die Feuerwehr.	Please call ... [ˈpli:z ˈkɔ:l] an ambulance. [ən‿ˈæmbjʊləns] the police. [ðə pəˈli:s] the fire-brigade. [ðə ˈfaɪəbrɪˌgeɪd]
Können Sie sich um die Verletzten kümmern?	Can you look after the injured? [ˈkən‿jʊ lʊk‿ˈɑ:ftə ðɪ‿ˈɪnʒəd]
Haben Sie Verbandszeug?	Have you got a first-aid kit? [həv jʊ gɒt‿ə ˈfɜ:stˈeɪd kɪt]
Es war meine/Ihre Schuld.	It was my/your fault. [ɪt wəz ˈmaɪ/ˈjɔ: ˈfɔ:lt]
Sie haben ... die Vorfahrt nicht beachtet. die Kurve geschnitten. die Fahrspur gewechselt, ohne zu blinken.	You ... [jʊ] didn't observe the right of way. [ˈdɪdnt‿əbˈzɜ:v ðə ˈraɪt‿əv ˈweɪ] cut the bend. [ˈkʌt ðə ˈbend] didn't indicate you were going to change lanes. [ˈdɪdnt‿ˈɪndɪkeɪt jʊ wɜ: ˈgəɪŋ tə ˈtʃeɪnʒ ˈleɪnz]
Sie sind ... zu schnell gefahren. zu dicht aufgefahren. bei Rot über die Kreuzung.	You ... [jʊ] were driving too fast. [wə ˈdraɪvɪŋ ˈtu: ˈfɑ:st] were too close behind. [wə ˈtu: ˈkləʊs bɪˈhaɪnd] went through a red light. [went θru:‿ə ˈred ˈlaɪt]
Ich bin ... km/h gefahren.	I was doing ... miles an hour. [aɪ wəz ˈdu:ɪŋ ... ˈmaɪlz‿ən‿ˈaʊə]
Sollen wir die Polizei holen, oder können wir uns so einigen?	Shall we call the police, or can we settle things ourselves? [ʃəl wɪ ˌkɔ:l ðə pəˈli:s‿ɔ: kən wɪ ˈsetl θɪŋz ˌaʊəˈselvz]
Ich möchte den Schaden durch meine Versicherung regeln lassen.	I'd like my insurance company to take care of the damage. [aɪd laɪk maɪ‿ɪnˈʃʊərəns ˈkʌmpənɪ tə teɪk ˈkeər‿əv ðə ˈdæmɪdʒ]
Ich gebe Ihnen meine Anschrift und Versicherungsnummer.	I'll give you my address and insurance number. [aɪl ˈgɪv jʊ maɪ‿əˈdres‿ˈənd‿ɪnˈʃʊərəns ˈnʌmbə]

Geben Sie mir bitte Ihren Namen und Ihre Anschrift/Namen und Anschrift Ihrer Versicherung.	Please give me your name and address/particulars of your insurance. [pli:z gɪv mɪ jɔ: ˈneɪm‿ənd‿əˈdres/ pəˈtɪkjʊləz‿əv jɔ:r‿ɪnˈʃʊərəns]
Können Sie für mich Zeuge sein?	Will you act as a witness for me? [wɪl jʊ ækt‿əz‿ə ˈwɪtnɪs fə‿mɪ]
Vielen Dank für Ihre Hilfe.	Thank you very much for your help. [ˈθæŋk jʊ ˈverɪ ˈmʌtʃ fə jə ˈhelp]

Auto-/Motorrad-/Fahrradvermietung — Car/Motorbike/Bicycle hire

Ich möchte für ... Tage/eine Woche ...	I'd like to hire ... [aɪd ˈlaɪk tə ˈhaɪə]
einen Wagen/Geländewagen	a car/jeep [ə ˈkɑ:/dʒi:p]
ein Motorrad/Moped/einen Roller/ein Fahrrad	a motorbike/moped/scooter/bike [ə ˈməʊtəbaɪk/ˈməʊped/ˈsku:tə/ˈbaɪk]
mieten.	for ... days/for a week. [fə ˈ... ˈdeɪz/fər‿ə ˈwi:k]
Wie hoch ist die Tages-/Wochenpauschale?	How much does it cost per day/week? [ˈhaʊ ˈmʌtʃ dəz‿ɪt ˈkɒst pə ˈdeɪ/ˈwi:k]
Wieviel verlangen Sie pro gefahrenen km?	What do you charge per mile? [ˈwɒt də jʊ ˈtʃɑ:dʒ pə ˈmaɪl]

Zur Orientierung:

1 Mile = 1,6093 km
10 Miles = 16 km

Wieviel muß ich als Kaution hinterlegen?	How much is the deposit? [ˈhaʊ ˈmʌtʃ ɪz ðə dɪˈpɒzɪt]
Ich nehme den ... (*PKW-Marke*)/das ... (*Zweirad-Marke*).	I'll take the ... [aɪl teɪk ðə ˈ...]
Ist das Fahrzeug vollkaskoversichert?	Does the vehicle have comprehensive insurance? [ˈdʌz ðə ˈvi:ɪkl hæv ˌkɒmprɪˈhensɪv‿ɪnˈʃʊərəns]
• Möchten Sie eine Zusatzversicherung?	Would you like supplementary insurance? [wʊd jʊ laɪk ˌsʌplɪˈmentərɪ‿ɪnˈʃʊərəns]

● Darf ich Ihren Führerschein sehen?	May I see your driving licence? ['meɪ‿aɪ 'si: jɔ: 'draɪvɪŋ 'laɪsns]
Kann ich den Wagen gleich mitnehmen?	Can I have the car straight away? [kən‿aɪ hæv ðə kɑ: streɪt ə'weɪ]
Ist es möglich, das Fahrzeug in ... abzugeben?	Is it possible to leave the car in ...? [ɪz‿ɪt 'pɒsɪbl tə ˌli:v ðə 'kɑ:r‿ɪn ...]

Hinweise und Informationen

By-Pass	Umgehungsstraße
Car Park	Parkplatz
Caution	Achtung, Vorsicht
Change Lane	Fahrbahn wechseln
Children Crossing	Schulkinder überqueren
Closed to all Vehicles	Gesperrt für alle Fahrzeuge
Crossing – No Gates	Unbeschränkter Bahnübergang
Crossroads	Kreuzung
Danger	Gefahr
Dangerous Bend	Gefährliche Kurve
Dangerous Junction	Gefährliche Einmündung
Dead End	Sackgasse
Diversion	Umleitung
Drive slowly	Langsam fahren
Dual Carriageway	Schnellstraße
Exit	Ausfahrt
Get in Lane	Bitte einordnen
Give Way	Vorfahrt beachten
Hairpin Bend	Haarnadelkurve
Hospital	Krankenhaus
Junction	Einmündung
Keep Clear	Ausfahrt freihalten
Keep Right (Left)	Rechts (Links) fahren
Lay-By	Parkplatz z. B. an Autobahnen
L = Learner	Anfänger

Low Bridge	Niedrige Brücke
Major Road Ahead	Achtung Hauptverkehrsstraße
No Entry	Keine Einfahrt
No Overtaking	Überholen verboten
No Parking	Parken verboten
No Right Turn	Rechtsabbiegen verboten
No Stopping	Halten verboten
No U-Turn	Wenden verboten
No Waiting	Parkverbot (Halten erlaubt)
One-Way Street	Einbahnstraße
Parking	Parkplatz
Pedestrian Precinct	Fußgängerzone
Pedestrian Subway	Fußgängerunterführung
Reduce Speed	Langsamer fahren
Road Junction	Straßeneinmündung
Road narrows	Fahrbahnverengung
Road Works	Straßenarbeiten
Roundabout	Kreisverkehr
School	Schule
Single Lane Traffic	Einspuriger Verkehr
Slippery Road	Rutschgefahr
Slow Down	Langsamer fahren
Speed Limit	Geschwindigkeitsbegrenzung
Steep Hill	Starkes Gefälle
Traffic Jam	Verkehrsstau
Traffic Lights	Verkehrsampel
Traffic Signals Ahead	Signalanlage (Vorwarnung)
Tunnel	Tunnel
Two-Way Traffic	Zweispuriger Verkehr (Gegenverkehr)
Waiting Limited	Begrenztes Parkverbot (Kurzparkzone)
Weight Limit	Gewichtsgrenze
Zebra Crossing	Zebrastreifen

Verkehrszeichen

Achtung Schule!

Fahrbahn mit zeitlich begrenzter Parkerlaubnis

Parkverbot zu jeder Zeit

Parkverbot zu bestimmten Zeiten

Parkverbot an Werktagen

Parkverbot montags bis samstags von 8.30 bis 18.30 Uhr

Höchstparkdauer 20 min in der Zeit von 8.00 bis 18.00 Uhr

Einbahnstraße

Vorfahrt achten

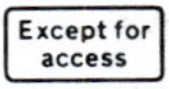

Anlieger frei

Kreisverkehr

Geschwindigkeit herabsetzen

In Großbritannien fährt man links und überholt rechts. "M" steht für "motorway" und entspricht unserer Autobahn. Die mit "A" und "B" gekennzeichneten Straßen entsprechen etwa unseren Bundesstraßen.
Die Höchstgeschwindigkeit auf A- und B-Straßen beträgt 80 km/h und auf Autobahnen 112 km/h.

Fahrbahnverengung rechts

Straßeneinmündung

Einspuriger Verkehr

Ende der
Ausbaustrecke

Einspurige Fahrbahn

Höchstgeschwindigkeit in Meilen

Zweispuriger Verkehr kreuzt

Warnzeichen auf Autobahnen

Schilder mit blinkenden Ampeln:

Empfohlene Höchstgeschwindigkeit

Ein Fahrstreifen gesperrt

Aufhebung der Beschränkung

zu befahrende Fahrbahn

Autobahn bei der nächsten Abfahrt verlassen

Halt

Wortliste Auto/Motorrad/Fahrrad

abbiegen	to turn (left/right) [tɜ:n (ˈleft/ˈraɪt)]
abblenden	to dip one's headlights [dɪp wʌnz ˈhedlaɪts]
Abblendlicht	dipped headlights [dɪpt ˈhedlaɪts]
Abschleppdienst	breakdown service [ˈbreɪkdaʊn ˈsɜ:vɪs]
abschleppen	to tow (away) [təʊ (əˈweɪ)]
Abschlepp|seil	towrope [ˈtəʊrəʊp]
~wagen	breakdown vehicle [ˈbreɪkdaʊn ˌvi:ɪkl]
Achse	axle [ˈæksl]
Hinter~	rear axle [ˈrɪər‿ˈæksl]
Vorder~	front axle [ˈfrʌnt ˈæksl]
Alarmanlage	alarm system [əˈlɑ:m ˈsɪstəm]
Allradantrieb	four-wheel drive [ˈfɔ:wi:l ˈdraɪv]
Ampel	traffic lights [ˈtræfɪk ˌlaɪts]
Anhänger	trailer [ˈtreɪlə]
Anlasser	starter [ˈstɑ:tə]
auskuppeln	to declutch [ˈdi:ˈklʌtʃ]
Auspuff	exhaust [ɪgˈzɔ:st]
Autobahn	motorway [ˈməʊtəweɪ]
Automatik(getriebe)	automatic (transmission) [ˌɔ:təˈmætɪk (trænzˈmɪʃn)]
Autoreifen	tyre (*Am* tire) [ˈtaɪə]
Benzin	petrol (*Am* gas) [ˈpetrəl, gæs]
~kanister	petrol can [ˈpetrəl kæn]
~pumpe	petrol pump [ˈpetrəl pʌmp]
Baustelle	roadworks [ˈrəʊdwɜ:ks]
blenden	to dazzle [ˈdæzl]
Blinker	indicator [ˈɪndɪkeɪtə]
Bremsbelag	brake lining [ˈbreɪk ˌlaɪnɪŋ]
Bremse	brake [breɪk]
bremsen	to brake [breɪk]
Brems|flüssigkeit	brake fluid [ˈbreɪk ˌflʊɪd]
~hebel	brake lever [ˈbreɪk ˌli:və]
~lichter	brake lights [ˈbreɪkˌlaɪts]
Bußgeld	fine [faɪn]
Defekt	fault [fɔ:lt]
Dichtung	sealing [ˈsi:lɪŋ]
Düse	jet [dʒet]
Einspritzpumpe	fuel injector [ˈfjʊəl ɪnˈdʒektə]
Ersatz|rad	spare wheel [ˈspeə ˈwi:l]
~teile	spares [speəz]

Fahrrad	bicycle, bike ['baɪsɪkl, baɪk]
Drei-/Zehngangrad	three-speed/ten-speed bike ['θri:spi:d/'tenspi:d baɪk]
Rennrad	racing bike ['reɪsɪŋ baɪk]
Fahrradweg	cycle path ['saɪkl pɑ:θ]
Fahrspur	lane [leɪn]
Fehlzündung	backfire [ˌbæk'faɪə]
Felge	rim [rɪm]
Fernlicht	full-beam ['fʊl'bi:m]
Flickzeug	(puncture) repair kit [('pʌŋktʃə) rɪ'peə kɪt]
Frostschutzmittel	anti-freeze ['æntɪfri:z]
Führerschein	driving-licence ['draɪvɪŋ 'laɪsns]
Fußbremse	footbrake ['fʊtbreɪk]
Gang	gear [gɪə]
erster ~	first/bottom gear ['fɜ:st/'bɒtəm 'gɪə]
Leerlauf	neutral ['nju:trəl]
Rückwärts~	reverse gear [rɪ'vɜ:s 'gɪə]
Gangschaltung	gears [gɪəz]
Gas geben	to accelerate [ək'seləreɪt]
Gaspedal	accelerator [ək'seləreɪtə]
Gebläse	supercharger ['su:pəˌtʃɑ:dʒə]
gebrochen	broken ['brəʊkn]
Gepäckträger	carrier ['kærɪə]
Getriebe	gearbox ['gɪəbɒks]
Handbremse	handbrake ['hændbreɪk]
Hebel	lever ['li:və]
Heizung	heating ['hi:tɪŋ]
Hinterrad	rear wheel ['rɪə 'wi:l]
~antrieb	rear-wheel drive ['rɪəwi:l ˌdraɪv]
Hupe	horn [hɔ:n]
Licht~	flashing signal ['flæʃɪŋ 'sɪgnl]
Kabel	cable ['keɪbl]
Karosserie	car body ['kɑ: 'bɒdɪ]
Keilriemen	fan belt ['fæn belt]
Kette	chain [tʃeɪn]
Klingel	bell [bel]
klopfen *(Motor)*	to knock [nɒk]
Kofferraum	boot (*Am* trunk) [bu:t, trʌŋk]
Kolben	piston ['pɪstən]
Kotflügel	wing [wɪŋ]
Kugellager	ball bearing ['bɔ:lˌbeərɪŋ]
Kühler	radiator ['reɪdɪeɪtə]
Kühlwasser	cooling water ['ku:lɪŋ 'wɔ:tə]

Kupplung, Kupplungshebel	clutch [klʌtʃ]
Kurzschluß	short-circuit ['ʃɔ:t'sɜ:kɪt]
Landstraße	country road, B road ['kʌntrɪ ˌrəʊd, 'bi:rəʊd]
Lastwagen	lorry ['lɒrɪ], (*Am* truck) [trʌk]
Lenker *(Fahrrad~)*	handlebars ['hændlbɑ:z]
Lenkrad	steering wheel ['stɪərɪŋ wi:l]
Lichtmaschine	dynamo ['daɪnəməʊ]
Luft|filter	air filter ['eəˌfɪltə]
~pumpe	pump [pʌmp]
Mantel *(Reifen)*	outer tyre ['aʊtə 'taɪə]
Maut	toll [təʊl]
Moped	moped ['məʊped]
Motor	motor, engine ['məʊtə, 'endʒɪn]
~haube	bonnet (*Am* hood) ['bɒnɪt, hʊd]
~rad	motorbike ['məʊtəbaɪk]
~roller	scooter ['sku:tə]
Mountain bike	mountain bike ['maʊntɪn baɪk]
Nabe	hub [hʌb]
Notrufsäule	emergency telephone [ɪ'mɜ:dʒənsɪ 'telɪfəʊn]
Nummernschild	number plate ['nʌmbə pleɪt]
Oktanzahl	octane number ['ɒkteɪn ˌnʌmbə]
Öl	oil [ɔɪl]
~meßstab	dip-stick ['dɪpstɪk]
~wechsel	oil change ['ɔɪl 'tʃeɪnʒ]
Packtasche	saddle-bag ['sædlbæg]
Panne	breakdown ['breɪkdaʊn]; *(Reifen~)* puncture, flat (tyre) ['pʌŋktʃə, flæt ('taɪə)]
Pannendienst	breakdown service ['breɪkdaʊn ˌsɜ:vɪs]
Papiere	papers ['peɪpəz]
Park|haus	multi-storey car park [ˌmʌltɪ'stɔ:rɪ 'kɑ:pɑ:k]
~platz	car park ['kɑ:pɑ:k]
~scheibe	parking disc ['pɑ:kɪŋ dɪsk]
~uhr	parking-meter ['pɑ:kɪŋˌmi:tə]
Pedal	pedal ['pedl]
Plattfuß	flat [flæt]
Promille	alcohol level ['ælkəhɒl ˌlevl]
PS	hp (horsepower) ['hɔ:sˌpaʊə]
Rad	wheel [wi:l]
Radarkontrolle	radar speed check ['reɪdɑ: 'spi:d tʃek]
Radkreuz	wheel brace ['wi:l breɪs]

Raststätte	services [ˈsɜːvɪsɪz]
Reflektor	reflector [rɪˈflektə]
Regenkombi	leathers [ˈleðəz]
Reifen	tyre (*Am* tire) [ˈtaɪə]
Rück|licht	rear light, tail light [ˈrɪə ˈlaɪt, ˈteɪl ˈlaɪt]
~spiegel	rear-view mirror [ˈriːəvjuː ˈmɪrə]
~tritt *(Fahrrad)*	backpedal brake [ˌbækˈpedl breɪk]
Sattel	saddle [ˈsædl]
Schalthebel	gear lever [ˈgɪə ˈliːvə]
Scheibenwischer	windscreen wiper [ˈwɪndskriːn ˈwaɪpə]
Scheinwerfer	headlights [ˈhedlaɪts]
Schiebedach	sunroof [ˈsʌnruːf]
Schlauch *(Reifen)*	(inner) tube [(ˈɪnə)tjuːb]
schmieren	to grease [griːs]
Schmirgelpapier	sandpaper [ˈsændˌpeɪpə]
Schraube	screw [skruː]
Schrauben|mutter	nut [nʌt]
~schlüssel	spanner, wrench [ˈspænə, rentʃ]
~zieher	screwdriver [ˈskruːˌdraɪvə]
Schutzblech	mudguard [ˈmʌdgɑːd]
Sicherheitsgurt	safety belt [ˈseɪftɪ belt]
Sicherung	fuse [fjuːz]
Speiche	spoke [spəʊk]
Ständer	bicycle stand [ˈbaɪsɪkl stænd]
Standlicht	sidelights [ˈsaɪdlaɪts]
Starthilfekabel	jump lead [ˈdʒʌmp ˌliːd]
Stau	traffic jam [ˈtræfɪk dʒæm]
Steckschlüssel	box-spanner [ˈbɒks ˈspænə]
Stoß|dämpfer	shock absorber [ˈʃɒk‿əbˈsɔːbə]
~stange	bumper [ˈbʌmpə]
Straßenkarte	road map [ˈrəʊd mæp]
Sturzhelm	crash helmet [ˈkræʃ ˌhelmɪt]
Tachometer	speedometer [spɪˈdɒmɪtə]
Tank	(petrol) tank [(ˈpetrəl) tæŋk]
~stelle	petrol station [ˈpetrl ˈsteɪʃn], filling [ˈfɪlɪŋ] station, (*Am* gas) [gæs] station
trampen	to hitch-hike [ˈhɪtʃhaɪk]
Tramper	hitch-hiker [ˈhɪtʃˌhaɪkə]
Umleitung	diversion [daɪˈvɜːʃn]
Ventil	valve [vælv]
Vergaser	carburettor [ˈkɑːbjʊretə]
Versicherungskarte, grüne	green card [ˈgriːn ˈkɑːd]
Verteiler	distributor [dɪsˈtrɪbjʊtə]

vierspurig	four-lane ['fɔ:leɪn]
Vollkasko	fully comprehensive insurance ['fʊlɪ 'kɒmprɪhensɪv‿ɪn'ʃʊərəns]
Vorder|licht	front light ['frʌnt 'laɪt]
~rad	front wheel ['frʌnt 'wi:l]
~radantrieb	front-wheel drive ['frʌntwi:l 'draɪv]
Wagen|heber	jack [dʒæk]
~wäsche	car wash ['kɑ: 'wɒʃ]
Warn|blinker	hazard warning light ['hæzəd 'wɔ:nɪŋ ˌlaɪt]
~dreieck	warning triangle ['wɔ:nɪŋ 'traɪæŋgl]
Wegweiser	sign [saɪn]
Werk|statt	*(Auto~)* garage ['gærɑ:dʒ]
~zeug	tools [tu:lz]
Windschutzscheibe	windscreen (*Am* windshield) ['wɪndskri:n, 'wɪndʃi:ld]
Winterreifen	winter tyres ['wɪntə 'taɪəz]
Zünd|kerze	spark-plug ['spɑ:kplʌg]
~schloß	ignition switch [ɪg'nɪʃn swɪtʃ]
~schlüssel	ignition key [ɪg'nɪʃn ki:]
Zündung	ignition [ɪg'nɪʃn]
Zylinder	cylinder ['sɪlɪndə]
~kopf	cylinder head ['sɪlɪndə hed]

BRITISH AIRWAYS

Flugzeug

Plane

Im Reisebüro/ Am Flughafen	At the travel agent's/At the airport
Wo ist der Schalter der ...-Fluggesellschaft?	Where's the ... counter? ['weəz ðə ... 'kaʊntə]
Wann fliegt die nächste Maschine nach ...?	When's the next flight to ...? ['wenz ðə 'nekst 'flaɪt tʊ ...]
Ich möchte einen einfachen Flug/Hin- und Rückflug nach ... buchen.	I'd like to book a single/return flight to ... [aɪd laɪk tə bʊk‿ə 'sɪŋgl/rɪ'tɜ:n flaɪt tʊ ...]
Sind noch Plätze frei?	Are there still seats available? [ɑ: ðeə stɪl 'si:ts‿ə'veɪləbl]
Gibt es auch Charterflüge?	Are there charter flights, too? [ɑ: ðeə 'tʃɑ:tə flaɪts 'tu:]
Was kostet der Flug Touristenklasse/1. Klasse?	How much is an economy class/a first class flight? ['haʊ 'mʌtʃ ɪz‿ən ɪ'kɒnəmɪ klɑ:s/ə 'fɜ:st klɑ:s flaɪt]
Wieviel Gepäck ist frei?	How much luggage (*Am* baggage) can I take with me? ['haʊ 'mʌtʃ 'lʌgɪdʒ ('bægɪdʒ) kən‿aɪ teɪk 'wɪð mi:]
Was kostet das Kilo Übergepäck?	How much does excess luggage (baggage) cost per kilo? ['haʊ 'mʌtʃ dʌz 'ekses 'lʌgɪdʒ ('bægɪdʒ) kɒst pə 'ki:ləʊ]
Ich möchte diesen Flug stornieren/umbuchen.	I'd like to cancel this flight/change the booking. [aɪd laɪk tə 'kænsəl ðɪs 'flaɪt/tʃeɪndʒ ðə 'bʊkɪŋ]
Wann muß ich am Flughafen sein?	When do I have to be at the airport? ['wen dʊ‿aɪ ˌhæv tə'bi:‿ət ðɪ‿'eəpɔ:t]

Wo ist der Informationsschalter?

Where's the information desk? [ˈweəz ðɪ‿ɪnfəˈmeɪʃən desk]

Kann ich das als Handgepäck mitnehmen?

Can I take this as hand luggage? [kən‿aɪ ˈteɪk ˈðɪs‿əz ˈhænd ˈlʌgɪdʒ]

Hat die Maschine nach ... Verspätung?

Is the plane to ... late? [ɪz ðə pleɪn tʊ ... ˈleɪt]

Wieviel Verspätung hat sie?

How late is it going to be? [ˈhaʊ ˈleɪt ɪz‿ɪt ˈgəʊɪŋ tə ˈbiː]

Ist die Maschine aus ... schon gelandet?

Has the plane from ... already landed? [ˈhæz ðə pleɪn frəm ... ɔːlˈredɪ ˈlændɪd]

- Letzter Aufruf. Die Passagiere nach ..., Flug-Nr. ..., werden gebeten, sich zum Ausgang ... zu begeben.

Last call. Passengers for ... on flight number ..., please go to exit ... [ˈlɑːst ˈkɔːl. ˈpæsɪndʒəz fɔː ... ɒn ˈflaɪt ˈnʌmbə ... ˈpliːz gəʊ‿tʊ ˈeksɪt ...]

An Bord

On board

- Bitte das Rauchen einstellen! Anschnallen, bitte!

No smoking, please. Fasten your seat belts, please. [ˈnəʊ ˈsməʊkɪŋ pliːz. ˈfɑːsn jɔː ˈsiːtbelts pliːz]

Was ist das für ein Fluß/See/Gebirge?

What river/lake/mountain is that? [wɒt ˈrɪvə/ˈleɪk/ˈmaʊntɪn ɪz ðæt]

Wo sind wir jetzt?

Where are we now? [ˈweər‿ɑː‿wɪ ˈnaʊ]

Wann landen wir in ...?

When do we land in ...? [ˈwen dʊ‿wɪ lænd ɪn ...]

- Wir landen in etwa ... Minuten.

We'll be landing in about ... minutes. [wiːl bɪ ˈlændɪŋ ɪn əˈbaʊt ... ˈmɪnɪts]

Wie ist das Wetter in ...?

What's the weather like in ...? [ˈwɒts ðə ˈweðə laɪk ɪn ...]

Ankunft

Arrival

▶ auch **Kap. 9 – Fundbüro**

Ich finde mein Gepäck/meinen Koffer nicht.

I can't find my luggage/suitcase. [aɪ ˈkɑːnt faɪnd maɪ ˈlʌgɪdʒ/ˈsjuːtkeɪs]

Mein Gepäck ist verlorengegangen.

My luggage is missing. [maɪ ˈlʌgɪdʒ ɪz ˈmɪsɪŋ]

Mein Koffer ist beschädigt worden.	My suitcase has been damaged [maɪ ˈsju:tkeɪs həz bɪn ˈdæmɪdʒd]
An wen kann ich mich wenden?	Where can I report it? [ˈweə kən‿aɪ rɪˈpɔ:t‿ɪt]
Wo fährt der Bus zum Air Terminal ab?	Where does the Air Terminal bus leave from? [ˈweə dʌz ðɪ‿ˈeəˌtɜ:mɪnl bʌs ˈli:v frɒm]

Wortliste Flugzeug

▶ auch Wortliste Eisenbahn

Abflug	take-off [ˈteɪk-ɒf]
Anflug	approach [əˈprəʊtʃ]
Anhänger *(am Koffer)*	label [ˈleɪbl]
Ankunft	arrival [əˈraɪvl]
Ankunftszeit	time of arrival [taɪm‿əv‿əˈraɪvl]
Anschluß	connection [kəˈnekʃn]
anschnallen, sich	to fasten one's seat belt [ˈfɑ:sn wʌnz ˈsi:tbelt]
Anschnallgurt	seatbelt [ˈsi:tbelt]
Auslandsflug	international flight [ˌɪntəˈnæʃənl flaɪt]
Besatzung	crew [kru:]
an Bord	on board [ɒn ˈbɔ:d]
Bordkarte	boarding card [ˈbɔ:dɪŋ kɑ:d]
Buchung	booking [ˈbʊkɪŋ]
Business class	business class [ˈbɪznɪs klɑ:s]
Charterflug	charter flight [ˈtʃɑ:tə flaɪt]
Direktflug	direct flight [dɪˈrekt flaɪt]
einchecken	to check in [ˌtʃek‿ˈɪn]
Fenstersitz	window seat [ˈwɪndəʊ si:t]
Flug	flight [flaɪt]
~gast	passenger [ˈpæsɪndʒə]
~gesellschaft	airline [ˈeəlaɪn]
~hafenbus	airport bus [ˈeəpɔ:t ˈbʌs]
~hafengebühr	airport tax [ˈeəpɔ:t ˈtæks]
~plan	(flight) timetable [(ˈflaɪt)ˈtaɪmˌteɪbl]
~schein	plane ticket [ˈpleɪn ˈtɪkɪt]
~steig	gate [geɪt]
~strecke	route [ru:t]
~zeug	plane [pleɪn]
Gang *(im Flugzeug)*	aisle, gangway [aɪl, ˈgæŋweɪ]

Gepäck	luggage (*Am* baggage) [ˈlʌgɪdʒ, ˈbægɪdʒ]
~abfertigung	luggage/baggage check-in [ˈlʌgɪdʒ/ˈbægɪdʒ ˈtʃekɪn]
~ausgabe	luggage/baggage reclaim [ˈlʌgɪdʒ/ˈbægɪdʒ ˌriːˈkleɪm]
Handgepäck	hand luggage/baggage [ˈhænd ˈlʌgɪdʒ/ˈbægɪdʒ]
Heck	tail, rear [teɪl, rɪə]
Hubschrauber	helicopter [ˈhelɪkɒptə]
Inlandsflug	domestic flight [dəˈmestɪk flaɪt]
Kapitän	captain [ˈkæptɪn]
Kofferkuli	(luggage) trolley [(ˈlʌgɪdʒ) ˈtrɒlɪ]
landen	to land [lænd]
Landung	landing [ˈlændɪŋ]
Last minute-Flug	last-minute flight [ˈlɑːst ˈmɪnɪt flaɪt]
Linienflug	regular flight [ˈregjʊlə flaɪt]
Nichtraucher	non-smoker [ˈnɒn ˈsməʊkə]
Not|ausgang	emergency exit [ɪˈmɜːdʒənsɪ ˈeksɪt]
~landung	emergency landing [ɪˈmɜːdʒənsɪ ˈlændɪŋ]
~rutsche	emergency chute [ɪˈmɜːdʒənsɪ ʃuːt]
Passagier	passenger [ˈpæsɪndʒə]
Pilot/in	pilot [ˈpaɪlət]
planmäßiger Abflug	scheduled time of departure [ˈʃedjuːld ˈtaɪm‿əv dɪˈpɑːtʃə]
Raucher	smoker [ˈsməʊkə]
Reiseziel	destination [ˌdestɪˈneɪʃn]
Rollfeld	runway [ˈrʌnweɪ]
Schalter	counter [ˈkaʊntə]
Schwimmweste	life-jacket [ˈlaɪfˌdʒækɪt]
Sicherheitskontrolle	security control [sɪˈkjʊərətɪ kənˈtrəʊl]
Steward/eß	steward/stewardess [stjʊəd/ˌstjʊəˈdes]
stornieren	to cancel [ˈkænsl]
umbuchen	to change the booking [tʃeɪndʒ ðə ˈbʊkɪŋ]
Verspätung	delay [dɪˈleɪ]
zollfreier Laden	duty-free shop [ˈdjuːtɪˈfriː ʃɒp]
Zwischenlandung	stopover [ˈstɒpˌəʊvə]

Eisenbahn

Train

Im Reisebüro/ Auf dem Bahnhof	At the travel agent's/At the station
Eine einfache Fahrt 2. Klasse/1. Klasse nach ..., bitte.	A second-class/first-class single to ..., please. [ə 'seknd klɑ:s/'fɜ:st klɑ:s 'sɪŋgl tʊ ... pli:z]
Zweimal ... hin und zurück, bitte.	Two returns to ..., please. ['tu: rɪ'tɜ:nz tʊ ... pli:z]
Gibt es verbilligte Wochenendkarten?	Are there cheap weekend returns? ['ɑ: ðeə 'tʃi:p 'wi:kend rɪ'tɜ:nz]
Gibt es eine Ermäßigung für Kinder/Studenten?	Is there a reduction for children/ students? ['ɪz ðeər‿ə rɪ'dʌkʃn fə 'tʃɪldrən/'stju:dnts]
Bitte eine Platzkarte für den Zug um ... Uhr nach ...	I'd like to reserve a seat on the ... o'clock train to ... [aɪd 'laɪk tə‿rɪ'zɜ:v‿ə 'si:t ɒn ðə ... ə'klɒk treɪn tʊ]
• Einen Fensterplatz?	A window-seat? [ə 'wɪndəʊ si:t]
Ich möchte einen Liegewagenplatz/Schlafwagenplatz für den Zug um 20 Uhr nach ...	I'd like to book a couchette/a sleeper on the eight o'clock train to ... [aɪd 'laɪk tə bʊk‿ə ku:'ʃet/ə 'sli:pər‿ɒn‿ ‿ðɪ‿'eɪtəklɒk treɪn tʊ ...]
Gibt es einen Autoreisezug nach ...?	Is there a motorail service to ...? [ɪz deər‿ə 'məʊtəreɪl 'sɜ:vɪs tʊ ...]
Was kostet das für ein Auto mit vier Personen?	How much is it for a car and four people? ['haʊ 'mʌtʃ‿ɪz‿ɪt fər‿ə 'kɑ:r‿ənd 'fɔ: 'pi:pl]
Ich möchte diesen Koffer als Reisegepäck aufgeben.	I'd like to register this case. [aɪd 'laɪk tʊ 'redʒɪstə ðɪs 'keɪs]
Wo kann ich mein Fahrrad aufgeben?	Where can I register my bike? ['weə kən‿aɪ 'redʒɪstə maɪ 'baɪk]
• Wollen Sie Ihr Gepäck versichern?	Do you want to insure your luggage? ['dʊ‿jʊ‿wɒnt tʊ‿ɪn'ʃʊə jɔ: 'lʌgɪdʒ]

Geht das Gepäck mit dem ...-Uhr Zug ab?	Will the luggage be on the ... o'clock train? ['wɪl ðə 'lʌgɪdʒ bi:‿ɒn ðə ... ə'klɒk 'treɪn]
Wann kommt es in ... an?	When will it arrive in ...? ['wen wɪl‿ɪt‿ə'raɪv ɪn ...]
Hat der Zug aus ... Verspätung?	Is the train from ... running late? [ɪz ðə treɪn frəm . . . 'rʌnɪŋ 'leɪt]
Habe ich in ... Anschluß nach .../an die Fähre?	Is there a connection to .../a ferry at ...? [ɪz ðeər‿ə kə'nekʃn tʊ .../‿ə ferɪ ət ...]
(Wo) Muß ich umsteigen?	(Where) Do I have to change? [('weə) dʊ‿aɪ hæv‿tə 'tʃeɪndʒ]
Von welchem Gleis fährt der Zug nach ... ab?	Which platform does the ... train leave from? [wɪtʃ 'plætfɔ:m dʌz ðə ... treɪn 'li:v frɒm]
• Der Zug aus ... nach ... fährt auf Gleis 1 ein.	The train from ... going on to ... is now arriving at platform 1. [ðə treɪn frəm ... 'gəʊɪŋ‿'ɒn tʊ ... ɪz 'naʊ ə'raɪvɪŋ‿ət 'plætfɔ:m 'wʌn]
• Der Zug aus ... hat 10 Minuten Verspätung.	The train from ... is running 10 minutes late. [ðə treɪn frəm ... ɪz 'rʌnɪŋ 'ten 'mɪnɪts 'leɪt]
• Bitte einsteigen!	All aboard, please! ['ɔ:l‿ə'bɔ:d pli:z]

Im Zug	**On the train**
Verzeihung, ist dieser Platz noch frei?	Excuse me, is this seat free? [ɪks'kju:z 'mi: ɪz 'ðɪs 'si:t 'fri:]
Können Sie mir bitte helfen?	Can you help me, please? ['kən jʊ 'help mɪ pli:z]
Darf ich das Fenster öffnen/schließen?	May I open/shut the window? ['meɪ‿aɪ 'əʊpən/ʃʌt ðə 'wɪndəʊ]
Entschuldigen Sie, bitte. Dies ist ein Nichtraucherabteil.	Excuse me, this is a non-smoker. [ɪks'kju:z 'mi: ðɪs‿ɪz ə 'nɒnˌsməʊkə]
Entschuldigen Sie, das ist mein Platz. Ich habe eine Platzkarte.	Excuse me, that's my seat. I've got a reservation. [ɪks'kju:z 'mi: ðæts maɪ 'si:t. aɪv gɒt‿ə ˌrezə'veɪʃn]

• Die Fahrkarten, bitte.	Tickets, please. ['tɪkɪts 'pli:z]
• Ist noch jemand zugestiegen?	Any more tickets, please? ['enɪ mɔ: 'tɪkɪts 'pli:z]
Hält dieser Zug in …?	Does this train stop in …? ['dʌz ðɪs treɪn 'stɒp ɪn …]
Wo sind wir jetzt?	Where are we now? ['weər‿ɑ:‿wɪ 'naʊ]
Wie lange haben wir hier Aufenthalt?	How long are we stopping here? ['haʊ 'lɒŋ ɑ:‿wɪ 'stɒpɪŋ 'hɪə]
Kommen wir pünktlich an?	Will we arrive on time? ['wɪl wi:‿ə'raɪv‿ɒn 'taɪm]

Wortliste Eisenbahn

► auch Wortliste Flugzeug

Abfahrt	departure [dɪ'pɑ:tʃə]
Abfahrtszeit	time of departure [taɪm‿əv dɪ'pɑ:tʃə]
Abteil	compartment [kəm'pɑ:tmənt]
ankommen	to arrive [ə'raɪv]
Aufenthalt	stop [stɒp]
aussteigen	to get out ['get 'aʊt]
Autoreisezug	motorail service ['məʊtəreɪl 'sɜ:vɪs]
Bahn|hof	station ['steɪʃn]
~hofsrestaurant	station restaurant['steɪʃn 'restrɔ̃:]
~steigkarte	platform ticket ['plætfɔ:m 'tɪkɪt]
besetzt	*(Toilette)* engaged [ɪn'geɪdʒd]; *(Platz)* taken ['teɪkn]
D-Zug	fast train ['fɑ:st treɪn]
Eilzug	local train ['ləʊkl treɪn]
einsteigen	to get on ['get‿'ɒn]
Eisenbahn	railway ['reɪlweɪ]; train [treɪn]
~fähre	trainferry ['treɪnˌferɪ]
Ermäßigung	reduction [rɪ'dʌkʃn]
Fahr|karte	ticket ['tɪkɪt]
~kartenschalter	ticket office ['tɪkɪt‿ˌɒfɪs]
~plan	timetable ['taɪmˌteɪbl]
~preis	fare [feə]
Fensterplatz	window-seat ['wɪndəʊ si:t]
frei	*(Toilette)* vacant ['veɪknt]; *(Platz)* free [fri:]
Gang	corridor ['kɒrɪdɔ:]
Gepäck	luggage (*Am* baggage) ['lʌgɪdʒ, 'bægɪdʒ]
~ablage	luggage rack ['lʌgɪdʒ ræk]

~aufbewahrung	left-luggage office ['left 'lʌgɪdʒ ˌɒfɪs]
~schein	left-luggage ticket ['left 'lʌgɪdʒ ˌtɪkɪt]
~schließfach	left-luggage locker ['left 'lʌgɪdʒ ˌlɒkə]
~träger	porter (*Am* redcap) ['pɔ:tə, 'redkæp]
~wagen	luggage van ['lʌgɪdʒ væn]
Gleis	platform ['plætfɔ:m]
Großraumwagen	open-plan carriage ['əʊpn'plæn 'kærɪdʒ]
Hauptbahnhof	main station ['meɪn 'steɪʃn]
Hochgeschwindigkeits-zug	high-speed train ['haɪˌspi:d treɪn]
IC (Intercity)	Intercity [ˌɪntə'sɪtɪ]
Kinderfahrkarte	half [hɑ:f]
Kurswagen	through coach ['θru: 'kəʊtʃ]
Liegewagenkarte	couchette reservation [ku:'ʃet ˌrezə'veɪʃn]
Lokomotive	engine ['endʒɪn]
nachlösen	to pay on the train ['peɪ‿ɒn ðə 'treɪn]
Nichtraucherabtẹil	no-smoking compartment ['nəʊ'sməʊkɪŋ kəm'pɑ:tmənt]
Notbremse	emergency brake [ɪ'mɜ:dʒənsɪ 'breɪk]
Platzkarte	seat reservation ['si:t ˌrezə'veɪʃn]
Raucherabteil	smoking compartment ['sməʊkɪŋ kəm'pɑ:tmənt]
Reservierung	reservation [ˌrezə'veɪʃn]
Rückfahrkarte	return ticket [rɪ'tɜ:n 'tɪkɪt]
Sammelfahrschein	group ticket ['gru:p 'tɪkɪt]
Schlafwagenkarte	sleeper reservation ['sli:pə ˌrezə'veɪʃn]
Speisewagen	restaurant car ['restrɔ̃ kɑ:]
Toilette	toilet ['tɔɪlɪt]
Wagennummer	coach number ['kəʊtʃ 'nʌmbə]
Wartesaal	waitingroom ['weɪtɪŋrʊm]
Waschraum	washroom ['wɒʃrʊm]
Zugbegleitpersonal	train crew ['treɪn 'kru:]
Zuschlag	supplement ['sʌplɪmənt]
zuschlagpflichtig	subject to a supplement ['sʌbdʒɪkt tʊ‿ə 'sʌplɪmənt]

Schiff

Ship

Auskunft	Information
Welche ist die beste Schiffsverbindung nach ...?	Which is the best way to get to ... by ship? ['wɪtʃ‿ɪz ðə 'best weɪ tə get tʊ ... baɪ 'ʃɪp]

Hovercraft

Wann fährt das nächste Schiff/die nächste Fähre nach ... ab?	When does the next ship/the next ferry leave for ... ['wen dʌz ðə 'nekst 'ʃɪp/ ðə 'nekst 'ferɪ 'li:v fɔ:]
Wie lange dauert die Überfahrt?	How long does the crossing take? ['haʊ 'lɒŋ dʌz ðə 'krɒsɪŋ 'teɪk]
Welche Häfen werden angelaufen?	What ports do we call at? [wɒt 'pɔ:ts dʊ‿wɪ 'kɔ:l‿ət]
Wann legen wir in ... an?	When do we land at ...? ['wen dʊ‿wɪ lænd‿ət ...]
Wie lange haben wir Aufenthalt in ...?	How long are we stopping at ...? ['haʊ 'lɒŋ ɑ:‿wɪ 'stɒpɪŋ‿ət ...]
Ich möchte eine Schiffskarte nach ...	I'd like a ticket to ... [aɪd laɪk ə 'tɪkɪt tʊ ...]
1. Klasse	first class ['fɜ:st klɑ:s]
Touristenklasse	tourist class ['tʊərɪst klɑ:s]
eine Einzelkabine	a single cabin [ə 'sɪŋgl 'kæbɪn]
eine Zweibettkabine	a double cabin [ə 'dʌbl 'kæbɪn]
Ich möchte eine Karte für die Rundfahrt um ... Uhr.	I'd like a ticket for the round trip at ... o'clock. [aɪd laɪk ə 'tɪkɪt fə ðə 'raʊnd 'trɪp‿ət ... ə'klɒk]

An Bord — On board

Bitte, ich suche Kabine Nr. …	Excuse me, I'm looking for cabin number … [ɪksˈkjuːz ˈmiː aɪm ˈlʊkɪŋ fə ˈkæbɪn ˈnʌmbə …]
Kann ich eine andere Kabine haben?	Can I have a different cabin? [kən‿aɪ hæv‿ə ˈdɪfrənt ˈkæbɪn]
Wo ist mein Koffer/mein Gepäck?	Where's my suitcase/luggage? [ˈweəz maɪ ˈsjuːtkeɪs/ˈlʌgɪdʒ]
Wo ist der Speisesaal/der Aufenthaltsraum?	Where's the restaurant/lounge? [ˈweəz ðə ˈrestərɔ̃ːŋ/ˈlaʊndʒ]
Wann wird gegessen?	When are the meals served? [ˈwenə‿ðə ˈmiːlz sɜːvd]
Steward, bringen Sie mir bitte …	Steward, would you bring me …, please. [ˈstjʊəd ˈwʊd jʊ brɪŋ mɪ … pliːz]
Ich fühle mich nicht wohl.	I don't feel well. [aɪ ˈdəʊnt fiːl ˈwel]
Rufen Sie bitte den Schiffsarzt!	Call the ship's doctor, please. [ˈkɔːl ðə ʃɪps ˈdɒktə pliːz]
Geben Sie mir bitte ein Mittel gegen Seekrankheit.	Could you give me something for seasickness, please. [ˈkʊd jʊ gɪv‿mɪ ˈsʌmθɪŋ fə ˈsiːsɪknɪs pliːz]

Wortliste Schiff

▶ auch Wortliste Flugzeug, Eisenbahn

Anker	anchor [ˈæŋkə]
anlaufen	to call at [ˈkɔːl‿ət]
anlegen in	to land at, to dock at [ˈlænd‿ət, ˈdɒk‿ət]
Anlegeplatz	dock [dɒk]
auslaufen	to sail [seɪl]
ausschiffen	to go ashore, to disembark [ˌgəʊ əˈʃɔː, ˌdɪsɪmˈbɑːk]
Backbord	port [pɔːt]
Bootsverbindung	connection [kəˈnekʃn]
an Bord	on board [ɒn ˈbɔːd]
Buchung	booking [ˈbʊkɪŋ]
Bug	bow [baʊ]
Dampfer	steamer, steamship [ˈstiːmə, ˈstiːmʃɪp]
Deck	deck [dek]
einschiffen	to board, to embark [bɔːd, ɪmˈbɑːk]

Fähre	ferry ['ferɪ]
Auto~	carferry ['kɑ:ˌferɪ]
Eisenbahn~	trainferry ['treɪnˌferɪ]
Fahrkarte	ticket ['tɪkɪt]
Festland	mainland, dry land ['meɪnlænd, 'draɪ 'lænd]
Hafen	port [pɔ:t]
~gebühr	harbour dues ['hɑ:bə 'dju:z]
Heck	stern [stɜ:n]
Jacht	yacht [jɒt]
Kabine	cabin ['kæbɪn]
Kai	quay [ki:]
Kajüte	cabin ['kæbɪn]
Kapitän	captain ['kæptɪn]
Knoten	knot [nɒt]
Kreuzfahrt	cruise [kru:z]
Kurs	course [kɔ:s]
Küste	coast [kəʊst]
Landausflug	excursion [ɪks'kɜ:ʃn]
Landesteg	landing-stage ['lændɪŋsteɪdʒ]
Leuchtturm	lighthouse ['laɪthaʊs]
Luftkissenboot	hovercraft ['hɒvəkrɑ:ft]
Mannschaft	crew [kru:]
Matrose	sailor ['seɪlə]
Motorboot	motorboat ['məʊtəbəʊt]
Passagier	passenger ['pæsɪndʒə]
Promenadendeck	promenade deck ['prɒmənɑ:d dek]
Rettungs|boot	lifeboat ['laɪfbəʊt]
~ring	lifebelt ['laɪfbelt]
Ruder	rudder ['rʌdə]
~boot	rowing-boat ['rəʊɪŋbəʊt]
Rundfahrt	round trip ['raʊnd 'trɪp]
Schwimmweste	life-jacket ['laɪfˌdʒækɪt]
Seegang	rough seas ['rʌf 'si:z]
seekrank	seasick ['si:sɪk]
Segelboot	sailing-boat ['seɪlɪŋbəʊt]
Sonnendeck	sun deck ['sʌndek]
Steuerbord	starboard ['stɑ:bəd]
Steward	steward [stjʊəd]
Tragflächenboot	jetfoil, hydrofoil ['dʒetfɔɪl, 'haɪdrəfɔɪl]
Welle	wave [weɪv]
Zwischendeck	lower deck ['ləʊə 'dek]

An der Grenze

At the border

Paßkontrolle	**Passport control**
• Ihren Paß, bitte!	Your passport, please. [jɔ: 'pɑ:spɔ:t pli:z]
• Ihr Paß ist abgelaufen.	Your passport has expired. [jɔ: 'pɑ:spɔ:t həz‿ɪks'paɪəd]
Ich gehöre zu der Reisegesellschaft aus …	I'm with the (coach) party from … [aɪm wɪð ðə ('kəʊtʃ) 'pɑ:tɪ frəm …]
• Haben Sie ein Visum?	Have you got a visa? [həv jʊ gɒt‿ə 'vi:zə]
Kann ich das Visum hier bekommen?	Can I get a visa here? [kən‿aɪ get‿ə 'vi:zə 'hɪə]

Zollkontrolle	**Customs**
• Haben Sie etwas zu verzollen?	Have you got anything to declare? [həv jʊ gɒt‿'enɪθɪŋ tə dɪ'kleə]
Nein, ich habe nur ein paar Geschenke.	No, I've only got a few presents. ['nəʊ aɪv 'əʊnlɪ gɒt‿ə‿fju: 'preznts]

Beim britischen Zoll gibt es zwei Ausgänge:

NOTHING to declare
Hier gehen Sie durch, wenn Sie nichts zu verzollen haben.

GOODS to declare
Diesen Ausgang benutzen Sie, wenn Sie zollpflichtige Waren mit sich führen.

• Fahren Sie bitte rechts/links heran.	Pull over to the right/the left, please. ['pʊl 'əʊvə tə ðə 'raɪt/ðə 'left pli:z]
• Öffnen Sie bitte den Kofferraum/diesen Koffer.	Open the boot (*Am* trunk)/this case, please. ['əʊpən ðə 'bu:t ('trʌnk)/'ðɪs 'keɪs pli:z]
Muß ich das verzollen?	Do I have to pay duty on this? ['dʊ‿aɪ hæv‿tə peɪ 'dju:tɪ ɒn ðɪs]
Wieviel Zoll muß ich bezahlen?	How much duty do I have to pay? ['haʊ 'mʌtʃ 'dju:tɪ dʊ‿aɪ hæv‿tə 'peɪ]

Wortliste Grenze

Ausfuhr	export ['ekspɔ:t]
ausreisen	to leave the country ['li:v ðə 'kʌntrɪ]
Bestimmungen	regulations [ˌregjʊ'leɪʃnz]
Einfuhr	import ['ɪmpɔ:t]
einreisen	to enter the country ['entə ðə 'kʌntrɪ]
Familien|name	surname ['sɜ:neɪm]
~stand	marital status ['mærɪtl 'steɪtʌs]
ledig	single ['sɪŋgl]
verheiratet	married ['mærɪd]
verwitwet	(*Frau*) widow ['wɪdəʊ], (*Mann*) widower ['wɪdəʊə]
Führerschein	driving licence ['draɪvɪŋ 'laɪsns]
Geburts|datum	date of birth ['deɪt‿əv 'bɜ:θ]
~name	maiden name ['meɪdn neɪm]
~ort	place of birth ['pleɪs‿əv 'bɜ:θ]
Grenzübergang	border ['bɔ:də]
grüne Versicherungskarte	green card ['gri:n 'kɑ:d]
gültig	valid ['vælɪd]
internationaler Impfpaß	international vaccination certificate [ˌɪntə'næʃənl ˌvæksɪ'neɪʃn sə'tɪfɪkɪt]
Nationalitätskennzeichen	international car index mark [ˌɪntə'næʃənl 'kɑ:r‿ɪndeks mɑ:k]
Nummernschild	number plate ['nʌmbə pleɪt]
Paßkontrolle	passport control ['pɑ:spɔ:t kən'trəʊl]
Personalausweis	identity card [aɪ'dentɪtɪ kɑ:d]
Reisepaß	passport ['pɑ:spɔ:t]
Sichtvermerk	endorsement [ɪn'dɔ:smənt]
Staatsangehörigkeit	nationality [ˌnæʃə'nælɪtɪ]
Tollwut	rabies ['reɪbɪz]
Visum	visa ['vi:zə]
Vorname	Christian name, first name ['krɪstjən neɪm, 'fɜ:st neɪm]
Wohnort	place of residence [ˌpleɪs‿əv 'rezɪdəns]
Zoll	(*Amt*) customs ['kʌstəmz]; (*Gebühr*) duty ['dju:tɪ]
~amt	customs office ['kʌstəmz‿'ɒfɪs]
~beamter/~beamtin	customs officer ['kʌstəmz‿'ɒfɪsə]
~frei	duty-free ['dju:tɪ 'fri:]
~kontrolle	customs check ['kʌstəmz tʃek]
~pflichtig	liable to duty ['laɪəbl tə 'dju:tɪ]

Nahverkehrsmittel

Local transport

Welcher Bus/Welche Straßenbahn/Welche U-Bahnlinie fährt nach …?	Which bus/tram/underground line goes to … ? [ˈwɪtʃ bʌs/træm/ˈʌndəgraʊnd laɪn gəʊz‿tə …]
Bitte, wo ist die nächste …	Excuse me, where's the nearest … [ɪksˈkjuːz ˈmiː ˈweəz ðə ˈnɪərɪst]
Bushaltestelle?	bus stop? [ˈbʌs ˈstɒp]
Straßenbahnhaltestelle?	tram stop? [ˈtræm ˈstɒp]
U-Bahnstation?	underground station? [ˈʌndəgraʊnd ˈsteɪʃn]
Welche Linie fährt nach …?	Which line goes to … ? [ˈwɪtʃ laɪn gəʊz‿tə …]
Ist dies der richtige Bus nach …?	Does this bus go to …? [dʌz ˈðɪs ˈbʌs gəʊ tʊ …]
Wann/Wo fährt der Bus ab?	What time does the bus leave?/Where does the bus leave from? [ˈwɒt ˈtaɪm dʌz ðə bʌs ˈliːv/ˈweə dʌz ðə bʌs ˈliːv frɒm]
Wann fährt die erste/letzte U-Bahn nach …?	When's the first/last underground to …? [ˈwenz ðə ˈfɜːst/ˈlɑːst ˈʌndəgraʊnd tʊ …]
In welche Richtung muß ich fahren?	Which direction must I take? [ˈwɪtʃ dɪˈrekʃn mʌst‿aɪ ˈteɪk]
Wieviele Haltestellen sind es?	How many stops is it? [ˈhaʊ ˈmenɪ ˈstɒps‿ɪz‿ɪt]
Wo muß ich aussteigen/umsteigen?	Where do I have to get out/change? [ˈweə dʊ‿aɪ hæv‿tə get ˈaʊt/ˈtʃeɪnʒ]
Geben Sie mir bitte Bescheid, wenn ich aussteigen muß.	Will you tell me when we're there, please. [wɪl‿jʊ ˈtel mɪ wen wɪə ˈðeə pliːz]
Wo kann ich den Fahrschein kaufen?	Where can I buy a ticket? [ˈweə kən‿aɪ baɪ‿ə ˈtɪkɪt]
Bitte, einen Fahrschein nach …	To …, please. [tʊ … pliːz]
Gibt es auch Tages-/Wochenkarten?	Are there one-day/weekly tickets? [ˈɑː ðeə ˈwʌndeɪ/ˈwiːklɪ ˈtɪkɪts]
Bitte eine Touristenkarte für 4 Tage.	A four-day Travelcard, please. [ə ˈfɔːdeɪ ˈtrævlkɑːd pliːz]

Amersham
Chorleywood
Rickmansworth
Croxley
Moor Park
Northwood
Northwood Hills
Pinner
North Harrow
West Ruislip
Hillingdon
Uxbridge
Ickenham
Ruislip
Ruislip Manor
Eastcote
Ruislip Gardens
Rayners Lane
South Ruislip
West Harrow
Harrow & Wealdstone
Kenton
Northwick Park
Harrow-on-the-Hill
South Kenton
North Wembley
Wembley Central
Stonebridge Park
Harlesden
Willesden Junction
Preston Road
Wembley Park
Stanmore
Canons Park
Queensbury
Kingsbury
Neasden
Dollis Hill
Willesden Green
Kilburn
Edgware
Burnt Oak
Colindale
Hendon Central
Brent Cross
Golders Green
Hampstead
Hampstead Heath
Gospel Oak
Kentish Town West
Mill Hill East
Totteridge & Whetstone
Woodside Park
West Finchley
Finchley Central
East Finchley
Highgate
Archway
Tufnell Park
Oakwood
Southgate
Arnos Grove
Bounds Green
Wood Green
Turnpike Lane
Manor House
Tottenham Hale
Seven Sisters
Blackhorse Road
Walthamstow Central
Finsbury Park
Arsenal
Holloway Road
Caledonian Road
Drayton Park
Highbury & Islington
Caledonian Road & Barnsbury
Canonbury
Hackney Central
Hackney Wick
Dalston Kingsland
Homerton
Stratford
Essex Road
Debden
Loughton
Buckhurst Hill
Roding Valley
Chigwell
Woodford
Grange Hill
Hainault
Fairlop
Barkingside
Newbury Park
South Woodford
Snaresbrook
Redbridge
Wanstead
Gants Hill
Leytonstone
Leyton
North Weald
No service after 20.00
Upminster
Upminster Bridge
Hornchurch
Elm Park
Dagenham East
Dagenham Heathway
Becontree
Upney
Barking
East Ham
Upton Park
Plaistow
West Ham
Bromley-by-Bow
Bow Road
Bow Church
Devons Road
All Saints
Poplar
Mile End
Stepney Green
Whitechapel
Bethnal Green
Shoreditch
Aldgate East
Aldgate
Liverpool Street
Old Street
Angel
Farringdon
Barbican
Moorgate
Kensal Rise
Brondesbury Park
Brondesbury
West Hampstead
Finchley Road & Frognal
Finchley Road
Swiss Cottage
St. John's Wood
Kensal Green
Queen's Park
Kilburn Park
Maida Vale
Warwick Avenue
Royal Oak
Westbourne Park
Ladbroke Grove
Latimer Road
Edgware Road
Marylebone
Baker Street
Great Portland Street
Euston
Mornington Crescent
Camden Town
Chalk Farm
Belsize Park
Kentish Town
Camden Road
North London
King's Cross St. Pancras
Euston Square
Warren Street
Goodge Street
Russell Square
Chancery Lane
Thameslink
Paddington
Edgware Road
Regent's Park
Bayswater
Queensway
Marble Arch
Oxford Circus
Tottenham Court Road
Holborn
St. Paul's
Bank
Hanger Lane
Alperton
Sudbury Town
Sudbury Hill
South Harrow
Northolt
Greenford
Perivale
Park Royal
North Ealing
Ealing Broadway
West Acton
North Acton
East Acton
White City
Holland Park
Shepherd's Bush
Notting Hill Gate
Lancaster Gate
Bond Street
Acton Central
Ealing Common
Goldhawk Road
Kensington (Olympia)
High Street Kensington
South Acton
Acton Town
South Ealing
Northfields
Boston Manor
Osterley
Hounslow East
Hounslow Central
Hounslow West
Hatton Cross
Heathrow Terminals 1, 2, 3
Heathrow Terminal 4
Chiswick Park
Turnham Green
Stamford Brook
Ravenscourt Park
Hammersmith
Barons Court
West Kensington
Earl's Court
Gloucester Road
South Kensington
Knightsbridge
Hyde Park Corner
Green Park
Piccadilly Circus
Covent Garden
Leicester Square
Aldwych
Charing Cross
Embankment
Temple
Blackfriars
Mansion House
Cannon Street
Monument
Tower Hill
Fenchurch Street
Tower Gateway
Sloane Square
Victoria
St. James's Park
Westminster
Gunnersbury
Kew Gardens
Richmond
West Brompton
Fulham Broadway
Parsons Green
Putney Bridge
East Putney
Southfields
Wimbledon Park
Wimbledon
Pimlico
Vauxhall
Waterloo
Lambeth North
Elephant & Castle
Borough
London Bridge
Kennington
Oval
Stockwell
Brixton
Clapham North
Clapham Common
Clapham South
Balham
Tooting Bec
Tooting Broadway
Colliers Wood
South Wimbledon
Morden
Limehouse
Shadwell
Westferry
Wapping
Rotherhithe
Surrey Quays
New Cross Gate
New Cross
West India Quay
Canary Wharf
Under construction
Heron Quays
South Quay
Crossharbour
Mudchute
Island Gardens
Greenwich via Foot Tunnel
Brunswick Wharf
Blackwall
Canning Town
Royal Victoria
Prince Regent
Royal Albert
Beckton Park
Cyprus
Gallions Reach
Beckton
Custom House
Silvertown & London City Airport
North Woolwich
River Thames
UNDERGROUND
Travel Information 071-222-1234
Travelcheck 071-222-1200
Key to lines
Bakerloo
Central
Restricted service
Circle
District
Restricted service
East London
Peak hours and Sunday mornings
Hammersmith & City
Peak hours only
Jubilee
Metropolitan
Peak hours only
Northern
Piccadilly
Peak hours only
Victoria
Docklands Light Railway
Under construction
Network SouthEast
Peak hours only
Interchange stations
Connections with British Rail
Connections within walking distance
Closed Sundays
Closed Saturdays and Sundays
Served by Piccadilly line early mornings and late evenings Monday to Saturday and all day Sundays
For opening times see poster journey planners
Certain stations are closed during public holidays

A
E
500 m
SOMERSTOWN
King's Cross Station
St. Pancras Station
Euston Station
Regent's Park
Open Air Theatre
Inner Circle
Bedford College
Outer Circle
Mme. Tussaud's
Academy of Music
Marylebone Road
Holy Trinity
Euston Tower
University College
BLOOMSBURY
University
Coram Fields
Post Office Tower
British Museum
BBC
MARYLEBONE
Wallace Collection
Wigmore Hall
Cavendish Square
Oxford Circus
Oxford Street
Selfridges
Palladium
SOHO
ST. GILES
Freemasons' Hall
Royal Opera House
MAYFAIR
Roosevelt Memorial
Grosvenor House
Covent Garden Market
Somerset House
Leicester Sq.
National Gallery
St. Martin in-the-Fields
Piccadilly Circus
Museum of Mankind
Cleopatra's Needle
Trafalgar Square
Charing Cross Station
ST. JAMES'S
Whitehall
Marlborough House
St. James's Palace
Admiralty
Horse Guards
Treasury
Achilles
Apsley House
Green Park
Hyde Park Corner
Wellington Arch
Lancaster House
St. James's Park
Banqueting House
Foreign Office
Government Offices
Queen Victoria Memorial
Buckingham Palace
Palace Gardens
Queen's Galery
Wellington Barracks
Westminster Abbey
Westminster Bridge
Houses of Parliament
Royal Mews
New Scotland Yard
BELGRAVIA
Westminster Cathedral
Victoria Station
Air Terminal
Lambeth Bridge
River Thames
Tate

LONDON
D
E
F
SHOREDITCH
FINSBURY
CLERKENWELL
CITY OF LONDON
SOUTHWARK
NEWINGTON
BERMONDSEY
LAMBETH
River Thames
City Road
Goswell Road
St. John Street
Myddelton St
Avenue
Percival St
Farringdon Road
Rosebery Avenue
Clerkenwell Road
Hatton Garden
Central Street
Golden Lane
Old Street
Whitecross Street
Bunhill Row
Beech St
Chiswell St
Aldersgate Street
Long Lane
Charterhouse Street
Smithfield Market
Barbican Centre
London Wall
National Post Mus.
Holborn
Holborn Viaduct
Holborn Viaduct Station
Criminal Court
Guildhall
Moorgate
Eldon Street
Wilson Street
Appold Street
Broad Street Station
Liverpool Street Station
Spitalfields Market
Commercial Street
Great Eastern Street
Pitfield Street
New North Rd
Kingsland Road
Hackney Road
Middlesex Street
Bishopsgate
Houndsditch
Chancery Lane
Fleet Street
Strand
Temple
Ludgate Hill
St. Paul's Cathedral
Bank of England
Stock Exchange
Royal Exchange
Mansion House
Cannon St
Queen Victoria St
Leadenhall
Lloyd's
Fenchurch Street
Fenchurch St. Station
Eastcheap
New Bridge St
Blackfriars
Embankment
Upper Thames Street
HMS President
HMS Crysanthemum
HMS Wellington
Blackfriars Bridge
Southwark Bridge
Cannon Street Station
London Bridge
Billingsgate Market
Custom House
Tower
HMS Belfast
Upper Ground
National Theatre
Stamford St
Southwark Street
Southwark Cathedral
Tooley St
London Bridge Station
Waterloo Junction
Waterloo Station
Sumner Street
Union Street
Union St
The Cut
Old Vic
Lower Marsh
Waterloo Road
Blackfriars Road
Southwark Bridge Road
Borough High Street
Thomas Street
Weston Street
Bermondsey Street
Tower Bridge Road
Druid St
Long Lane
Great Dover Street
Tabard Street
Borough Road
St. George's Cathedral
Kennington Road
Lambeth Road
St. George's Road
Imperial War Museum
London Road
Newington Causeway
Harper Road
Elephant & Castle Station
New Kent Road
Bricklayer's Arms Goods Station
Abbey St
Grange
Tower Bridge Road
Pages Walk
Willow Walk
Old Kent Road
Rodney Road
Dawes Street
Walworth Road
Newington Butts
Kennington Lane
Road

Taxi

Taxi

Wo ist der nächste Taxistand?	Where's the nearest taxi rank? ['weəz ðə 'nɪərɪst 'tæksɪræŋk]
Zum Bahnhof.	To the station. [tʊ ðə 'steɪʃn]
Zum ... Hotel.	To the ... Hotel. [tʊ ðə ... həʊ'tel]
In die ...-Straße.	To ... Street. [tʊ ... stri:t]
Nach ..., bitte.	To ..., please. [tʊ ... pli:z]
Wieviel kostet es nach ...?	How much will it cost to ...? ['haʊ 'mʌtʃ wɪl‿ɪt 'kɒst tə ...]
Halten Sie bitte hier.	Could you stop here, please? ['kʊd‿jʊ 'stɒp 'hɪə pli:z]
Warten Sie bitte. Ich bin in 5 Minuten zurück.	Could you wait, please? I'll be back in 5 minutes. ['kʊd‿jʊ 'weɪt pli:z. aɪl bɪ 'bæk‿ɪn 'faɪv 'mɪnɪts]
Das ist für Sie.	That's for you. ['ðæts fə ju:]

Zu Fuß

On foot

Bitte, wo ist ...?	Excuse me, where's ..., please? [ɪks'kju:z 'mi: 'weəz ... pli:z]
Können Sie mir sagen, wie ich nach ... komme?	Could you tell me how to get to ..., please? ['kʊd‿jʊ 'tel mɪ haʊ tə get tə ... pli:z]
● Tut mir leid, das weiß ich nicht.	I'm sorry, I don't know. [aɪm 'sɒrɪ aɪ 'dəʊnt 'nəʊ]
Welches ist der kürzeste Weg nach/zu ...?	Which is the quickest way to ... ? ['wɪtʃ‿ɪz ðə 'kwɪkɪst weɪ tə ...]
Wie weit ist es zum/zur ...?	How far is it to ... ? ['haʊ 'fɑ:r‿ɪz‿ɪt tə ...]
● Es ist (nicht) weit.	It's a long way. (It's not far.) [ɪts‿ə 'lɒŋ 'weɪ (ɪts 'nɒt 'fɑ:)]
● Gehen Sie geradeaus.	Go straight on. [gəʊ 'streɪt‿'ɒn]
● Gehen Sie nach links/rechts.	Turn left/right. [tɜ:n 'left/'raɪt]

• Erste/Zweite Straße links/rechts.	The first/second street on the left/right. [ðə 'fɜ:st/'seknd stri:t ɒn ðə 'left/'raɪt]
• Überqueren Sie ...	Cross ... ['krɒs]
die Brücke.	the bridge. [ðə 'brɪdʒ]
den Platz.	the square. [ðə 'skweə]
die Straße.	the street. [ðə 'stri:t]
• Dann fragen Sie noch einmal.	Then ask again. ['ðen 'ɑ:sk ə'gen]
• Sie können es nicht verfehlen.	You can't miss it. [jʊ 'kɑ:nt 'mɪs‿ɪt]
• Sie können ... nehmen.	You can take ... [jʊ kən teɪk]
den Bus	the bus. [ðə 'bʌs]
die Straßenbahn	the tram. [ðə 'træm]
die U-Bahn	the tube (the underground). [ðə 'tju:b (ðɪ‿'ʌndəgraʊnd]

Wortliste Unterwegs in der Stadt

Abfahrt	departure [dɪ'pɑ:tʃə]
aussteigen	to get out ['get‿'aʊt]
Bus	bus [bʌs]
~bahnhof	bus station ['bʌs‿ˌsteɪʃn]
einsteigen	to get on ['get‿'ɒn]
Endstation	terminus ['tɜ:mɪnəs]
Fahr|er	driver ['draɪvə]
~kartenautomat	ticket machine ['tɪkɪt mə'ʃi:n]
~kartenverkäufer	conductor [kən'dʌktə]
~plan	timetable ['taɪmˌteɪbl]
~preis	fare [feə]
~schein	ticket ['tɪkɪt]
Fußgängerzone	pedestrian precinct [pɪ'destrɪən 'pri:sɪŋkt]
Gasse	lane, alley [leɪn, 'ælɪ]
Gebäude	building ['bɪldɪŋ]
Gehsteig	pavement (*Am* sidewalk) ['peɪvmənt, 'saɪdwɔ:k]
halten	to stop [stɒp]
Haltestelle	stop [stɒp]
Hauptstraße	main street ['meɪn 'stri:t]
Haus	house [haʊs]
~nummer	house number ['haʊs ˌnʌmbə]

Innenstadt	city centre, town centre ['sɪtɪ 'sentə, 'taʊn 'sentə]
Kirche	church [tʃɜ:tʃ]
Knopf drücken	to press the button [pres ðə 'bʌtn]
Kontrolleur	inspector [ɪn'spektə]
lösen *(Fahrschein)*	to buy a ticket [baɪ‿ə 'tɪkɪt]
Nahverkehrszug	local train ['ləʊkl 'treɪn]
Nebenstraße	sidestreet ['saɪdstri:t]
Netzkarte	travelcard ['trævlkɑ:d]
Park	park [pɑ:k]
Pauschalpreis	flat rate ['flæt 'reɪt]
Quittung	receipt [rɪ'si:t]
Richtung	direction [dɪ'rekʃn]
Schaffner	ticket-collector, conductor ['tɪkɪtkə'lektə, kən'dʌktə]
Stadt|rundfahrt	sightseeing tour ['saɪtˌsi:ɪŋ tʊə]
~teil	district ['dɪstrɪkt]
~zentrum	town centre, city centre ['taʊn 'sentə, 'sɪtɪ 'sentə]
Straße	street, road [stri:t, rəʊd]
Straßenbahn	tram [træm]
Tageskarte	one-day travelcard ['wʌndeɪ 'trævlkɑ:d]
Taxi|fahrer	taxi-driver ['tæksɪˌdraɪvə]
~stand	taxi rank ['tæksɪ ræŋk]
Trinkgeld	tip [tɪp]
U-Bahn	underground ['ʌndəgraʊnd]
Überlandbus	coach [kəʊtʃ]
Vorort	suburb ['sʌbɜ:b]
Wochenkarte	weekly season ticket ['wi:klɪ 'si:zn ˌtɪkɪt]
Zeitkarte	weekly/monthly ticket ['wi:klɪ/'mʌnθlɪ 'tɪkɪt]

4 Unterkunft
Accommodation

Auskunft

Information

Können Sie mir bitte ... empfehlen?	Can you recommend ..., please? [kən‿jʊ ˌrekəˈmend ... pli:z]
ein gutes Hotel	a good hotel [ə gʊd həʊˈtel]
ein einfaches Hotel	a cheap hotel [ə tʃi:p həʊˈtel]
eine Pension	a guest-house [ə ˈgesthaʊs]
ein Privatzimmer	a bed-and-breakfast place [ə ˈbedn ˈbrekfəst pleɪs]
Ist es zentral/ruhig/in Strandnähe gelegen?	Is it central/quiet/near the beach? [ɪz‿ɪt ˈsentrəl/ˈkwaɪət/nɪə ðə ˈbi:tʃ]
Was wird eine Übernachtung etwa kosten?	About how much will it cost a night? [əˈbaʊt ˈhaʊ ˈmʌtʃ wɪl‿ɪt kɒst‿ə ˈnaɪt]
Gibt es hier eine Jugendherberge/einen Campingplatz?	Is there a youth hostel/a camping-site here? [ˈɪz ðeər‿ə ˈju:θ ˈhɒstl/ə ˈkæmpɪŋ-saɪt hɪə]

Hotel/Pension/Privatzimmer

Hotel/Guest-house/Bed and breakfast

An der Rezeption	At the reception desk
Ich habe bei Ihnen ein Zimmer reserviert. Mein Name ist ...	I've reserved a room. My name's ... [aɪv rɪˈzɜ:vd‿ə ˈru:m. maɪ ˈneɪmz ...]
Haben Sie noch Zimmer frei?	Have you got any vacancies? [həv jʊ gɒt‿enɪ‿ˈveɪkənsɪz]
... für eine Nacht.	... for one night. [fə ˈwʌn ˈnaɪt]
... für zwei Tage/eine Woche.	... for two days/a week. [fə ˈtu: ˈdeɪz/ə ˈwi:k]
• Nein, wir sind leider vollständig belegt.	No, I'm afraid we're full up. [ˈnəʊ aɪm‿əˈfreɪd wɪə ˈfʊl‿ˈʌp]
• Ja, was für ein Zimmer wünschen Sie?	Yes, (sir/madam,) what sort of room would you like? [ˈjes (sɜ:/ˈmædəm) ˈwɒt sɔ:t‿əv ˈru:m wʊd jʊ ˈlaɪk]
ein Einzelzimmer	a single room [ə ˈsɪŋgl ru:m]
ein Doppelzimmer	a double room [ə ˈdʌbl ru:m]

ein Zweibettzimmer	a double room with twin beds [ə ˈdʌbl ruːm wɪð ˈtwɪn ˈbedz]
ein ruhiges Zimmer	a quiet room [ə ˈkwaɪət ruːm]
mit fließend Kalt- und Warmwasser	with hot and cold running water [wɪð ˈhɒt‿ən ˈkəʊld ˈrʌnɪŋ‿ˈwɔːtə]
mit Dusche	with a shower [wɪð ə ˈʃaʊə]
mit Bad	with a bath [wɪð ə ˈbɑːθ]
mit Balkon/Terrasse	with a balcony/terrace [wɪð ə ˈbælkənɪ/ˈterəs]
mit Blick aufs Meer	with a view of the sea [wɪð ə ˈvjuː‿əv ðə ˈsiː]
straßenseitig gelegen	at the front [ət ðə ˈfrʌnt]
hofseitig gelegen	at the back [ət ðə ˈbæk]
Kann ich das Zimmer ansehen?	Can I see the room? [kən‿aɪ ˈsiː ðə ˈruːm]
Dieses Zimmer gefällt mir nicht. Zeigen Sie mir bitte ein anderes.	I don't like this room. Show me another one, please. [aɪ dəʊnt ˈlaɪk ˈðɪs ruːm. ʃəʊ mɪ əˈnʌðə wʌn pliːz]
Dieses Zimmer ist sehr hübsch. Ich nehme es.	This room's very nice. I'll take it. [ˈðɪs ruːmz ˈverɪ ˈnaɪs. aɪl ˈteɪk ɪt]
Können Sie noch ein drittes Bett/Kinderbett dazustellen?	Can you put another bed/a cot in the room? [kən‿jʊ pʊt‿əˈnʌðə ˈbed/ə ˈkɒt‿ɪn ðə ruːm]
Was kostet das Zimmer mit …	How much is the room with … [ˈhaʊ ˈmʌtʃ ɪz ðə ruːm wɪð]
Frühstück?	breakfast? [ˈbrekfəst]
Halbpension?	breakfast and evening meal? [ˈbrekfəst‿ən‿ˈiːvnɪŋ ˈmiːl]
Vollpension?	full board? [ˈfʊl ˈbɔːd]
• Wollen Sie bitte den Anmeldeschein ausfüllen?	Would you fill in the registration form, please? [wʊd‿jʊ ˈfɪl‿ɪn ðə ˌredʒɪsˈtreɪʃn fɔːm pliːz]
• Darf ich Ihren Reisepaß/Personalausweis sehen?	May I see your passport/identity card? [ˈmeɪ‿aɪ siː jɔː ˈpɑːspɔːt/aɪˈdentɪtɪ kɑːd]
Bitte lassen Sie das Gepäck auf mein Zimmer bringen.	Please have the luggage taken up to my room. [ˈpliːz hæv ðə ˈlʌgɪdʒ ˈteɪkən‿ʌp tə maɪ ˈruːm]
Wo kann ich den Wagen abstellen?	Where can I park the car? [ˈweə kən‿aɪ pɑːk ðə ˈkɑː]

• In unserer Garage/Auf unserem Parkplatz.	In our garage/car-park. [ɪn‿aʊə ˈgærɑːdʒ/ˈkɑːpɑːk]
Hat das Hotel ein Schwimmbad/einen eigenen Strand?	Has the hotel got a swimming-pool/ a private beach? [həz ðə həʊˈtel gɒt‿ə ˈswɪmɪŋpuːl/ə ˈpraɪvɪt ˈbiːtʃ]

Gespräche mit dem Hotelpersonal / Talking to the hotel staff

Wann gibt es Frühstück?	What time's breakfast? [ˈwɒt‿taɪmz ˈbrekfəst]
Wo ist der Speisesaal?	Where's the restaurant? [ˈweəz ðə ˈrestərɔ̃ːŋ]
Wo kann man frühstük-ken?	Where's the breakfast-room? [ˈweəz ðə ˈbrekfəstrʊm]
Eine Treppe tiefer.	Downstairs. [ˌdaʊnˈsteəz]
• Sollen wir Ihnen das Frühstück aufs Zimmer schicken?	Would you like breakfast in your room? [wʊd‿jʊ laɪk ˈbrekfəst‿ɪn‿jɔː ˈruːm]
Schicken Sie mir bitte das Frühstück um ... Uhr aufs Zimmer.	I'd like breakfast in my room at ... o'clock, please. [aɪd laɪk ˈbrekfəst‿ɪn maɪ ˈruːm ət ... əˈklɒk pliːz]
Zum Frühstück nehme ich ...	For breakfast I'd like ... [fə ˈbrekfəst aɪd laɪk]
schwarzen Kaffee.	black coffee. [ˈblæk ˈkɒfɪ]
Kaffee mit Milch.	coffee with milk. [ˈkɒfɪ wɪð ˈmɪlk]
koffeinfreien Kaffee.	decaffeinated coffee. [dɪˈkæfɪˌneɪtɪd ˈkɒfɪ]
Tee mit Milch/Zitrone.	tea with milk/lemon. [tiː wɪð ˈmɪlk/ˈlemən]
Schokolade.	hot chocolate. [ˈhɒt ˈtʃɒklɪt]
einen Fruchtsaft.	fruit juice. [ˈfruːt dʒuːs]
ein weiches Ei.	a soft-boiled egg. [ə ˈsɒftˌbɔɪld‿ˈeg]
Rühreier.	scrambled eggs. [ˈskræmbld‿ˈegz]
verlorene Eier.	poached eggs. [ˈpəʊtʃt‿ˈegz]
Eier mit Speck.	bacon and eggs. [ˈbeɪkn‿ən‿ˈegz]
Bücklinge.	kippers. [ˈkɪpəz]
Brot/Brötchen/Toast.	bread/rolls/toast. [bred/rəʊlz/təʊst]
Butter.	butter. [ˈbʌtə]
Honig.	honey. [ˈhʌnɪ]

Marmelade/Orangenmarmelade.	jam/marmelade. [dʒæm/ˈmɑːməleɪd]
Haferbrei.	porridge. [ˈpɒrɪdʒ]
ein Müsli.	muesli. [ˈmjuːzlɪ]
ein Joghurt.	yoghurt. [ˈjɒgət]
etwas Obst.	some fruit. [səm ˈfruːt]

In vielen englischen Hotels kann man entweder continental [ˌkɒntɪˈnentl] *oder* English breakfast *bestellen.* Continental breakfast *besteht normalerweise aus Kaffee oder Tee mit z.B. Brötchen, Butter und Marmelade, während* English breakfast *auch ein warmes Essen, wie z.B.* bacon and eggs [ˈbeɪkən‿ən‿egz] *(Speck mit Spiegeleiern), einschließt.*

Könnte ich für morgen ein Lunchpaket bekommen?	Could I have a packed lunch tomorrow? [kʊd‿aɪ hæv‿ə ˈpækt ˈlʌnʃ təˈmɒrəʊ]
Wecken Sie mich bitte morgen früh um ... Uhr.	Please wake me at ... o'clock in the morning. [pliːz ˈweɪk mɪ‿ət ... əˈklɒk‿ɪn ðə ˈmɔːnɪŋ]
Würden Sie mir bitte ... bringen?	Could you bring me ..., please? [ˈkʊd‿jʊ brɪŋ mɪ ... pliːz]
noch ein Handtuch	another towel [əˈnʌðə ˈtaʊəl]
ein Stück Seife	some soap [sʌm ˈsəʊp]
einige Kleiderbügel	some coathangers [sʌm ˈkəʊtˌhæŋəz]
Wie funktioniert ...?	How does ... work? [ˈhaʊ dʌz ... ˈwɜːk]
Bitte meinen Schlüssel.	My key, please. [maɪ ˈkiː pliːz]
Hat jemand nach mir gefragt?	Did anyone ask for me? [dɪd‿ˈenɪwʌn ˈɑːsk fə miː]
Ist Post für mich da?	Are there any letters for me? [ˈɑː ðeər‿enɪ ˈletəz fə miː]
Haben Sie Ansichtskarten/Briefmarken?	Have you got any postcards/stamps? [həv‿jʊ gɒt‿ˈenɪ ˈpəʊstkɑːdz/ˈstæmps]
Wo kann ich diesen Brief einwerfen?	Where can I post this letter? [ˈweə kən‿aɪ ˈpəʊst ðɪs ˈletə]

Wo kann ich ... mieten/ausleihen?	Where can I rent/borrow ... ['weə kən‿aɪ 'rent/'bɒrəʊ]
Wo kann ich telefonieren?	Where can I make a phone-call? ['weə kən‿aɪ meɪk‿ə 'fəʊnkɔ:l]
Kann ich meine Wertsachen bei Ihnen in den Safe geben?	Can I leave my valuables in your safe? [kən‿aɪ li:v maɪ 'væljʊblz‿ɪn‿jɔ: 'seɪf]
Kann ich meine Sachen hier lassen, bis ich wiederkomme?	Can I leave my things here until I get back? [kən‿aɪ li:v maɪ 'θɪŋz hɪər‿ən'tɪl‿aɪ get 'bæk]

Beanstandungen | Complaints

Das Zimmer ist nicht gereinigt worden.	The room hasn't been cleaned. [ðə ru:m 'hæznt bɪn 'kli:nd]
Die Dusche	The shower [ðə 'ʃaʊə]
Die Spülung	The lavatory [ðə 'lævətrɪ]
Die Heizung	The heating [ðə 'hi:tɪŋ]
Das Licht	The light [ðə 'laɪt]
Das Radio	The radio [ðə 'reɪdɪəʊ]
Der Fernseher funktioniert nicht.	The television [ðə 'telɪˌvɪʒən] doesn't work. ['dʌznt 'wɜ:k]
Der Wasserhahn tropft.	The tap drips. [ðə 'tæp drɪps]
Es kommt kein (warmes) Wasser.	There's no (warm) water. [ðeəz 'nəʊ (wɔ:m) 'wɔ:tə]
Die Toilette/Das Waschbecken ist verstopft.	The toilet/wash-basin is blocked up. [ðə 'tɔɪlɪt/'wɒʃˌbeɪsn ɪz 'blɒkt 'ʌp]
Das Fenster schließt nicht/geht nicht auf.	The window doesn't shut/won't open. [ðə 'wɪndəʊ 'dʌznt 'ʃʌt/wəʊnt‿'əʊpən]
Der Schlüssel paßt nicht.	The key doesn't fit. [ðə ki: 'dʌznt 'fɪt]

Abreise — Departure

Ich reise heute abend/ morgen um ... Uhr ab.	I'm leaving this evening/tomorrow at ... o'clock. [aɪm ˈli:vɪŋ ðɪs‿ˈi:vnɪŋ/ təˈmɒrəʊ‿ət ... əˈklɒk]
Bis wann muß ich das Zimmer räumen?	By what time must I be out of the room? [baɪ ˈwɒt ˈtaɪm mʌst‿aɪ bi:‿aʊt‿əv ðə ˈru:m]
Machen Sie bitte die Rechnung fertig.	I'd like my bill, please. [aɪd laɪk maɪ ˈbɪl pli:z]
Nehmen Sie Euro-schecks?	Do you accept eurocheques? [dʊ‿jʊ əkˈsept ˈjʊərəʊˌtʃeks]
Kann ich mit Kreditkarte bezahlen?	Can I pay by credit card? [kən‿aɪ ˈpeɪ baɪ ˈkredɪtkɑ:d]
Bitte senden Sie noch ankommende Post an diese Adresse nach.	Please send any letters on to me at this address. [pli:z send ˈenɪ ˈletəz‿ˈɒn tə mi:‿ət ˈðɪs əˈdres]
Lassen Sie bitte mein Gepäck herunterbringen.	Please have my luggage brought down. [ˈpli:z hæv maɪ ˈlʌgɪdʒ ˌbrɔ:t ˈdaʊn]
Rufen Sie mir bitte ein Taxi.	Would you call a taxi for me, please. [wʊd‿jʊ kɔ:l‿ə ˈtæksɪ fə mi: pli:z]
Vielen Dank für alles. Auf Wiedersehen.	Thank you very much for everything. Goodbye! [ˈθæŋk jʊ ˈverɪ ˈmʌtʃ fər‿ˈevrɪθɪŋ. ˌgʊd ˈbaɪ]

Wortliste Hotel/Pension/Privatzimmer

Abendessen	dinner [ˈdɪnə]
Anmeldung	registration [ˌredʒɪsˈtreɪʃn]
Aschenbecher	ashtray [ˈæʃtreɪ]
Aufenthaltsraum	lounge [laʊnʒ]
Aufzug	lift (*Am* elevator) [lɪft, ˈelɪveɪtə]
Bade|wanne	bath [bɑ:θ]
~zimmer	bathroom [ˈbɑ:θrʊm]
Balkon	balcony [ˈbælkənɪ]
Bett	bed [bed]
~decke	blanket [ˈblæŋkɪt]
~laken	sheet [ʃi:t]
~wäsche	bed-linen [ˈbedˌlɪnɪn]

Dusche	shower [ˈʃaʊə]
Empfangshalle	reception [rɪˈsepʃn]
Etage	floor, storey [flɔː, ˈstɔːrɪ]
Fenster	window [ˈwɪndəʊ]
Fernseher	television, TV [ˈtelɪˌvɪʒn, ˌtiːˈviː]
Fernsehraum	television lounge [ˈtelɪˌvɪʒn laʊnʒ]
Frühstück	breakfast [ˈbrekfəst]
Frühstücksraum	breakfast-room [ˈbrekfəstrʊm]
Halbpension	half board [ˈhɑːf ˈbɔːd]
Handtuch	towel [ˈtaʊəl]
Hauptsaison	high season [ˈhaɪ ˌsiːzn]
Heizung	heating [ˈhiːtɪŋ]
Kinder|betreuung	babysitting service [ˈbeɪbɪˌsɪtɪŋ ˈsɜːvɪs]
~bett	cot [kɒt]
~spielplatz	children's playground [ˈtʃɪldrənz ˈpleɪgraʊnd]
Kleider|bügel	coathanger [ˈkəʊtˌhæŋə]
~schrank	wardrobe [ˈwɔːdrəʊb]
Klimaanlage	air-conditioning [ˈeəkənˌdɪʃnɪŋ]
Kopfkissen	pillow [ˈpɪləʊ]
Kost und Logis	board and lodging [ˈbɔːd‿ən ˈlɒdʒɪŋ]
Lampe	lamp [læmp]
Lichtschalter	light switch [ˈlaɪtswɪtʃ]
Matratze	mattress [ˈmætrɪs]
Mittagessen	lunch [lʌntʃ]
Motel	motel [məʊˈtel]
Nachsaison	low season [ˈləʊ ˌsiːzn]
Nachttisch	bedside table [ˈbedsaɪd ˈteɪbl]
~lampe	reading-lamp [ˈriːdɪŋlæmp]
Nackenrolle	bolster [ˈbəʊlstə]
Papierkorb	wastepaper basket [ˌweɪsˈpeɪpə ˌbɑːskɪt]
Pension	guest house [ˈgesthaʊs]; *(Halb~/ Voll~)* half/full board [ˈhɑːf/ˈfʊl ˈbɔːd]
Planschbecken	paddling pool [ˈpædlɪŋ ˈpuːl]
Portier	porter [ˈpɔːtə]
Radio	radio [ˈreɪdɪəʊ]
reinigen	to clean [kliːn]
Reservierung	reservation [ˌrezəˈveɪʃn]
Rezeption	reception [rɪˈsepʃn]
Safe	safe [seɪf]
Schlüssel	key [kiː]
Schrank	cupboard [ˈkʌbəd]
Sessel	armchair [ˈɑːmˈtʃeə]
Speisesaal	dining-room [ˈdaɪnɪŋrʊm]

Spiegel	mirror [ˈmɪrə]
Steckdose	(wall-)socket [(ˈwɔːl)ˈsɒkɪt]
Stecker	plug [plʌg]
Terrasse	terrace [ˈterəs]
Toilette	lavatory, toilet [ˈlævətrɪ, ˈtɔɪlɪt]
Toilettenpapier	toilet-paper [ˈtɔɪlɪtˌpeɪpə]
Übernachtung mit Frühstück	bed and breakfast [ˈbed‿ən ˈbrekfəst]
Ventilator	ventilator [ˈventɪˌleɪtə]
Verlängerungsschnur	extension lead [ɪksˈtenʃn liːd]
Vollpension	full board [ˈfʊl ˈbɔːd]
Vorsaison	low season [ˈləʊ ˌsiːzn]
Waschbecken	washbasin [ˈwɒʃˌbeɪsn]
Wasser	water [ˈwɔːtə]
kaltes~	cold water [ˈkəʊld ˈwɔːtə]
warmes~	warm water [ˈwɔːm ˈwɔːtə]
~glas	tumbler, glass [ˈtʌmblə, glɑːs]
~hahn	tap (*Am* faucet) [tæp, ˈfɔːsɪt]
Wolldecke	blanket [ˈblæŋkɪt]
Zimmer	room [ruːm]
~mädchen	(chamber)maid [(ˈtʃeɪmbə)meɪd]
Zwischenstecker	adapter [əˈdæptə]

Ferienhäuser/Ferienwohnungen

Holiday cottages/Holiday flats

Ist der Strom-/Wasserverbrauch im Mietpreis enthalten?	Is electricity/water included in the price? [ɪz‿ɪˌlekˈtrɪsɪtɪ/ˈwɔ:tə ɪnˈklu:dɪd‿ɪn ðə ˈpraɪs]
Sind Haustiere erlaubt?	Are pets allowed? [ɑ: ˈpets‿əˈlaʊd]
Wo bekommen wir die Schlüssel für das Haus/die Wohnung?	Where can we pick up the keys to the house/the flat? [ˈweə‿kən‿wɪ ˈpɪkˌʌp ðə ki:z tə ðə ˈhaʊs/ðə ˈflæt]
Müssen wir sie dort auch wieder abgeben?	Do we have to return them to the same place? [dʊ‿wɪ hæv‿tə rɪˈtɜ:n ðəm tə ðə ˈseɪm ˈpleɪs]
Wo befinden sich die Mülltonnen?	Where are the dustbins? [ˈweərə ðə ˈdʌsbɪnz]
Müssen wir die Endreinigung selbst übernehmen?	Do we have to clean the flat before we leave? [dʊ‿wɪ hæv‿tə ˈkli:n ðə flæt bɪˈfɔ: wɪ ˈli:v]

Wortliste Ferienhäuser/Ferienwohnungen

Anreisetag	day of arrival [deɪ‿əv‿əˈraɪvl]
Appartement	flat (*Am* apartment) [flæt, əˈpɑ:tmənt]
Bungalow	bungalow [ˈbʌŋgələʊ]
Etagenbett	bunk bed [ˈbʌŋk ˌbed]
Ferien|anlage	holiday camp [ˈhɒlədɪ kæmp]
~haus	holiday home [ˈhɒlədɪ ˌhəʊm]
~wohnung	holiday flat [ˈhɒlədɪ ˌflæt]
Geschirr|handtuch	tea towel [ˈti: ˌtaʊəl]
~spülmaschine	dishwasher [ˈdɪʃˌwɒʃə]
Haus|besitzer	landlord, landlady [ˈlænlɔ:d, ˈlænˌleɪdɪ]
~tiere	pets [pets]
Herd	cooker, stove [ˈkʊkə, stəʊv]
Elektro~	electric cooker [ɪˈlektrɪk ˈkʊkə]
Gas~	gas cooker [ˈgæs ˌkʊkə]
Kaffeemaschine	coffee machine [ˈkɒfɪ məˈʃi:n]
Kochnische	kitchenette [ˌkɪtʃɪˈnet]
Kühlschrank	refrigerator, fridge [rɪˈfrɪdʒəreɪtə, frɪdʒ]

Miete	rent [rent]
Müll	rubbish (*Am* garbage) [ˈrʌbɪʃ, ˈgɑːbɪdʒ]
Nebenkosten	additional costs, extras [əˈdɪʃənl ˈkɒsts, ˈekstrəz]
Prospekt	brochure [ˈbrəʊʃə]
Schlaf|couch	studio couch [ˈstjuːdɪəʊ kaʊtʃ]
~zimmer	bedroom [ˈbedrʊm]
Strom	electricity [ˌɪlekˈtrɪsətɪ]
~spannung	voltage [ˈvəʊltɪdʒ]
Toaster	toaster [ˈtəʊstə]
vermieten	to let, to rent [let, rent]
Waschmaschine	washing machine [ˈwɒʃɪŋ məˈʃiːn]
Wohnzimmer	living-room [ˈlɪvɪŋrʊm]
Zentralheizung	central heating [ˈsentrəl ˈhiːtɪŋ]

Camping

Camping

Gibt es in der Nähe einen Campingplatz?	Is there a camping-site nearby? [ˈɪz ðeər‿ə ˈkæmpɪŋsaɪt ˈnɪəˈbaɪ]
Haben Sie noch Platz für einen Wohnwagen/ein Zelt?	Have you got room for another caravan/tent? [həv‿jʊ gɒt ruːm fər‿əˈnʌðə ˈkærəvæn/ˈtent]
Wie hoch ist die Gebühr pro Tag und Person?	How much does it cost per day and person? [ˈhaʊ ˈmʌtʃ dʌz‿ɪt ˈkɒst pə ˈdeɪ‿ən ˈpɜːsn]
Wie hoch ist die Gebühr für …	What's the charge for … [ˈwɒts ðə ˈtʃɑːdʒ fə]
das Auto?	the car? [ðə ˈkɑː]
den Wohnwagen/das Wohnmobil?	the caravan/the mobile home? [ðə ˈkærəvæn/ðə ˈməʊbaɪl ˈhəʊm]
das Zelt?	the tent? [ðə ˈtent]
Vermieten Sie Ferienhäuser/Wohnwagen?	Do you rent chalets/caravans? [dʊ‿jʊ rent ˈʃæleɪz/ˈkærəvænz]
Wo kann ich meinen Wohnwagen aufstellen/mein Zelt aufschlagen?	Where can I park my caravan/put up my tent? [ˈweə kən‿aɪ ˈpɑːk maɪ ˈkærəvæn/ˈpʊt‿ʌp maɪ ˈtent]

Wir bleiben ... Tage/ Wochen.	We'll be staying for ... days/weeks. [wi:l bɪ 'steɪɪŋ fə ... 'deɪz/'wi:ks]
Gibt es hier ein Lebensmittelgeschäft?	Is there a food-store here? ['ɪz ðeər‿ə 'fu:dstɔ: hɪə]
Wo sind die ...	Where are the ... ['weər‿ə ðə]
Toiletten?	toilets? ['tɔɪlɪts]
Waschräume?	washrooms? ['wɒʃˌru:mz]
Duschen?	showers? ['ʃaʊəz]
Gibt es hier Stromanschluß?	Are there electric points here? ['ɑ: ðɛər‿ɪ'lektrɪk 'pɔɪnts hɪə]
Haben Sie 220 oder 110 Volt?	Is it 220 or 110 volts? [ɪz‿ɪt 'tu:'hʌndrəd‿ən 'twentɪ‿ɔ:r‿ə'hʌndrəd‿ən 'ten ˌvəʊlts]
Wo kann ich Gasflaschen umtauschen/ausleihen?	Where can I exchange/hire gas canisters? ['weə kən‿aɪ ɪks'tʃeɪndʒ/'haɪə 'gæs 'kænɪstəz]
Ist der Campingplatz bei Nacht bewacht?	Is the camping-site guarded at night? [ɪz ðə 'kæmpɪŋsaɪt 'gɑ:dɪd‿ət 'naɪt]
Gibt es hier einen Kinderspielplatz?	Is there a children's playground here? ['ɪz ðeər‿ə 'tʃɪldrənz 'pleɪgraʊnd hɪə]
Können Sie mir bitte ... leihen?	Could you lend me ..., please? ['kʊd‿jʊ 'lend mɪ ... pli:z]

Jugendherberge

Youth hostel

Kann ich bei Ihnen Bettwäsche/einen Schlafsack leihen?	Can I hire bed-linen/a sleeping-bag? [kən‿aɪ ˈhaɪə ˈbedlɪnɪn/ə ˈsli:pɪŋbæg]
• Die Eingangstür wird um 24 Uhr abgeschlossen.	The front door is locked at midnight. [ðə ˈfrʌnt ˈdɔ:r‿ɪz ˈlɒkt‿ət ˈmɪdnaɪt]

Wortliste Camping/Jugendherberge

Bauernhof	farm [fɑ:m]
Benutzungsgebühr	(hire) charge [(ˈhaɪə) tʃɑ:dʒ]
Camping	camping [ˈkæmpɪŋ]
~führer	camping guide [ˈkæmpɪŋ gaɪd]
~platz	camping-site [ˈkæmpɪŋsaɪt]
Gas|flasche	gas canister [ˈgæs ˈkænɪstə]
~kocher	gas-cooker [ˈgæsˌkʊkə]
Geschirrspülbecken	sink [sɪŋk]
Herbergsmutter/-vater	warden [ˈwɔ:dn]
Hering *(Zeltpflock)*	tent peg [ˈtentpeg]
Jugendherberge	youth hostel [ˈju:θˌhɒstl]
Jugendherbergs|ausweis	youth hostel pass [ˈju:θˌhɒstl pɑ:s]
~verband	Youth Hostels Association [ˈju:θˌhɒstlz‿əˌsəʊsɪˈeɪʃn]
Kinderspielplatz	children's playground [ˈtʃɪldrənz ˈpleɪgraʊnd]
Kocher	cooker [ˈkʊkə]
leihen	hire [ˈhaɪə]

Leihgebühr	hire charge ['haɪə tʃɑ:dʒ]
Mitgliedskarte	membership card ['membəʃɪp kɑ:d]
Petroleumlampe	paraffin lamp ['pærəfɪn læmp]
Propangas	calor gas ['kælə gæs]
Schlaf|saal	dormitory ['dɔ:mɪtrɪ]
~sack	sleeping-bag ['sli:pɪŋbæg]
Steckdose	(wall-)socket [('wɔ:l)'sɒkɪt]
Stecker	plug [plʌg]
Strom	electricity [ˌɪlek'trɪsətɪ]
~anschluß	electric point [ɪ'lektrɪk 'pɔɪnt]
Studentenwohnheim	hall of residence, student hostel ['hɔ:l‿əv 'rezɪdəns, 'stju:dnt 'hɒstl]
Tagesraum	day room ['deɪ ru:m]
Trinkwasser	drinking-water ['drɪŋkɪŋˌwɔ:tə]
Voranmeldung	booking ['bʊkɪŋ]
Waschraum	washroom ['wɒʃrʊm]
Wäschetrockner	drier ['draɪə]
Wasser	water ['wɔ:tə]
Wohn|mobil	mobile home ['məʊbaɪl 'həʊm]
~wagen	caravan ['kærəvæn]
Zelt	tent [tent]
zelten	to camp [kæmp]
Zelt|pflock	tent peg ['tentpeg]
~stange	tentpole ['tentpəʊl]

5 Gastronomie
Eating and drinking

Essen gehen

Eating out

Wo gibt es hier ...	Is there ... here? [ˈɪz ðɛər‿... ˈhɪə]
ein gutes Restaurant?	a good restaurant [‿ə ˈgʊd ˈrestərɔ̃ːŋ]
ein typisches Restaurant?	a restaurant with local specialities [ə ˈrestərɔ̃ːŋ wɪð ˈləʊkl ˌspeʃɪˈælɪtɪz]
ein chinesisches/indisches/italienisches Restaurant?	a Chinese/an Indian/an Italian restaurant [ə ˌtʃaɪˈniːz/ən‿ˈɪndjən/ən‿ɪˈtæljən ˈrestərɔ̃ːŋ]
ein nicht zu teures Restaurant?	an inexpensive restaurant [ən‿ˌɪnɪkˈspensɪv ˈrestərɔ̃ːŋ]
einen Schnellimbiß?	a fast-food restaurant [ə ˈfɑːstˌfuːd ˈrestərɔ̃ːŋ]

Pubs (public houses) *sind meist gemütliche Kneipen. Man steht an der Theke oder sitzt an einem Tisch, unterhält sich und trinkt z. B. Bier vom Faß* (draught beer), *Whisky oder Gin. Die Getränke muß man sich selbst an der Theke abholen. In manchen Pubs werden auch Spiele gespielt – z. B. Domino, Billard oder* Darts *(Pfeilwerfen).*

Im Restaurant

At the restaurant

Reservieren Sie uns bitte für heute abend einen Tisch für 4 Personen.	Would you reserve us a table for four for this evening, please? ['wʊd‿jʊ rɪ'zɜːv‿əs‿ə 'teɪbl fə 'fɔː fə ðɪs‿'iːvnɪŋ pliːz]
Ist dieser Tisch/Platz noch frei?	Is this table/seat free? [ɪz ðɪs 'teɪbl/'siːt 'friː]
Einen Tisch für 2/3 Personen, bitte.	A table for two/three, please. [ə 'teɪbl fə 'tuː/'θriː pliːz]
Wo sind bitte die Toiletten?	Where are the toilets, please? ['weərə ðə 'tɔɪlɪts pliːz]
• Bitte hier entlang.	This way, please ['ðɪs 'weɪ pliːz]

Bestellung

Frühstück ▶ Kap. 4

Ordering

Herr Ober, die Speisekarte, die Weinkarte, bitte.	Waiter, could I have ['weɪtə, 'kʊd‿aɪ hæv] the menu, [ðə 'menjuː] the winelist, please? [ðə 'waɪnlɪst pliːz]
Was können Sie mir empfehlen?	What can you recommend? ['wɒt kən‿jʊ ˌrekə'mend]
Haben Sie vegetarische Gerichte?	Do you do vegetarian dishes? [dʊ‿jʊ duː ˌvedʒɪ'teərɪən ˌdɪʃɪz]
Gibt es auch Kinderportionen?	Do you do half portions for children? [dʊ‿jʊ duː 'hɑːf 'pɔːʃnz fə 'tʃɪldrən]
• Haben Sie schon gewählt?	Are you ready to order? [ɑː‿jʊ 'redɪ tʊ‿'ɔːdə]
• Was nehmen Sie als Vorspeise/Hauptgericht/Nachtisch?	What would you like as a starter/for your main course/for dessert? ['wɒt wʊd‿jʊ 'laɪk‿əz‿ə 'stɑːtə/fə jɔː 'meɪn kɔːs/fə dɪ'zɜːt]
Ich nehme …	I'll have … [aɪl hæv …]
Ich möchte keine Vorspeise, danke.	I don't want a starter, thank you. [aɪ 'dəʊnt 'wɒnt‿ə 'stɑːtə 'θæŋkjʊ]
• Wir haben leider kein/e … mehr.	I'm afraid we've run out of … [aɪm‿ə'freɪd wiːv 'rʌn‿'aʊt‿əv …]

Könnte ich statt … … haben?	Could I have … instead of …? [kʊd‿aɪ hæv ˈ… ɪnˈsted‿əv ˈ…]
Ich vertrage kein/e …	I'm allergic to … [aɪm‿əˈlɜ:dʒɪk tʊ]
● Wie möchten Sie Ihr Steak haben?	How would you like your steak? [ˈhaʊ wʊd‿jʊ ˈlaɪk jɔ: ˈsteɪk]
gut durch	well-done [ˈwelˈdʌn]
halbdurch	medium [ˈmi:djəm]
englisch	rare [reə]
● Was wollen Sie trinken?	What would you like to drink? [ˈwɒt wʊd‿jʊ ˈlaɪk tə ˈdrɪŋk]
Bitte ein Glas …	A glass of …, please. [ə ˈglɑ:s‿əv … pli:z]
Bitte eine Flasche/eine halbe Flasche …	A bottle of/Half a bottle of …, please. [ə ˈbɒtl‿əv/ˈhɑ:f‿ə ˈbɒtl‿əv … pli:z]
Mit Eis, bitte.	With ice, please. [wɪð‿ˈaɪs pli:z]
● Haben Sie noch einen Wunsch?	Would you like anything else? [wʊd‿jʊ ˈlaɪk‿ˈenɪθɪŋ‿ˈels]
Bitte bringen Sie uns …	Bring us …, please. [ˈbrɪŋ‿əs … pli:z]
Könnten wir noch etwas Brot/Wasser/Wein bekommen?	Could we have some more bread/water/wine, please? [kʊd wɪ hæv ˈsʌm‿ˈmɔ: ˈbred/ˈwɔ:tə/ˈwaɪn pli:z]

Beanstandungen

Complaints

Hier fehlt ein/e …	We need another … [wɪ ni:d əˈnʌðə]
Haben Sie mein/e … vergessen?	Have you forgotten my …? [həv‿jʊ fəˈgɒtn maɪ ˈ…]
Das habe ich nicht bestellt.	I didn't order that. [aɪ ˈdɪdnt ˈɔ:də ˈðæt]
Das Essen ist kalt/versalzen.	The food's cold/too salty. [ðə fu:dz ˈkəʊld/tu: ˈsɔ:ltɪ]
Das Fleisch ist zäh/zu fett.	The meat's tough/too fat. [ðə mi:ts ˈtʌf/tu: ˈfæt]
Der Fisch ist nicht frisch.	The fish isn't fresh. [ðə ˈfɪʃ ɪznt ˈfreʃ]
Nehmen Sie es bitte zurück.	Take it back, please. [teɪk‿ɪt ˈbæk pli:z]
Holen Sie bitte den Chef.	Fetch the manager, please. [ˈfetʃ ðə ˈmænɪdʒə pli:z]

Die Rechnung

The bill

Bezahlen, bitte.	Could I have the bill, please? ['kʊd‿aɪ hæv ðə 'bɪl pliːz]
Wir haben es eilig.	We're in rather a hurry. ['wɪər‿ɪn 'rɑːðər‿ə 'hʌrɪ]
Bitte alles zusammen.	All together, please. ['ɔːl tə'geðə pliːz]
Getrennte Rechnungen, bitte.	Separate bills, please. ['seprɪt 'bɪlz pliːz]
Ist die Bedienung inklusive?	Is service included? [ɪz 'sɜːvɪs ˌɪn'kluːdɪd]
Die Rechnung scheint mir nicht zu stimmen.	There seems to be a mistake on the bill. [ðeə 'siːmz tə biː‿ə mɪ'steɪk‿ɒn ðə 'bɪl]
Das habe ich nicht gehabt. Ich hatte …	I didn't have that. I had … [aɪ 'dɪdnt 'hæv 'ðæt. aɪ 'hæd …]
• Hat es geschmeckt?	Did you enjoy your meal? [dɪd‿jʊ‿ɪn'dʒɔɪ jɔː 'miːl]
Das Essen war ausgezeichnet.	The food was excellent. [ðə 'fuːd wəz‿'eksələnt]
Das ist für Sie.	That's for you. ['ðæts fə 'juː]
Es stimmt so.	Keep the change. ['kiːp ðə 'tʃeɪnʒ]

Einladung zum Essen/Essen in Gesellschaft

As a dinner guest

Vielen Dank für die Einladung!	Thank you very much for the invitation. ['θæŋkjʊ 'verɪ 'mʌtʃ fə ðɪ‿ˌɪnvɪ'teɪʃn]
• Greifen Sie zu!	Help yourself! ['help jɔː'self]
Auf Ihr Wohl!	Cheers! [tʃɪəz]
Können Sie mir bitte … reichen?	Could you pass me the …, please? ['kʊd‿jʊ 'pɑːs mɪ ðə '… pliːz]
• Noch etwas …?	Would you like some more … ? [wʊd‿jʊ 'laɪk sʌm mɔː '…]
Danke, es war reichlich.	No, thank you. It was plenty. ['nəʊ ˌθænkjʊ. ɪt wəz 'plentɪ]
Ich bin satt, danke.	I'm full, thank you. [aɪm 'fʊl 'θæŋkjʊ]
Darf ich rauchen?	Do you mind if I smoke? [djʊ 'maɪnd‿ɪf‿aɪ 'sməʊk]

Wortliste Gastronomie

► auch Wortliste Lebensmittel

Abendessen	dinner ['dɪnə]
alkoholfrei	non-alcoholic ['nɒnælkə'hɒlɪk]
anmachen *(Salat)*	to dress [dres]
Aschenbecher	ashtray ['æʃtreɪ]
Bar	bar [bɑ:]
bedienen, sich	to help oneself ['help wʌn'self]
Beilage	side-dish ['saɪd‿dɪʃ]
Besteck	cutlery: knife, fork and spoon ['kʌtlərɪ, 'naɪf, 'fɔ:k‿ən 'spu:n]
bestellen	to order ['ɔ:də]
Bestellung	order ['ɔ:də]
Bier	beer [bɪə]
Brot	bread [bred]
Diabetiker	diabetic [ˌdaɪə'betɪk]
Dressing	dressing ['dresɪŋ]
durchgebraten	well-done ['wel'dʌn]
Eierbecher	egg-cup ['egkʌp]
entkorken	to uncork ['ʌn'kɔ:k]
Essig	vinegar ['vɪnɪgə]
Faß, vom	draught [drɑ:ft]
Fett	fat [fæt]
Fleck	stain ['steɪn]
frisch	fresh [freʃ]
Frühstück	breakfast ['brekfəst]
Füllung	stuffing ['stʌfɪŋ]
Gabel	fork [fɔ:k]
Gang	course [kɔ:s]
gar	done [dʌn]
gebacken	baked [beɪkt]
gebraten	roasted ['rəʊstɪd]
am Spieß	spit-roasted ['spɪtˌrəʊstɪd]
vom Grill	grilled [grɪld]
in der Pfanne	fried [fraɪd]
gedämpft	steamed [sti:md]
gedünstet	steamed [sti:md]
gefüllt	stuffed [stʌft]
gekocht	boiled [bɔɪld]
geräuchert	smoked [sməʊkt]
Gericht	dish [dɪʃ]
geröstet *(Brot)*	toasted ['təʊstɪd]
Geschmack	taste [teɪst]
geschmort	braised [breɪzd]

Getränk	drink [drɪŋk]
Gewürz	seasoning, spice ['si:znɪŋ, spaɪs]
Glas	glass [glɑ:s]
Wein~	wineglass ['waɪnglɑ:s]
Gräte	fishbone ['fɪʃbəʊn]
hart(gekocht)	hard-boiled ['hɑ:dˌbɔɪld]
Hauptspeise	main course ['meɪn 'kɔ:s]
hausgemacht	home-made [ˌhəʊm'meɪd]
heiß	hot [hɒt]
hungrig sein	to be hungry ['hʌŋgrɪ]
Kaffeekanne	coffee-pot ['kɒfɪpɒt]
kalt	cold [kəʊld]
Karaffe	carafe [kə'ræf]
Kartoffeln	potatoes [pə'teɪtəʊz]
Kellner/in	waiter/waitress ['weɪtə/'weɪtrɪs]
Ketchup	ketchup ['ketʃʌp]
Kinderteller	children's portion ['tʃɪldrənz 'pɔ:ʃn]
Knoblauch	garlic ['gɑ:lɪk]
Knochen	bone [bəʊn]
Koch	cook [kʊk]
kochen	to cook, (*Wasser*) to boil [kʊk, bɔɪl]
Korkenzieher	corkscrew ['kɔ:kskru:]
Kräuter	herbs [hɜ:bz]
Kümmel	caraway seed(s) ['kærəweɪ si:d(z)]
Löffel	spoon [spu:n]
Tee~	teaspoon ['ti:spu:n]
Lorbeerblätter	bay-leaves ['beɪlɪv:z]
mager	lean [li:n]
Mayonnaise	mayonnaise [ˌmeɪə'neɪz]
Menü	set meal/menu ['set 'mi:l/'menju:]
Messer	knife [naɪf]
Mittagessen	lunch [lʌntʃ]
Muskatnuß	nutmeg ['nʌtmeg]
Nachtisch	dessert, sweet [dɪ'zɜ:t, swi:t]
Nelken	cloves [kləʊvz]
Nudeln	noodles ['nu:dlz]
Ober (*Anrede*)	waiter ['weɪtə]
Öl	oil [ɔɪl]
Oliven	olives ['ɒlɪvz]
~öl	olive oil ['ɒlɪv‿'ɔɪl]
Paprika	*(Gewürz)* paprika ['pæprɪkə]; *(Schote)* pepper ['pepə]
Petersilie	parsley ['pɑ:slɪ]
Pfeffer	pepper ['pepə]
~streuer	pepper-pot ['pepəpɒt]
Pommes frites	chips, French fries [tʃɪps, 'frenʃ 'fraɪz]

Portion	portion ['pɔ:ʃn]
probieren	to try [traɪ]
Reis	rice [raɪs]
roh	raw [rɔ:]
Rost	grill [grɪl]
saftig	juicy ['dʒu:sɪ]
Salat	salad ['sæləd]
~büfett	salad bar ['sæləd bɑ:]
Salz	salt [sɔ:lt]
~streuer	salt cellar ['sɔ:ltˌselə]
sauer	sour ['saʊə]
scharf	hot [hɒt]
Scheibe	slice [slaɪs]
Schonkost	diet ['daɪət]
Schüssel	dish, bowl [dɪʃ, bəʊl]
Senf	mustard ['mʌstəd]
Serviette	serviette, napkin [ˌsɜ:vɪ'et, 'næpkɪn]
Soße	sauce; (*zum Braten*) gravy [sɔ:s, 'greɪvɪ]
Speise	dish [dɪʃ]
~karte	menu ['menju:]
Spezialität	speciality [ˌspeʃɪ'ælɪtɪ]
Strohhalm	straw [strɔ:]
Suppe	soup [su:p]
süß	sweet [swi:t]
Süßstoff	sweetener ['swi:tnə]
Tages|gericht	dish of the day ['dɪʃ‿əv ðə 'deɪ]
~menü	menu of the day ['menju:‿əv ðə 'deɪ]
Tasse	cup [kʌp]
Unter~	saucer ['sɔ:sə]
Teekanne	teapot ['ti:pɒt]
Teller	plate [pleɪt]
Tischtuch	tablecloth ['teɪblklɒθ]
Trinkgeld	tip [tɪp]
trocken *(Wein)*	dry [draɪ]
vegetarisch	vegetarian [ˌvedʒɪ'teərɪən]
Vorspeise	hors d'œuvre, starter [ɔ:'dɜ:vr, 'stɑ:tə]
Wasser	water ['wɔ:tə]
weich*(gekocht)*	soft-boiled ['sɒftˌbɔɪld]
Wein	wine [waɪn]
würzen	to season ['si:zn]
zäh	tough [tʌf]
Zahnstocher	toothpick ['tu:θpɪk]
zart	tender ['tendə]
Zitrone	lemon ['lemən]
Zucker	sugar ['ʃʊgə]
Zwiebel	onion ['ʌnjən]

Menu

Speisekarte

Hors d'œuvres	Vorspeisen
grapefruit juice ['greɪpfru:t dʒu:s]	Grapefruitsaft
orange juice ['ɒrɪndʒ dʒu:s]	Orangensaft
tomato juice [tə'mɑ:təʊ dʒu:s]	Tomatensaft
melon ['melən]	Melone
grapefruit cocktail ['greɪpfru:t 'kɒkteɪl]	Grapefruitcocktail
liver sausage ['lɪvə 'sɒsɪdʒ]	Leberwurst
ham [hæm]	Schinken
clams [klæmz]	Venusmuscheln
cockles ['kɒklz]	Herzmuscheln
mussels ['mʌslz]	Muscheln
crab [kræb]	Krebs
lobster ['lɒbstə]	Hummer
oysters ['ɔɪstəz]	Austern
sardines [sɑ:'di:nz]	Sardinen
shrimp/prawn cocktail ['ʃrɪmp/'prɔ:n 'kɒkteɪl]	Garnelencocktail
smoked salmon ['sməʊkt 'sæmən]	Räucherlachs

Soups	**Suppen**
clear soup/consommé [klɪə su:p/kən'sɒmeɪ]	Fleischbrühe
cream of asparagus soup [kri:m‿əv əs'pærəgəs su:p]	Spargelcremesuppe
cream of chicken soup [kri:m‿əv 'tʃɪkɪn su:p]	Hühnercremesuppe
cream of mushroom soup [kri:m‿əv 'mʌʃrʊm su:p]	Champignoncreme-suppe
cream of tomato soup [kri:m‿əv tə'mɑ:təʊ su:p]	Tomatencremesuppe
oxtail soup ['ɒksteɪl su:p]	Ochsenschwanzsuppe
pea soup ['pi: 'su:p]	Erbsensuppe
Scotch broth ['skɒtʃ 'brɒθ]	dicke Gemüsesuppe mit Fleisch
vegetable soup ['vedʒtəbl su:p]	Gemüsesuppe

Egg dishes	**Eierspeisen**
bacon and eggs ['beɪkən‿ən‿'egz]	Spiegeleier mit Speck
fried eggs ['fraɪd 'egz]	Spiegeleier
ham and eggs ['hæm‿ən‿'egz]	Spiegeleier mit Schinken
hard-boiled/soft-boiled eggs ['hɑ:dbɔɪld/'sɒftbɔɪld egz]	harte/weiche Eier
(cheese/mushroom/tomato) omelette [(tʃi:z/'mʌʃrʊm/tə'mɑ:təʊ)'ɒmlɪt]	(Käse-/Champignon-/Tomaten-)Omelett
poached eggs ['pəʊtʃt 'egz]	verlorene Eier
scrambled eggs ['skræmbld 'egz]	Rühreier

Fish	Fisch
boiled [bɔɪld]	gekocht
fried [fraɪd]	gebraten, gebacken
smoked [sməʊkt]	geräuchert
cod [kɒd]	Kabeljau
eel [i:l]	Aal
haddock ['hædək]	Schellfisch
kipper ['kɪpə]	Räucherhering, Bückling
mackerel ['mækrəl]	Makrele
plaice [pleɪs]	Scholle
salmon ['sæmən]	Lachs
sole [səʊl]	Seezunge
trout [traʊt]	Forelle
tuna ['tu:nə]	Thunfisch

Poultry	Geflügel
chicken ['tʃɪkɪn]	Hähnchen
duck(ling) ['dʌk(lɪŋ)]	(junge) Ente
goose [gu:s]	Gans
partridge ['pɑ:trɪdʒ]	Rebhuhn
pheasant ['feznt]	Fasan
turkey ['tɜ:kɪ]	Truthahn

Meat	Fleisch
beef [biːf]	Rindfleisch
chop/cutlet [tʃɒp/ˈkʌtlɪt]	Kotelett
fillet (steak) [ˈfɪlɪt (steɪk)]	Filet(steak)
gammon [ˈɡæmən]	Schinkensteak
ham [hæm]	Schinken
hamburger [ˈhæmbɜːɡə]	dt. Beefsteak
Irish stew [ˈaɪərɪʃ ˈstjuː]	Eintopf mit Fleisch und Kartoffeln
kidneys [ˈkɪdnɪz]	Nieren
lamb (with mint sauce) [læm (wɪð ˈmɪnt ˈsɔːs)]	Lamm (mit einer sauren Minzsoße)
liver (and onions) [ˈlɪvə(r‿ən‿ˈʌnjənz)]	Leber mit Zwiebeln
minced beef [ˈmɪnst ˈbiːf]	Hackfleisch vom Rind
pork [pɔːk]	Schweinefleisch
pork pie [pɔːk ˈpaɪ]	Pastete gefüllt mit Schweinefleisch in Aspik (kalt)
rabbit [ˈræbɪt]	Kaninchen
rissoles [ˈrɪsəʊlz]	Frikadellen
roast beef & Yorkshire pudding [ˈrəʊst ˈbiːf‿ən ˈjɔːkʃə ˈpʊdɪŋ]	Roastbeef mit einer Portion gebackenem Eierteig
rump steak [ˈrʌmp steɪk]	Rumpsteak
sausages [ˈsɒsɪdʒɪz]	Würstchen
shepherd's pie [ˈʃepədz ˈpaɪ]	Auflauf aus Hackfleisch, Zwiebeln und Kartoffelbrei
sirloin steak [ˈsɜːlɔɪn steɪk]	Lendenstück vom Rind
steak & kidney pie [ˈsteɪk‿ən ˈkɪdnɪ ˈpaɪ]	Pastete gefüllt mit Rindfleisch und Nieren

Meat	Fleisch
T-bone steak ['ti:bəʊn steɪk]	Rindersteak mit T-förmigem Knochen
toad-in-the-hole ['təʊd‿ɪn ðə 'həʊl]	Würstchen in gebackenem Eierteig
tongue [tʌŋ]	Zunge
veal [vi:l]	Kalbfleisch
veal, ham & egg pie ['vi:l 'hæm‿ən 'eg 'paɪ]	Pastete gefüllt mit Kalbfleisch, Schinken und Ei
venison ['venɪzn]	Reh oder Hirsch
gravy ['greɪvɪ]	Fleischsoße

Vegetables	Gemüse
asparagus [əs'pærəgəs]	Spargel
baked beans ['beɪkt 'bi:nz]	gebackene Bohnen in Tomatensoße
butter beans ['bʌtə bi:nz]	Wachsbohnen
French/kidney beans [frentʃ/'kɪdnɪ bi:nz]	grüne Bohnen
runner beans ['rʌnə bi:nz]	Stangenbohnen
beetroot ['bi:tru:t]	rote Beete (rote Rüben)
Brusselsprouts [ˌbrʌsl'spraʊts]	Rosenkohl
cabbage ['kæbɪdʒ]	Kohl
carrots ['kærəts]	Karotten
cauliflower ['kɒlɪflaʊə]	Blumenkohl
celery ['selərɪ]	Sellerie
chicory ['tʃɪkərɪ]	Chicorée
chips/French fries [tʃɪps/'frenʃ 'fraɪz]	Pommes frites
corn-on-the-cob ['kɔ:n‿ɔn ðə 'kɔb]	Maiskolben
cress [kres]	Kresse

Vegetables	Gemüse
cucumber ['kju:kʌmbə]	Gurke
leek [li:k]	Lauch
lettuce ['letɪs]	Kopfsalat
mushrooms ['mʌʃrʊmz]	Champignons
onions ['ʌnjənz]	Zwiebeln
peas [pi:z]	Erbsen
peppers ['pepəz]	Paprikaschoten
baked potatoes [beɪkt pə'teɪtəʊz]	gebackene Pellkartoffeln
boiled potatoes [bɔɪld pə'teɪtəʊz]	Salzkartoffeln
fritters ['frɪtəz]	Bratkartoffeln
mashed potatoes [mæʃt pə'teɪtəʊz]	Kartoffelbrei
salad ['sæləd]	Salat
sauté potatoes ['səʊteɪ pə'teɪtəʊz]	Schwenkkartoffeln
spinach ['spɪnɪdʒ]	Spinat
swede [swi:d]	weiße Rüben
tomatoes [tə'mɑ:təʊz]	Tomaten
turnips ['tɜ:nɪps]	Rüben

Cheese (& biscuits)	Käse (mit Keksen)
Caerphilly [kɑ:'fɪlɪ]	trockener, weißer Käse
Cheddar ['tʃedə]	kräftiger Käse
Cheshire ['tʃeʃə]	Chesterkäse (mild)
Cottage cheese ['kɒtɪdʒ 'tʃi:z]	Hüttenkäse
cream cheese/cheese spread ['kri:m 'tʃi:z/'tʃi:z 'spred]	Weichkäse
Danish blue ['deɪnɪʃ 'blu:]	Blauschimmelkäse
Edam ['i:dæm]	Edamer
Gorgonzola [ˌgɔ:gən'zəʊlə]	Schimmelkäse
Stilton ['stɪltn]	scharfer Schimmelkäse

Dessert	Süßspeisen
apple tart/pie ['æpl 'tɑ:t/'paɪ]	Apfelkuchen
cream [kri:m]	Sahne
custard ['kʌstəd]	Vanillesoße
fruit cake ['fru:t keɪk]	Kuchen mit viel Korinthen, Rosinen, usw.
fruit salad [fru:t 'sæləd]	Obstsalat
gooseberries ['gʊzbərɪz]	Stachelbeeren
ice-cream ['aɪs'kri:m]	Eiscreme
jam tart [ˌdʒæm 'tɑ:t]	Törtchen mit Marmelade
pancakes ['pænkeɪks]	Pfannkuchen
pastries ['peɪstrɪz]	Gebäck
peaches ['pi:tʃɪz]	Pfirsiche
pears [peəz]	Birnen
pineapple ['paɪnˌæpl]	Ananas
prunes [pru:nz]	getrocknete Pflaumen
rhubarb ['ru:bɑ:b]	Rhabarber
rice pudding ['raɪs 'pʊdɪŋ]	Reisbrei
stewed fruit ['stju:d 'fru:t]	Kompott

Alcoholic drinks	Alkoholische Getränke
wine [waɪn]	Wein
red [red]	rot
white [waɪt]	weiß
dry [draɪ]	herb
sweet [swi:t]	süß
light [laɪt]	leicht
table wine ['teɪbl waɪn]	Tischwein
vermouth ['vɜ:məθ]	Wermut
Burgundy ['bɜ:gəndɪ]	Burgunder
claret ['klærət]	roter Bordeaux
champagne [ʃæm'peɪn]	Champagner
sparkling wine ['spɑ:klɪŋ waɪn]	Sekt
beer [bɪə]	Bier
bitter ['bɪtə]	halbdunkles Bier vom Faß
mild [maɪld]	dunkles Bier vom Faß
light/pale ale ['laɪt/'peɪl 'eɪl]	helles Flaschenbier
stout [staʊt]	Starkbier
lager ['lɑ:gə]	helles Bier
cider ['saɪdə]	Apfelwein
cognac/brandy ['kɒnjæk/'brændɪ]	Kognak
gin [dʒɪn]	Gin
liqueur [lɪ'kjʊə]	Likör
rum [rʌm]	Rum
vodka ['vɒdkə]	Wodka
whisky ['wɪskɪ]	Whisky
malt whisky ['mɔ:lt 'wɪskɪ]	Malzwhisky

Soft drinks	**Alkoholfreie Getränke**
coca cola/pepsi cola ("coke") ['kəʊkə 'kəʊlə/'pepsɪ 'kəʊlə (kəʊk)]	Cola
lemonade [ˌleməˈneɪd]	Limonade
mineral water ['mɪnrl ˌwɔ:tə]	Mineralwasser
tonic water ['tɒnɪk ˌwɔ:tə]	Tonic
fruit juice ['fru:t dʒu:s]	Fruchtsaft
grapefruit juice ['greɪpˌfru:t dʒu:s]	Grapefruitsaft
lemon juice ['lemən dʒu:s]	Zitronensaft
orange juice ['ɒrɪndʒ dʒu:s]	Orangensaft
tomato juice [tə'mɑ:təʊ dʒu:s]	Tomatensaft
Hot drinks	**Warme Getränke**
tea (with milk/lemon) [ti: (wɪð 'mɪlk/'lemən)]	Tee (mit Milch/ Zitrone)
coffee (with cream/milk) ['kɒfɪ (wɪð 'kri:m/'mɪlk)]	Kaffee (mit Sahne/ Milch)
decaffeinated coffee [dɪ'kæfɪnˌeɪtɪd 'kɒfɪ]	koffeinfreier Kaffee
hot chocolate ['hɒt 'tʃɒklɪt]	heiße Schokolade
oxo ['ɒksəʊ]	Bouillon

Café/Ice-cream parlour	Café/Eisdiele
(a cup of) coffee [(ə ˈkʌp‿əv) ˈkɒfɪ]	(eine Tasse) Kaffee
(a cup/pot of) tea [(ə ˈkʌp/pɒt‿əv) tiː]	(eine Tasse/eine Kanne) Tee
milk [mɪlk]	Milch
milk shake [ˈmɪlk ˈʃeɪk]	Milchmixgetränk
butter [ˈbʌtə]	Butter
cream [kriːm]	Sahne
hot chocolate [ˈhɒt ˈtʃɒklɪt]	heiße Schokolade
ice(-cream) [ˈaɪs (ˈkriːm)]	Eis
– **banana split** [bəˈnɑːnə ˈsplɪt]	– Eisbecher mit Banane
– **chocolate ice** [ˈtʃɒklɪt ˈaɪs]	– Schokoladeneis
– **knickerbocker glory** [ˈnɪkəˌbɒkə ˈglɔːrɪ]	– Spezialeisbecher
– **peach melba** [ˈpiːtʃ ˈmelbə]	– Eisbecher mit Pfirsich
– **strawberry ice** [ˈstrɔːbərɪ ˈaɪs]	– Erdbeereis
– **sundae** [ˈsʌndeɪ]	– Eisbecher (allgemein)
iced coffee [ˈaɪst ˈkɔfɪ]	Eiskaffee
(a piece of) cake [(ə ˈpiːs‿əv) keɪk]	(ein Stück) Kuchen
– **apple tart** [ˈæpl ˈtɑːt]	– Apfelkuchen
– **bun** [bʌn]	– süßes Brötchen (mit Rosinen)
– **cherry cake** [ˈtʃerɪ keɪk]	– englischer Kuchen mit Glacé-Kirschen
– **doughnut** [ˈdəʊnʌt]	– Krapfen
– **fruit cake** [ˈfruːt keɪk]	– englischer Rosinenkuchen
– **scone (with butter)** [skɒn (wɪð ˈbʌtə)]	– Teegebäck (mit Butter)
– **Swiss roll** [ˈswɪs ˈrəʊl]	– Biskuitrolle (mit Marmelade)

6 Kultur und Natur
Civilization and Nature

Auf dem Verkehrsbüro

Tourist Information

Ich möchte einen Stadtplan haben.	I'd like a map of the town, please. [aɪd ˈlaɪk ə ˈmæp əv ðə ˈtaʊn pliːz]
Haben Sie Prospekte von ...?	Have you got brochures on ...? [həv jʊ gɒt ˈbrəʊʃəz‿ɒn ...]
Haben Sie einen Veranstaltungskalender für diese Woche?	Have you got a diary of events for this week? [həv jʊ gɒt‿ə ˈdaɪərɪ‿əv ɪˈvents fə ˈðɪs ˈwiːk]
Gibt es Stadtrundfahrten?	Are there sightseeing tours of the town (city)? [ˈɑː‿ðeə ˈsaɪtˌsiːɪŋ tʊəz‿əv ðə ˈtaʊn (ˈsɪtɪ)]
Was kostet die Rundfahrt?	How much does the tour cost? [ˈhaʊ ˈmʌtʃ dʌz ðə ˈtʊə ˈkɒst]

Sehenswürdigkeiten/Museen

Places of interest/Museums

Welche Sehenswürdigkeiten gibt es hier?	What places of interest are there here? [ˈwɒt ˈpleɪsɪz əv ˈɪntrɪst ɑː ðeə hɪə]
Wir möchten ... besichtigen.	We'd like to visit ... [wiːd ˈlaɪk tə ˈvɪzɪt ...]
Wann ist das Museum geöffnet?	When's the museum open? [ˈwenz ðə mjʊˈzɪəm ˈəʊpn]
Wann beginnt die Führung?	When does the tour start? [ˈwen dʌz ðə ˈtʊə ˈstɑːt]
Gibt es auch eine Führung in Deutsch?	Is there a tour in German, too? [ɪz ðeər‿ə tʊər‿ɪn ˈdʒɜːmən ˈtuː]
Darf man hier fotografieren?	Are we allowed to take photographs here? [ə wiː‿əˈlaʊd tə teɪk ˈfəʊtəgrɑːfs hɪə]
Was für ein Platz/eine Kirche ist das?	What square/church is that? [wɒt ˈskweər/ˈtʃɜːtʃ‿ɪz ðæt]
Ist das ...?	Is this (that) ...? [ɪz ˈðɪs (ˈðæt) ...]
Wann wurde ... erbaut?	When was ... built? [ˈwen wəz ... ˈbɪlt]

Wer hat dieses Bild gemalt/diese Plastik geschaffen?	Who's the artist/the sculptor? [ˈhu:z ðɪ‿ˈɑ:tɪst/ðə ˈskʌlptə]
Gibt es einen Katalog zur Ausstellung?	Is there an exhibition catalogue? [ˈɪz ðeər‿ən ˈeksɪbɪʃn ˈkætəlɒg]
Haben Sie das Bild … als Poster/Postkarte/Dia?	Have you got a poster/postcard/slide of …? [həv jʊ gɒt‿əˈpəʊstə/ˈpəʊskɑ:d/ˈslaɪd əv …]

Tate Galery, London

Wortliste Sehenswürdigkeiten, Museen

Abtei	abbey [ˈæbɪ]
Akt	nude [nju:d]
Altar	altar [ˈɔ:ltə]
Altstadt	the old town [ðɪ‿ˈəʊld ˈtaʊn]
angelsächsisch	Anglo-Saxon [ˌæŋgləʊˈsæksn]
antik	ancient [ˈeɪnʃnt]
Aquarell	aquarelle [ˌækwəˈrel]
Archäologie	archaeology [ˌɑ:kɪˈɒlədʒɪ]
Architekt	architect [ˈɑ:kɪtekt]
Architektur	architecture [ˈɑ:kɪtektʃə]
Ausgrabungen	excavations [ˌekskəˈveɪʃnz]
Ausstellung	exhibition [ˌeksɪˈbɪʃn]

Balustrade	balustrade [ˌbæləˈstreɪd]
Barock/barock	Baroque [bəˈrɒk]
Bauwerk	building [ˈbɪldɪŋ]
Besichtigung	tour [tʊə]
Bibliothek	library [ˈlaɪbrərɪ]
Bild	picture [ˈpɪktʃə]
~hauer	sculptor [ˈskʌlptə]
Bischofssitz	diocese [ˈdaɪəsɪs]
Blütezeit	heyday, prime [ˈheɪdeɪ, praɪm]
Bogen	arch [ɑ:tʃ]
Rund~	round arch [ˈraʊnd‿ɑ:tʃ]
Spitz~	pointed arch [ˈpɔɪntɪd‿ɑ:tʃ]
~gang	arcade, colonnade [ɑ:ˈkeɪd, ˌkɒləˈneɪd]
Brauchtum	customs, traditions [ˈkʌstəmz, trəˈdɪʃnz]
Bronze	bronze [brɒnz]
~zeit	bronze age [ˈbrɒnz‿eɪdʒ]
Brücke	bridge [brɪdʒ]
Brunnen	fountain [ˈfaʊntɪn]
Burg	castle [ˈkɑ:sl]
Bürgermeister/in	mayor/mayoress [meə/ˈmeərɪs]
Büste	bust [bʌst]
Chor	choir [ˈkwaɪə]
~gestühl	choir stalls [ˈkwaɪə‿stɔ:lz]
Christ	Christian [ˈkrɪstjən]
Christentum	Christianity [ˌkrɪstɪˈænɪtɪ]
Dach	roof [ru:f]
Decke	ceiling [ˈsi:lɪŋ]
Deckenmalerei	ceiling fresco [ˈsi:lɪŋ ˌfreskəʊ]
Denkmal	monument [ˈmɒnjʊmənt]
Design	design [dɪˈzaɪn]
Dom	cathedral [kəˈθi:drl]
dorisch	Doric [ˈdɒrɪk]
Dynastie	dynasty [ˈdɪnəstɪ]
Einfluß	influence [ˈɪnflʊəns]
Empore	gallery [ˈgælərɪ]
Epoche	epoch [ˈi:pɒk]
Erker	bay, oriel [beɪ, ˈɔ:rɪəl]
Exponat	exhibit [ɪgˈzɪbɪt]
Fassade	façade [fəˈsɑ:d]
Fenster	window [ˈwɪndəʊ]
Festung	fortress, castle [ˈfɔ:trɪs, ˈkɑ:sl]
Flügel	wing [wɪŋ]
Foto|grafie	photography [fəˈtɒgrəfɪ]
~montage	photomontage [ˌfəʊtəʊmɒnˈtɑ:ʒ]

Fremdenführer	guide [gaɪd]
Fresko	fresco [ˈfreskəʊ]
Friedhof	graveyard, cemetery [ˈgreɪvjɑːd,ˈsemɪtrɪ]
Fries	frieze [friːz]
Führung	guided tour [ˈgaɪdɪd ˈtʊə]
Fund	find [faɪnd]
Fundament	foundations [faʊnˈdeɪʃnz]
Galerie	gallery [ˈgælərɪ]
Gebäude	building [ˈbɪldɪŋ]
Geburtsstätte	birthplace [ˈbɜːθpleɪs]
Gedenkstätte	memorial [mɪˈmɔːrɪəl]
Geistlicher	clergyman [ˈklɜːdʒɪmən]
Gemälde	painting [ˈpeɪntɪŋ]
~sammlung	art collection [ˈɑːt kəˈlekʃn]
germanisch	Germanic [dʒɜːˈmænɪk]
Geschichte	history [ˈhɪstrɪ]
Gewölbe	vault(s) [vɔːlt(s)]
Giebel	gable [ˈgeɪbl]
Glasmalerei	glass painting [ˈglɑːs ˌpeɪntɪŋ]
Glocke	bell [bel]
Gobelin	tapestry, Gobelin [ˈtæpɪstrɪ, ˈgəʊbəlɪn]
Goldschmiedekunst	gold work [ˈgəʊld wɜːk]
Gotik	Gothic [ˈgɒθɪk]
Neu~	Gothic revival, neo-Gothic style [ˈgɒθɪk rɪˈvaɪvl,ˌnɪəʊˈgɒθɪk staɪl]
gotisch	Gothic [ˈgɒθɪk]
Gottesdienst	service [ˈsɜːvɪs]
Grab	tomb, grave [tuːm, greɪv]
~mal	monument [ˈmɒnjʊmənt]
~stein	tombstone, gravestone [ˈtuːmstəʊn, ˈgreɪvstəʊn]
Graphik	graphic arts [ˈgræfɪk ˈɑːts]
griechisch	Greek [griːk]
Grundriß	*(Gebäude)* ground plan [ˈgraʊnd plæn]; *(Abriß)* outline [ˈaʊtlaɪn]
Handelsstadt	trading centre [ˈtreɪdɪŋ ˌsentə]
heidnisch	heathen, pagan [ˈhiːðn, ˈpeɪgən]
Hof	court [kɔːt]
Holz|schnitt	woodcut [ˈwʊdkʌt]
~schnitzerei	wood carving [ˈwʊd ˌkɑːvɪŋ]
Hünengrab	megalithic grave [ˌmegəˈlɪθɪk ˈgreɪv]
Illustration	illustration [ˌɪləˈstreɪʃn]
Impressionismus	impressionism [ɪmˈpreʃənɪzm]
Innen|hof	inner courtyard [ˈɪnə ˈkɔːtjɑːd]

Stonehenge

Innenstadt	city centre, town centre ['sɪtɪ 'sentə, 'taʊn 'sentə]
Inschrift	inscription [ɪn'skrɪpʃn]
Intarsien	marquetry ['mɑ:kɪtrɪ]
ionisch	Ionic [aɪ'ɒnɪk]
Jahrhundert	century ['sentʃʊrɪ]
Jude	Jew [dʒu:]
Jugendstil	Art Nouveau ['ɑ: nu:'vəʊ]
Kaiser	emperor ['emprə]
Kaiserin	empress ['emprɪs]
Kanzel	pulpit ['pʊlpɪt]
Kapelle	chapel ['tʃæpl]
Kapitell	capital ['kæpɪtl]
Katakomben	catacombs ['kætəku:mz]
Kathedrale	cathedral [kə'θi:drl]
Katholik	(Roman) Catholic [('rəʊmən) 'kæθəlɪk]
keltisch	Celtic ['keltɪk]
Keramik	ceramics [sɪ'ræmɪks]
Kirche	church [tʃɜ:tʃ]
Kirchturm	steeple ['sti:pl]
Klassizismus	classicism ['klæsɪsɪzm]
Kloster	*(Mönchs-)* monastery ['mɒnəstrɪ] *(Nonnen-)* convent ['kɒnvənt]

Konfession	denomination [dɪˌnɒmɪˈneɪʃn]
König	king [kɪŋ]
Königin	queen [kwiːn]
Kopie	copy [ˈkɒpɪ]
korinthisch	Corinthian [kəˈrɪnθɪən]
Kreuz	cross [krɒs]
~gang	cloister [ˈklɔɪstə]
Kruzifix	crucifix [ˈkruːsɪfɪks]
Krypta	crypt [krɪpt]
Kultstätte	place of worship [ˈpleɪs‿əv ˈwɜːʃɪp]
Kunstgewerbe	arts and crafts [ˈɑːts‿ən ˈkrɑːfts]
Kupferstich	copperplate [ˈkɒpəpleɪt]
Kuppel	dome [dəʊm]
Landschaftsmalerei	landscape painting [ˈlænskeɪp ˌpeɪntɪŋ]
Langhaus	nave [neɪv]
Leuchter	*(Kerzen-)* candlestick [ˈkændlstɪk]; *(Kron-)* chandelier [ˌʃændəˈlɪə]
Lithographie	*(Verfahren)* lithography [lɪˈθɒgrəfɪ]; *(Druck)* lithograph [ˈlɪθəgrɑːf]
Maler/in	painter [ˈpeɪntə]
Malerei	painting [ˈpeɪntɪŋ]
Markt	market [ˈmɑːkɪt]
~halle	covered market [ˈkʌvəd ˈmɑːkɪt]
Marmor	marble [ˈmɑːbl]
Material	material [məˈtɪərɪəl]
Mauer	wall [wɔːl]
Mausoleum	mausoleum [ˌmɔːsəˈlɪəm]
Menhir	standing stone, menhir [ˈstændɪŋ ˈstəʊn, ˈmenˌhɪə]
Mittelalter	Middle Ages [ˈmɪdl‿ˈeɪdʒɪz]
mittelalterlich	medieval [ˌmedɪˈiːvl]
Mittelschiff	nave [neɪv]
Modell	model [ˈmɒdl]
modern	modern [ˈmɒdn]
Mosaik	mosaic [məʊˈzeɪɪk]
Moslem	Moslem [ˈmɒzlem]
Museum	museum [mjuːˈzɪəm]
Naturkundemuseum	natural history museum [ˈnætʃrl ˈhɪstrɪ mjuːˈzɪəm]
normannisch	Norman [ˈnɔːmən]
Obelisk	obelisk [ˈɒbɪlɪsk]
Ölmalerei	oil painting [ˈɔɪl ˌpeɪntɪŋ]
Oper	opera [ˈɒprə]
Orden *(relig.)*	(holy) order [(ˈhəʊlɪ‿)ˈɔːdə]

Orgel	organ ['ɔ:gən]
Original	original [ə'rɪdʒənl]
Ornament	ornament ['ɔ:nəmənt]
Palast	palace ['pælɪs]
Pastell	pastel [pæ'stel]
Pavillon	pavilion [pə'vɪljən]
Pergament	parchment ['pɑ:tʃmənt]
Pfeiler	pillar ['pɪlə]
Strebe~	buttress ['bʌtrɪs]
phönizisch	Phoenician [fɪ'nɪʃɪən]
Pilger/in	pilgrim ['pɪlgrɪm]
Pilgerfahrt	pilgrimage ['pɪlgrɪmɪdʒ]
Plakat	poster ['pəʊstə]
Plastik	sculpture ['skʌlptʃə]
Platz	square [skweə]
Plünderung	looting, pillage ['lu:tɪŋ, 'pɪlɪdʒ]
Portal	portal ['pɔ:tl]
Porträt	portrait ['pɔ:trɪt]
Porzellan	china, porcelain ['tʃaɪnə, pɔ:slɪn]
Protestant	Protestant ['prɒtɪstnt]
Querschiff	transept ['trænsept]
Radierung	etching ['etʃɪŋ]
Rathaus	town hall (*Am* city hall) ['taʊn 'hɔ:l, 'sɪtɪ 'hɔ:l]
Regierungsbau	government building ['gʌvnmənt 'bɪldɪŋ]
rekonstruieren	to reconstruct [ˌri:kən'strʌkt]
Relief	relief [rɪ'li:f]
Religion	religion [rɪ'lɪdʒn]
Renaissance	Renaissance [rə'neɪsns]
restaurieren	to restore [rɪ'stɔ:]
Restaurierung	restoration [ˌrestə'reɪʃn]
Romanik	Romanesque period [ˌrəʊmə'nesk 'pɪərɪəd]
romanisch	Romanesque [ˌrəʊmə'nesk]
Romantik	(Age of) Romanticism [('eɪdʒ‿əv) rə'mæntɪsɪzm]
Rosette	rosette [rə'zet]
Ruine	ruin ['ru:ɪn]
Rundfahrt	tour [tʊə]
Runen	runic ['ru:nɪk]
~stein	rune-stone ['ru:nstəʊn]
Sakristei	vestry ['vestrɪ]
Sandstein	sandstone ['sændstəʊn]
Sarkophag	sarcophagus [sɑ:'kɒfəgəs]

Säule	column, pillar [ˈkɒləm, ˈpɪlə]
Schatzkammer	treasure chamber [ˈtreʒə ˌtʃeɪmbə]
Schloß	castle [ˈkɑ:sl]
Schnitzerei	wood-carving [ˈwʊdˌkɑ:vɪŋ]
Schule	school [sku:l]
Sehenswürdigkeiten	sights [saɪts]
Seitenschiff	aisle [aɪl]
Siebdruck	silk-screen print(ing) [ˈsɪlkskri:n ˈprɪnt(ɪŋ)]
Skulptur	sculpture [ˈskʌlptʃə]
Stadt|mauer	town walls [ˈtaʊn ˈwɔ:lz]
~rundfahrt	sightseeing tour of the town/city [ˈsaɪtˌsi:ɪŋˈtʊər‿əv ðə ˈtaʊn/ˈsɪtɪ]
Statue	statue [ˈstætʃu:]
Steinzeit	Stone Age [ˈstəʊn ˌeɪdʒ]
Stil	style [staɪl]
Stilleben	still life [ˈstɪl ˈlaɪf]
Stuck	stucco [ˈstʌkəʊ]
Symbolismus	symbolism [ˈsɪmbəlɪzm]
Synagoge	synagogue [ˈsɪnəgɒg]
Tafelbild	panel [ˈpænl]
Taufbecken	font [fɒnt]
Tempel	temple [ˈtempl]
Teppich	carpet [ˈkɑ:pɪt]; *(Gobelin)* tapestry [ˈtæpɪstrɪ]
Terrakotta	terracotta [ˌterəˈkɒtə]
Theater	theatre [ˈθɪətə]
Töpferei	pottery [ˈpɒtərɪ]
Tor	gate [geɪt]
Torso	torso [ˈtɔ:səʊ]
Turm	tower [ˈtaʊə]
Tusche	water colour [ˈwɔ:təˌkʌlə]
Überreste	remains [rɪˈmeɪnz]
Universität	university [ˌju:nɪˈvɜ:sɪtɪ]
Vase	vase [vɑ:z]
Vierung	crossing [ˈkrɒsɪŋ]
Volkskundemuseum	museum of mankind [mju:ˈzɪəm‿əv mænˈkaɪnd]
vorgeschichtlich	prehistoric [ˌpri:ɪˈstɒrɪk]
Wachablösung	changing of the guard [ˈtʃeɪnʒɪŋ‿əv ðə ˈgɑ:d]
Wahrzeichen	emblem, symbol [ˈembləm, ˈsɪmbl]
Wandmalerei	mural (painting) [ˈmjʊərl (ˌpeɪntɪŋ)]
Weberei	weaving [ˈwi:vɪŋ]; *(Betrieb)* weaving mill [ˈwi:vɪŋ mɪl]

Werk	work [wɜ:k]
Früh~	early work ['ɜ:lɪ wɜ:k]
Spät~	late work ['leɪt wɜ:k]
wiederaufbauen	to rebuild [ˌri:'bɪld]
Wikinger	Viking ['vaɪkɪŋ]
Zeichnung	drawing ['drɔ:ɪŋ]
Zisterzienser/in	Cistercian monk/nun [sɪ'stɜ:ʃjən 'mʌŋk/'nʌn]
Zitadelle	citadel ['sɪtədl]

Rivaulx Abbey

Ausflüge

Excursions

Kann man von hier aus ... sehen?	Can you see ... from here? ['kən jʊ si: '... frm 'hɪə]
In welcher Richtung liegt ...?	What direction is ...? ['wɒt dɪ'rekʃn‿ɪz '...]
Kommen wir am/an ... vorbei?	Will we pass ...? [wɪl wɪ pɑ:s ...]
Besichtigen wir auch ...?	Are we going to see ..., too? ['ɑ:‿wɪ ˌgəʊɪŋ‿tə si: ... 'tu:]
Wieviel freie Zeit haben wir in ...?	How much free time have we got in ...? ['haʊ 'mʌtʃ fri: 'taɪm həv‿wɪ gɒt‿ɪn ...]

Wann fahren wir zurück?	When are we going back? ['wen‿ə wɪ 'gəʊɪŋ 'bæk]
Wann werden wir zurück sein?	When will we be back? ['wen wɪl bɪ 'bæk]

Wortliste Ausflüge

Ausflug	excursion, trip [ɪk'skɜ:ʃn, trɪp]
Aussichtspunkt	vantage point ['væntɪdʒ pɔɪnt]
Botanischer Garten	botanic gardens [bə'tænɪk 'gɑ:dnz]
Fischerhafen	fishing port ['fɪʃɪŋ pɔ:t]
Freilichtmuseum	open-air museum ['əʊpn,eə mju:'zɪəm]
Freizeitzentrum	leisure centre ['leʒə ,sentə]
Gebirge	mountains ['maʊntɪnz]
Grotte	grotto ['grɒtəʊ]
Heide	moor, heath [mɔ:, hi:θ]
Herrenhaus	manor house ['mænə ,haʊs]
Höhle	cave [keɪv]
Klippe	cliff [klɪf]
Landschaft	scenery, countryside ['si:nərɪ, 'kʌntrɪsaɪd]
Markt	market ['mɑ:kɪt]
Nationalpark	national park ['næʃnl 'pɑ:k]
Naturschutzgebiet	nature reserve ['neɪtʃə rɪ'zɜ:v]
Planetarium	planetarium [,plænɪ'teərɪəm]
Platz	square [skweə]
Riff	reef [ri:f]
Rund|blick	panorama [,pænə'rɑ:mə]
~fahrt	tour [tʊə]
Safaripark	safari park [sə'fɑ:rɪ pɑ:k]
Schlucht	gorge, ravine [gɔ:dʒ, rə'vi:n]
(der) See	lake [leɪk], *(in Schottland)* loch [lɒk]
Sternwarte	observatory [əb'zɜ:vətrɪ]
Tagesausflug	day trip ['deɪ trɪp]
Tal	valley ['vælɪ]
Umgebung	surroundings, environs [sə'raʊndɪŋz, ɪn'vaɪərənz]
Vergnügungspark	amusement park [ə'mju:zmnt pɑ:k]
Vorort	suburb ['sʌbɜ:b]
Wald	woods, forest [wʊdz, 'fɒrɪst]
~brand	forest fire ['fɒrɪst 'faɪə]
Wasserfall	waterfall ['wɔ:təfɔ:l]
Watte	mud-flats ['mʌdflæts]
Whiskybrennerei	whisky distillery ['wɪskɪ dɪ'stɪlərɪ]
Zoo	zoo [zu:]

Veranstaltungen/ Unterhaltung

Events/Entertainment

Theater, Konzert, Kino — Theatre, Concert, Cinema

Welches Stück wird heute abend (im Theater) gespielt? — What's on (at the theatre) tonight? [wɒts ˈɒn‿ət ðə θɪətə təˈnaɪt]

Was läuft morgen abend im Kino? — What's on at the pictures (*Am* movies) tomorrow night? [wɒts ˈɒn‿ət ðə ˈpɪktʃəz (ˈmu:vɪz) təˈmɒrəʊ ˈnaɪt]

Werden im Dom Konzerte veranstaltet? — Are there concerts in the cathedral? [ˈɑ: ðeə ˈkɒnsəts‿ɪn ðə kəˈθi:drl]

Können Sie mir ein gutes Theaterstück/einen guten Film empfehlen? — Can you recommend a good play/film (movie)? [ˈkən jʊ rekəˈmend ə gʊd ˈpleɪ/ ˈfɪlm (ˈmu:vɪ)]

Wann beginnt die Vorstellung? — When does the performance start? [ˈwen dʌz ðə pəˈfɔ:məns ˈstɑ:t]

Wo bekommt man Karten? — Where can I get tickets? [ˈweə kən‿aɪ get ˈtɪkɪts]

Bitte zwei Karten für heute abend/morgen abend. — Two tickets for this evening/tomorrow evening, please. [ˈtu: ˈtɪkɪts fə ðɪs‿ˈi:vnɪŋ/ təˈmɒrəʊ‿ˈi:vnɪŋ pli:z]

Bitte zwei Plätze zu ... — Two seats at ..., please. [ˈtu: ˈsi:ts‿ət ... pli:z]

Zwei Erwachsene, ein Kind. — Two adults and one child. [ˈtu: ˈædʌlts‿ən ˈwʌn ˈtʃaɪld]

Kann ich bitte ein Programm haben? — Can I have a programme, please? [kən‿aɪ hæv‿ə ˈprəʊgræm pli:z]

Wann ist die Vorstellung zu Ende? — What time does the performance end? [ˈwɒt ˈtaɪm dʌz ðə pəˈfɔ:məns ˈend]

Wo ist die Garderobe? — Where's the cloakroom? [ˈweəz ðə ˈkləʊkrʊm]

Sonntags sind die Theater in England geschlossen.

Tower Bridge, London

Wortliste Theater, Konzert, Kino

Akt	act [ækt]
Aufführung	performance [pəˈfɔːməns]
Ballett	ballet [ˈbæleɪ]
Begleitung	accompaniment [əˈkʌmpənɪmənt]
Bühne	stage [steɪdʒ]
Chor	choir [ˈkwaɪə]
Dirigent	conductor [kənˈdʌktə]
Drama	drama [ˈdrɑːmə]
Eintrittskarte	ticket [ˈtɪkɪt]
Festival	festival [ˈfestɪvl]
Film	film (*Am* movie) [ˈfɪlm (ˈmuːvɪ)]
~schauspieler/in	film actor/actress [ˈfɪlm ˈæktə/æktrɪs]
Freilufttheater	open-air theatre [ˈəʊpnˌea θɪˈetə]
Garderobe	cloakroom [ˈkləʊkrʊm]
Inszenierung	production [prəˈdʌkʃn]
Kabarett	cabaret [ˈkæbəreɪ]
Kasse	box office [ˈbɒksˌɒfɪs]
Kino	cinema [ˈsɪnəmə]
Freilicht~	drive-in cinema [ˈdraɪvˌɪn ˈsɪnəmə]
Komödie	comedy [ˈkɒmɪdɪ]
Komponist/in	composer [kəmˈpəʊzə]
Konzert	concert [ˈkɒnsət]
Jazz~	jazz concert [ˈdʒæz ˈkɒnsət]

Kammer~	chamber music concert ['tʃeɪmbə ˌmju:zɪk 'kɒnsət]
Pop~	pop concert ['pɒp 'kɒnsət]
Sinfonie~	symphony concert ['sɪmfənɪ 'kɒnsət]
Loge	box [bɒks]
Musical	musical ['mju:zɪkl]
Oper	opera ['ɒprə]
Operette	operetta [ˌɒpə'retə]
Opernglas	opera-glasses ['ɒprəˌglɑ:sɪz]
Orchester	orchestra ['ɔ:kɪstrə]
Parkett	stalls [stɔ:lz]
Pause	interval ['ɪntəvl]
Premiere	premiere ['premɪeə]
Programm/-heft	programme ['prəʊgræm]
Rang	circle ['sɜ:kl]
Regisseur/in	director [dɪ'rektə]
Rolle	part, role [pɑ:t, rəʊl]
Hauptrolle	leading role ['li:dɪŋ 'rəʊl]
Sänger/in	singer ['sɪŋə]
Schauspiel	play [pleɪ]
Schauspieler/in	actor/actress ['æktə/'æktrɪs]
Solist/in	soloist ['səʊləʊɪst]
Spielplan	programme ['prəʊgræm]
Tänzer/in	dancer ['dɑ:nsə]
Theaterstück	play [pleɪ]
Tragödie	tragedy ['trædʒɪdɪ]
Untertitel	subtitles ['sʌbtaɪtlz]
Varieté	music hall, variety theatre ['mju:zɪkhɔ:l, və'raɪətɪ θɪ'etə]
Veranstaltungskalender	calendar of events ['kælɪndər‿əv‿ɪ'vents]
Vorhang	curtain ['kɜ:tn]
Vorstellung	performance [pə'fɔ:məns]
Vorverkauf	advance booking [əd'vɑ:ns 'bʊkɪŋ]
Zirkus	circus ['sɜ:kəs]

Bar/Diskothek/Nachtclub | Bar/Discotheque/Night-club

Was kann man hier abends unternehmen?	What can we do here in the evenings? [ˈwɒt‿kən wɪ ˈdʊ hɪər‿ɪn ðɪ‿iːvnɪŋz]
Gibt es hier eine gemütliche Kneipe?	Is there a nice pub here? [ˈɪz ðeər‿ə naɪs ˈpʌb hɪə]
Wo kann man hier tanzen gehen?	Where can we go dancing? [ˈweə kən wɪ gəʊ ˈdɑːnsɪŋ]
Ist dort ein eher junges oder älteres Publikum?	Is there a young crowd there, or is it more for older people? [ˈɪz ðeər‿ə ˈjʌŋ kraʊd ðeər‿ɔːr ɪz‿ɪt mɔː fər‿ˈəʊldə ˌpiːpl]
Ist Abendgarderobe erwünscht?	Is evening dress required? [ɪz‿ˈiːvnɪŋˈdres rɪˈkwaɪəd]
• Im Eintrittspreis ist ein Getränk enthalten.	One drink ist included in the price of admission. [ˈwʌn ˈdrɪŋk‿ɪz‿ɪnˈkluːdɪd‿ɪn ðə ˌpreɪs‿əv‿ədˈmɪʃn]
Ein Whisky-Soda, bitte.	A whisky and soda, please. [ə ˈwɪskɪ‿ən ˈsəʊdə pliːz]
Das gleiche noch einmal.	The same again. [ðə ˈseɪm əˈgen]
Diese Runde übernehme ich.	This round's on me. [ˈðɪs raʊndz‿ɒn ˈmiː]
Wollen wir (noch einmal) tanzen?	Shall we (have another) dance? [ʃəl‿wɪ (hæv‿əˈnʌðə) ˈdɑːns]
Wollen wir noch einen Bummel machen?	Shall we go for a walk? [ʃəl‿wɪ gəʊ fər‿ə ˈwɔːk]

Wortliste Bar, Diskothek, Nachtclub

ausgehen	to go out [ˌgəʊ ˈaʊt]
Band	band [bænd]
Bar	bar [bɑː]
Discjockey	disc-jockey [ˈdɪskˌdʒɒkɪ]
Diskothek	discotheque [ˈdɪskətek]
Folklore|klub	folk club [ˈfəʊk klʌb]
~musik	folk music [ˈfəʊk ˌmjuːzɪk]
Kneipe	pub [pʌb]
Live-Musik	live music [ˈlaɪv ˈmjuːzɪk]
Nachtclub	night-club [ˈnaɪtklʌb]
Show	show [ʃəʊ]
Spiel|casino	casino [kəˈsiːnəʊ]
~halle	gambling arcade [ˈgæmblɪŋ ɑːˈkeɪd]
tanzen	to dance [dɑːns]
Tanz|kapelle	dance band [ˈdɑːns ˌbænd]
~musik	dance music [ˈdɑːns ˌmjuːzɪk]
Türsteher	bouncer [ˈbaʊnsə]

7 Am Strand/Sport
On the beach/Sports

Im Schwimmbad/Am Strand

At the swimming pool/On the beach

Gibt es hier ein Freibad/ Hallenbad?	Is there an open-air/indoor pool here? [ɪz ðeər‿ən ˈaʊtdɔː/ˈɪndɔː puːl hɪə]
• Nur für Schwimmer!	Swimmers only! [ˈswɪməz ˈəʊnlɪ]
• Hineinspringen verboten!	No diving! [ˈnəʊ ˈdaɪvɪŋ]
• Baden verboten!	No swimming! [ˈnəʊ ˈswɪmɪŋ]

Ist der Strand sandig/ steinig?	Is the beach sandy/pebbled? [ɪz ðə biːtʃ ˈsændɪ/ˈpebld]
Gibt es hier Seeigel/ Quallen?	Are there sea-urchins/jellyfish here? [ɑː ðeə ˈsiːɜːtʃɪnz/ˈdʒelɪfɪʃ hɪə]
Wie weit darf man hinausschwimmen?	How far out is it possible to swim? [ˈhaʊ ˈfɑːr‿ˈaʊt‿ɪz‿ɪt ˈpɒsəbl tə ˈswɪm]
Ist die Strömung stark?	Is there a strong current? [ɪz ðeər‿ə ˈstrɒŋ ˈkʌrənt]
Ist es für Kinder gefährlich?	Is it dangerous for children? [ɪz‿ɪt ˈdeɪndʒrəs fə ˈtʃɪldrən]
Wann ist Ebbe/Flut?	When's low tide/high tide? [wenz ˈləʊ ˌtaɪd/ˈhaɪ ˌtaɪd]
Ich möchte ... mieten.	I'd like to rent ... [aɪd laɪk tə rent]
ein Boot	a boat. [ə ˈbəʊt]
ein Paar Wasserski	a pair of water-skis. [ə ˈpeər‿əv ˈwɔːtəskiːz]

Was kostet es pro Stunde/Tag?	How much is it per hour/day? [ˈhaʊ ˈmʌtʃ‿ɪz‿ɪt pər‿ˈaʊə/ˈdeɪ]

Sport

Sport

Welche Sportveranstaltungen gibt es hier?	What sporting events are there here? [wɒt ˈspɔ:tɪŋ‿ɪˈvents‿ə ðeə hɪə]
Welche Sportmöglichkeiten gibt es hier?	What sports facilities are there here? [wɒt ˈspɔ:ts fəˈsɪlɪtɪz‿ə ðeə hɪə]
Gibt es hier einen Golfplatz/einen Tennisplatz/eine Pferderennbahn?	Is there a golf-course/tennis court/race-course here? [ɪz ðɛər‿ə ˈgɒlfkɔ:s/ˈtenɪs kɔ:t/ˈreɪskɔ:s hɪə]
Wo kann man hier angeln?	Where can I go fishing? [ˈweə kən‿aɪ gəʊ ˈfɪʃɪŋ]
Ich möchte mir das Fußballspiel/das Pferderennen ansehen.	I'd like to see the football match/the horse-racing. [aɪd laɪk tə si: ðə ˈfʊtbɔ:l mætʃ/ðə ˈhɔ:sˌreɪsɪŋ]
Wann/Wo findet es statt?	When/Where is it? [ˈwen/ˈweər‿ˈɪz‿ɪt]
Was kostet der Eintritt?	How much does it cost to get in? [ˈhaʊ ˈmʌtʃ dʌz‿ɪt ˈkɒst tə get ˈɪn]
Ich möchte eine Bergtour machen.	I'd like to go for a hike in the mountains. [aɪd laɪk tə gəʊ fər‿ə ˈhaɪk‿ɪn ðə ˈmaʊntɪnz]
Können Sie mir eine interessante Route auf der Karte zeigen?	Can you show me an interesting route on the map? [kən‿jʊ ʃəʊ mi:‿ən‿ˈɪntrɪstɪŋ ˈru:t‿ɒn ðə ˈmæp]
Wo kann ich ... ausleihen?	Where can I hire ...? [ˈweə kən‿aɪ ˈhaɪə ...]
Ich möchte einen ...kurs machen.	I'd like to attend a ... course. [aɪd laɪk tʊ‿əˈtend‿ə ˈ... ˌkɔ:s]
Welchen Sport treiben Sie?	What sport do you go in for? [ˈwɒt ˈspɔ:t djʊ gəʊ‿ˈɪn fɔ:]
Ich spiele ...	I play ... [aɪ pleɪ ...]

Ich bin ein Fan von …	I'm a … fan. [aɪm ə … fæn]
Ich gehe gern …	I like to go to … [aɪ ˈlaɪk tə gəʊ tʊ …]
Kann ich mitspielen?	Can I play too? [kən‿ˈaɪ pleɪ ˈtu:]

Wortliste Strand/Sport

Aerobic	aerobics [eəˈrəʊbɪks]
Aktivurlaub	activity holidays [eəkˈtɪvɪtɪ ˌhɒlədɪz]
Anfänger/in	beginner [bɪˈgɪnə]
Angel	fishing rod [ˈfɪʃɪŋrɒd]
~schein	fishing licence [ˈfɪʃɪŋ ˈlaɪsns]
Ausritt	ride [raɪd]
Bade|meister/in	*(im Schwimmbad)* attendant [əˈtendənt]; *(am Strand)* lifeguard [ˈlaɪfgɑ:d]
~ort	seaside resort [ˈsi:saɪd rɪˈzɔ:t]
~tuch	(bath) towel [(ˈbɑ:θ) ˈtaʊəl]
Badminton	badminton [ˈbædmɪntən]
~schläger	badminton racket [ˈbædmɪntən ˌrækɪt]
Ball	ball [bɔ:l]
Basketball	basketball [ˈbɑ:skɪtbɔ:l]
Bergsteigen	rock-climbing [ˈrɒkˌklaɪmɪŋ], mountaineering [ˌmaʊntɪˈnɪərɪŋ]
Bootsverleih	boat hire [ˈbəʊt ˌhaɪə]
Bowling	tenpin bowling [ˈtenpɪn ˈbəʊlɪŋ]
Doppel *(Tennis)*	doubles [ˈdʌblz]
Drachenfliegen	hang-gliding [ˈhæŋˌglaɪdɪŋ]
Düne	sand-dune [ˈsændju:n]
Dusche	shower [ˈʃaʊə]
Eintrittskarte	ticket [ˈtɪkɪt]
Einzel *(Tennis)*	singles [ˈsɪŋglz]
Eis|bahn	ice-rink [ˈaɪsrɪŋk]
~hockey	ice-hockey [ˈaɪsˌhɒkɪ]
~kunstlauf	ice-skating [ˈaɪsˌskeɪtɪŋ]
Ergebnis	result [rɪˈzʌlt]
Fallschirmspringen	parachuting [ˈpærəˌʃu:tɪŋ]
Federball	*(Ball)* shuttlecock [ˈʃʌtlkɒk]; *(Spiel)* badminton [ˈbædmɪntən]
Fitneßcenter	fitness centre [ˈfɪtnɪs ˌsentə]
FKK-Strand	nudist beach [ˈnju:dɪst bi:tʃ]
Freibad	open-air pool [ˌəʊpnˈeə ˈpu:l]

Fußball	football ['fʊtbɔ:l]
~mannschaft	football team ['fʊtbɔ:l ti:m]
~platz	football ground ['fʊtbɔ:l graʊnd]
~spiel	football match ['fʊtbɔ:l mætʃ]
gewinnen	to win [wɪn]
Golf	golf [gɒlf]
~platz	golf course ['gɒlfkɔ:s]
~schläger	golf club ['gɒlfklʌb]
Gymnastik	gymnastics [dʒɪm'næstɪks]
Halbzeit	half-time ['hɑ:f 'taɪm]
Handball	handball ['hændbɔ:l]
Hochseefischen	deep-sea fishing ['di:psi: 'fɪʃɪŋ]
Hockey	hockey ['hɒkɪ]
~schläger	hockey stick ['hɒkɪ stɪk]
joggen	to go jogging, to jog [gəʊ 'dʒɒgɪŋ, dʒɒg]
Jogging	jogging ['dʒɒgɪŋ]
Judo	judo ['dʒu:dəʊ]
Kanadier	canadian canoe [kə'neɪdjən kə'nu:]
Kanu	canoe [kə'nu:]
Karate	karate [kə'rɑ:tɪ]
Kasse	ticket office ['tɪkɪt,ɒfɪs]
Kegeln	skittles, ninepins ['skɪtlz, 'naɪnpɪnz]
Kiesel	pebble ['pebl]
Konditionstraining	fitness training ['fɪtnɪs ,treɪnɪŋ]
Kricket	cricket ['krɪkɪt]
~schläger	cricket bat ['krɪkɪt bæt]
Kurs	course [kɔ:s]
Langlauf	cross-country skiing ['krɒs,kʌntrɪ 'ski:ɪŋ]
Leichtathletik	athletics [æθ'letɪks]
Liegestuhl	deckchair ['dektʃeə]
Luftmatratze	airbed ['eəbed]
Mannschaft	crew [kru:]
Meisterschaft	championships ['tʃæmpjənʃɪps]
Minigolf	crazy golf ['kreɪzɪgɒlf]
Motor|boot	motorboat ['məʊtəbəʊt]
~sport	motor-racing ['məʊtə,reɪsɪŋ]
Netz	net [net]
Nichtschwimmer	non-swimmer ['nɒn,swɪmə]
Niederlage	defeat [dɪ'fi:t]
Paddelboot	canoe [kə'nu:]
Pfeilwerfen	darts [dɑ:ts]
Pferd	horse [hɔ:s]
Pferderennen	horse-racing ['hɔ:s,reɪsɪŋ]
Polo	polo ['pəʊləʊ]

<table>
<tr><td>Privatstrand</td><td>private beach [ˈpraɪvɪt ˈbiːtʃ]</td></tr>
<tr><td>Programm</td><td>programme [ˈprəʊgræm]</td></tr>
<tr><td>radfahren</td><td>to cycle [ˈsaɪkl]</td></tr>
<tr><td>Rad|rennen</td><td>cycle racing [ˈsaɪklˌreɪsɪŋ]</td></tr>
<tr><td>~sport</td><td>cycling [ˈsaɪklɪŋ]</td></tr>
<tr><td>~tour</td><td>cycle tour [ˈsaɪkl ˌtʊə]</td></tr>
<tr><td>Regatta</td><td>regatta [rɪˈgætə]</td></tr>
<tr><td>reiten</td><td>to ride, to go riding [raɪd, gəʊ ˈraɪdɪŋ]</td></tr>
<tr><td>Reitsport</td><td>riding [ˈraɪdɪŋ]</td></tr>
<tr><td>Rennen</td><td>race [reɪs]</td></tr>
<tr><td>Ringkampf</td><td>wrestling [ˈreslɪŋ]</td></tr>
<tr><td>Ruderboot</td><td>rowing-boat [ˈrəʊɪŋbəʊt]</td></tr>
<tr><td>Rudern</td><td>rowing [ˈrəʊɪŋ]</td></tr>
<tr><td>Rugby</td><td>rugby [ˈrʌgbɪ]</td></tr>
</table>

<table>
<tr><td>Sand</td><td>sand [ˈsænd]</td></tr>
<tr><td>Sauna</td><td>sauna [ˈsɔːnə]</td></tr>
<tr><td>Schiedsrichter</td><td>referee [ˌrefəˈriː]; (Hockey, Tennis, Cricket) umpire [ˈʌmpaɪə]</td></tr>
<tr><td>Schlauchboot</td><td>rubber dinghy [ˈrʌbə ˈdɪŋgɪ]</td></tr>
<tr><td>Schlepplift</td><td>ski tow [ˈskiː təʊ]</td></tr>
<tr><td>Schlitten</td><td>sledge, toboggan [sledʒ, təˈbɒgən]</td></tr>
<tr><td>~fahren</td><td>to go tobogganing [gəʊ təˈbɒgənɪŋ]</td></tr>
<tr><td>Schlittschuhe</td><td>ice-skates [ˈaɪsˌskeɪts]</td></tr>
<tr><td>Schnorchel</td><td>snorkel [ˈsnɔːkl]</td></tr>
</table>

Schwimmbad	swimmingpool [ˈswɪmɪŋpuːl]; *(Hallenbad)* swimming baths [ˈswɪmɪŋbɑːðz]
Schwimmen	swimming [ˈswɪmɪŋ]
Schwimmer/in	swimmer [ˈswɪmə]
Schwimm|flügel	water wing [ˈwɔːtəwɪŋ]
~ring	tyre [ˈtaɪə]
Segel|boot	sailing-boat [ˈseɪlɪŋbəʊt]
~fliegen	gliding [ˈglaɪdɪŋ]
Segeln	sailing [ˈseɪlɪŋ]
Seilbahn	cable railway, funicular [ˈkeɪbl ˈreɪlweɪ, fjuːˈnɪkjʊlə]
Sessellift	chairlift [ˈtʃeəlɪft]
Sieg	win, victory [wɪn, ˈvɪktərɪ]
Ski	ski [ˈskiː]
~laufen	skiing [ˈskiːɪŋ]
~stöcke	ski sticks [ˈskiːstɪks]
Solarium	solarium [səˈleərɪəm]
Sonnenschirm	sunshade [ˈsʌnʃeɪd]
Spiel	match, game [mætʃ, geɪm]
Sportler/in	sportsman/-woman [ˈspɔːtsmən/ˈspɔːtsˌwʊmən]
Sportplatz	sports ground [ˈspɔːtsgraʊnd]
Sprungbrett	diving-board [ˈdaɪvɪŋbɔːd]
Squash	squash [skwɒʃ]
Start	start [stɑːt]
Surfbrett	surfboard [ˈsɜːfbɔːd]
Surfen	surfing [ˈsɜːfɪŋ]
tauchen	to dive [daɪv]
Taucher|ausrüstung	diving equipment [ˈdaɪvɪŋ ɪˈkwɪpmənt]
~brille	diving goggles [ˈdaɪvɪŋ ˌgɒglz]
Tennis	tennis [ˈtenɪs]
~schläger	tennis racket [ˈtenɪsˌrækɪt]
Tischtennis	table tennis [ˈteɪbl ˈtenɪs]
~schläger	table-tennis bat [ˈteɪblˌtenɪs bæt]
Tor	goal [gəʊl]
~wart	goalkeeper [ˈgəʊlˌkiːpə]
Tretboot	pedal boat [ˈpedlbəʊt]
Turnen	gymnastics [dʒɪmˈnæstɪks]
Unentschieden	draw [drɔː]
unentschieden spielen	to draw [drɔː]
verlieren	to lose [luːz]
Volleyball	volleyball [ˈvɒlɪbɔːl]
Wandern	hiking [ˈhaɪkɪŋ]

Wanderweg	path [pɑ:θ]
Wasserball	water polo ['wɔ:tə,pəʊləʊ]
Wellenreiten	surfing ['sɜ:fɪŋ]
Wettkampf	contest, match ['kɒntest, mætʃ]
Windschirm	windbreak ['wɪndbreɪk]

8 Einkaufen/Geschäfte
Shopping/Shops

Fragen/Preise

Questions/Prices

Öffnungszeiten	opening hours ['əʊpnɪŋ ˌaʊəz]
offen/geschlossen/ Betriebsferien	open/closed/closed for holidays ['əʊpən/kləʊzd/kləʊzd fə‿'hɒlədɪ]
Wo finde ich ... ?	Where can I find ...? ['weə kən‿aɪ 'faɪnd ...]
Können Sie mir ein ... geschäft empfehlen?	Can you recommend a ... shop? [kən‿jʊ ˌrekə'mend‿ə ... ʃɒp]
● Werden Sie schon bedient?	Are you being served? ['ɑː‿jʊ 'biːɪŋ 'sɜːvd]
Danke, ich sehe mich nur um.	Thank you, I'm just looking round. ['θæŋkjʊ aɪm dʒʌst 'lʊkɪŋ 'raʊnd]
Ich möchte ...	I'd like ... [aɪd 'laɪk]
Haben Sie ...?	Have you got ...? ['həv‿jʊ gɒt]
Zeigen Sie mir bitte ...	Could I have a look at ..., please. ['kʊd‿aɪ hæv‿ə 'lʊk‿ət ... pliːz]
Können Sie mir bitte ein anderes/eine(n) andere(n) ... zeigen?	Could you show me another ...? [kʊd‿jʊ 'ʃəʊ‿mɪ‿ə'nʌðə ...]
Haben Sie auch etwas Billigeres?	Have you got anything cheaper? ['həv‿jʊ gɒt 'enɪθɪŋ 'tʃiːpə]
Das gefällt mir. Ich nehme es.	I like that. I'll take it. [aɪ 'laɪk ðæt. aɪl 'teɪk‿ɪt]
Wieviel kostet es?	How much is it? ['haʊ 'mʌtʃ ɪz‿ɪt]
Nehmen Sie ... Euroschecks? Kreditkarten? Reiseschecks?	Do you take ... [dʊ‿jʊ teɪk] eurocheques? ['jʊərəʊˌtʃeks] credit cards? ['kredɪtkɑːdz] traveller's cheques ['trævləz tʃeks]
Ich möchte dies umtauschen.	I'd like to exchange this, please. [aɪd laɪk tʊ‿ɪks'tʃeɪnʒ ðɪs pliːz]

Wortliste Geschäfte

Antiquariat	second-hand bookshop ['sekndhænd 'bʊkʃɒp]
Antiquitätengeschäft	antique shop [æn'ti:k ʃɒp]
Apotheke	chemist's ['kemɪsts]
Bäckerei	baker's ['beɪkəz]
Blumengeschäft	florist's [flɒrɪsts]
Boutique	boutique [bu:'ti:k]
Buchhandlung	bookshop ['bʊkʃɒp]
Drogerie	chemist's ['kemɪsts]
Einkaufszentrum	shopping centre (*Am* shopping mall) ['ʃɒpɪŋˌsentə, 'ʃɒpɪŋ mæl]
Eisenwarengeschäft	ironmonger's ['aɪənˌmʌŋgəz]
Elektrohandlung	electrical goods [ɪ'lektrɪkəl gʊdz]
Feinkostgeschäft	delicatessen [ˌdelɪkə'tesn]
Fischgeschäft	fishmonger's ['fɪʃˌmʌŋgəz]
Flohmarkt	flea market ['fli:ˌmɑ:kɪt]
Fotoartikel	photographic materials [ˌfəʊtə'græfɪk mə'tɪərɪəlz]
Friseur	hairdresser's, *(Herren)* barber's ['heəˌdresəz, 'bɑ:bəz]
Gemüsehändler	greengrocer's ['gri:nˌgrəʊsəz]
Haushaltswaren	household goods ['haʊshəʊld gʊdz]
Juwelier	jeweller's ['dʒu:ələz]
Käserei	cheese shop ['tʃi:z ʃɒp]
Kaufhaus	department store [dɪ'pɑ:tmənt stɔ:]
Konditorei	cake shop ['keɪk ʃɒp]
Kosmetiksalon	beauty parlour ['bju:tɪˌpɑ:lə]
Kunstgewerbe	arts and crafts ['ɑ:ts‿ən 'krɑ:fts]
Kunsthändler	art dealer ['ɑ:t 'di:lə]
Lebensmittelgeschäft	food store ['fu:d stɔ:]
Lederwarengeschäft	leather shop ['leðə ʃɒp]
Markt	market ['mɑ:kɪt]
Metzgerei	butcher's ['bʊtʃəz]
Milchgeschäft	dairy ['deərɪ]
Möbelgeschäft	furniture shop ['fɜ:nɪtʃə ʃɒp]
Musikgeschäft	music shop ['mju:zɪk ʃɒp]
Obsthandlung	fruiterer's ['fru:tərəz]
Optiker	optician's [ɒp'tɪʃənz]
Parfümerie	perfumery [pə'fju:mərɪ]
Pelzgeschäft	furrier's ['fʌrɪəz]
Reformhaus	health food shop ['helθˌfu:d ʃɒp]
Reinigung, chemische	dry-cleaner's ['draɪ'kli:nəz]

Reiseandenken	souvenir shop [ˈsuːvənɪə ʃɒp]
Reisebüro	travel agency [ˈtrævl ˈeɪdʒənsɪ]
Schallplattengeschäft	record shop [ˈrekɔːd ʃɒp]
Schneider/in	*(für Herren)* tailor; *(für Damen)* dress-maker [ˈteɪlə; ˈdresˌmeɪkə]
Schreibwarengeschäft	stationer's [ˈsteɪʃnəz]
Schuhgeschäft	shoe shop [ˈʃuː ʃɒp]
Schuhmacher	shoemaker's, cobbler's [ˈʃuːˌmeɪkəz, ˈkɒbləz]
Secondhand-Laden	second-hand shop [ˈsekndhænd ʃɒp]
Selbstbedienungsladen	self-service shop [ˌselfˈsɜːvɪs ʃɒp]
Spielwarengeschäft	toy shop [ˈtɔɪ ʃɒp]
Spirituosengeschäft	off-licence [ˈɒfˌlaɪsns]
Sportartikel	sports shop [ˈspɔːts ʃɒp]
Supermarkt	supermarket [ˈsuːpəˌmɑːkɪt]
Süßwarengeschäft	sweetshop [ˈswiːtʃɒp]
Tabakladen	tobacconist's [təˈbækənɪsts]
Trödler	second-hand shop [ˈsekndhænd ʃɒp]
Uhrmacher	watchmaker's [ˈwɒtʃˌmeɪkəz]
Wäscherei	laundry [ˈlɔːndrɪ]
Waschsalon	launderette [ˌlɔːndəˈret]
Weinhandlung	wine merchant's [ˈwaɪn ˌmɜːtʃənts]
Zeitungshändler	newsagent's [ˈnjuːzˌeɪdʒənts]

Picadilly-Circus, London

Lebensmittel

Food and drink

• Was darf es sein?	What can I get you? ['wɒt kən‿aɪ 'get‿jʊ]
Geben Sie mir bitte …	I'd like … [aɪd laɪk]
ein Pfund …	a pound of … [ə 'paʊnd‿əv]
10 Scheiben …	ten slices of … ['ten 'slaɪsɪz‿əv]
ein Stück von …	a piece of … [ə 'pi:s‿əv]
eine Packung …	a packet of … [ə 'pækɪt‿əv]
ein Glas …	a jar of … [ə 'dʒɑ:r‿əv]
eine Dose …	a tin of … [ə 'tɪn‿əv]
eine Flasche …	a bottle of … [ə 'bɒtl‿əv]
eine Einkaufstüte.	a bag, please. [ə 'bæg pli:z]
• Darf es sonst noch etwas sein?	Can I get you anything else? [kən‿aɪ get‿jʊ‿'enɪθɪŋ‿'els]
Dürfte ich vielleicht etwas hiervon probieren?	Could I try some of this, please? [ˌkʊd‿aɪ 'traɪ sʌm‿əv 'ðɪs pli:z]
Danke, das ist alles.	No, thank you. That's all. ['nəʊ 'θæŋkjʊ. ðæts‿'ɔ:l]

Wortliste Lebensmittel

Aal	eel [i:l]
Ananas	pineapple ['paɪnˌæpl]
Äpfel	apples ['æplz]
Apfelsinen	oranges ['ɒrɪndʒɪz]
Aprikosen	apricots ['eɪprɪkɒts]
Artischocken	artichokes ['ɑ:tɪtʃəʊks]
Auberginen	aubergines ['əʊbəʒi:nz]
Aufschnitt	cold meat ['kəʊld 'mi:t]
Austern	oysters ['ɔɪstəz]
Avocado	avocado [ˌævə'kɑ:dəʊ]
Bananen	bananas [bə'nɑ:nəz]
Barsch	perch [pɜ:tʃ]
Basilikum	basil ['bæzl]
Bier	beer [bɪə]
alkoholfreies ~	alcohol-free beer ['ælkəhɒlˌfri: 'bɪə]
Biokost	organic food [ɔ:'gænɪk 'fu:d]
Birnen	pears [peəz]

Blumenkohl	cauliflower ['kɒlɪˌflaʊə]
Bohnen	beans [bi:nz]
dicke ~	broad beans ['brɔ:d 'bi:nz]
grüne ~	green beans ['gri:n 'bi:nz]
Brombeeren	blackberries ['blækbrɪz]
Brot	bread [bred]
ein Brot *(Laib)*	a loaf of bread [ə 'ləʊf‿əv 'bred]
belegte Brote	sandwiches ['sænwɪdʒɪz]
Vollkornbrot	wholemeal bread ['həʊlmi:l ˌbred]
Weißbrot	white bread ['waɪt ˌbred]
Brötchen	rolls [rəʊlz]
süße ~	buns [bʌnz]
Butter	butter ['bʌtə]
Buttermilch	buttermilk ['bʌtəmɪlk]
Champagner	champagne [ˌʃæm'peɪn]
Chicoree	chicory ['tʃɪkərɪ]
Datteln	dates [deɪts]
Dickmilch	sour milk ['saʊə 'mɪlk]
Eier	eggs [egz]
~von freilaufenden Hühnern	free-range eggs ['fri:reɪnʒ‿'egz]
Eis(krem)	ice-cream [ˌaɪs'kri:m]
Erbsen	peas [pi:z]
Kichererbsen	chick-peas ['tʃɪkpi:z]
Erdbeeren	strawberries ['strɔ:brɪz]
Essig	vinegar ['vɪnɪgə]
Feigen	figs [fɪgz]
Fenchel	fennel ['fenl]
Fisch	fish [fɪʃ]
Fleisch	meat [mi:t]
frisch	fresh [freʃ]
Garnelen	prawns [prɔ:nz]
Gebäck	biscuits ['bɪskɪts]
Gemüse	vegetables ['vedʒtəblz]
~aus Eigenanbau	home-grown vegetables ['həʊmgrəʊn 'vedʒtəblz]
Grieß	semolina [ˌsemə'li:nə]
Gurke	cucumber ['kju:kʌmbə]
Hackfleisch	mince, minced meat [mɪns, 'mɪnst 'mi:t]
Haferflocken	rolled oats ['rəʊld 'əʊts]
Hähnchen	chicken ['tʃɪkɪn]
Hammelfleisch	mutton ['mʌtn]
Hering	herring ['herɪŋ]
Honig	honey ['hʌnɪ]

Joghurt	yoghurt [ˈjɒgət]
Kaffee	coffee [ˈkɒfɪ]
Kalbfleisch	veal [viːl]
Kaninchen	rabbit [ˈræbɪt]
Karotten	carrots [ˈkærəts]
Kartoffeln	potatoes [pəˈteɪtəʊz]
Käse	cheese [tʃiːz]
Streichkäse	cheese spread [ˈtʃiːz ˈspred]
Ziegenkäse	goat's milk cheese [ˈgəʊts mɪlk ˌtʃiːz]
Kekse	biscuits [ˈbɪskɪts]
Kindernahrung	baby food [ˈbeɪbɪ fuːd]
Kirschen	cherries [ˈtʃerɪz]
Knoblauch	garlic [ˈgɑːlɪk]
Kohl	cabbage [ˈkæbɪdʒ]
Kokosnuß	coconut [ˈkəʊkənʌt]
Konserven	tinned food [ˈtɪnd ˈfuːd]
Kotelett	chop, cutlet [tʃɒp, ˈkʌtlɪt]
Krabben	shrimps [ʃrɪmps]
Kuchen	cake [keɪk]
Kürbis	pumpkin [ˈpʌmpkɪn]
Lakritze	licorice [ˈlɪkərɪs]
Lammfleisch	lamb [læm]
Lauch	leek(s) [liːk(s)]
Leberpastete	liver pâté [ˈlɪvəˌpæteɪ]
Leberwurst	liver sausage [ˈlɪvəˌsɒsɪdʒ]
Limonade	lemonade [ˌleməˈneɪd]
Linsen	lentils [ˈlentɪlz]
Mais	sweetcorn [ˈswiːtkɔːn]
Makrele	mackerel [ˈmækrl]
Mandarine	mandarin, tangerine [ˈmændərɪn, ˌtænʒəˈriːn]
Mandeln	almonds [ˈɑːməndz]
Margarine	margarine [ˌmɑːdʒəˈriːn]
Marmelade	jam [dʒæm] *(Orangen~)* marmalade [ˈmɑːməleɪd]
Maulbeeren	mulberries [ˈmʌlbrɪz]
Mayonnaise	mayonnaise [ˌmeɪəˈneɪz]
Mehl	flour [ˈflaʊə]
Melone	melon [ˈmelən]
Honig~	honeydew melon [ˈhʌnɪdjuː ˌmelən]
Wasser~	water-melon [ˈwɔːtəˌmelən]
Milch	milk [mɪlk]
fettarme ~	low-fat milk [ˈləʊˈfæt ˈmɪlk]
Mineralwasser	mineral water [ˈmɪnrl ˌwɔːtə]

Muscheln	mussels [ˈmʌslz]
Müsli	muesli [ˈmju:zlɪ]
Nudeln	noodles [ˈnu:dlz]
Spaghetti	spaghetti [spəˈgetɪ]
Nüsse	nuts [nʌts]
Obst	fruit [fru:t]
Öl	oil [ɔɪl]
Oliven	olives [ˈɒlɪvz]
Orangeade	orangeade [ˌɒrɪnʒˈeɪd]
Orangensaft	orange juice [ˈɒrɪnʒ dʒu:s]
Pampelmuse	grapefruit [ˈgreɪpfru:t]
Paprika	paprika [ˈpæprɪkə]
~schoten	peppers [ˈpepəz]
Petersilie	parsley [ˈpɑ:slɪ]
Pfeffer	pepper [ˈpepə]
Pfirsiche	peaches [ˈpi:tʃɪz]
Pflaumen	plumbs [plʌmz]
Reformkost	health food [ˈhelθ fu:d]
Reis	rice [reɪs]
Rindfleisch	beef [bi:f]
Rosinen	raisins [ˈreɪznz]
Safran	saffron [ˈsæfrn]
Sahne	cream [kri:m]
Salami	salami [səˈlɑ:mɪ]
Salat	salad [ˈsæləd]
Kopf~	lettuce [ˈletɪs]
Salz	salt [sɔ:lt]
Schinken	ham [hæm]
gekochter ~	cooked ham [ˈkʊkt ˈhæm]
roher ~	bacon [ˈbeɪkn]
Schokolade	chocolate [ˈtʃɒklɪt]
Schokoriegel	bar of chocolate, chocolate bar [ˈbɑ:r‿əv ˈtʃɒklɪt, ˈtʃɒklɪt bɑ:]
Schweinefleisch	pork [pɔ:k]
Seezunge	sole [səʊl]
Sellerie	cellery [ˈselərɪ]
Senf	mustard [ˈmʌstəd]
Spargel	asparagus [əˈspærəgəs]
Spinat	spinach [ˈspɪnɪdʒ]
Suppe	soup [su:p]
Süßigkeiten	sweets [swi:ts]
Tee	tea [ti:]
~beutel	tea bags [ˈti:bægz]
Thunfisch	tuna [ˈtu:nə]

Thymian	thyme [taɪm]
Tintenfisch	squid [skwɪd]
Toast	toast [təʊst]
Tomaten	tomatoes [təˈmɑːtəʊz]
ungespritzt	untreated [ˌʌnˈtriːtɪd]
Wein	wine [waɪn]
Rot~	red wine [red waɪn]
Weiß~	white wine [waɪt waɪn]
alkoholfreier ~	alcohol-free wine [ˈælkəhɒlˌfriː waɪn]
Weintrauben	grapes [greɪps]
Würstchen	sausages [ˈsɒsɪdʒɪz]
Zitrone	lemon [ˈlemən]
Zucker	sugar [ˈʃʊgə]
Zwiebel	onion [ˈʌnjən]

Chinatown, London

Drogerieartikel

Toiletries

Wortliste Drogerieartikel

Augenbrauenstift	eyebrow pencil [ˈaɪbraʊ ˈpensl]
Bürste	brush [brʌʃ]
Creme	cream [kriːm]
~ für trockene/normale/fettige Haut	cream for dry/normal/greasy skin [fə ˈdraɪ/ˈnɔːml/ˈgriːsɪ ˈskɪn]
Feuchtigkeits~	moisturizing cream [ˈmɔɪstʃəˌreɪzɪŋ kriːm]
Hand~	hand cream [ˈhændkriːm]
Damenbinden	sanitary towels [ˈsænɪtrɪ ˈtaʊəlz]
Deo(dorant)	deodorant [diːˈəʊdərnt]
Duschgel	shower gel [ˈʃaʊə dʒel]
Erfrischungstücher	refresher pads [rɪˈfreʃə pædz]
Fleckenwasser	stain-remover [ˈsteɪnrɪˌmuːvə]
Haar|bürste	hairbrush [ˈheəbrʌʃ]
~entferner	hair remover [ˈheə ˌrɪˈmuːvə]
~festiger	setting lotion [ˈsetɪŋ ˌləʊʃn]
~gel	hair gel [ˈheə dʒel]
~gummi	hairband [ˈheəbænd]
~klammern	hairpins [ˈheəpɪnz]
~spray	hairspray [ˈheəspreɪ]
~waschmittel	shampoo [ʃæmˈpuː]
~~für fettiges/normales/trockenes Haar	for greasy/normal/dry hair [fə ˈgriːsɪ/ˈnɔːml/ˈdraɪ ˈheə]
~~ gegen Schuppen	to prevent/fight dandruff [tʊ prɪˈvent/faɪt ˈdændrʌf]
Kamm	comb [kəʊm]
Kleiderbürste	clothes-brush [ˈkləʊðzbrʌʃ]
Kölnisch Wasser	eau de Cologne [ˈəʊ də kəˈləʊn]
Körpermilch	body lotion [ˈbɒdɪ ˌləʊʃn]
Lichtschutzfaktor	protection factor [prəˈtekʃn ˌfæktə]
Lidschatten	eye-shadow [ˈaɪˌʃædəʊ]
Lippenstift	lipstick [ˈlɪpstɪk]
Lockenwickler	curlers [ˈkɜːləz]
Mundwasser	mouth wash [ˈmaʊθwɒʃ]
Nagel|bürste	nail-brush [ˈneɪlbrʌʃ]
~feile	nail-file [ˈneɪlfaɪl]
~lack	nail-varnish [ˈneɪlˌvɑːnɪʃ]

~lackentferner	nail-varnish remover ['neɪlˌvɑ:nɪʃ rɪ'mu:və]
~schere	nail-scissors ['neɪlˌsɪzəz]
Papiertaschentücher	paper handkerchiefs ['peɪpə 'hæŋkətʃɪfs]
Parfüm	perfume, scent ['pɜ:fju:m, sent]
Pflaster	plaster ['plɑ:stə]
Pinzette	tweezers ['twi:zəz]
Präservativ	condom ['kɒndəm]
Puder	powder ['paʊdə]
Gesichts~	face powder ['feɪs ˌpaʊdə]
Rasier|apparat	razor, (*elektrischer*) electric razor ['reɪzə, ɪ'lektrɪk 'reɪzə]
~klinge	razor-blade ['reɪzəbleɪd]
~pinsel	shaving-brush ['ʃeɪvɪŋbrʌʃ]
~seife	shaving-soap ['ʃeɪvɪŋsəʊp]
~wasser	after-shave lotion ['ɑ:ftəʃeɪv ˌləʊʃn]
Reinigungsmilch	cleansing milk ['klenzɪŋ mɪlk]
Reisenecessaire	manicure set ['mænɪˌkjʊə set]
Rouge	rouge [ru:ʒ]
Saugflasche	feeding bottle ['fi:dɪŋ ˌbɒtl]
Schaumfestiger	styling mousse ['staɪlɪŋ mu:s]
Schnuller	dummy ['dʌmɪ]
Schwamm	sponge [spʌndʒ]
Seife	soap [səʊp]
Sicherheitsnadeln	safety-pins ['seɪftɪpɪnz]
Sonnen|creme	suntan lotion ['sʌntæn ˌləʊʃn]
~öl	suntan oil ['sʌntæn‿ɔɪl]
Spiegel	mirror ['mɪrə]
Spül|mittel	washing-up liquid ['wɒʃɪŋ'ʌp ˌlɪkwɪd]
~tuch	dishcloth ['dɪʃklɒθ]
Tampons	tampons ['tæmpənz]
Toilettenpapier	toilet-paper ['tɔɪlɪtˌpeɪpə]
Wasch|lappen	flannel ['flænl]
~lotion	cleansing lotion ['klenzɪŋ ˌləʊʃn]
~mittel	detergent [dɪ'tɜ:dʒnt]
Watte	cotton-wool [ˌkɒtn'wʊl]
~stäbchen	cotton swabs ['kɒtn 'swɒbs]
Wimperntusche	mascara [mæ'skɑ:rə]
Windeln	nappies (*Am* diapers) ['næpɪz, 'daɪəpəz]
Zahn|bürste	toothbrush ['tu:θbrʌʃ]
~pasta	toothpaste ['tu:θpeɪst]

Tabakwaren

At the tobacconist's

Ein Päckchen/Eine Stange ... Zigaretten mit/ohne Filter, bitte.	A packet/carton of filter-tipped/plain ... cigarettes, please. [ə ˈpækɪt/ˈkɑ:tn‿əv ˈfɪltəˌtɪpt/ˈpleɪn ... ˌsɪgəˈrets pli:z]
Haben Sie deutsche/amerikanische/Menthol-Zigaretten?	Have you got German/American/menthol cigarettes? [həv jʊ gɒt ˈdʒɜ:mən/əˈmerɪkən/ˈmenθɒl ˌsɪgəˈrets]
Welche Marke (leichter/starker Zigaretten) können Sie mir empfehlen?	Which brand (of light/strong cigarettes) would you recommend? [ˈwɪtʃ brænd (əv ˈlaɪt/ˈstrɒŋ ˌsɪgəˈrets wʊd‿jʊ ˌrekəˈmend]
Zehn Zigarren/Zigarillos, bitte.	Ten cigars/cigarillos, please. [ˈten sɪˈgɑ:z/sɪgəˈrɪləʊz pli:z]
Ein Päckchen/Eine Dose Zigaretten-/Pfeifentabak, bitte.	A packet/tin of cigarette/pipe tobacco, please. [ə ˈpækɪt/ˈtɪn‿əv ˌsɪgəˈret/ˈpaɪp təˈbækəʊ pli:z]
Eine Schachtel Streichhölzer/Ein Feuerzeug, bitte.	A box of matches/A lighter, please. [ə ˈbɒks‿əv ˈmætʃɪz/ə ˈlaɪtə, pli:z]

Kleidung/Lederwaren/Reinigung

Clothing/Leather goods/Dry cleaning

Können Sie mir ... zeigen?	Can you show me ...? [kən‿jʊ ˈʃəʊ mɪ ...]
• Denken Sie an eine bestimmte Farbe?	Have you got a particular colour in mind? [həv‿jʊ gɒt‿ə pəˈtɪkjʊlə ˈkʌlər‿ɪn ˈmaɪnd]
Ich möchte etwas in ...	I'd like something in ... [aɪd laɪk ˈsʌmθɪŋ ɪn]
▶ **auch Kap. 1 – Farben**	
Ich möchte etwas Passendes hierzu.	I'd like something to match this. [aɪd laɪk ˈsʌmθɪŋ tə ˈmætʃ ˈðɪs]
Kann ich es anprobieren?	Can I try it on? [kən‿aɪ ˈtraɪ‿ɪt‿ˈɒn]
• Welche (Konfektions-) Größe haben Sie?	What size do you take? [wɒt ˈsaɪz dʊ‿jʊ teɪk]

Das ist mir zu ... eng/weit. kurz/lang. klein/groß.	It's too ...[ɪts tu:] tight/big ['taɪt/bɪg] short/long. ['ʃɔ:t/'lɒŋ] small/big. ['smɔ:l/'bɪg]
Das paßt gut. Ich nehme es.	It's a good fit. I'll take it. [ɪts‿ə 'gʊd 'fɪt. aɪl 'teɪk‿ɪt]
Das ist nicht ganz, was ich möchte.	It's not quite what I wanted. [ɪts 'nɒt 'kwaɪt wɒt‿aɪ 'wɒntɪd]
Ich möchte ein Paar ... schuhe.	I'd like a pair of ... shoes. [aɪd laɪk‿ə peər‿əv ... 'ʃu:z]
Schuhgröße ...	Size ... ['saɪz]
Sie sind zu eng/weit.	They're too narrow/wide. [ðeə 'tu: 'nærəʊ/'waɪd]
Bitte noch eine Tube Schuhcreme/ein Paar Schnürsenkel.	And a tube of shoe cream/a pair of shoelaces, please. [ənd‿ə tju:b‿əv 'ʃu: kri:m/ə 'peər‿əv 'ʃu:leɪsɪz pli:z]
Ich möchte diese Schuhe neu besohlen lassen.	I'd like to have new soles put on these shoes. [aɪd laɪk tə hæv 'nju: 'səʊlz pʊt‿ɒn ði:z 'ʃu:z]
Können Sie bitte die Absätze neu machen?	Could you put new heels on, please? [kʊd‿jʊ pʊt 'nju: 'hi:lz‿ɒn pli:z]

Konfektionsgrößen in GB und den USA:

Damenkleider, Kostüme, Mäntel usw.

Amerik.	30	32	34	36	38	40	42
Britisch	32	34	36	38	40	42	44
Deutsch	38	40	42	44	46	48	50

Herrenanzüge, Mäntel usw.

Britisch	36	38	40	42	44	46
Deutsch	46	48	50	52	54	56

Herrenhemden (Kragenweite)

Britisch	13	13½	14	14½	15	15½	15¾	16	16½	17	17½
Deutsch	34	35	36	37	38	39	40	41	42	43	44

Schuhe

Britisch	2½	3½	4	5	6	6	7	8	9	9½
Deutsch	35	36	37	38	39	40	41	42	43	44

Ich möchte diese Sachen reinigen/waschen lassen.	I'd like to have these things cleaned/ washed. [aɪd laɪk tə hæv ði:z θɪŋz 'kli:nd/'wɒʃt]
Wann sind sie fertig?	When will they be ready? ['wen wɪl ðeɪ bɪ 'redɪ]

Wortliste Kleidung/Lederwaren/Reinigung

Abendkleid	evening dress ['i:vnɪŋ dres]
Anorak	anorak ['ænəræk]
Anzug	suit [sju:t]
Ärmel	sleeve [sli:v]
Bade|anzug	swimming costume ['swɪmɪŋ 'kɒstju:m]
~hose	bathing trunks ['beɪðɪŋ trʌŋks]
~mantel	bathrobe ['bɑ:θrəʊb]
~mütze	bathing-cap ['beɪðɪŋkæp]
Baumwolle	cotton ['kɒtn]
Bikini	bikini [bɪ'ki:nɪ]
Blazer	blazer ['bleɪzə]
Bluse	blouse [blaʊz]
bügelfrei	non-iron ['nɒn'aɪən]
bügeln	to iron ['aɪən]
Büstenhalter	bra [brɑ:]
chemisch reinigen	to dry-clean ['draɪ'kli:n]
Farbe	colour ['kʌlə]
Fliege	bow-tie [ˌbəʊ'taɪ]
Frottee	towelling ['taʊəlɪŋ]
Futter	lining ['laɪnɪŋ]
gestreift	striped [straɪpt]
Gummistiefel	rubber boots, wellingtons ['rʌbə 'bu:ts, 'welɪŋtənz]
Gürtel	belt [belt]
Halstuch	scarf [skɑ:f]
Hand|schuhe	gloves [glʌvz]
~tasche	handbag ['hændbæg]
Hausschuhe	slippers ['slɪpəz]
Hemd	shirt [ʃɜ:t]
Hose	trousers (*Am* pants) ['traʊzəz, pænts]
kurze Hose	shorts [ʃɔ:ts]
Hut	hat [hæt]
Sonnenhut	sunhat ['sʌnhæt]
Jacke	jacket ['dʒækɪt]

Jeans	jeans [dʒi:nz]
Jogginganzug	tracksuit [ˈtræksju:t]
kariert	checked [tʃekt]
Kinderschuhe	children's shoes [ˈtʃɪldrənz ˈʃu:z]
Kleid	dress [dres]
Knopf	button [ˈbʌtn]
Kostüm	costume [ˈkɒstju:m]
Kragen	collar [ˈkɒlə]
Krawatte	tie [taɪ]
Kunstfaser	synthetic fibre [sɪnˈθetɪk ˈfaɪbə]
Leder|hose	leather trousers [ˈleðə ˈtraʊzəz]
~jacke	leather jacket [ˈleðə ˈdʒækɪt]
~mantel	leather coat [ˈleðə ˈkəʊt]
Leinen	linen [ˈlɪnɪn]
Mantel	coat [kəʊt]
Minirock	miniskirt [ˈmɪnɪskɜ:t]
Morgenrock	dressing-gown (*Am* robe) [ˈdresɪŋgaʊn, rəʊb]
Mütze	cap [kæp]
Nachthemd	nightdress [ˈnaɪtdres]
Pelz|jacke	fur jacket [ˈfɜ: ˈdʒækɪt]
~mantel	fur coat [ˈfɜ: ˈkəʊt]
Pullover	pullover, jumper, sweater [ˈpʊlˌəʊvə, ˈdʒʌmpə, ˈswetə]
Pyjama	pyjamas [pəˈdʒɑ:məz]
Regenmantel	raincoat [ˈreɪnkəʊt]
Reißverschluß	zip [zɪp]
Rock	skirt [skɜ:t]
Sakko	(sports)jacket [(ˈspɔ:ts)ˈdʒækɪt]
Sandalen	sandals [ˈsændlz]
Schal	scarf [skɑ:f]
Schirm	umbrella [ʌmˈbrelə]
Schuh|e	shoes [ʃu:z]
~creme	shoecream [ˈʃu: kri:m]
Seide	silk [sɪlk]
Seiden|strümpfe	silk stockings [ˈsɪlk ˈstɒkɪŋz]
~strumpfhose	silk tights [ˈsɪlk ˈtaɪts]
Slip	*(Herren)* briefs [bri:fs]; *(Damen)* panties [ˈpæntɪz]
Socken	socks [sɒks]
Sohle	sole [səʊl]
Sommerkleid	summer dress [ˈsʌmə ˈdres]
Stiefel	boots [bu:ts]
Strickjacke	cardigan [ˈkɑ:dɪgən]

Strümpfe	stockings ['stɒkɪŋz]
Strumpfhose	tights [taɪts]
Taschentuch	handkerchief ['hæŋkətʃɪf]
Trainingsanzug	tracksuit ['træksju:t]
T-Shirt	teeshirt ['ti:ʃɜ:t]
Turnschuhe	gym shoes ['dʒɪmʃu:z]
Unter|hemd	vest [vest]
~hose	*(Damen)* panties; [pæntɪz]; *(Herren)* pants [pænts]
~rock	petticoat ['petɪkəʊt]
~wäsche	underwear ['ʌndəweə]
waschmaschinenfest	machine-washable [mə'ʃi:nˌwɒʃəbl]
Weste	waistcoast ['weɪskəʊt]
Wildleder|jacke	suede jacket ['sweɪd 'dʒækɪt]
~mantel	suede coat ['sweɪd 'kəʊt]
Wolle	wool [wʊl]

Bücher und Schreibwaren

Books and Stationery

Haben Sie deutsche Zeitungen/Zeitschriften?	Do you sell German newspapers/magazines? [djʊ sel 'dʒɜ:mən 'nju:sˌpeɪpəz/ˌmægə'zi:nz]
Ich hätte gern einen Reiseführer über ...	I'd like a guide to ... [aɪd laɪk ə 'gaɪd tʊ]

Wortliste Bücher und Schreibwaren

Ansichtskarte	picture postcard ['pɪktʃə 'pəʊstkɑ:d]
Bleistift	pencil ['pensl]
~spitzer	pencil sharpener ['pensl ˌʃɑ:pnə]
Brief|marke	stamp [stæmp]
~papier	writing-paper ['raɪtɪŋˌpeɪpə]
~umschlag	envelope ['envələʊp]
Farbstift	coloured pencil ['kʌləd 'pensl]
Filzstift	felt-tip pen ['feltˌtɪp 'pen]
Füllfederhalter	fountain pen ['faʊntɪnpen]
Geschenkpapier	gift wrap ['gɪft ræp]

Illustrierte	magazine [ˌmægəˈziːn]
Klebstoff	glue [gluː]
Kugelschreiber	ballpoint pen, biro [ˈbɔːlpɔɪnt ˈpen, ˈbaɪrəʊ]
Landkarte	map [mæp]
Malbuch	colouring book [ˈkʌlərɪŋ bʊk]
Notiz|block	notepad [ˈnəʊtpæd]
~buch	notebook [ˈnəʊtbʊk]
Papier	paper [ˈpeɪpə]
Radiergummi	rubber, eraser [ˈrʊbə, ɪˈreɪzə]
Roman	novel [ˈnɒvl]
Kriminalroman	thriller, detective story [ˈθrɪlə, dɪˈtektɪv ˈstɔːrɪ]
Spielkarten	playing cards [ˈpleɪɪŋkɑːdz]
Stadtplan	town map [ˈtaʊn ˈmæp]
Straßenkarte	road map [ˈrəʊd mæp]
Taschenbuch	paperback [ˈpeɪpəbæk]
Tesafilm	Sellotape [ˈseləteɪp]
Zeichenblock	sketchbook [ˈsketʃbʊk]
Zeitschrift	magazine [ˌmægəˈziːn]

Haushaltswaren

Household goods

Wortliste Haushaltswaren

Abfallbeutel	bin liner [ˈbɪnˌlaɪnə]
Alufolie	tin foil [ˈtɪnfɔɪl]
Besen	broom [bruːm]
Brennspiritus	methylated spirits [ˈmeθɪleɪtɪd ˈspɪrɪts]
Dosenöffner	tin-opener [ˈtɪnˌəʊpnə]
Eimer	bucket [ˈbʌkɪt]
Eßbesteck	knife, fork and spoon [ˈnaɪf ˈfɔːk‿ən ˈspuːn]
Flaschenöffner	bottle-opener [ˈbɒtlˌəʊpnə]
Frischhaltefolie	cling foil [ˈklɪŋ fɔɪl]
Glas	glass [glɑːs]
Grill	grill [grɪl]
~anzünder	firelighters [ˈfaɪəˌlaɪtəz]
~kohle	charcoal [ˈtʃɑːkəʊl]
Handfeger	brush [brʌʃ]

Kehrblech	dustpan [ˈdʌstpæn]
Kerzen	candles [ˈkændlz]
Kochtopf	saucepan [ˈsɔːspən]
Korkenzieher	corkscrew [ˈkɔːkskruː]
Kühl|element	ice pack [ˈaɪspæk]
~tasche	cold bag [ˈkəʊld bæg]
Papierservietten	paper napkins, serviettes [ˈpeɪpə ˈnæpkɪnz, ˌsɜːvɪˈets]
Petroleum	paraffin [ˈpærəfɪn]
Plastikbeutel	plastic bag [ˈplæstɪk ˈbæg]
Sonnenschirm	sunshade [ˈsʌnʃeɪd]
Taschenmesser	pocket knife [ˈpɒkɪt naɪf]
Thermosflasche	thermos flask [ˈθɜːməs flɑːsk]
Wäsche|klammern	pegs [pegz]
~leine	clothes line [ˈkləʊðz laɪn]

Elektro- und Fotoartikel

Electrical goods and photographic materials

Ich möchte ...	I'd like ... [aɪd laɪk]
einen Film für diesen Fotoapparat.	a film for this camera. [ə ˈfɪlm fə ðɪs ˈkæmrə]
einen Farbfilm für Papierbilder/Dias.	a colour film for prints/slides. [ə ˈkʌlə fɪlm fə ˈprɪnts/ˈslaɪdz]
einen Film mit 36/20/12 Aufnahmen.	a film with 36/20/12 exposures. [ə ˈfɪlm wɪð ˌθɜːtɪˈsɪks/ˈtwentɪ/ˈtwelv‿ɪksˈpəʊʒəz]
Könnten Sie mir bitte den Film einlegen?	Could you put the film in the camera for me, please? [kʊd‿jʊ pʊt ðə ˈfɪlm‿ɪn ðə ˈkæmrə fə mɪ pliːz]
Würden Sie mir bitte diesen Film entwickeln?	Would you develop this film for me, please. [wʊd‿jʊ dɪˈveləp ðɪs ˈfɪlm fə mɪ pliːz]
Bitte machen Sie mir je einen Abzug von diesen Negativen.	I'd like one print of each of these negatives, please. [aɪd laɪk ˈwʌn ˈprɪnt‿əv ˈiːtʃ‿əv, ˈðiːz ˈnegətɪvz pliːz]
● Welches Format bitte?	What size? [ˌwɒt ˈsaɪz]

Sieben mal zehn./Neun mal neun.	Seven by ten/Nine by nine centimetres. ['sevn baɪ 'ten/'naɪn baɪ 'naɪn 'sentɪˌmi:təs]
• Wünschen Sie Hochglanz oder Seidenglanz?	Gloss or mat? ['glɒs‿ɔ: 'mæt]
Wann kann ich die Bilder abholen?	When can I pick up the photos? ['wen kən‿aɪ 'pɪkˌʌp ðə 'fəʊtəʊz]
Der Sucher/Der Auslöser funktioniert nicht.	The view-finder/shutter doesn't work. [ðə 'vju:ˌfaɪndə/'ʃʌtə dʌznt wɜ:k]
Können Sie es reparieren?	Can you mend it? [kən‿jʊ 'mend‿ɪt]

Wortliste Elektro- und Fotoartikel

Adapter	adapter [ə'dæptə]
Auslöser	shutter ['ʃʌtə]
Batterie	battery ['bætrɪ]
Belichtungsmesser	light meter ['laɪt ˌmi:tə]
Blende	aperture (setting) ['æpəˌtjʊə ('setɪŋ)]
Blitz|gerät	flash [flæʃ]
~würfel	flashcube ['flæʃkju:b]
CD, Compactdisc	CD, compact disc ['si:'di:, 'kɒmpækt 'dɪsk]
Film|empfindlichkeit	film speed ['fɪlm ˌspi:d]
~kamera	film camera ['fɪlm ˌkæmrə]
Fön	hair-dryer ['heəˌdraɪə]
Glühbirne	bulb [bʌlb]
Kassette	cassette [kə'set]
Kassetten/film	(film) cartridge [('fɪlm) 'kɑ:trɪdʒ]
~rekorder	cassette recorder [kə'set rɪ'kɔ:də]
Kopfhörer	headphones ['hedfəʊnz]
Lautsprecher	speaker ['spi:kə]
Linse	lens [lenz]
Objektiv	lens, objective [lenz, əb'dʒektɪv]
Paßbild	passport photo ['pæspɔ:t ˌfəʊtəʊ]
Schallplatte	record ['rekɔ:d]
Schwarzweiß-Film	black-and-white film ['blæk‿ən 'waɪt 'fɪlm]
Selbstauslöser	delayed-action shutter release [dɪ'leɪd‿'ækʃn 'ʃʌtə‿rɪ'li:s]
Stativ	tripod ['traɪpɒd]
Stecker	plug [plʌg]

Sucher	viewfinder [ˈvjuːˌfaɪndə]
Taschen|lampe	torch [tɔːtʃ]
~rechner	pocket calculator [ˈpɒkɪt ˈkælkjʊˌleɪtə]
Teleobjektiv	telephoto lens [ˈtelɪˌfəʊtəʊ lenz]
Verlängerungsschnur	extension lead [ɪksˈtenʃən liːd]
Verschluß	shutter [ˈʃʌtə]
Video|film	video film [ˈvɪdɪəʊfɪlm]
~kamera	video camera [ˈvɪdɪəʊˌkæmrə]
~kassette	video cassette [ˌvɪdɪəʊkəˈset]
~rekorder	video recorder [ˈvɪdɪəʊrɪˌkɔːdə]
Walkman	personal stereo [ˈpɜːsnl ˈsterɪəʊ]

Beim Optiker

At the optician's

Würden Sie mir bitte diese Brille reparieren?	Could you repair these glasses for me, please. [kʊd jʊ rɪˈpeə ðiːz ˈglɑːsɪz fə mɪ pliːz]
Mir ist ein Glas meiner Brille zerbrochen.	One of the lenses of my glasses is broken. [wʌn‿əv ðə ˈlenzɪz‿əv maɪ ˈglɑːsɪz‿ɪz ˈbrəʊkn]
Ich bin kurzsichtig/weitsichtig.	I'm short-sighted/long-sighted. [aɪm ˌʃɔːtˈsaɪtɪd/ˌlɒŋˈsaɪtɪd]
● Wie ist Ihre Sehstärke?	What's your acuity? [ˈwɒts‿jɔːr‿əˈkjuːətɪ]
rechts plus/minus ..., links ...	plus/minus ... in the right eye, ... in the left eye ... [ˈplʌs/ˈmaɪnəs ... ɪn ðə ˈraɪt‿aɪ, ... ɪn ðə ˈleft‿aɪ]
Wann kann ich die Brille abholen?	When can I pick up the glasses? [ˈwen kən‿aɪ ˈpɪkˌʌp ðə ˈglɑːsɪz]
Ich brauche ...	I need ... [aɪ niːd]
Reinigungslösung	some cleansing solution [sm ˈklenzɪŋ səˈluːʃn]
für harte/weiche Kontaktlinsen.	for hard/soft contact lenses. [fə ˈhɑːd/ˈsɒft ˈkɒntækt ˌlenzɪz]
Ich suche ...	I'm looking for ... [aɪm ˈlʊkɪŋ fə]
eine Sonnenbrille.	some sunglasses. [sm ˈsʌnˌglɑːsɪz]
ein Fernglas.	some binoculars. [sm bɪˈnɒkjʊləz]

Beim Uhrmacher/Juwelier

At the watchmaker's/jeweller's

Meine Uhr geht nicht mehr. Können Sie mal nachsehen?	My watch doesn't work. Could you have a look at it? [maɪ ˈwɒtʃ dʌznt wɜːk. ˈkʊd jʊ hæv‿ə ˈlʊk‿ət‿ɪt]
Ich möchte ein hübsches Andenken/Geschenk.	I'd like a nice souvenir/present. [aɪd laɪk‿ə naɪs ˈsuːvənɪə/ˈpreznt]
● Wieviel wollen Sie ausgeben?	How much do you want to spend? [ˈhaʊ ˈmʌtʃ djʊ wɒnt‿tə ˈspend]
Ich möchte etwas nicht zu Teures.	I'd like something that's not too expensive. [aɪd laɪk ˈsʌmθɪŋ ðəts ˈnɒt ˈtuː ɪksˈpensɪv]

Wortliste Uhrmacher/Juwelier

Anhänger	pendant [ˈpendənt]
Armband	bracelet [ˈbreɪslɪt]
~uhr	wristwatch [ˈrɪstwɒtʃ]
Brosche	brooch [brəʊtʃ]
Gold	gold [gəʊld]
Kette	necklace [ˈneklɪs]
Kristall	crystal [ˈkrɪstl]
Ohrringe	earrings [ˈɪərɪŋz]
Perle	pearl [pɜːl]
Ring	ring [rɪŋ]
Schmuck	jewellery [ˈdʒuːəlrɪ]
Silber	silver [ˈsɪlvə]

Beim Friseur

At the hairdresser's

Kann ich mich für morgen anmelden?	Can I make an appointment for tomorrow? [kən‿aɪ meɪk‿ən əˈpɔɪntmənt fə təˈmɒrəʊ]
● Wie hätten Sie gern Ihr Haar?	How would you like your hair done? [ˈhaʊ wʊd‿jʊ laɪk jɔ: ˈheə dʌn]
Waschen und fönen/legen, bitte.	Shampoo and blow dry/set, please. [ʃæmˈpu: ən ˈbləʊ ˈdraɪ/ˈset pli:z]
Schneiden mit/ohne Waschen, bitte.	Wash and cut/Dry cut, please. [ˈwɒʃ‿ən ˈkʌt/ˈdraɪ ˈkʌt pli:z]
Ich möchte …	I'd like … [aɪd laɪk]
eine Dauerwelle.	a perm. [‿ə ˈpɜ:m]
mir die Haare färben/tönen lassen.	to have my hair dyed/tinted. [tə hæv maɪ heə ˈdaɪd/ˈtɪntɪd]
mir (helle/dunkle) Strähnchen färben lassen.	to have my hair highlighted/lowlighted. [tə hæv maɪ heə ˈhaɪˌlaɪtɪd/ˈləʊˌlaɪtɪd]
Lassen Sie es bitte lang.	Leave it long, please. [li:v‿ɪt ˈlɒŋ pli:z]
Nur die Spitzen.	Just trim the ends. [dʒʌst trɪm ðɪ‿ˈendz]
Nicht zu kurz/Ganz kurz/Etwas kürzer, bitte.	Not too short/Very short/A bit shorter, please. [ˈnɒt ˈtu: ˈʃɔ:t/ˈverɪ ˈʃɔ:t/ə ˈbɪt ˈʃɔ:tə pli:z]
Bitte hinten/vorn/oben/an den Seiten (noch) etwas wegnehmen.	A bit (more) off the back/front/top/sides, please. [ə ˈbɪt (mɔ:r‿)ɒf ðə ˈbæk/ˈfrʌnt/ˈtɒp/ˈsaɪdz pli:z]
Die Ohren sollen bitte frei sein/bedeckt bleiben.	Cut above/below the ears, please. [kʌt‿əˈbʌv/bɪˈləʊ ðɪ‿ˈɪəz pli:z]
Den Scheitel links/rechts, bitte.	The parting on the left/right, please. [ðə ˈpɑ:tɪŋ‿ɒn ðə ˈleft/ˈraɪt pli:z]
Einen Messerschnitt, bitte.	A razor cut, please. [ə ˈreɪzəˌkʌt pli:z]
Bitte etwas toupieren.	Would you back-comb it a bit, please. [wʊd jʊ ˌbæk ˈkəʊm‿ɪt ə bɪt pli:z]

Bitte kein/nur wenig Haarspray.	No/Not too much hairspray, please. ['nəʊ/'nɒt 'tu: 'mʌtʃ 'heəˌspreɪ pli:z]
Rasieren, bitte.	I'd like a shave, please. [aɪd laɪk‿ə 'ʃeɪv pli:z]
Stutzen Sie mir bitte den Bart.	Would you trim my beard, please? [wʊd‿jʊ 'trɪm‿maɪ 'bɪəd pli:z]
Können Sie mir Maniküre machen?	Can you give me a manicure? [kən‿jʊ 'gɪv‿mɪ‿ə 'mænɪkjʊə]
Vielen Dank. So ist es gut.	Thank you. That's fine. ['θæŋkjʊ. ðæts 'faɪn]

Wortliste Friseur

Augenbrauen	eyebrows ['aɪbraʊz]
~ zupfen	to pluck one's eyebrows ['plʌk wʌnz‿'aɪbraʊz]
Bart	beard [bɪəd]
blond	blond(e) [blɒnd]
Dauerwelle	perm [pɜ:m]
färben	to dye [daɪ]
fönen	to blow dry ['bləʊ 'draɪ]
frisieren	to do someone's hair [du: 'sʌmwʌnz 'heə]
Frisur	hairstyle ['heəstaɪl]
Haar	hair [heə]
fettiges~	greasy hair ['gri:sɪ 'heə]
trockenes~	dry hair ['draɪ 'heə]
Haar|kur	conditioner [kən'dɪʃnə]
~schnitt	haircut ['heəkʌt]
~spray	hairspray ['heəspreɪ]
kämmen	to comb [kəʊm]
Koteletten	sideboards ['saɪdbɔ:dz]
legen	to set [set]
Locken	curls [kɜ:lz]
~wickler	curlers ['kɜ:ləz]
Perücke	wig [wɪg]
Pony	fringe [frɪnʒ]
sich rasieren lassen	to have a shave [hæv‿ə 'ʃeɪv]

Scheitel	parting [ˈpɑːtɪŋ]
Schnurrbart	moustache [məsˈtɑːʃ]
Schuppen	dandruff [ˈdændrʌf]
Shampoo	shampoo [ʃæmˈpuː]
Stufenschnitt	layered cut [ˈleɪəd ˌkʌt]
stutzen	to trim [trɪm]
tönen	to tint [tɪnt]
Wasserwelle	set [set]

9 Allgemeine Dienste
Services

Geldangelegenheiten

Money matters

Wo ist hier bitte eine Bank/eine Wechselstube?	Where's the nearest bank/bureau de change? [ˈwɛəz ðə ˈnɪərɪst ˈbæŋk/ˈbjʊərəʊ də ˈʃɔ̃:nʒ]
Wann öffnet/schließt die Bank?	What time does the bank open/close? [ˈwɒt ˈtaɪm dʌz ðə bæŋk ˈəʊpən/ˈkləʊz]
Ich möchte ... DM (Schilling, Schweizer Franken) in £ ($) wechseln.	I'd like to change ... Marks (Austrian shillings, Swiss francs) into pounds (dollars). [aɪd laɪk tə tʃeɪnʒ ... ˈmɑ:ks (ˈɒstrɪən ˈʃɪlɪŋz/ˈswɪs ˈfræŋks) ˈɪntə ˈpaʊndz (ˈdɒləz)]
Wie ist heute der Wechselkurs?	What's the current exchange rate? [ˈwɒts ðə ˈkʌrənt‿ɪksˈtʃeɪnʒ reɪt]
Wieviel £ ($) bekomme ich für 100 DM?	How many pounds/dollars do I get for a hundred marks? [ˈhaʊ menɪ ˈpaʊndz/ˈdɒləz dʊ‿aɪ get fər‿ə ˈhʌndrəd ˈmɑ:ks]
Ich möchte diesen Reisescheck/diesen Euroscheck/diese Postanweisung einlösen.	I'd like to change this traveller's-cheque/eurocheque/money order. [aɪd laɪk tə tʃeɪnʒ ðɪs ˈtrævləz ˈtʃek/ˈjʊərəʊtʃek/ˈmʌnɪ ˌɔ:də]
Auf welchen Betrag kann ich ihn maximal ausstellen	What's the maximum I can cash on one cheque? [ˈwɒts ðə ˈmæksɪməm‿aɪ kən ˌkæʃ‿ɒn ˈwʌn ˈtʃek]
• Ihre Scheckkarte, bitte.	Can I see your cheque card, please? [kən‿aɪ si: jɔ: ˈtʃekkɑ:d pli:z]
• Darf ich bitte Ihren Paß/Ausweis sehen?	May I see your passport/identity card, please? [meɪ‿aɪ si: jɔ: ˈpɑ:spɔ:t/aɪˈdentɪtɪkɑ:d pli:z]
• Würden Sie bitte hier unterschreiben?	Sign here, please. [saɪn ˈhɪə pli:z]
Ist Geld für mich überwiesen worden?	Has any money been transferred for me? [həz‿ˈenɪ ˈmʌnɪ bɪn trænsˈfɜ:d fə mi:]
• Gehen Sie bitte zur Kasse.	Go to the cashdesk, please. [gəʊ tə ðə ˈkæʃdesk pli:z]

• Wie wollen Sie das Geld haben?	How would you like the money? ['haʊ wʊd‿jʊ laɪk ðə 'mʌnɪ]
Bitte nur Scheine.	Notes, please. ['nəʊts pli:z]
Auch etwas Kleingeld.	Some small change, too, please. [sʌm‿'smɔ:l‿'tʃeɪndʒ 'tu: pli:z]
Geben Sie mir bitte drei £5-Scheine und den Rest in Kleingeld.	I'd like three five-pound notes and the rest in small change, please. [aɪd laɪk 'θri: 'faɪv,paʊnd 'nəʊts‿ən ðə rest‿ɪn 'smɔ:l 'tʃeɪnʒ pli:z]
Ich habe meine Reiseschecks verloren. Was muß ich tun?	I've lost my traveller's cheques. What do I have to do? [aɪv 'lɒst maɪ 'trævləz 'tʃeks. 'wɒt dʊ‿aɪ hæv tə 'dʊ]

Wortliste Geldangelegenheiten

abheben	to withdraw [wɪð'drɔ:]
auszahlen	to pay out [,peɪ‿'aʊt]
Bank	bank [bæŋk]
~konto	bank account ['bæŋk ə'kaʊnt]
~leitzahl	bank code number ['bæŋk ,kəʊd 'nʌmbə]
bar	cash [kæʃ]
Bargeld	cash [kæʃ]
Betrag	amount [ə'maʊnt]
Devisen	foreign currency ['fɒrən 'kʌrənsɪ]
D-Mark	German mark(s) ['dʒɜ:mən 'mɑ:k(s)]
einzahlen	to pay in [,peɪ‿'ɪn]
Euroscheck	eurocheque ['jʊərəʊtʃek]
Formular	form [fɔ:m]
Geheimzahl	pin number ['pɪn ,nʌmbə]
Geld	money ['mʌnɪ]
~automat	cashpoint ['kæʃpɔɪnt]
~anweisung	transfer ['trænsfɜ:]
~schein	banknote ['bæŋknəʊt]
~wechsel	exchange [ɪks'tʃeɪnʒ]
Kleingeld	change [tʃeɪnʒ]
Kreditkarte	credit card ['kredɪt kɑ:d]
Kurs	rate of exchange ['reɪt‿əv‿ɪks'tʃeɪnʒ]
Münze	coin [kɔɪn]
Post|anweisung	money order ['mʌnɪ ,ɔ:də]

~sparbuch	post office savings book ['pəʊst ˌɒfɪs 'seɪvɪŋz bʊk]
~sparkasse	post office savings bank ['pəʊst ˌɒfɪs 'seɪvɪŋz bæŋk]
Provision	bank charges ['bæŋk 'tʃɑːdʒɪz]
Quittung	receipt [rɪ'siːt]
Reisescheck	traveller's cheque ['trævləz 'tʃek]
Schalter	counter, window ['kaʊntə, 'wɪndəʊ]
Scheck	cheque (*Am* check) [tʃek]
einen ~ ausstellen	to write a cheque ['raɪt ə‿'tʃek]
einen ~ einlösen	to cash a cheque ['kæʃ‿ə 'tʃek]
~buch	cheque-book ['tʃekbʊk]
~karte	cheque card ['tʃekkɑːd]
Schilling	Austrian shilling(s) ['ɒstrɪən 'ʃɪlɪŋ(z)]
Schweizer Franken	Swiss franc(s) ['swɪs 'fræŋk(s)]
Spar|buch	savings book ['seɪvɪŋz bʊk]
~kasse	savings bank ['seɪvɪŋz bæŋk]
~konto	savings account ['seɪvɪŋz‿ə'kaʊnt]
Überweisung	transfer, remittance ['trænsfɜː, rɪ'mɪtəns]
umtauschen	to change [tʃeɪnʒ]
Unterschrift	signature ['sɪgnɪtʃə]
Währung	currency ['kʌrənsɪ]
Wechsel|kurs	exchange rate [ɪks'tʃeɪnʒ ˌreɪt]
~stube	bureau de change ['bjʊərəʊ də 'ʃɔ̃ːnʒ]
zahlen	to pay [peɪ]
Zahlkarte	giro transfer form ['dʒaɪrəʊ 'trænsfɜː fɔːm]
Zahlung	payment ['peɪmənt]
Zahlungsanweisung	giro transfer order ['dʒaɪrəʊ 'trænsfɜːr‿ˌɔːdə]

50 POUNDS
FIFTY POUNDS
BANK of ENGLAND
FIVE POUNDS
£50
£5
20 POUNDS
£20
TWENTY POUNDS
10
10
TEN POUNDS
£20
£10
£1
50p
10p
20p
1p
5p
2p

Auf der Post

▶ auch Wortliste Geldangelegenheiten

At the post office

Wo ist das nächste Postamt/der nächste Briefkasten?	Where's the nearest post office/postbox? ['weəz ðə 'nɪərɪst 'pəʊst͵ɒfɪs/'pəʊst bɒks]
Was kostet ein Brief/eine Postkarte ...	How much does a letter/postcard ... ['haʊ 'mʌtʃ dʌz‿ə 'letə/'pəʊstkɑ:d]
nach Deutschland?	to Germany [tə 'dʒɜ:mənɪ]
nach Österreich?	to Austria [tʊ‿'ɒstrɪə]
in die Schweiz?	to Switzerland [tə 'swɪtsələnd]
	cost? [kɒst]
Drei Briefmarken zu ... p, bitte.	Three ... p stamps, please. ['θri: ... pi: 'stæmps pli:z]
Diesen Brief bitte per ...	I'd like to send this letter ... [aɪd laɪk tə send ðɪs 'letə]
Einschreiben.	registered. ['redʒɪstəd]
Luftpost.	by airmail. [baɪ‿'eəmeɪl]
Express.	express. [ɪks'pres]
Wie lange braucht ein Brief nach Deutschland?	How long does a letter to Germany take? ['haʊ 'lɒŋ dʌz‿ə 'letə tə 'dʒɜ:mənɪ teɪk]
Kann ich bei Ihnen auch Sondermarken bekommen?	Do you have special issues, too? [djʊ hæv 'speʃl‿'ɪsju:z 'tu:]
Diesen Satz/Je eine Marke, bitte.	This set/One each of those, please. ['ðɪs 'set/'wʌn 'i:tʃ əv 'ðəʊz pli:z]

Postlagernd — Poste restante

Ist Post für mich da? Mein Name ist ...	Are there any letters for me? My name's ... ['ɑ: ðeər‿enɪ 'letəz fə mi: maɪ neɪmz ...]
• Nein, es ist nichts da.	No, there's nothing for you. ['nəʊ ðeəz 'nʌθɪŋ fə 'ju:]
• Ja, es ist etwas da. Ihren Ausweis, bitte.	Yes, there is something for you. Could I see your passport, please? ['jes ðeər‿'ɪz 'sʌmθɪŋ 'fɔ: jʊ. 'kʊd‿aɪ si: jɔ: 'pɑ:spɔ:t pli:z]

Telegramme – Telefax | Telegrams and faxes

Ich möchte ein Telegramm aufgeben.	I'd like to send a telegram. [aɪd laɪk tə send ə ˈtelɪgræm]
Was kostet ein Wort?	How much is it per word? [ˈhaʊ ˈmʌtʃ ɪz‿ɪt pɜː ˈwɜːd]
● Die Grundgebühr ist ... zuzüglich ... pro Wort.	The standard charge is ..., plus ... per word. [ðə ˈstændəd ˈtʃɑːdʒ‿ɪz ... plʌs ... pɜː ˈwɜːd]
Kommt das Telegramm heute noch in ... an?	Will the telegram reach ... today? [wɪl ðə ˈtelɪgræm riːtʃ ... təˈdeɪ]
Kann ich bei Ihnen ein Telefax nach ... schicken?	Can I send a fax to ...? [kən‿aɪ send‿ə ˈfæks tʊ ...]

Wortliste Post

absenden	to send, to post [send, pəʊst]
Absender	sender [ˈsendə]
Adresse	address [əˈdres]
aufgeben	to post [pəʊst]
ausfüllen	to fill in [fɪl‿ˈɪn]
Bestimmungsort	destination [ˌdestɪˈneɪʃn]
Brief	letter [ˈletə]
~kasten	post-box [ˈpəʊstbɒks]
~marke	stamp [stæmp]
~markenautomat	stamp machine [ˈstæmp məˈʃiːn]
~träger/in	postman/postwoman [ˈpəʊsmən/ˈpəʊsˌwʊmən]
~umschlag	envelope [ˈenvələʊp]
Drucksache	printed matter [ˈprɪntɪd ˈmætə]
Eilbrief	express letter [ɪksˈpres ˈletə]
Einschreibebrief	registered letter [ˈredʒɪstəd ˈletə]
Empfänger	addressee [ˌædreˈsiː]
Empfangsbestätigung	receipt [rɪˈsiːt]
Formular	form [fɔːm]
frankieren	to stamp [stæmp]
Gebühr	charge, fee [tʃɑːdʒ, fiː]
Gewicht	weight [weɪt]
Hauptpostamt	main post office [ˈmeɪn ˈpəʊstˌɒfɪs]
Leerung	collection [kəˈlekʃn]
Luftpost, mit	by airmail [baɪ‿ˈeəmeɪl]
Nachnahme, per	cash on delivery (COD) [ˈkæʃ‿ɒn dɪˈlɪvrɪ (ˈsiːəʊˌdiː)]

nachsenden	to send on [ˈsend‿ˈɒn]
Päckchen	small packet [ˈsmɔːl ˌpækɪt]
Paket	parcel [ˈpɑːsl]
~karte	dispatch form [dɪˈspætʃ fɔːm]
Porto	postage [ˈpəʊstɪdʒ]
Post|amt	post office [ˈpəʊstˌɒfɪs]
~karte	postcard [ˈpəʊskɑːd]
~lagernd	poste restante [ˈpəʊst rɪˈstænt]
~leitzahl	post code (*Am* zip code) [ˈpəʊskəʊd, ˈzɪpkəʊd]
Schalter	counter, window [ˈkaʊntə, ˈwɪndəʊ]
~stunden	opening hours [ˈəʊpnɪŋ‿ˌaʊəz]
Sondermarke	special issue stamp, commemorative stamp [ˈspeʃl‿ˈɪsjuː stæmp, kəˈmemrətɪv stæmp]
Telefax	fax [fæks]
Telex	telex [ˈteleks]
Vordruck	form [fɔːm]
Wertangabe	declaration of value [ˌdekləˈreɪʃn‿əv ˈvæljuː]
Zollerklärung	customs declaration [ˈkʌstəmz ˌdekləˈreɪʃn]

Telefonieren

Telephoning

Dürfte ich wohl Ihr Telefon benutzen?	Could I use your telephone? [ˈkʊd‿aɪ‿juːz jɔː ˈtelɪfəʊn]
Wo ist die nächste Telefonzelle?	Where's the nearest phone box? [ˈweəz ðə ˈnɪərɪst ˈfəʊnbɒks]
Können Sie mir bitte eine Telefonkarte geben?	Can I have a phonecard, please? [kən‿aɪ hæv‿ə ˈfəʊnkɑːd pliːz]
Können Sie mir bitte wechseln? Ich muß telefonieren.	Can you give me some change? I need to make a phonecall. [kən‿jʊ gɪv mɪ sʌm ˈtʃeɪnʒ. aɪ niːd tə meɪk‿ə ˈfəʊnkɔːl]
Haben Sie ein Telefonbuch von ...?	Have you got a ... telephone directory? [həv‿jʊ gɒt‿ə ˈ... ˈtelɪfəʊn dɪˈrektrɪ]
Wie ist die Vorwahl von ...?	What's the national code for ...? [ˈwɒts ðə ˈnæʃnl ˈkəʊd fə]

Bitte ein Ferngespräch nach ...	I'd like to make a call to ... [aɪd laɪk tə meɪk ə ˈkɔːl tʊ]
Ich möchte ein R-Gespräch anmelden.	I'd like to make a reverse charge call (*Am* collect call). [aɪd laɪk tə meɪk‿ə rɪˈvɜːs ˈtʃɑːdʒ ˈkɔːl (kəˈlekt ˈkɔːl]
Können Sie mich bitte mit ... verbinden?	Can you put me through to ..., please? [kən‿jʊ pʊt‿mɪ ˈθruː tʊ ... pliːz]
● Gehen Sie in Kabine Nr. ...	Booth number ... [ˈbuːð ˈnʌmbə]
● Die Leitung ist besetzt.	The line's engaged. [ðə laɪnz ˌɪnˈgeɪdʒd]
● Es meldet sich niemand.	There's no reply. [ðeəz ˈnəʊ rɪˈplaɪ]
● Bleiben Sie bitte am Apparat.	Hold the line, please. [ˈhəʊld ðə ˈlaɪn pliːz]
Hier spricht ...	This is ... speaking. [ˈðɪs‿ɪz ... ˈspiːkɪŋ]
Hallo, mit wem spreche ich?	Hello, who's speaking? [ˌhəˈləʊ ˈhuːz ˈspiːkɪŋ]

In GB gibt es zwei Telefongesellschaften. Für ihre Telefone können jeweils nur bestimmte Telefonkarten benutzt werden: Mit den Phonecards *kann man in Telefonzellen der British TELECOM telefonieren. Sie sind z. B. in Zeitungsläden erhältlich.* Mercury cards *erhalten Sie im "Post Office".*

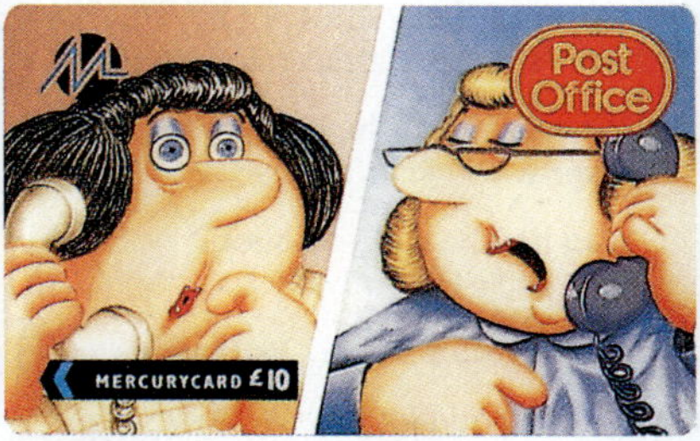

So wird über die Internationale Direktwahl gewählt:

Auslandsvorwahl Bundesrep. West **010** Bundesrep. Ost **010**	Landeskennzahl **49** **37**	Ortsnetzkennzahl **»0«** weglassen	Teilnehmer
Auslandsvorwahl Österreich **010**	Landeskennzahl **43**	Ortsnetzkennzahl **»0«** weglassen	Teilnehmer
Auslandsvorwahl Schweiz **010**	Landeskennzahl **41**	Ortsnetzkennzahl **»0«** weglassen	Teilnehmer

Um z. B. die Münchner Nummer 1164 zu erreichen, wählen Sie 010-49-89-1164. Wien 1530 ist mit 010-43-1-1530 anzuwählen. Genf 12011 erreichen Sie mit 010-41-22-12011.

Kann ich bitte Herrn/Frau/Fräulein ... sprechen?	Can I speak to Mr/Mrs/Miss ..., please? [kən‿aɪ ˈspiːk tə ˈmɪstə/ˈmɪsɪz/ˈmɪs ... pliːz]
• Am Apparat.	Speaking. [ˈspiːkɪŋ]
• Ich verbinde.	I'll put you through. [aɪl ˈpʊt‿jʊ ˈθruː]
• Tut mir leid, er/sie ist nicht da/zu Hause.	I'm sorry, he's/she's not here/at home. [aɪm ˈsɒrɪ hiːz/ʃiːz ˈnɒt ˈhɪə/ət ˈhəʊm]
Wann wird er/sie zurück sein?	When will he/she be back? [ˈwen wɪl hiː/ʃiː bɪ ˈbæk]
• Kann er/sie Sie zurückrufen?	Can he/she call you back? [kən hiː/ʃiː ˈkɔːl‿jʊ ˈbæk]
Ja, meine Nummer ist ...	Yes, my number's ... [ˈjes maɪ ˈnʌmbəz]
• Möchten Sie eine Nachricht hinterlassen?	Would you like to leave a message? [wʊd‿jʊ ˈlaɪk tə ˈliːv‿ə ˈmesɪdʒ]
Würden Sie ihm/ihr bitte sagen, ich hätte angerufen?	Would you tell him/her that I called? [wʊd‿jʊ ˈtel hɪm/hɜː ðət‿aɪ ˈkɔːld]
Könnten Sie ihm/ihr etwas ausrichten?	Could you give him/her a message? [kʊd‿jʊ ˈgɪv hɪm/hɜːr‿ə ˈmesɪdʒ]

Ich rufe später noch-mal an.	I'll call back later. [aɪl ˈkɔːl ˈbæk ˈleɪtə]
● Falsch verbunden.	Sorry, wrong number. [ˈsɒrɪ ˈrɒŋ ˈnʌmbə]

Wortliste Telefonieren

abnehmen	to answer the phone [ˈɑːnsə ðə ˈfəʊn]
Anruf	(phone) call [(ˈfəʊn)kɔːl]
~beantworter	telephone answering machine [ˈtelɪfəʊn‿ˈɑːnsərɪŋ məˈʃiːn], answerphone [ˈɑːnsəfəʊn]
anrufen	to phone, to call, to ring up [fəʊn, kɔːl, ˈrɪŋ‿ˈʌp]
Auskunft	directory enquiries [dɪˈrektrɪ‿ɪnˈkwaɪərɪz]
Auslandsgespräch	international call [ˌɪntəˈnæʃənl kɔːl]
besetzt	engaged [ɪnˈgeɪdʒd]
Besetztzeichen	engaged signal [ɪnˈgeɪdʒd ˌsɪgnl]
Branchenverzeichnis	yellow pages [ˈjeləʊ ˈpeɪdʒɪz]
durchwählen	to dial direct [ˈdaɪl dɪˈrekt]
Fern|gespräch	long-distance call [ˌlɒŋ ˈdɪstəns kɔːl]
~sprechamt	telephone exchange [ˈtelɪfəʊn‿ɪksˈtʃeɪnʒ]
Freizeichen	dial tone [ˈdaɪl təʊn]
Gebühr	charge [tʃɑːdʒ]
Gebühreneinheit	unit [ˈjuːnɪt]
Gespräch	call [kɔːl]
Hörer	receiver [rɪˈsiːvə]
Münzfernsprecher	payphone [ˈpeɪfəʊn]
Ortsgespräch	local call [ˈləʊkl kɔːl]
R-Gespräch	reverse charge call [rɪˈvɜːs ˈtʃɑːdʒ ˈkɔːl]
Telefon	telephone [ˈtelɪfəʊn]
~buch	telephone directory [ˈtelɪfəʊn dɪˈrektrɪ]
~gespräch	phone call [ˈfəʊnkɔːl]
~karte	phonecard [ˈfəʊnkɑːd]
~nummer	phone number [ˈfəʊn ˌnʌmbə]
~zelle	telephone kiosk, phone box [ˈtelɪfəʊn ˈkiːɒsk, ˈfəʊnbɒks]

Verbindung	line [laɪn]
Vermittlung	*(Amt)* exchange [ɪks'tʃeɪndʒ]; *(Mensch)* operator ['ɒpəreɪtə]
Vorwahlnummer	national code (*Am* area code) ['næʃnl 'kəʊd, 'eərɪə 'kəʊd]
wählen	to dial ['daɪl]

Auf der Polizei

At the police station

Wo ist bitte das nächste Polizeirevier?	Where's the nearest police station, please? ['weəz ðə 'nɪərɪst pə'li:s ˌsteɪʃn pli:z]
Ich möchte einen Unfall anzeigen.	I'd like to report an accident. [aɪd laɪk tə rɪ'pɔ:t‿ən 'æksɪdənt]
Mir ist ...	My ... [maɪ]
die Handtasche	handbag ['hænbæg]
die Brieftasche	wallet ['wɒlɪt]
mein Fotoapparat	camera ['kæmrə]
mein Auto/mein Fahrrad	car/bike ['kɑ:/'baɪk]
gestohlen worden.	has been stolen. [həz bɪn 'stəʊlən]
Mein Auto ist aufgebrochen worden.	My car has been broken into. [maɪ 'kɑ: həz bɪn 'brəʊkn‿'ɪntʊ]
Aus meinem Auto ist ... gestohlen worden.	... has been stolen from my car. [... həz bɪn 'stəʊlən frəm maɪ 'kɑ:]
Ich habe ... verloren.	I've lost ... [aɪv 'lɒst ...]
Mein Sohn/Meine Tochter ist seit ... verschwunden.	My son/daughter has been missing since ... [maɪ 'sʌn/'dɔ:tə həz bɪn 'mɪsɪŋ sɪns ...]
Können Sie mir bitte helfen?	Can you help me, please? ['kən jʊ 'help mɪ pli:z]
• Wann genau ist das passiert?	When exactly did it happen? ['wen‿ɪg'zæklɪ dɪd‿ɪt 'hæpn]
• Wir werden der Sache nachgehen.	We'll look into the matter. [wi:l lʊk 'ɪntə ðə 'mætə]
Ich habe damit nichts zu tun.	I've got nothing to do with it. [aɪv gɒt 'nʌθɪŋ tə 'du: wɪð‿ɪt]

• Ihren Namen und Ihre Anschrift, bitte.	Your name and address, please. [jɔ: ˈneɪm‿ən‿əˈdres pli:z]
• Wenden Sie sich an das deutsche/österreichische/Schweizer Konsulat.	Get in touch with the German/Austrian/Swiss consulate. [get‿ɪn tʌtʃ wɪð ðə ˈdʒɜ:mən/ðɪ‿ˈɒstrɪən/ðə ˈswɪs ˈkɒnsjʊlət]

Wortliste Polizei

▶ **auch Kap. 3 Auto/Motorrad/Fahrrad – Verkehrsunfall**

anzeigen	to report [rɪˈpɔ:t]
aufbrechen	to break into/open [breɪk‿ˈɪntʊ/ˈəʊpn]
Auto|papiere	car documents [ˈkɑ: ˈdɒkjʊmənts]
~radio	car radio [ˈkɑ: ˈreɪdɪəʊ]
~schlüssel	car keys [ˈkɑ: ki:z]
belästigen	to bother, to pester [ˈbɒðə, ˈpestə]
beschlagnahmen	to confiscate [ˈkɒnfɪskeɪt]
Brieftasche	wallet [ˈwɒlɪt]
Dieb	thief [θi:f]
~stahl	theft [θeft]
Gefängnis	prison [ˈprɪzn]
Geld	money [ˈmʌnɪ]
~börse	purse [pɜ:s]
Gericht	court [kɔ:t]
Papiere	papers, documents [ˈpeɪpəz, ˈdɒkjʊmənts]
Personalausweis	identity card [aɪˈdentɪtɪ kɑ:d]
Polizei	police [pəˈli:s]
~wagen	police car [pəˈli:s kɑ:]
Polizist/in	policeman/policewoman [pəˈli:smən/pəˈli:sˌwʊmən]
Rauschgift	drugs [drʌgz]
Rechtsanwalt	lawyer [ˈlɔ:jə]
Reisepaß	passport [ˈpɑ:spɔ:t]
Richter/in	judge [dʒʌdʒ]
Scheck	cheque (*Am* check) [tʃek]
~karte	cheque card [ˈtʃek kɑ:d]
Schlüssel	key [ki:]
Taschendieb	pickpocket [ˈpɪkˌpɒkɪt]
Überfall	attack, mugging [əˈtæk, ˈmʌgɪŋ]

Verbrechen	crime [kraɪm]
Vergewaltigung	rape [reɪp]
verhaften	to arrest [əˈrest]
verlieren	to lose [luːz]
zusammenschlagen	to beat up [ˈbiːt‿ˈʌp]

Fundbüro

Lost-property office

Wo ist das Fundbüro, bitte?	Where's the lost-property office, please? [ˈweəz ðə ˌlɒstˈprɒpətɪ‿ˌɒfɪs pliːz]
Ich habe ... verloren.	I've lost ... [aɪv ˈlɒst ...]
Ich habe meine Handtasche im Zug vergessen.	I left my handbag on the train. [aɪ left maɪ ˈhænbæg ɒn ðə ˈtreɪn]
Benachrichtigen Sie mich bitte, wenn sie abgegeben werden sollte.	Please let me know if it's handed in. [ˈpliːz let mɪ ˈnəʊ‿ɪf ɪts ˌhændɪd‿ˈɪn]
Hier ist meine Hotelanschrift/Heimatadresse.	Here's the address of my hotel/my home address. [ˈhɪəz ðɪ‿əˈdres‿əv maɪ həʊˈtel/maɪ ˈhəʊm‿əˈdres]

10 Gesundheit
Health

In der Apotheke

At the chemist's

Wo ist die nächste Apotheke (mit Nachtdienst)?	Where's the nearest chemist's (with all-night service)? ['weəz ðə 'nɪərɪst 'kemɪsts (wɪð 'ɔ:l'naɪt 'sɜ:vɪs)]
Geben Sie mir bitte etwas gegen …	Can you give me something for …? [kən jʊ gɪv mɪ 'sʌmθɪŋ fə …]
● Dieses Mittel ist rezeptpflichtig.	You need a prescription for this. [jʊ ni:d‿ə prɪ'skrɪpʃn fə 'ðɪs]
Kann ich darauf warten?	Can I wait? [kən‿aɪ 'weɪt]
Wann kann ich es abholen?	When can I pick it up? ['wen kən‿aɪ ˌpɪk ɪt‿'ʌp]

Wortliste Apotheke ▶ auch WL Arzt/Zahnarzt/Krankenhaus

Abführmittel	laxative ['læksətɪv]
Antibabypillen	contraceptive pills [ˌkɒntrə'septɪv pɪlz]
Antibiotikum	antibiotics [ˌæntɪbaɪ'ɒtɪks]
Aspirin	aspirin ['æsprɪn]
Augentropfen	eye drops ['aɪ drɒps]
äußerlich	for external use only [fər‿eks'tɜ:nl 'ju:s‿'əʊnlɪ]
Beruhigungsmittel	sedative, tranquilizer ['sedətɪv, 'træŋkwɪlaɪzə]
Brandsalbe	ointment for burns ['ɔɪntmənt fə 'bɜ:nz]
Desinfektionsmittel	disinfectant [ˌdɪsɪn'fektənt]
einnehmen	to take [teɪk]
Elastikbinde	elastic bandage [ɪ'læstɪk 'bændɪdʒ]
vor dem Essen	before meals [bɪ'fɔ: 'mi:lz]
nach dem Essen	after meals ['ɑ:ftə 'mi:lz]
Fieberthermometer	thermometer [θə'mɒmɪtə]
Gegengift	antidote ['æntɪdəʊt]
Gurgelwasser	gargle ['gɑ:gl]
Halstabletten	throat lozenges ['θrəʊt 'lɒzɪnʒɪz]
Hustensaft	cough mixture ['kɒf 'mɪkstʃə]
innerlich	for internal use [fər‿ɪn'tɜ:nl 'ju:s]
Insektenmittel	insect repellent ['ɪnsekt rɪ'pelənt]

Insulin	insulin [ˈɪnsjʊlɪn]
Jod(tinktur)	(tincture of) iodine [(ˈtɪŋktʃər‿əv) ˈaɪədiːn]
Kamillentee	camomile tea [ˈkæməmaɪl ˈtiː]
Kohletabletten	charcoal tablets [ˈtʃɑːkəʊl ˌtæblɪts]
Kopfschmerztabletten	aspirins [ˈæsprɪnz]
Kreislaufmittel	cardiac stimulant [ˈkɑːdɪæk ˈstɪmjʊlənt]
auf nüchternen Magen	on an empty stomach [ɒn‿ən‿ˈemptɪ ˈstʌmək]
Magenmittel	stomachic [ˈstəˈmækɪk]
Medikament	medicine [ˈmedsn]
Mittel	remedy, medicine [ˈremɪdɪ, ˈmedsn]
Mullbinde	gauze bandage [ˈgɔːz ˈbændɪdʒ]
im Mund zergehen lassen	let it melt in your mouth [ˈlet‿ɪt ˈmelt‿ɪn ‿jɔː ˈmaʊθ]
Nebenwirkungen	side effects [ˈsaɪd‿ɪˈfekts]
Ohrentropfen	ear-drops [ˈɪədrɒps]
Pflaster	plaster [ˈplɑːstə]
Präservativ	condom [ˈkɒndəm]
Puder	powder [ˈpaʊdə]
Rezept	prescription [prɪsˈkrɪpʃn]
Salbe	ointment [ˈɔɪntmənt]
Schlaftabletten	sleeping pills [ˈsliːpɪŋ pɪlz]
Schmerztabletten	pain-killing tablets [ˈpeɪnˌkɪlɪŋ ˈtæblɪts]
Sonnenbrand	sunburn [ˈsʌnˌbɜːn]
Tablette	tablet, pill [ˈtæblɪt, pɪl]
Traubenzucker	glucose [ˈgluːkəʊs]
Tropfen	drops [drɒps]
Watte	cotton-wool [ˌkɒtnˈwʊl]
Zäpfchen	suppository [səˈpɒzɪtərɪ]

Arztbesuch

At the doctor's

Können Sie mir einen guten ... empfehlen?	Can you recommend a good ...? [kən jʊ ˌrekəˈmend‿ə gʊd ...]
Arzt	doctor [ˈdɒktə]
Augenarzt	eye specialist [ˈaɪ ˈspeʃəlɪst]
Frauenarzt	gynaecologist [ˌgaɪnɪˈkɒlədʒɪst]
Hals-Nasen-Ohren-Arzt	ear, nose and throat specialist [ˈɪə ˈnəʊz‿ən ˈθrəʊt ˈspeʃəlɪst]
Hautarzt	dermatologist [ˌdɜːməˈtɒlədʒɪst]
Internisten	specialist for internal diseases [ˈspeʃəlɪst fər‿ɪnˈtɜːnl dɪˈziːzɪz]
Kinderarzt	pediatrician [ˌpiːdɪəˈtrɪʃn]
Nervenarzt	neurologist [ˌnjʊəˈrɒlədʒɪst]
Praktischen Arzt	GP (general practitioner) [ˈdʒiːˈpiː (ˈdʒenrl prækˈtɪʃnə)]
Urologen	urologist [ˌjʊəˈrɒlədʒɪst]
Zahnarzt	dentist [ˈdentɪst]
Wo ist seine Praxis?	Where's his surgery? [ˈweəz hɪz ˈsɜːdʒrɪ]
Wann hat er Sprechstunde?	What are his surgery hours? [ˈwɒt‿ə hɪz ˈsɜːdʒrɪ ˈaʊəz]
• Was für Beschwerden haben Sie?	What's the trouble? [ˈwɒts ðə ˈtrʌbl]
Ich fühle mich nicht wohl.	I don't feel well. [aɪ ˈdəʊnt fiːl ˈwel]
Ich habe Fieber.	I've got a temperature. [aɪv gɒt‿ə ˈtemprɪtʃə]
Ich kann nicht schlafen.	I can't sleep. [aɪ ˈkɑːnt ˈsliːp]
Mir ist oft schlecht/schwindelig.	I often feel sick/faint. [aɪ ˈɒfn fiːl ˈsɪk/ˈfeɪnt]
Ich bin ohnmächtig geworden.	I fainted. [aɪ ˈfeɪntɪd]

Im englischen Gesundheitswesen, dem National Health Service, *ist die ärztliche Behandlung auch für ausländische Besucher kostenlos.*

Ich bin stark erkältet.	I've got a bad cold. [aɪv gɒt‿ə ˈbæd ˈkəʊld]
Ich habe ... Kopfschmerzen. Halsschmerzen. Husten.	I've got ... [aɪv gɒt] a headache. [ə ˈhedeɪk] a sore throat. [ə ˈsɔː ˈθrəʊt] a cough. [ə ˈkɒf]
Ich bin gestochen/gebissen worden.	I've been stung/bitten. [aɪv bɪn ˈstʌŋ/ˈbɪtn]
Ich habe mir den Magen verdorben.	I've got an upset stomach. [aɪv gɒt‿ən ˈʌpset ˈstʌmək]
Ich habe Durchfall/Verstopfung.	I've got diarrhoea./I'm constipated. [aɪv gɒt daɪəˈrɪə /aɪm ˈkɒnstɪpeɪtɪd]
Ich vertrage das Essen/die Hitze nicht.	The food doesn't agree with me./ I can't stand the heat. [ðə ˈfuːd ˈdʌznt əˈgriː wɪð mɪ /aɪ ˈkɑːnt ˈstænd ðə ˈhiːt]
Ich habe mich verletzt.	I've hurt myself. [aɪv ˈhɜːt maɪˌself]
Ich bin gestürzt.	I fell down. [aɪ ˈfel ˈdaʊn]
Ich glaube, ich habe mir ... gebrochen/verstaucht.	I think I've broken/sprained ... [aɪˈθɪŋk aɪv ˈbrəʊkn/ˈspreɪnd ...]
• Wo tut es weh?	Where does it hurt? [ˈweə dʌz‿ɪt ˈhɜːt]
Ich habe hier Schmerzen.	I've got a pain here. [aɪv gɒt‿ə ˈpeɪn ˈhɪə]
• Tut es hier weh?	Does that hurt? [dʌz ðæt ˈhɜːt]
Ich habe einen hohen/niedrigen Blutdruck.	I've got high/low blood pressure. [aɪv gɒt ˈhaɪ/ˈləʊ ˈblʌd ˌpreʃə]
Ich bin Diabetiker/in.	I'm a diabetic. [aɪm‿ə daɪəˈbetɪk]
Ich bin schwanger.	I'm pregnant. [aɪm ˈpregnənt]
Ich hatte vor kurzem ...	I had ... recently [aɪ hæd ˈ... ˈriːsntlɪ]
• Bitte, machen Sie sich frei.	Get undressed, please. [get ˌʌnˈdrest pliːz]
• Ziehen Sie bitte ... aus.	Take ... off, please. [ˈteɪk ... ˌɒf pliːz]
• Bitte tief einatmen. Atem anhalten.	Take a deep breath. Hold your breath, please. [teɪk‿ə ˈdiːp ˈbreθ. ˈhəʊld jɔː ˈbreθ pliːz]

● Öffnen Sie den Mund.	Open your mouth. ['əʊpn jɔ: 'maʊθ]
● Zeigen Sie die Zunge.	Put your tongue out. [pʊt jɔ: 'tʌŋ‿aʊt]
● Husten, bitte.	Cough, please. ['kɒf pli:z]
● Wie lange fühlen Sie sich schon so?	How long have you been feeling like this? ['haʊ 'lɒŋ həv jʊ bɪn 'fi:lɪŋ laɪk ðɪs]
Ich habe keinen Appetit.	I've lost my appetite. [aɪv 'lɒst maɪ 'æpɪtaɪt]
● Haben Sie einen Impfpaß?	Have you got a vaccination card? [həv jʊ gɒt‿ə ˌvæksɪn'eɪʃn kɑ:d]
Ich bin gegen ... geimpft.	I've been vaccinated against ... [aɪv bɪn 'væksɪneɪtɪd ə'genst ...]
● Sie müssen geröntgt werden.	You'll have to be x-rayed. [jʊl 'hæv tə bi: 'eksreɪd]
● Ich brauche eine Blut-/Urinprobe.	I need to do a blood/urine test. [aɪ 'ni:d tə du:‿ə 'blʌd/'jʊərɪn test]
● Ich muß Sie an einen Facharzt überweisen.	I'll have to send you to a specialist. [aɪl 'hæv tə send jʊ tʊ‿ə 'speʃəlɪst]
● Sie müssen operiert werden.	You'll have to have an operation. [jʊl 'hæv tə hæv‿ən‿ɒpə'reɪʃn]
● Sie brauchen ein paar Tage Bettruhe.	You need a few days in bed. [jʊ ni:d‿ə 'fju: 'deɪz‿ɪn 'bed]
● Es ist nichts Ernstes.	It's nothing serious. [ɪts 'nʌθɪŋ 'sɪərɪəs]
Können Sie mir bitte etwas gegen ... geben/verschreiben?	Can you give me/prescribe something for ...? [kən jʊ gɪv mɪ/prɪ'skraɪb 'sʌmθɪŋ fə...]
Normalerweise nehme ich ...	I usually take ... [aɪ 'ju:ʒʊəlɪ teɪk ...]
● Nehmen Sie eine Tablette vor dem Schlafengehen.	Take one tablet before you go to bed. [teɪk 'wʌn 'tæblɪt bɪ'fɔ: jʊ ˌgəʊ tə 'bed]
Hier ist mein internationaler Krankenschein.	Here's my international medical insurance card. ['hɪəz maɪ‿ˌɪntə'næʃənl 'medɪkl‿ɪn'ʃʊərns kɑ:d]
Können Sie mir bitte ein ärztliches Attest ausstellen?	Can you give me a doctor's certificate, please? [kən jʊ gɪv mɪ‿ə 'dɒktəz sə'tɪfɪkɪt pli:z]

Beim Zahnarzt

At the dentist's

Ich habe (starke) Zahnschmerzen.	I've got (terrible) toothache. [aɪv gɒt (ˈterəbl) ˈtu:θeɪk]
Dieser Zahn (oben/unten/vorn/hinten) tut weh.	This tooth (at the top/bottom/front/back) hurts. [ˈðɪs ˌtu:θ (ət ðə ˈtɒp/ˈbɒtəm/ˈfrʌnt/ˈbæk) ˈhɜ:ts]
Ich habe eine Füllung verloren.	I've lost a filling. [aɪv lɒst‿ə ˈfɪlɪŋ]
Mir ist ein Zahn abgebrochen.	I've broken a tooth. [aɪv ˈbrəʊkən‿ə ˈtu:θ]
• Ich muß ihn plombieren.	I'll have to fill it. [aɪl ˈhæv tə ˈfɪl‿ɪt]
• Ich behandle ihn nur provisorisch.	I'll only do a temporary job. [aɪl‿ˈəʊnlɪ dʊ‿ə ˈtemprərɪ dʒɒb]
• Ich muß ihn ziehen.	It'll have to come out. [ɪtl ˈhæv tə kʌm‿ ˈaʊt]
• Dieser Zahn muß eine Krone bekommen.	This tooth needs a crown. [ˈðɪs ˌtu:θ ni:dz‿ə ˈkraʊn]
Geben Sie mir bitte eine/keine Spritze.	I'd like an injection, please./I don't want an injection. [aɪd laɪk‿ən‿ɪnˈdʒekʃn pli:z/aɪ ˈdəʊnt wɒnt‿ən‿ɪnˈdʒekʃn]
• Bitte gut spülen.	Rinse well, please. [ˈrɪns ˈwel pli:z]
Können Sie diese Prothese reparieren?	Can you repair these dentures, please? [kən jʊ rɪˈpeə ði:z ˈdentʃəz pli:z]
• Kommen Sie in zwei Tagen bitte nochmal zum Nachsehen.	Come again in two days' time so that I can have a look at it. [kʌm əˈgen‿ɪn ˈtu:deɪz ˈtaɪm səʊ ðət‿aɪ kən hæv‿ə ˈlʊk‿ət‿ɪt]
• Suchen Sie dann zu Hause gleich Ihren Zahnarzt auf.	See your dentist as soon as you get home. [ˈsi: jɔ: ˈdentɪst‿əz ˈsu:n‿əz jʊ get ˈhəʊm]

Im Krankenhaus

In hospital

Wie lange muß ich hier bleiben?	How long will I have to stay here? ['haʊ 'lɒŋ wɪl aɪ hæv tə 'steɪ hɪə]
Ich kann nicht einschlafen. Geben Sie mir bitte eine Schmerztablette/Schlaftablette.	I can't sleep. Could you give me a pain-killing tablet/a sleeping-pill, please. [aɪ 'kɑ:nt 'sli:p. 'kʊd jʊ gɪv mɪ‿ə 'peɪnˌkɪlɪŋ 'tæblɪt/ə 'sli:pɪŋpɪl pli:z]
Wann darf ich aufstehen?	When can I get up? ['wen kən‿aɪ 'get‿'ʌp]
Geben Sie mir bitte eine Bescheinigung über die Dauer des Krankenhausaufenthalts mit Diagnose.	Could you give me a certificate stating how long I was in hospital, together with the diagnosis, please? ['kʊd jʊ gɪv mi:‿ə sə'tɪfɪkɪt 'steɪtɪŋ 'haʊ 'lɒŋ aɪ wəz‿ɪn 'hɒspɪtl tə'geðə wɪð ðə ˌdaɪəg'nəʊsɪs pli:z]

Wortliste Arzt/Zahnarzt/Krankenhaus

Abszeß	abscess ['æbsɪs]
Ader	vein [veɪn]
Aids	Aids [eɪdz]
Allergie	allergy ['ælədʒɪ]
allergisch sein gegen	to be allergic to [bɪ‿ə'lɜ:dʒɪk tʊ]
Anfall	fit, attack [fɪt, ə'tæk]
Angina	angina [æn'dʒaɪnə]
ansteckend	contagious [kən'teɪdʒəs]
Appetitlosigkeit	lack of appetite ['læk‿əv‿'æpɪtaɪt]
Arm	arm [ɑ:m]
Asthma	asthma ['æsmə]
Atembeschwerden	difficulty in breathing ['dɪfɪkəltɪ‿ɪn 'bri:ðɪŋ]
atmen	to breathe [bri:ð]
Attest	certificate [sə'tɪfɪkət]
Auge	eye [aɪ]
Ausschlag	rash [ræʃ]
Bänderriß	torn ligament ['tɔ:n 'lɪgəmənt]

Bauch	stomach ['stʌmək]
Bein	leg [leg]
Bescheinigung	certificate [sə'tɪfɪkət]
Besuchszeit	visiting hours ['vɪzɪtɪŋ ˌaʊəz]
bewußtlos	unconscious [ʌn'kɒnʃəs]
Blähungen	wind [wɪnd]
Blase	bladder ['blædə]
Blinddarm	appendix [ə'pendɪks]
~entzündung	appendicitis [əˌpendɪ'saɪtɪs]
Blut	blood [blʌd]
~druck	blood pressure ['blʌd ˌpreʃə]
bluten	to bleed [bli:d]
Blut|erguß	bruise [bru:z]
~gruppe	blood group ['blʌd gru:p]
~probe	blood test ['blʌd test]
~transfusion	blood transfusion ['blʌd træns'fju:ʒən]
~ung	bleeding ['bli:dɪŋ]
~vergiftung	blood-poisoning ['blʌdˌpɔɪznɪŋ]
Brechreiz	nausea ['nɔ:sjə]
Bronchien	bronchial tubes ['brɒŋkjəl 'tju:bz]
Bronchitis	bronchitis [brɒŋ'kaɪtɪs]
Bruch	*(Leisten~)* hernia ['hɜ:njə]; *(Knochen~)* fracture ['fræktʃə]
Brust	chest, *(weibliche ~)* breast [tʃest/brest]
~korb	thorax ['θɔ:ræks]
Bypass	bypass (operation) ['baɪpɑ:s‿(ˌɒpə'reɪʃn)]
Chirurg/in	surgeon ['sɜ:dʒn]
Cholera	cholera ['kɒlərə]
Darm	intestines [ɪn'testɪnz]
desinfizieren	to disinfect [ˌdɪsɪn'fekt]
Diabetes	diabetes [ˌdaɪə'bi:ti:z]
Diagnose	diagnosis [ˌdaɪəg'nəʊsɪs]
Diät	diet ['daɪət]
Diphtherie	diphtheria [dɪp'θɪərɪə]
Drüse	gland [glænd]
Durchfall	diarrhoea [ˌdaɪə'rɪə]
Eiter	pus [pʌs]
eitern	to fester ['festə]
Ellbogen	elbow ['elbəʊ]
Entzündung	inflammation [ˌɪnflə'meɪʃn]

erbrechen, sich	to vomit ['vɒmɪt]
erkälten, sich	to catch a cold ['kætʃ‿ə 'kəʊld]
erkältet sein	to have a cold [hæv‿ə 'kəʊld]
Erkältung	cold [kəʊld]
Facharzt/ärztin	specialist ['speʃəlɪst]
Fehlgeburt	miscarriage [ˌmɪs'kærɪdʒ]
Fieber	fever, temperature ['fi:və, 'temprɪtʃə]
Finger	finger ['fɪŋgə]
Fuß	foot, *(pl)* feet [fʊt, fi:t]
Gallenblase	gall-bladder ['gɔ:lˌblædə]
gebrochen	broken ['brəʊkn]
Gehirn	brain [breɪn]
~erschütterung	concussion [kən'kʌʃn]
~schlag	stroke [strəʊk]
Gehör	hearing ['hɪərɪŋ]
Gelbsucht	jaundice ['dʒɔ:ndɪs]
Gelenk	joint [dʒɔɪnt]
Geschlechts|krankheit	venereal disease [vɪ'nɪərɪəl dɪ'zi:z]
~organe	sexual organs ['seksjʊəl‿'ɔ:gənz]
geschwollen	swollen ['swəʊlən]
Geschwulst	growth, tumour [grəʊθ, 'tju:mə]
Geschwür	ulcer ['ʌlsə]
Gesicht	face [feɪs]
Glieder	limbs [lɪmz]
Grippe	flu [flu:]
Hals	neck; *(Kehle)* throat [nek, θrəʊt]
~schmerzen	sore throat ['sɔ: 'θrəʊt]
Hämorrhoiden	piles, haemorrhoids [paɪlz, 'hemərɔɪdz]
Hand	hand ['hænd]
Haut	skin [skɪn]
~krankheit	skin disease ['skɪn dɪ'zi:z]
heiser sein	to be hoarse [hɔ:s]
Herz	heart [hɑ:t]
~anfall	heart attack ['hɑ:t‿ə'tæk]
~beschwerden	heart trouble ['hɑ:t ˌtrʌbl]
~fehler	heart defect ['hɑ:t dɪ'fekt]
~infarkt	heart attack, cardiac infarction ['hɑ:t‿ə'tæk, 'kɑ:dɪæk‿ɪn'fɑ:kʃn]
~schrittmacher	pacemaker ['peɪsˌmeɪkə]
~spezialist/in	heart specialist ['hɑ:t ˌspeʃəlɪst]

Heuschnupfen	hay fever [ˈheɪ ˌfiːvə]
Hexenschuß	lumbago [lʌmˈbeɪgəʊ]
Höhensonne	sunray treatment [ˈsʌnreɪ ˈtriːtmənt]
Hüfte	hip [hɪp]
Husten	cough [kɒf]
impfen	to vaccinate [ˈvæksɪneɪt]
Impfpaß	vaccination card [ˌvæksɪˈneɪʃn ˌkɑːd]
Impfung	vaccination [ˌvæksɪˈneɪʃn]
Infektion	infection [ɪnˈfekʃn]
Infusion	infusion [ɪnˈfjuːzn]
Ischias	sciatica [saɪˈætɪkə]
Keuchhusten	whooping-cough [ˈhuːpɪŋkɒf]
Kiefer	jaw [dʒɔː]
Kinderlähmung	polio [ˈpəʊlɪəʊ]
Knie	knee [niː]
Knöchel	ankle [ˈæŋkl]
Knochen	bone [bəʊn]
~bruch	fracture [ˈfræktʃə]
Kolik	colic [ˈkɒlɪk]
Kopf	head [hed]
~schmerzen	headache [ˈhedeɪk]
Krampf	cramp [kræmp]
krank	ill, sick [ɪl, sɪk]
Kranken|haus	hospital [ˈhɒspɪtl]
~kasse	medical insurance [ˈmedɪkl‿ɪnˈʃʊərns]
~schein	medical insurance card [ˈmedɪkl‿ɪnˈʃʊərns ˈkɑːd]
~schwester	nurse [nɜːs]
Krankheit	illness [ˈɪlnɪs]
Krebs	cancer [ˈkænsə]
Kreislaufstörung	circulatory disorder [ˌsɜːkjʊˈleɪtrɪ dɪsˈɔːdə]
Krone	crown [kraʊn]
Kur	cure [kjʊə]
Lähmung	paralysis [pəˈrælɪsɪs]
Lebensmittelvergiftung	food-poisoning [ˈfuːdˌpɔɪznɪŋ]
Leber	liver [ˈlɪvə]
Leistenbruch	hernia, rupture [ˈhɜːnjə, ˈrʌptʃə]
Lippe	lip [lɪp]
Loch *(im Zahn)*	cavity [ˈkævɪtɪ]

Lunge	lungs [lʌŋz]
Lungenentzündung	pneumonia [njuːˈməʊnjə]
Magen	stomach [ˈstʌmək]
~schmerzen	stomach-ache [ˈstʌməkˌeɪk]
Mandelentzündung	tonsilitis [ˌtɒnsɪˈlaɪtɪs]
Mandeln	tonsils [ˈtɒnslz]
Masern	measles [ˈmiːzlz]
Menstruation	menstruation [ˌmenstrʊˈeɪʃn]
Migräne	migraine [ˈmiːgreɪn]
Mittelohrentzündung	inflammation of the middle ear [ˌɪnfləˈmeɪʃn‿əv ðə ˈmɪdl‿ˈɪə]
Mumps	mumps [mʌmps]
Mund	mouth [maʊθ]
Muskel	muscle [ˈmʌsl]
nähen	to stitch up [ˈstɪtʃ‿ˈʌp]
Narbe	scar [skɑː]
Narkose	anaesthetic [ˌænɪsˈθetɪk]
Nase	nose [nəʊz]
Nasenbluten	nose bleed [ˈnəʊz bliːd]
Nerv	nerve [nɜːv]
nervös	nervous [ˈnɜːvəs]
Niere	kidney [ˈkɪdnɪ]
Nieren | entzündung	nephritis [neˈfraɪtɪs]
~stein	kidney stone [ˈkɪdnɪstəʊn]
in Ohnmacht fallen	to faint [feɪnt]
Ohr	ear [ɪə]
Operation	operation [ˌɒpəˈreɪʃn]
Plombe	filling [ˈfɪlɪŋ]
Pocken	smallpox [ˈsmɔːlpɒks]
Praxis	practice [ˈpræktɪs]
Prellung	bruise, contusion [bruːz, kənˈtjuːʒn]
Prothese	artifical limb [ˌɑːtɪˈfɪʃl ˈlɪm]
Puls	pulse [pʌls]
Quetschung	bruise, contusion [bruːz, kənˈtjuːʒn]
Rheuma	rheumatism [ˈruːmətɪzm]
Rippe	rib [rɪb]
röntgen	X-ray [ˌeksˈreɪ]
Röntgenaufnahme	X-ray [ˌeksˈreɪ]
Röteln	German measles [ˈdʒɜːmən ˈmiːzlz]

Rücken	back [bæk]
~schmerzen	backache [ˈbækeɪk]
Rückgrat	spine [spaɪn]
Salmonellen	salmonellae [ˌseəlməˈnelə]
Schädel	skull [skʌl]
Scharlach	scarlet fever [ˈskɑːlɪt ˈfiːvə]
Schiene	splint [splɪnt]
Schienbein	shin [ʃɪn]
Schlaflosigkeit	sleeplessness, insomnia [ˈsliːplɪsnɪs,ɪnˈsɒmnɪə]
Schlaganfall	stroke [strəʊk]
Schlüsselbein	collarbone [ˈkɒləbəʊn]
Schmerzen	pain [peɪn]
Schnittwunde	cut [kʌt]
Schnupfen	cold [kəʊld]
Schulter	shoulder [ˈʃəʊldə]
Schüttelfrost	fit of shivering [ˈfɪt‿əv ˈʃɪvrɪŋ]
Schwangerschaft	pregnancy [ˈpregnənsɪ]
Schweiß	perspiration, sweat [ˌpɜːspəˈreɪʃn,swet]
Schwellung	swelling [ˈswelɪŋ]
Schwindel	dizziness [ˈdɪzɪnɪs]
schwitzen	to sweat, to perspire [swet, pəsˈpaɪə]
Seitenstechen	stitch [ˈstɪtʃ]
Sodbrennen	heartburn [ˈhɑːtbɜːn]
Sonnenstich	sunstroke [ˈsʌnstrəʊk]
Speiseröhre	gullet [ˈgʌlɪt]
Sprechstunde	surgery [ˈsɜːdʒərɪ]
Spritze	injection [ɪnˈdʒekʃn]
Station	ward [wɔːd]
Stich	sting [stɪŋ]
Stirnhöhlenentzündung	sinusitis [ˌsaɪnəˈsaɪtɪs]
Stuhlgang	bowel movement [ˈbaʊəl ˌmuːvmənt]
Tetanus	tetanus [ˈtetənəs]
Trommelfell	eardrum [ˈɪədrʌm]
Typhus	typhoid [ˈtaɪfɔɪd]
Übelkeit	nausea [ˈnɔːsjə]
Ultraschalluntersuchung	scan [skæn]
Unterleib	abdomen [ˈæbdəmən]
Untersuchung	examination [ɪgˌzæmɪˈneɪʃn]

Urin	urine [ˈjʊərɪn]
Verband	dressing, bandage [ˈdresɪŋ, ˈbændɪdʒ]
verbinden	to dress [dres]
Verbrennung	burn [bɜːn]
Verdauung	digestion [dɪˈdʒestʃn]
Verdauungsstörung	indigestion [ˌɪndɪˈdʒestʃn]
Vergiftung	poisoning [ˈpɔɪznɪŋ]
verletzen	to hurt, to injure [hɜːt, ˈɪndʒə]
Verletzung	injury [ˈɪndʒərɪ]
verschreiben	to prescribe [prɪsˈkraɪb]
verstaucht	sprained [spreɪnd]
Verstopfung	constipation [ˌkɒnstɪˈpeɪʃn]
Virus	virus [ˈvaɪərəs]
Wartezimmer	waiting room [ˈweɪtɪŋrʊm]
weh tun	to hurt, to be painful [hɜːt, ˈpeɪnfʊl]
Windpocken	chickenpox [ˈtʃɪkɪnpɒks]
Wirbelsäule	spine [spaɪn]
Wunde	wound [wuːnd]
Zahn	tooth, *(pl)* teeth [tuːθ, tiːθ]
Backen~	molar [ˈməʊlə]
Schneide~	incisor [ɪnˈsaɪzə]
~fleisch	gums [gʌmz]
~prothese	dentures [ˈdentʃəz]
~schmerzen	toothache [ˈtuːθeɪk]
Zehe	toe [təʊ]
Zerrung	pulled ligament/muscle [ˈpʊld ˈlɪgəmənt/ˈmʌsl]
ziehen *(Zahn)*	to take out, to extract [ˌteɪk‿ˈaʊt, ɪksˈtrækt]
Zunge	tongue [tʌŋ]

11 Geschäftsreise
A business trip

Der lange Weg zum Geschäftspartner

On the way to a business associate

Wie komme ich bitte zu …?	Can you tell me how to get to … please? [ˌkən‿jʊ ˈtel mɪ ˌhaʊ tə ˈget tʊ … pli:z]
Wo ist der Haupteingang?	Where's the main entrance? [ˈweəz ðə ˈmeɪn‿ˈentrns]
Mein Name ist … Ich komme von der Firma …	My name's … I'm from … [maɪ ˈneɪmz … aɪm frəm …]
Kann ich bitte … sprechen?	Can I speak to …, please? [ˈkən‿aɪ spi:k tʊ … pli:z]
Melden Sie mich bitte bei … an.	Could you tell … I'm here, please? [ˈkʊd‿jʊ tel … aɪm ˈhɪə pli:z]
Ich habe einen Termin bei …	I've got an appointment with … [aɪv gɒt‿ən‿əˈpɔɪntmənt wɪð …]
• … erwartet Sie bereits.	… is expecting you. [… ɪz‿ɪkˈspektɪŋ‿jʊ]
• Er/Sie ist noch in einer Sitzung.	He's/She's still in a meeting. [hi:z/ʃi:z ˈstɪl‿ɪn‿ə ˈmi:tɪŋ]
• Ich führe Sie zu …	I'll take you to … [aɪl ˈteɪk‿jʊ tʊ …]
Entschuldigen Sie bitte, daß ich zu spät komme.	I'm sorry I'm late. [aɪm ˈsɒrɪ‿aɪm ˈleɪt]
• Bitte setzen Sie sich.	Please sit down. [ˈpli:z ˌsɪt ˈdaʊn]
• Darf ich Ihnen etwas zu trinken anbieten?	Would you like something to drink? [wʊd‿jʊ ˈlaɪk ˌsʌmθɪŋ tə ˈdrɪŋk]
• Hatten Sie eine angenehme Reise?	Did you have a good trip? [dɪd‿jʊ ˈhæv‿ə ˌgʊd ˈtrɪp]
Wieviel Zeit haben wir?	How much time have we got? [ˈhaʊ ˌmʌtʃ ˈtaɪm həv wɪ gɒt]
• Wann geht Ihre Maschine?	When does your flight leave? [ˈwen dəz jɔ: ˈflaɪt ˈli:v]
Ich brauche einen Dolmetscher.	I need an interpreter. [aɪ ˈni:d‿ən‿ɪnˈtɜ:prɪtə]

Wortliste Weg zum Geschäftspartner

Abteilung	department [dɪˈpɑːtmənt]
Büro	office [ˈɒfɪs]
Dolmetscher/in	interpreter [ɪnˈtɜːprɪtə]
Eingang	entrance [ˈentrns]
Empfang	reception [rɪˈsepʃn]
Firma	company, firm [ˈkʌmpnɪ, fɜːm]
Gebäude	building [ˈbɪldɪŋ]
Konferenz|raum	conference room [ˈkɒnfrns ruːm]
~zentrum	conference centre [ˈkɒnfrns ˌsentə]
Pförtner	*(von Fabrik)* gateman [ˈgeɪtmən]; *(von Behörde usw.)* doorman [ˈdɔːmən]
Sekretariat	secretary's office [ˈsekrətrɪz‿ˌɒfɪs]
Sekretär/in	secretary [ˈsekrətrɪ]
Sitzung	meeting [ˈmiːtɪŋ]
Stockwerk	floor [flɔː]
Termin	appointment [əˈpɔɪntmənt]

Verhandlung/Konferenz/Messe

Negotiations/Conferences/Trade fairs

Ich suche den Messestand der Firma …	I'm looking for the … stand. [aɪm ˈlʊkɪŋ fə ðə … stænd]
● Sie sind in Halle …, Stand Nr. …	They're in pavilion …, stand number … [ðeər‿ɪn pəˈvɪljən … stænd ˈnʌmbə …]
Wir sind Hersteller von	We manufacture … [wɪ ˌmænjʊˈfæktʃə …]
Wir handeln mit …	We deal in … [wɪˈdiːl‿ɪn …]
Haben Sie Informationsmaterial über …?	Have your got information on …? [həv‿jʊ gɒt‿ˌɪnfəˈmeɪʃn‿ɒn …]
Wir können Ihnen ausführliches Material über … zusenden.	We can send you detailed information on … [wɪ kən ˈsend‿jʊ ˈdiːteɪld‿ˌɪnfəˈmeɪʃn‿ɒn …]
Wer ist Ansprechpartner für …?	Who should I contact about …? [ˈhuː ʃʊd‿aɪ ˈkɒntækt‿əˈbaʊt …]
Könnten Sie uns ein Angebot zukommen lassen?	Could you let us have a quote? [ˈkʊd‿jʊ ˈlet‿ʌs ˌhæv‿ə ˈkwəʊt]

Wir sollten ein Treffen vereinbaren.	We should arrange a meeting. [wɪ ʃʊd‿əˈreɪnʒ‿ə ˈmiːtɪŋ]
Hier ist meine Visitenkarte.	Here's my business card. [ˈhɪəz maɪ ˈbɪznɪs kɑːd]

Wortliste Verhandlung/Konferenz/Messe

Angebot	offer, quote [ˈɒfə, kwəʊt]
Ansprechpartner	contact [ˈkɒntækt]
Auftrag	order [ˈɔːdə]
Auftragsbestätigung	confirmation of order [ˌkɒnfəˈmeɪʃn‿əv‿ˈɔːdə]
Aussteller	exhibitor [ɪgˈzɪbɪtə]
~verzeichnis	list of exhibitors [lɪst‿əv‿ɪgˈzɪbɪtəz]
Einzelhändler/in	retailer [ˈriːteɪlə]
Export	export [ˈekspɔːt]
Exporteur	exporter [ekˈspɔːtə]
exportieren	to export [ekˈspɔːt]
Fachmesse	trade fair [ˈtreɪd ˌfeə]
Finanzierung	financing [ˈfaɪnænsɪŋ]
Fracht	freight [freɪt]
Garantie	guarantee [ˌgærnˈtiː]
Generalvertretung	sole agency/agents [ˈsəʊl‿ˈeɪdʒnsɪ/ˈeɪdʒnts]
Geschäfts|beziehungen	business connections [ˈbɪznɪs kəˈnekʃnz]
~partner	business partner/associate [ˈbɪznɪs ˌpɑːtnə/əˈsəʊʃɪət]
Großhändler/in	wholesaler [ˈhəʊl ˌseɪlə]
Halle	hall [hɔːl]; *(Messe)* pavilion [pəˈvɪljən]
Handelsvertreter/in	commercial traveller [kəˈmɜːʃl ˈtrævlə]
Hersteller	manufacturer [ˌmænjʊˈfæktʃrə]
Import	import [ˈɪmpɔːt]
Importeur	importer [ɪmˈpɔːtə]
importieren	to import [ɪmˈpɔːt]
Industriemesse	industrial fair [ɪnˈdʌstrɪəl ˌfeə]
Informations|material	information [ˌɪnfəˈmeɪʃn]
~stand	information stand [ˌɪnfəˈmeɪʃn stænd]
interessiert sein an	to be interested in [ˈɪntrɪstɪd‿ɪn]
Joint-venture	joint venture [ˈdʒɔɪnt ˈventʃə]
Kabine	booth [buːθ]
Katalog	catalogue [ˈkætəlɒg]
Kaufvertrag	bill of sale [ˈbɪl‿əv ˈseɪl]
Kondition	condition [kənˈdɪʃn]

Konferenz	conference ['kɒnfrns]
Konzern	concern, group [kən'sɜ:n, gru:p]
Kooperation	cooperation [kəʊˌɒpə'reɪʃn]
Kosten	cost(s) [kɒst(s)]
~voranschlag	estimate ['estɪmət]
Kunde/Kundin	customer ['kʌstəmə]
Leasing	leasing ['li:sɪŋ]
Lieferant	supplier [sə'plaɪə]
Liefer|bedingungen	terms of supply ['tɜ:mz‿əv sə'plaɪ]
~ung	delivery, supply [dɪ'lɪvrɪ, sə'plaɪ]
~zeit	delivery time [dɪ'lɪvrɪ taɪm]
Lizenz	licence ['laɪsns]
~abkommen	licensing agreement ['laɪsnsɪŋ‿ə'gri:mnt]
Marketing	marketing ['mɑ:kətɪŋ]
Mehrwertsteuer	value added tax (VAT) ['vælju:‿'ædɪd ˌtæks ('vi:‿'eɪ‿'ti:)]
Messe	(trade) fair [('treɪd) ˌfeə]
~ausweis	*(für Aussteller)* exhibitor's pass [ɪg'zɪbɪtəz ˌpɑ:s]
~stand	(exhibition) stand [(ˌeksɪ'bɪʃn) stænd]
~zentrum	exhibition centre [ˌeksɪ'bɪʃn ˌsentə]
Muster	sample ['sɑ:mpl]
Öffentlichkeitsarbeit	public relations (PR) [ˌpʌblɪkrɪ'leɪʃnz ('pi:‿'ɑ:)]
Preis	price [praɪs]
~liste	price list ['praɪslɪst]
~nachlaß	discount ['dɪskaʊnt]
Produktion	production [prə'dʌkʃn]
Proforma-Rechnung	pro forma invoice [ˌprəʊ'fɔ:mə‿ˌɪnvɔɪs]
Prospekt	brochure ['brəʊʃə]
Protokoll	record, report ['rekɔ:d, rɪ'pɔ:t]; *(von Sitzung)* minutes ['mɪnɪts]
Rechnung	bill, invoice [bɪl, 'ɪnvɔɪs]
Schulung	training ['treɪnɪŋ]
Skonto	cash discount [ˌkæʃ 'dɪskaʊnt]
Tagesordnung	agenda [ə'dʒendə]
Tochtergesellschaft	subsidiary [səb'sɪdjərɪ]
Transport	transport ['trænspɔ:t]; *(Fracht)* shipment ['ʃɪpmənt]
~kosten	carriage ['kærɪdʒ]
Treffen	meeting ['mi:tɪŋ]
Umsatzsteuer	sales tax ['seɪlz tæks]

Verkäufer/in	seller [ˈselə]; *(im Geschäft, im Außendienst)* salesperson [ˈseɪlzˌpɜːsn]
Verkaufsförderung	sales promotion [ˈseɪlz prəˈməʊʃn]
Verpackung	packing, packaging [ˈpækɪŋ, ˈpækɪdʒɪŋ]
Versicherung	insurance [ɪnˈʃʊərns]
Vertrag	contract, agreement [ˈkɒntrækt, əˈgriːmənt]
Vertrags|bedingungen	terms of a contract [ˈtɜːmz‿əv‿ə ˈkɒntrækt]
~händler	concessionary [kənˈseʃnərɪ]
Vertreter/in	(sales) representative [(ˈseɪlz) ˌreprɪˈzentətɪv]
Vertrieb	distribution [ˌdɪstrɪˈbjuːʃn]; *(Abteilung)* sales department [ˈseɪlz dɪˈpɑːtmənt]
Vertriebsnetz	distribution network [ˌdɪstrɪˈbjuːʃn ˌnetwɜːk]
Visitenkarte	business card [ˈbɪznɪs kɑːd]
Vortrag	talk [tɔːk]
Ware	product [ˈprɒdʌkt]
Warenverzeichnis	stocklist [ˈstɒklɪst]
Werbe|kampagne	advertising campaign [ˈædvətaɪzɪŋ kæmˈpeɪn]
~material	advertising material [ˈædvətaɪzɪŋ məˈtɪərɪəl]
Werbung	advertising [ˈædvətaɪzɪŋ]
Zahlungsbedingungen	terms of payment [ˈtɜːmz‿əv ˈpeɪmənt]
Zentrale	head office [ˈhed‿ˈɒfɪs]

Ausstattung

Equipment

Könnten Sie mir hiervon einige Kopien machen?	Could you make me some copies of this, please? [ˈkʊd‿jʊ ˌmeɪk mɪ sʌm ˈkɒpɪz‿əv ˈðɪs pliːz]
Für meinen Vortrag benötige ich einen Tageslichtprojektor.	I need an overhead projector for my talk. [aɪ niːd‿ən‿ˈəʊvəhed prəˈdʒektə fə maɪ ˈtɔːk]
Würden Sie mir bitte … besorgen?	Could you get me …, please? [ˈkʊd‿jʊ ˌget mɪ … pliːz]

Wortliste Ausstattung

Ausstellungsmaterial	display material [dɪsˈpleɪ məˈtɪərɪəl]
Diskette	disk [dɪsk]
Drucker	printer [ˈprɪntə]
Farbkopierer	colour copier [ˈkʌlə ˈkɒpɪə]
Filzstift	felt-tip pen [ˈfeltɪp ˈpen]
Flip-chart	flip chart [ˈflɪptʃɑːt]
Folienstift	overhead pen [ˈəʊvəhed ˌpen]
Fotokopierer	photocopier [ˈfəʊtəˌkɒpɪə]
Katalog	catalogue [ˈkætəlɒg]
Kopie	copy [ˈkɒpɪ]
Mikrofon	microphone [ˈmaɪkrəfəʊn]
Modem	modem [ˈməʊdem]
PC	personal computer [ˈpɜːsnl kəmˈpjuːtə]
Rednerpult	lectern [ˈlektɜːn]
Schreibblock	(writing) pad [(ˈraɪtɪŋ) pæd]
Stift	pen [pen]; *(Bleistift)* pencil [ˈpensl]
Tageslichtprojektor	overhead projector [ˈəʊvəhed prəˈdʒektə]
Telefax	fax [fæks]
Telefon	telephone, phone [ˈtelɪfəʊn, fəʊn]
Telex	telex [ˈteleks]
Textverarbeitungssystem	word processor [ˈwɜːd ˈprəʊsesə]
Verlängerungsschnur	extension lead [ɪksˈtenʃn liːd]
Videorekorder	video recorder [ˈvɪdɪəʊrɪˌkɔːdə]

Kurzgrammatik

Bestimmter und unbestimmter Artikel

Der **bestimmte Artikel** ist in der Einzahl und Mehrzahl immer gleich:

the [ðə]	der die das die *(Mehrzahl)*

Vor Vokalen und stummem *h* ist die Aussprache [ðɪ]:

the [ðə]	boy	der Junge
the [ðə]	lady	die Dame
the [ðə]	book	das Buch
	aber:	
the [ðɪ]	hour ['aʊə]	die Stunde
the [ðɪ]	olive	die Olive

Der **unbestimmte Artikel** ist vor Konsonanten (Mitlauten)

a [ə] (*betont:* [eɪ])	ein, eine

und vor Vokalen (Selbstlauten) und stummem *h*

an [ən] (*betont:* [æn])	ein, eine

a [ə] boy	ein Junge
a [ə] lady	eine Dame
aber:	
an [ən] hour ['aʊə]	eine Stunde
an [ən] olive	eine Olive

Der Gebrauch des Artikels ist ähnlich wie im Deutschen. Folgende Unterschiede sollte man sich aber merken:

She's a doctor.	Sie ist Ärztin.
He's an engineer.	Er ist Ingenieur.
It costs 90 p a pound.	Es kostet 90 p das Pfund.
three times a week.	dreimal die Woche.
once a year.	einmal im Jahr.
She plays the piano.	Sie spielt Klavier.
He goes to work by bike.	Er fährt mit dem Rad zur Arbeit.

Substantiv (Hauptwort)

Das **Geschlecht** der Substantive stimmt im Englischen mit dem natürlichen Geschlecht überein. Da der Artikel immer gleich ist, erkennt man es nur an dem Pronomen (persönliches Fürwort):
▶ Personalpronomen s. S. 210

the boy	**he**	er
the woman	**she**	sie
the book	**it**	es

Schiffsnamen sind meist weiblich. Auch Länder, Autos und Flugzeuge werden oft durch den Gebrauch der weiblichen Pronomen personifiziert.

Im **Plural** (Mehrzahl) wird an den Singular (Einzahl) eines Substantivs ein *-s* angehängt. Dieses *s* wird stimmhaft [z] gesprochen nach Vokalen und stimmhaften Konsonanten

days	[deɪz]	Tage
dogs	[dɒgz]	Hunde
boys	[bɔɪz]	Jungen

und stimmlos nach allen stimmlosen Konsonanten

books	[bʊks]	Bücher
hats	[hæts]	Hüte

Bei Wörtern, die auf *-ce, -ge, -se, -ze* enden, wird das im Singular stumme *-e* wie [ɪ] ausgesprochen:

pieces	[ˈpiːsɪz]	Stücke
sizes	[ˈsaɪzɪz]	Größen

Auf einen Zischlaut *(s, ss, sh, ch, x, z)* endende Wörter bekommen *-es* [ɪz] angehängt:

boxes	[ˈbɒksɪz]	Schachteln
bosses	[ˈbɒsɪz]	Chefs

auch Wörter, die auf *-o* enden, und einen Konsonanten vorangestellt haben, bekommen oft *-es:*

tomatoes	[təˈmɑːtəʊz]	Tomaten
potatoes	[pəˈteɪtəʊz]	Kartoffeln

Auslautendes *y,* dem ein Konsonant vorausgeht, wird im Plural zu *-ies* [ɪz]:

lady	Dame	ladies	[ˈleɪdɪz]
body	Körper	bodies	[ˈbɔdɪz]

Einige auf *-f* oder *-fe* endende Wörter erhalten im Plural die Endung *-ves:*

Singular			Plural		
half	[hɑːf]	Hälfte	halves	[hɑːvz]	Hälften
knife	[naɪf]	Messer	knives	[naɪvz]	Messer
leaf	[liːf]	Blatt	leaves	[liːvz]	Blätter
wife	[waɪf]	Ehefrau	wives	[waɪvz]	Frauen

Andere ändern ihren Vokal bzw. ihre Vokale*):

!

Singular			Plural		
foot	[fʊt]	Fuß	feet	[fiːt]	Füße
man	[mæn]	Mann	men	[men]	Männer
woman	[ˈwʊmən]	Frau	women	[ˈwɪmɪn]	Frauen

*) Derart unregelmäßige Pluralbildungen sind in den Wörterbuchteilen enthalten und mit *(pl)* gekennzeichnet.

Nominativ / Akkusativ / Dativ / Genitiv
(Die vier Fälle)

Nominativ (1. Fall) und Akkusativ (4. Fall) haben dieselbe Form. Der Genitiv (2. Fall) wird meist mit Hilfe von *of*, der Dativ (3. Fall) mit *to* ausgedrückt.

	Singular	Plural
Nominativ (Wer? Was?)	the house das Haus	the houses die Häuser
Akkusativ (Wen? Was?)	the house das Haus	the houses die Häuser
Genitiv (Wessen?)	of the house des Hauses	of the houses der Häuser
Dativ (Wem?)	to the house dem Haus	to the houses den Häusern

- Im Unterschied zum Deutschen wird auch bei folgenden Ausdrücken die Form des **Genitivs** mit *of* gebraucht:

a cup of coffee	eine Tasse Kaffee
the city of London	die Stadt London
the Isle of Wight	die Insel Wight

- Der **Dativ** kann auch ohne *to* gebildet werden, wenn das Dativobjekt unbetont ist. Das Dativobjekt steht dann direkt hinter dem Verb:

	He gives the porter the ticket.
anstelle von:	He gives the ticket to the porter. Er gibt den Schein dem Gepäckträger.

- Der **sächsische Genitiv,** der häufig bei Personen und personifizierten Begriffen zur Bezeichnung des Besitzes verwendet wird und vor dem Substantiv steht, das er näher bestimmt, ist ähnlich wie im Deutschen: „Vaters Hut". Er wird im Singular durch Apostroph und *-s* gekennzeichnet.

my sister's room	das Zimmer meiner Schwester

und im Plural durch den Apostroph allein

my sisters' room	das Zimmer meiner Schwestern

Wörter wie z. B. *shop* (Geschäft), *church* (Kirche), *cathedral* (Kathedrale) entfallen oft nach dem sächsischen Genitiv.

at the butcher's	*statt:*	at the butcher's shop	beim Metzger
St. Paul's	*statt:*	St. Paul's Cathedral	die St.-Pauls-Kathedrale

Adjektiv (Eigenschaftswort)

Das Adjektiv bleibt nach Geschlecht und Zahl immer unverändert.

Steigerung

Bei der **regelmäßigen Steigerung** erhalten einsilbige Adjektive im Komparativ die Endung *-er* [ə] und im Superlativ *-est* [ɪst].

great	greater (than)	greatest
groß	größer	am größten

Zwei- und mehrsilbige Adjektive werden im Komparativ mit *more* [mɔ:] (mehr) und im Superlativ mit *most* [məʊst] (meist) gesteigert. Ausnahme: Zweisilbige Adjektive auf *-y*.

difficult	more difficult (than)	most difficult
schwierig	schwieriger (als)	am schwierigsten
easy	easier	easiest
leicht	leichter	am leichtesten

Unregelmäßige Steigerung

good	better	best
gut	besser	am besten
bad	worse	worst
schlecht	schlechter	am schlechtesten
much/many	more	most
viel/viele	mehr	am meisten
little	less	least
wenig	weniger	am wenigsten

Adverb (Umstandswort)

Adverbien werden gebildet, indem man an ein Adjektiv *-ly* anhängt.

slow	slowly	He speaks slowly.	Er spricht langsam.
quick	quickly	He runs quickly.	Er läuft schnell.

- Ein Sonderfall ist *well,* das Adverb zu *good* (gut).

He speaks English well.	Er spricht gut Englisch.

- Adverbien mit der Endung *-ly* werden mit *more* und *most* gesteigert.

slowly	more slowly	most slowly
langsam	langsamer	am langsamsten

Verb (Zeitwort)

Präsens (Gegenwart)

Infinitiv: (Grundform)		to knock klopfen	to call rufen	to go gehen	to wash waschen	to study studieren
I	(ich)	knock	call	go	wash	study
you	(du, Sie)	knock	call	go	wash	study
he she it	(er) (sie) (es)	knocks [nɒks]	calls [kɔːlz]	goes [gəʊz]	washes ['wɒʃɪz]	studies ['stʌdɪz]
we	(wir)	knock	call	go	wash	study
you	(ihr, Sie)	knock	call	go	wash	study
they	(sie)	knock	call	go	wash	study

Nur die 3. Person Singular wird verändert.
Das *-s* ist stimmlos nach Konsonanten (*he knocks* [nɒks]) und stimmhaft nach Vokalen (*he goes* [gəʊz]) sowie stimmhaften Konsonanten (*he calls* [kɔːlz]).

- Im Englischen wird – anders als im Deutschen – kein Unterschied zwischen „du" und „Sie" gemacht. Im Englischen ist beides *you*.

▶ Personalpronomen s. S. 210.

Präteritum und Partizip Perfekt
(Vergangenheit und Mittelwort der Vergangenheit)

Die Vergangenheitsform wird gebildet, indem man *-ed* an die Grundform des Verbs anhängt.

Infinitiv:	to open öffnen	to arrive ankommen	to stop anhalten	to carry tragen
I	open**ed** ['əʊpənd]	arrive**d** [ə'raɪvd]	stop**ped** [stɒpt]	carr**ied** ['kærɪd]
you, he, she it we, you, they	open**ed**	arrive**d**	stop**ped**	carr**ied**

- Bei Verben, die auf *-e* enden, entfällt ein *e*: agreed, arrived.
- Ein auslautendes *-y* verwandelt sich in *-ied*: carried.

- Auslautendes *b, d, m, n, p, s, t* wird verdoppelt, wenn es nach kurzem, betonten Vokal steht: stopped, fitted.
- Bei mehrsilbigen Verben, die auf *-l* enden, wird im britischen Englisch dieses meist verdoppelt: travel, travelled.
- Das Partizip Perfekt ist gleich dem Präteritum:

opened	arrived	stopped	carried
geöffnet	angekommen	angehalten	getragen

- Da alle Formen gleich sind, erkennt man die Person nur an dem betreffenden Personalpronomen (persönliches Fürwort). Die Formen der **unregelmäßigen Verben** können Sie der Liste auf den Seiten 204–206 entnehmen.

Die Hilfsverben (Hilfszeitwörter)

Präsens und Partizip Präsens
(Gegenwart und Mittelwort der Gegenwart)

Infinitiv:	to be	to have	to do
	sein	haben	tun, machen
I	am [æm]	have [hæv]	do [du:]
	ich bin	ich habe	ich tue
you	are [ɑ:]du bist	have	do
		du hast	du tust
he, she, it	is [ɪz]	has [hæz]	does [dʌz]
	er, sie, es ist	er, sie, es hat	er, sie, es tut
we	are	have	do
	wir sind	wir haben	wir tun
you	are	have	do
	ihr seid; Sie sind	ihr habt; Sie haben	ihr tut; Sie tun
they	are	have	do
	sie sind	sie haben	sie tun
Partizip:	being ['bi:ɪŋ]	having ['hævɪŋ]	doing ['du:ɪŋ]
	seiend	habend	tuend

Im gesprochenen Englisch werden Kurzformen gebraucht:

am	→	*'m:*	I'm [aɪm]
are	→	*'re:*	you're [jʊə]
is	→	*'s:*	he's [hiːz]
have	→	*'ve:*	I've [aɪv]
has	→	*'s:*	he's [hiːz]

Verneinung	Kurzform
are not	aren't [ɑːnt]
is not	isn't ['ɪznt]
have not	haven't ['hævnt]
has not	hasn't ['hæznt]
do not	don't [dəʊnt]
does not	doesn't ['dʌznt]

▶ Verneinung mit *to do* s. S. 202

Perfekt (Vollendete Gegenwart)

Das Perfekt bildet man im Unterschied zum Deutschen immer mit *to have* (haben) + Partizip Perfekt.

I have had	ich habe gehabt
I have been	ich bin gewesen
I have done	ich habe getan
I have called	ich habe gerufen
I have arrived	ich bin angekommen
I have gone	ich bin gegangen

Präteritum und Partizip Perfekt
(Vergangenheit und Mittelwort der Vergangenheit)

Infinitiv:	to be sein	to have haben	to do tun, machen
I	was [wɒz] ich war	had [hæd] ich hatte	did [dɪd] ich tat
you	were [wɜ:] du warst	had du hattest	did du tatest
he, she, it	was er, sie, es war	had er, sie, es hatte	did er, sie, es tat
we	were wir waren	had wir hatten	did wir taten
you	were ihr wart; Sie waren	had ihr hattet; Sie hatten	did ihr tatet; Sie taten
they	were sie waren	had sie hatten	did sie taten
Partizip:	been [bi:n] gewesen	had [hæd] gehabt	done [dʌn] getan
Kurzform:		’d: I’d [aɪd] you’d [ju:d] he’d [hi:d] it’d [ɪtd] we’d [wi:d] they’d [ðeɪd]	
Verneinung:	wasn’t ['wɒznt] weren’t [wɜ:nt]	hadn’t ['hædnt]	didn’t ['dɪdnt]

Plusquamperfekt (Vorvergangenheit)

Das Plusquamperfekt wird mit *to have* (haben) + Partizip Perfekt gebildet.

I had had	ich hatte gehabt
I had been	ich war gewesen
I had done	ich hatte getan
I had called	ich hatte gerufen
I had arrived	ich war angekommen
I had gone	ich war gegangen

Unselbständige Hilfsverben

Sie können nicht selbständig auftreten, sondern müssen immer von einem anderen Verb (im Infinitiv ohne *to*) begleitet werden.

I you he, she, it we you they	can [kæn] können	may [meɪ] mögen, dürfen	will [wɪl] wollen, werden	must [mʌst] müssen
Verneinung:	cannot can't [kɑːnt]	may not	will not won't [wəʊnt]	must not mustn't [ˈmʌsnt]

Diese Verben sind bei allen Personen gleich; die dritte Person Singular hat kein *-s.*
Außer im Präsens (Gegenwart) gibt es diese Verben noch im Präteritum (Vergangenheit). In allen anderen Zeiten und Formen wurden sie ersetzt:

Präteritum		Ersatz	
could [kʊd]	könnte	to be able (to)	können, imstande sein (zu)
might [maɪt]	möchte	to be allowed (to)	mögen, dürfen, können
would [wʊd]	würde	to want, to wish	wollen, wünschen
should [ʃʊd]	sollte	to be obliged (to)	verpflichtet sein (zu)

Verneinung:	could not couldn't [kʊdnt]	might not mightn't [maɪtnt]	would not wouldn't [wʊdnt]	should not shouldn't [ˈʃʊdnt]

- Die Formen des Präteritums, die denen des Konditionals gleich sind, findet man oft in Höflichkeitswendungen:

Could you give me …?	Könnten Sie mir … geben?
Would you …, please.	Würden Sie bitte … .
Would you like …?	Wollen/Möchten Sie …?
I should like … .	Ich möchte … .

Futur und Konditional (Zukunft und Bedingungsform)

Das Futur wird mit Hilfe von *will* und das Konditional mit *would* gebildet.
In der gesprochenen Sprache wird fast nur die Kurzform verwendet.

Futur		Konditional	
I will go you will go he, she, it will go we will go you will go they will go	ich werde gehen du wirst gehen er, sie, es wird gehen wir werden gehen ihr werdet gehen, Sie werden gehen sie werden gehen	I would go you would go he, she, it would go we would go you would go they would go	ich würde gehen du würdest gehen er, sie, es würde gehen wir würden gehen ihr würdet gehen, Sie würden gehen sie würden gehen
Kurzform:	I'll go, you'll go, he'll go, we'll go, you'll go, they'll go	I'd go, you'd go, he'd go, we'd go, you'd go, they'd go	

Bei Vorschlägen wird in der 1. Person Singular und Plural *shall* verwendet:

Shall I do it?	Soll ich es tun?
Shall we dance?	Wollen wir tanzen?

Frage und Verneinung mit *to do*

▶ Präsens, Präteritum und Partizip von *to do* s. S. 196.

Das Hilfsverb *to do* wird zur Bildung der fragenden und der mit *not* verneinten Form der selbständigen Verben verwendet.

Do you speak German?	Sprechen Sie Deutsch?
Does he know?	Weiß er?
Did you call?	Haben Sie gerufen?

I do not (don't) speak German.	Ich spreche nicht Deutsch.
He does (doesn't) know.	Er weiß nicht.
I did not (didn't) call.	Ich habe nicht gerufen.

Didn't he come?	Ist er nicht gekommen?
Didn't she call?	Hat sie nicht gerufen?

● *to do* wird nicht verwendet in Fragesätzen, in denen ein Fragewort selbst das Subjekt (Satzgegenstand) ist:

Who wrote the letter?	Wer schrieb den Brief?
Which of these trains goes to London?	Welcher dieser Züge fährt nach London?

und auch nicht in Sätzen mit den Hilfsverben:

am, are, is, was, were, can, could, may, might, must, shall, should, will, would

Verlaufsform

Die Verlaufsform wird mit dem Hilfsverb *to be* und dem Partizip Präsens *(-ing)* gebildet. Mit der Verlaufsform wird eine Handlung ausgedrückt, die gerade abläuft, noch andauert, noch nicht abgeschlossen ist, war oder sein wird.

!

I'm working.	Ich arbeite gerade. / Ich bin am Arbeiten.
I'm working late tomorrow.	Ich arbeite morgen länger.
I was working.	Ich arbeitete gerade.
I'll be working.	Ich werde gerade arbeiten.
It's raining.	Es regnet gerade.

- Die Form *to be going to* bezeichnet die gegenwärtige Gewißheit über eine beabsichtigte Handlung, die in naher Zukunft stattfinden wird.

I am going to London next week. She is going to buy a new dress.	Ich werde nächste Woche nach London fahren. Sie wird ein neues Kleid kaufen.

Gerundium

Das Gerundium (*V*erb+ *-ing*) ist die substantivierte Form des Infinitivs und steht nach Präpositionen. Im Deutschen dagegen steht anstelle des Gerundiums der Infinitiv.

Instead of writing I'd rather go for a walk.
Anstatt zu schreiben, würde ich lieber spazierengehen.
He left without giving me his address.
Er ging, ohne mir seine Adresse zu geben.

Passiv (Leideform)

Zur Bildung des Passivs verwendet man das Hilfsverb *to be* und das Partizip Perfekt.

I am loved. I was loved.	Ich werde geliebt. Ich wurde geliebt.

- von *by* [baɪ]

a novel by Dickens	ein Roman von Dickens

!

Liste der unregelmäßigen Verben

Infinitiv	Präteritum	Partizip Perfekt	
be (am, is, are)	was, were	been [bi:n]	sein
beat [bi:t]	beat [bi:t]	beaten [bi:tn]	schlagen
become [bɪ'kʌm]	became [bɪ'keɪm]	become [bɪ'kʌm]	werden
begin [bɪ'gɪn]	began [bɪ'gæn]	begun [bɪ'gʌn]	beginnen
bend [bend]	bent [bent]	bent [bent]	biegen
bite [baɪt]	bit [bɪt]	bitten, bit [bɪtn, bɪt]	beißen
break [breɪk]	broke [brəʊk]	broken [brəʊkn]	zerbrechen
bring [brɪŋ]	brought [brɔ:t]	brought [brɔ:t]	bringen
build [bɪld]	built [bɪlt]	built [bɪlt]	bauen
burn [bɜ:n]	burnt [bɜ:nt]	burnt [bɜ:nt]	brennen
burst [bɜ:st]	burst [bɜ:st]	burst [bɜ:st]	bersten
buy [baɪ]	bought [bɔ:t]	bought [bɔ:t]	kaufen
catch [kætʃ]	caught [kɔ:t]	caught [kɔ:t]	fangen
choose [tʃu:z]	chose [tʃəʊz]	chosen [tʃəʊzn]	wählen
cost [kɔst]	cost [kɔst]	cost [kɔst]	kosten
cut [kʌt]	cut [kʌt]	cut [kʌt]	schneiden
do [du:]	did [dɪd]	done [dʌn]	tun
draw [drɔ:]	drew [dru:]	drawn [drɔ:n]	ziehen
drink [drɪŋk]	drank [dræŋk]	drunk [drʃŋk]	trinken
drive [draɪv]	drove [drəʊv]	driven [drɪvn]	fahren, treiben
eat [i:t]	ate [et]	eaten [i:tn]	essen
fall [fɔ:l]	fell [fel]	fallen [fɔ:ln]	fallen
feel [fi:l]	felt [felt]	felt [felt]	fühlen
fight [faɪt]	fought [fɔ:t]	fought [fɔ:t]	kämpfen
find [faɪnd]	found [faʊnd]	found [faʊnd]	finden
fly [flaɪ]	flew [flu:]	flown [fləʊn]	fliegen
forbid [fə'bɪd]	forbade [fə'bæd]	forbidden [fə'bɪdn]	verbieten
forget [fə'get]	forgot [fə'gɔt]	forgotten [fə'gɔtn]	vergessen
forgive [fə'gɪv]	forgave [fə'geɪv]	forgiven [fə'gɪvn]	vergeben
get [get]	got [gɔt]	got [gɔt]	bekommen
give [gɪv]	gave [geɪv]	given [gɪvn]	geben
go [gəʊ]	went [went]	gone [gɔn]	gehen
grow [grəʊ]	grew [gru:]	grown [grəʊn]	wachsen, werden
hang [hæŋ]	hung [hʌŋ]	hung [hʌŋ]	hängen

hear [hɪə]	heard [hɜ:d]	heard [hɜ:d]	hören
hide [haɪd]	hid [hɪd]	hidden [hɪdn]	verbergen
hold [həʊld]	held [held]	held [held]	halten
hurt [hɜ:t]	hurt [hɜ:t]	hurt [hɜ:t]	verletzen
keep [ki:p]	kept [kept]	kept [kept]	(be)halten
know [nəu:]	knew [nju:]	known [nəʊn]	wissen
lay [leɪ]	laid [leɪd]	laid [leɪd]	legen
lead [li:d]	led [led]	led [led]	führen
leap [li:p]	leapt [lept]	leapt [lept]	springen
learn [lɜ:n]	learnt [lɜ:nt]	learnt [lɜ:nt]	lernen
leave [li:v]	left [left]	left [left]	(zurück-) lassen, verlassen
lend [lend]	lent [lent]	lent [lent]	leihen
let [let]	let [let]	let [let]	lassen
lie [laɪ]	lay [leɪ]	lain [leɪn]	liegen
light [laɪt]	lit [lɪt]	lit [lɪt]	anzünden
lose [lu:z]	lost [lɔst]	lost [lɔst]	verlieren
make [meɪk]	made [meɪd]	made [meɪd]	machen
mean [mi:n]	meant [ment]	meant [ment]	bedeuten
meet [mi:t]	met [met]	met [met]	treffen
pay [peɪ]	paid [peɪd]	paid [peɪd]	bezahlen
put [pʊt]	put [pʊt]	put [pʊt]	setzen, legen
read [ri:d]	read [red]	read [red]	lesen
ride [raɪd]	rode [rəʊd]	ridden [rɪdn]	reiten, fahren
ring [rɪŋ]	rang [ræŋ]	rung [rʌŋ]	läuten
rise [raɪz]	rose [rəʊz]	risen [rɪzn]	sich erheben
run [rʌn]	ran [ræn]	run [rʌn]	laufen
say [seɪ]	said [sed]	said [sed]	sagen
see [si:]	saw [sɔ:]	seen [si:n]	sehen
sell [sel]	sold [səʊld]	sold [səʊld]	verkaufen
send [send]	sent [sent]	sent [sent]	schicken
set [set]	set [set]	set [set]	setzen
sew [səʊ]	sewed [səʊd]	sewn [səʊn], sewed [səʊd]	nähen
shake [ʃeɪk]	shook [ʃʊk]	shaken [ʃeɪkn]	schütteln, erschüttern
shine [ʃaɪn]	shone [ʃɔn]	shone [ʃɔn]	scheinen
shoot [ʃu:t]	shot [ʃɔt]	shot [ʃɔt]	schießen
show [ʃəʊ]	showed [ʃəʊd]	shown [ʃəʊn]	zeigen
shut [ʃʌt]	shut [ʃʌt]	shut [ʃʌt]	schließen
sing [sɪŋ]	sang [sæŋ]	sung [sʌŋ]	singen
sink [sɪŋk]	sank [sæŋk]	sunk [sʌŋk]	sinken
sit [sɪt]	sat [sæt]	sat [sæt]	sitzen

sleep [sli:p]	slept [slept]	slept [slept]	schlafen
smell [smel]	smelt [smelt]	smelt [smelt]	riechen
speak [spi:k]	spoke [spəʊk]	spoken [spəʊkn]	sprechen
spend [spend]	spent [spent]	spent [spent]	ausgeben
spring [sprɪŋ]	sprang [spræŋ]	sprung [sprʌŋ]	springen
stand [stænd]	stood [stʊd]	stood [stʊd]	stehen
steal [sti:l]	stole [stəʊl]	stolen [stəʊln]	stehlen
sting [stɪŋ]	stung [stʌŋ]	stung [stʌŋ]	stechen
strike [straɪk]	struck [strʌk]	struck [strʌk]	schlagen
swim [swɪm]	swam [swæm]	swum [swʌm]	schwimmen
take [teɪk]	took [tʊk]	taken [teɪkn]	nehmen
teach [ti:tʃ]	taught [tɔ:t]	taught [tɔ:t]	lehren
tear [tɛə]	tore [tɔ:]	torn [tɔ:n]	zerreißen
tell [tel]	told [təʊld]	told [təʊld]	sagen
think [θɪŋk]	thought [θɔ:t]	thought [θɔ:t]	denken
throw [θrəʊ]	threw [θru:]	thrown [θrəʊn]	werfen
wake [weɪk]	woke [wəʊk]	woken [wəʊkn]	wachen
wear [wɛə]	wore [wɔ:]	worn [wɔ:n]	tragen
weep [wi:p]	wept [wept]	wept [wept]	weinen
win [wɪn]	won [wʌn]	won [wʌn]	gewinnen
write [raɪt]	wrote [rəʊt]	written [rɪtn]	schreiben

Wortstellung

Die regelmäßige Wortstellung im Aussagesatz ist:

Subjekt (Satzgegen-stand)	Prädikat (Satzaussage)	Objekt (Ergänzung)
Many people	speak	English.
Viele Leute sprechen Englisch.		

In Fragesätzen:

Fragewort	Verb	Objekt	
Where	is	the key?	Wo ist der Schlüssel?

Fragewort	Hilfsverb	Subjekt	Hauptverb	Objekt
Where	did	you	buy	the suit?
Wo haben Sie den Anzug gekauft?				

Verneinter Aussagesatz:

Subjekt	Hilfsverb (+ not, + n't)	Hauptverb	Objekt
I	do not (don't)	know	him.
Ich kenne ihn nicht.			

▶ Stellung bei Dativobjekt s. S. 210 unter „Personalpronomen".

Präpositionen (Verhältniswörter)

a) Präpositionen, die einen Ort bezeichnen (Wo?)

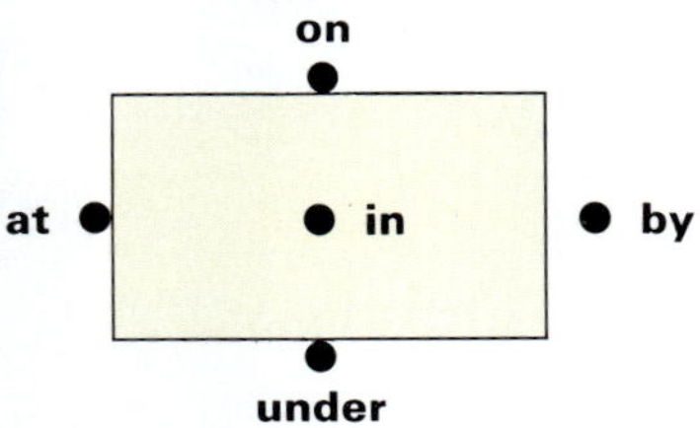

on	auf
at	an
in	in
under	unter
by	bei, nahe bei

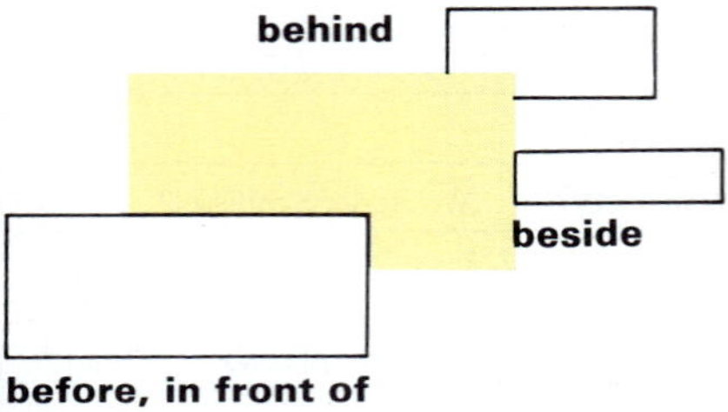

before in front of	vor
behind	hinter
beside	neben

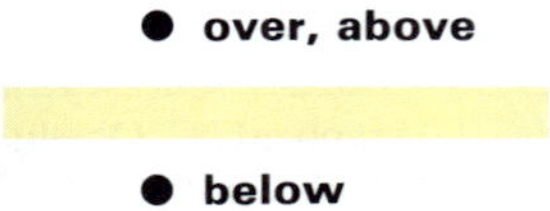

over	über
above	über, oberhalb von
below	unter, unterhalb von

between	zwischen (zweien)

among	zwischen (mehreren), unter

round around	um ... herum

b) Präpositionen, die eine Richtung bezeichnen (Wohin? Woher?)

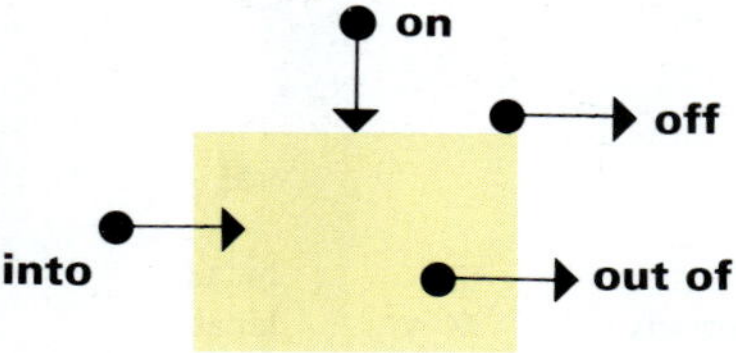

on	auf
off	von ... weg, von ... herunter
into	in ... hinein
out of	aus ... heraus

to	zu ... hin
towards	auf ... zu, gegen
from	von ... her

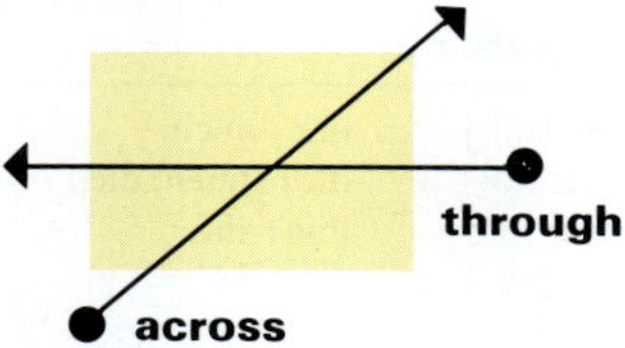

through	durch
across	(quer) über

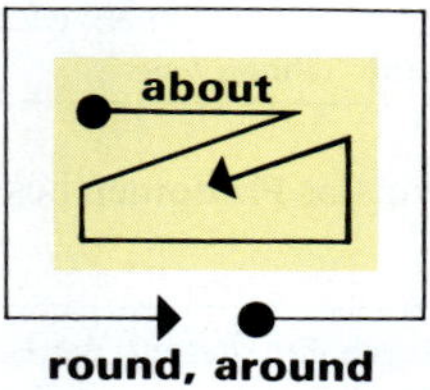

about	in ... umher
round } around }	um ... herum

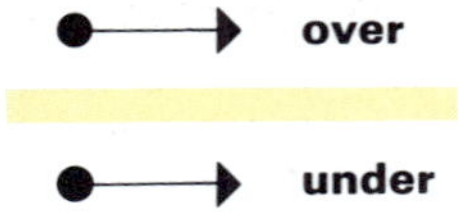

over	über
under	unter

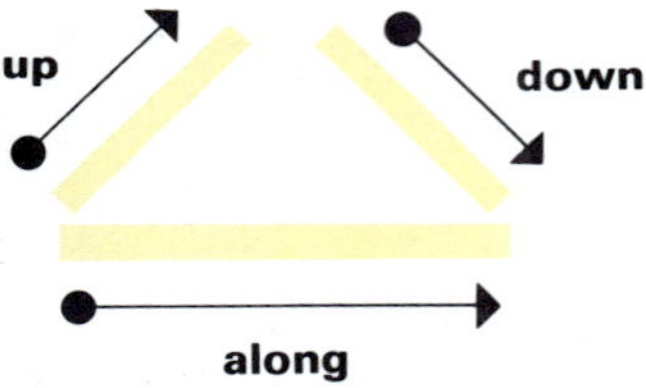

up	hinauf
down	hinab
along	entlang

Personalpronomen (Persönliche Fürwörter)

Subjektsfall		Objektsfall	
I [aɪ]	ich	me [mi:]	mir / mich
you [jʊ]	du, Sie	you [jʊ]	dir / Ihnen; dich / Sie
he [hi:]	er	him [hɪm]	ihm / ihn
she [ʃi:]	sie	her [hɜ:]	ihr / sie
it [ɪt]	es	it [ɪt]	ihm / es
we [wi:]	wir	us [ʌs]	uns / uns
you [jʊ]	ihr, Sie	you [jʊ]	euch / Ihnen; euch / Sie
they [ðeɪ]	sie	them [ðem]	ihnen / sie

- Im Objektsfall steht *to* (Dativ), wenn das Pronomen besonders hervorgehoben werden soll:

I gave the book to him.	Ich gab ihm *(betont)* das Buch.
anstatt: I gave him the book.	Ich gab ihm *(unbetont)* das Buch.

Possessivpronomen (Besitzanzeigende Fürwörter)

Das Possessivpronomen ist für Singular und Plural gleich. Es hat adjektivische und substantivische Formen.

Adjektivisch (verbunden)

my [maɪ]	book	mein Buch	my	books	meine Bücher
your [jɔ:]	book	dein / Ihr Buch	your	books	deine / Ihre Bücher
his [hɪz]	book	sein Buch	his	books	seine Bücher
her [hɜ:]	book	ihr Buch	her	books	ihre Bücher
its [ɪts]	book	sein Buch	its	books	seine Bücher
our ['aʊə]	car	unser Auto	our	cars	unsere Autos
your [jɔ:]	car	euer / Ihr Auto	your	cars	euere / Ihre Autos
their [ðɛə]	car	ihr Auto	their	cars	ihre Autos

Substantivisch (alleinstehend)

mine	[maɪn]	meines / der, die das meinige / die meinigen
yours	[jɔ:z]	deines / Ihres; der, die, das deinige / Ihrige; die deinigen / Ihrigen
his	[hɪz]	seines / der, die, das seinige / die seinigen
hers	[hɜ:z]	ihres / der, die, das ihrige / die ihrigen
ours	['aʊəz]	unseres / der, die, das unsrige / die unsrigen
yours	[jɔ:z]	eueres / Ihres; der, die, das eurige / Ihrige; die eurigen/ Ihrigen
theirs	[ðeəz]	ihres / der, die, das ihrige / die ihrigen
It's not my book. It's yours.		Es ist nicht mein Buch. Es ist deines.

- Sonderfall: Possessivpronomen mit *own* [əʊn]: Es steht im Sinne von „eigen" oder im Sinne von „selbst".

!

This is our own home.	Dies ist *unser eigenes* Haus.
We've got a house of our own.	Wir haben ein *eigenes* Haus.
She makes her own dresses.	Sie macht *ihre* Kleider *selbst*.

Demonstrativpronomen (Hinweisende Fürwörter)

Singular: **this** [ðɪs] dieser, diese, dieses **that** [ðæt] jener, jene, jenes	Plural: **these** [ði:z] diese **those** [ðəʊz] jene
This is an English book and that is a German book.	
Dies ist ein Englischbuch und jenes ist ein Deutschbuch.	
These pictures are nicer than those.	
Diese Bilder sind schöner als jene.	

Reflexivpronomen (Rückbezügliche Fürwörter)

myself [maɪˈself]	mich	ourselves [ˌaʊəˈselvz]	uns
yourself [jɔ:ˈself]	dich, sich	yourselves [jɔ:ˈselvz]	euch, sich
himself [hɪmˈself]	sich	themselves [ðəmˈselvz]	sich
herself [hɜ:ˈself]	sich		
itself [ɪtˈself]	sich		

I'm enjoying myself.	Ich amüsiere mich.
You're enjoying yourself.	Du amüsierst dich. / Sie amüsieren sich.
He's enjoying himself.	Er amüsiert sich.
She's enjoying herself.	Sie amüsiert sich.
We're enjoying ourselves.	Wir amüsieren uns.
You're enjoying yourselves.	Ihr amüsiert euch. / Sie amüsieren sich.
They're enjoying themselves.	Sie amüsieren sich.

Relativpronomen (Bezügliche Fürwörter)

	Personen	Sachen	Personen und Sachen
Nominativ (Wer? Was?)	who [hu:]	which [wɪtʃ]	that [ðæt]

	Personen	Sachen	Personen und Sachen
Genitiv (Wessen)	whose [hu:z]	of which [ɒv wɪtʃ]	
Dativ (Wem?)	to whom [tʊ hu:m]	to which [tʊ wɪtʃ]	
Akkusativ (Wen? Was?)	who	which [wɪtʃ]	that [ðæt]

Das Relativpronomen hat im Singular und im Plural die gleiche Form.

● Im Akkusativ kann *that* auch wegfallen:

This is the strangest book (that) I have ever read.
Das ist das merkwürdigste Buch, das ich je gelesen habe.

Interrogativpronomen (Fragewörter)

Substantivisch (alleinstehend)

who? [hu:]	wer?	Who are you?	Wer sind Sie?
whose? [hu:z]	wessen?	Whose car is this?	Wessen Auto ist das?
who?	wem / wen?	Who did you help? Who did you see?	Wem hast du geholfen? Wen hast du gesehen?
What? [wɒt]	was?	What is that?	Was ist das?
which? [wɪtʃ]	welche / welcher / welches?	**Which** is the quickest way?	Welches ist der kürzeste Weg?

!

who / whose fragen nach Personen, *what* nach Sachen und *which* nach Personen oder Sachen aus einer bestimmten Anzahl.

● Präpositionen im Fragesatz werden nachgestellt:

Where do you come from?	woher?
What are you looking for?	wonach?
What do you want this for?	wofür?
What are you laughing at?	worüber?
Who are you speaking to?	mit wem?

Adjektivisch (verbunden)

What book?	*Was für ein* Buch?
What English songs?	*Was für* englische Lieder?
Which book?	*Welches* Buch? (von mehreren Büchern)

Weitere Fragen

when? [wen]	Wann?	When do you arrive? Wann kommen Sie an?
what time? ['wɒt 'taɪm]	um wieviel Uhr?	What time does the train leave? Um wieviel Uhr fährt der Zug ab?
how long? ['haʊ 'lɒŋ]	wie lang?	How long do I have to wait? Wie lange muß ich warten?
how often? ['haʊ 'ɒfn]	wie oft?	How often does the bus stop? Wie oft hält der Bus?
how much? ['haʊ 'mʌtʃ]	wie viel?	How much is it? Wieviel kostet es?
how many? ['haʊ 'menɪ]	wie viele?	How many do you want? Wieviele möchten Sie?
how? [haʊ]	Wie?	How does this work? Wie funktioniert das?
why? [waɪ]	Warum?	Why don't you come? Warum kommen Sie nicht?

Die indefiniten Pronomen: *some* und *any* (unbestimmte Fürwörter)

some / somebody / someone / something

[sʌm] [ˈsʌmbədɪ] [ˈsʌmwʌn] [ˈsʌmθɪŋ]

some und seine Zusammensetzungen stehen

1. in bejahenden Sätzen,
2. in Fragesätzen, wenn darauf eine bejahende Antwort erwartet wird.

1.	I'd like some jam. Ich möchte etwas Marmelade. I'd like some stamps, please. Ich möchte einige / ein paar Briefmarken, bitte. Somebody / Someone has stolen my purse. Jemand hat meinen Geldbeutel gestohlen. I'd like something to drink. Ich möchte etwas zu trinken.
2.	– May I have some more tea, please? – Yes, of course. – Kann ich noch etwas Tee haben? – Aber selbstverständlich.

any / anybody / anyone / anything

[ˈenɪ] [ˈenɪˌbɒdɪ] [ˈenɪwʌn] [ˈenɪθɪŋ]

any und seine Zusammensetzungen werden verwendet in

1. verneinten Sätzen,
2. in Fragesätzen, auf welche die Antwort ungewiß ist,
3. in Bedingungssätzen.

1.	I haven't got any friends in London. Ich habe keine Freunde in London.
2.	Is there anybody / anyone who speaks German? Spricht hier jemand Deutsch? Have you got any stamps? Haben Sie vielleicht ein paar Briefmarken? Can I do anything for you? Kann ich irgend etwas für Sie tun?
3.	If I had any stamps I'd post the letter. Wenn ich (ein paar) Briefmarken hätte, würde ich den Brief einwerfen.

!

Wörterbuch Deutsch–Englisch

Das themenbezogene Vokabular finden Sie in den Wortlisten der Kapitel 1–11.

A

ab from [frɒm]
abbestellen *(Zimmer, Fahr-, Flugkarten)* to cancel [ˈkænsl]
abbrechen to break off [ˌbreɪk ˈɒf], to stop [stɒp]
Abend evening [ˈiːvnɪŋ], night [naɪt]
aber but [bʌt]
abfahren (von) to start (from) [stɑːt (frɒm)], to leave [liːv]
Abfall rubbish [ˈrʌbɪʃ]
abgeben to hand in [ˈhænd ˈɪn], to leave [liːv]
abgelegen remote [rɪˈməʊt], isolated [ˈaɪsəleɪtɪd]
abholen to call for [ˈkɔːl fɔː]; ~ **lassen** to send for [ˈsend fɔː]
Abkürzung abbreviation [əˌbriːvɪˈeɪʃn]; *(Weg)* short-cut [ˈʃɔːtkʌt]
abladen to unload [ˌʌnˈləʊd]
ablaufen to expire [ɪkˈspaɪə]
ablehnen to decline [dɪˈklaɪn], to refuse [rɪˈfjuːz]
abnehmen to take off [ˈteɪk ˈɒf]; *(dünner werden)* to slim [slɪm]
Abreise departure [dɪˈpɑːtʃə]
abreisen (nach) to leave (for) [ˈliːv fɔː]
Absatz *(Abschnitt)* paragraph [ˈpærəgrɑːf]; *(Schuh~)* heel [hiːl]
Abschied nehmen to say goodbye [seɪ gʊdˈbaɪ]
abschließen to lock [lɒk]
Abschnitt coupon [ˈkuːpɒn], ticket [ˈtɪkɪt], *(Am)* check [tʃek]
Absicht intention [ɪnˈtenʃn]
absichtlich on purpose [ɒn ˈpɜːpəs]
Abstand distance [ˈdɪstəns]
abstellen *(Auto)* to park [pɑːk]; *(abdrehen)* to turn off [ˈtɜːn ˈɒf]
abwärts down [daʊn]
abwesend absent [ˈæbsnt]
achtgeben (auf) to pay attention (to) [peɪ‿əˈtenʃn tuː], to look out (for) [lʊk ˈaʊt fɔː]
Achtung attention [əˈtenʃn]; *(Vorsicht!)* look out! [ˈlʊkˈaʊt]
Adresse address [əˈdres]
adressieren to address [əˈdres]
Agentur agency [ˈeɪdʒənsɪ]
ähnlich similar [ˈsɪmɪlə]
Ahnung idea [aɪˈdɪə]; **keine ~!** no idea! [ˈnəʊ aɪˈdɪə]
akklimatisieren, s. ~ to become acclimatized [bɪˈkʌm‿əˈklaɪmətaɪzd]
Algen algae [ˈældʒiː]
alle all [ɔːl]; **auf ~ Fälle** in any case [ɪn ˈenɪ keɪs]; **~ Tage** every day [ˈevrɪ ˈdeɪ]; **~ zwei Stunden** every two hours [ˈevrɪ ˈtuː ˈaʊəz]
allein alone [əˈləʊn]
alles everything [ˈevrɪθɪŋ]
allgemein general [ˈdʒenrl]; **im ~en** in general [ɪn ˈdʒenrl]
als *(zeitlich)* when [wen]; *(bei Vergleich)* than [ðæn]; **besser ~** better than [ˈbetə ðæn]; **~ ob** as if [æz ˈɪf]; **nichts ~** nothing but [ˈnʌθɪŋ bʌt]
also so [səʊ], thus [ðʌs]
alt old [əʊld]
Alter age [eɪdʒ]
Amerika America [əˈmerɪkə]
Amerikaner/in American [əˈmerɪkn]
Amt *(Dienststelle)* office [ˈɒfɪs], department [dɪˈpɑːtmənt]
amtlich official [əˈfɪʃl]
amüsieren, s. ~ to have a good time [ˈhæv ə ˈgʊd ˈtaɪm]
an on [ɒn]; **~ der Themse** on the Thames [temz]; **am Sonntag** on Sunday [ˈsʌndɪ]; **am Abend** in the evening [ˈiːvnɪŋ]
anbieten to offer [ˈɒfə]
Andenken souvenir [ˌsuːvəˈnɪə]
andere, der ~ the other [ˈʌðə]; **ein ~r** someone else [ˈsʌmwʌn ˈels]
andermal, ein another time [əˈnʌðə ˈtaɪm]
ändern to change [tʃeɪndʒ], to alter [ˈɔːltə]
anders different(ly) [ˈdɪfrənt(lɪ)]
anderswo elsewhere [ˈelsˈwɛə]
anderthalb one and a half [ˈwʌn‿ənd‿ə ˈhɑːf]
Anfang beginning [bɪˈgɪnɪŋ]
anfangen to begin [bɪˈgɪn]
Angabe statement [ˈsteɪtmənt]; **~n machen** to make [meɪk] a statement; **nähere ~n** particulars [pəˈtɪkjʊləz]
Angelegenheit matter [ˈmætə]; **eine ~ erledigen** to settle a matter [setl]

A/Z

angeln to fish [fɪʃ]; ~ **gehen** to go fishing [gəʊ 'fɪʃɪŋ]
angenehm agreeable [ə'grɪəbl], pleasant ['pleznt]
Angst fear [fɪə]
anhalten to stop [stɒp]
Anhänger/in supporter [sə'pɔ:tə], fan [fæn]
anklopfen to knock [nɒk]
Anlage *(Park~)* park [pɑ:k]; *(Brief)* enclosure [ɪn'kləʊʃə]
Anlaß *(Grund)* cause [kɔ:z], reason ['rɪ:zn]; *(Gelegenheit)* occasion [ə'keɪʒn]
anmachen *(Licht)* to switch on ['swɪtʃ 'ɒn]
anmelden to announce [ə'naʊns]; **s.** ~ to register ['redʒɪstə]
Annahme acceptance [ək'septəns]; *(Vermutung)* assumption [ə'sʌmpʃn]
annehmen to accept [ək'sept]; *(vermuten)* to suppose [sə'pəʊz]
anprobieren to try on ['traɪ 'ɒn]
anrufen to ring [rɪŋ], to call [kɔ:l], to phone [fəʊn]
anschauen to look at ['lʊk‿ət]
anscheinend apparently [ə'pærəntlɪ]
Anschrift address [ə'dres]
ansehen to look at ['lʊk‿ət]
Ansicht view [vju:]; *(Meinung)* opinion [ə'pɪnjən]
anspringen *(Motor)* to start [stɑ:t]
anstatt instead of [ɪn'sted‿əv]
anstrengend strenuous ['strenjʊəs]
Anstrengung effort ['efət]
Antwort answer ['ɑ:nsə]
antworten to answer ['ɑ:nsə], to reply [rɪ'plaɪ]
anwenden to employ [ɪm'plɔɪ], to use [ju:z]
Anwendung use [ju:s]
anwesend present ['preznt]
Anzeige *(Inserat)* advertisement [əd'vɜ:tɪsmənt]
anziehen to put on ['pʊt 'ɒn]; **s.** ~ to dress [dres]
anzünden to light [laɪt]
Apparat gadget ['gædʒɪt]; *(Foto~)* camera ['kæmərə]; *(Fernseh~)* set [set]
Appetit appetite ['æpɪtaɪt]
Arbeit work [wɜ:k]; *(Anstellung)* job [dʒɒb]
arbeiten to work [wɜ:k]
arbeitslos unemployed [ˌʌnɪm'plɔɪd]
ärgern, s. ~ **(über)** to be angry ['æŋgrɪ] (about/at)
arm poor [pʊə]
Ärmelkanal the English Channel ['ɪŋglɪʃ 'tʃænl]
Art kind [kaɪnd], sort [sɔ:t]
Artikel article ['ɑ:tɪkl]
Atem breath [breθ]; *(das Atmen)* breathing ['bri:ðɪŋ]
Atlantik Atlantic [ət'læntɪk]
auch also ['ɔ:lsəʊ]; *(nachgestellt)* too [tu:]; ~ **nicht** nor [nɔ:], neither ['naɪðə]
auf on [ɒn], ~ **der Straße** in the street [stri:t]; ~ **Englisch** in English ['ɪŋglɪʃ]; ~ **der Reise** on a journey [ɒn‿ə 'dʒɜ:nɪ]; ~ **die/der Post** to/at the post-office ['pəʊstˌɒfɪs]; ~ **einmal** all at once ['ɔ:l‿ət 'wʌns]
aufbewahren to keep [ki:p]
aufbrechen to break open [ˌbreɪk 'əʊpn]
Aufenthalt stay [steɪ]; *(Zug)* stop [stɒp]
auffordern to ask [ɑ:sk], to invite [ɪn'vaɪt]
aufgeben *(Gepäck)* to register ['redʒɪstə]; *(Post)* to post [pəʊst], *(Am)* to mail [meɪl]
aufhalten, s. ~ to stop [stɒp], to stay [steɪ]
aufhängen to hang [hæŋ]
aufhören to stop [stɒp]
aufladen to put on ['pʊt 'ɒn], to load [ləʊd]
aufmachen to open ['əʊpn]
aufmerksam attentive [ə'tentɪv]
Aufnahme *(Empfang)* reception [rɪ'sepʃn]; *(Foto)* photo ['fəʊtəʊ], snapshot ['snæpʃɒt]
aufnehmen *(Foto)* to take pictures [teɪk 'pɪktʃəz]
aufpassen (auf) to take care of [teɪk 'keər‿əv], to look after [lʊk 'ɑ:ftə]
aufpumpen to pump up ['pʌmp 'ʌp], to inflate [ɪn'fleɪt]
aufrufen to call [kɔ:l]
aufschieben to put off ['pʊt 'ɒf]
aufschreiben to write down ['raɪt 'daʊn]
Aufschub delay [dɪ'leɪ]
Aufseher/in *(Wächter)* attendant [ə'tendənt]
aufstehen to get up ['get 'ʌp]
aufstellen to put up ['pʊt 'ʌp]
aufwachen to wake up ['weɪk 'ʌp]
aufwärts up [ʌp]
aufwecken to wake up ['weɪk 'ʌp]
Aufzeichnung note [nəʊt]
Auge eye [aɪ]
Augenblick moment ['məʊmənt]

aus *(Herkunft)* from [frɒm]; ~ **London** from L. ['lʌndən]; *(Material)* of [ɒv]; *(Grund)* for [fɔ:], ~ **diesem Grund** for this reason [fɔ: 'ðɪs 'ri:zn]
Ausbildung education [ˌedjʊ'keɪʃn], training ['treɪnɪŋ]
Ausdruck expression [ɪks'preʃn]
ausdrücklich explicit(ly) [ɪks'plɪsɪt(lɪ)]
Ausfahrt *(Autobahn~)* exit ['egzɪt]
ausführen *(Arbeit)* to carry out ['kærɪ 'aʊt]
ausführlich detailed ['di:teɪld]
Ausgaben expenses [ɪks'pensɪz]
Ausgang exit ['egzɪt], way out ['weɪ 'aʊt]
ausgeben to spend [spend]
ausgehen to go out ['gəʊ 'aʊt]
ausgeschlossen impossible [ɪm'pɒsəbl]
ausgezeichnet excellent ['eksələnt]
Auskunft information [ɪnfə'meɪʃn]; ~ **einholen** to inquire [ɪn'kwaɪə]; ~**sstelle** information office [ɪnfə'meɪʃn 'ɒfɪs]
Ausland foreign countries ['fɒrən 'kʌntrɪz]; **im/ins**~ abroad [ə'brɔ:d]
Ausländer foreigner ['fɒrənə]
ausländisch foreign ['fɒrən]
ausmachen *(Licht usw.)* to turn off ['tɜ:n 'ɒf], *(Feuer usw.)* to put out ['pʊt 'aʊt]; *(vereinbaren)* to agree [ə'gri:]
Ausnahme exception [ɪk'sepʃn]
auspacken to unpack ['ʌn'pæk]
ausreisen to leave [li:v]
ausrichten *(übermitteln)* to tell [tel]
ausruhen, s. ~ to rest [rest]
aussehen to look [lʊk]
außen outside [ˌaʊt'saɪd]; **von** ~ from the outside
außer except [ɪk'sept]
außerdem besides [bɪ'saɪdz]
außergewöhnlich extraordinary [ɪks'trɔ:dnrɪ]
außerhalb outside [ˌaʊt'saɪd]
äußerlich external [eks'tɜ:nl], outward ['aʊtwəd]
Aussicht view [vju:]
Aussprache pronunciation [prəˌnʌnsɪ'eɪʃn]
aussprechen to pronounce [prə'naʊns]
Ausstattung *(Ausrüstung)* equipment [ɪ'kwɪpmənt]; *(von Zimmer usw.)* furnishings ['fɜ:nɪʃɪŋz]
aussuchen to pick out ['pɪk 'aʊt]
Austausch exchange [ɪks'tʃeɪndʒ]
austauschen to exchange [ɪks'tʃeɪndʒ]
ausüben *(Beruf)* to practise ['præktɪs]
Ausverkauf (clearance) sale [('klɪərəns) seɪl]
Auswahl choice [tʃɔɪs]
Ausweis *(Personal)* identity card [aɪ'dentɪtɪ kɑ:d]
ausziehen to take off ['teɪk 'ɒf]; **s.**~ to undress ['ʌn'dres]
Auto car [kɑ:]; ~**fahren** to drive a car [draɪv]
Automat *(Waren)* vending machine ['vendɪŋ mə'ʃi:n]
automatisch automatic [ˌɔ:tə'mætɪk]

B

Baby baby ['beɪbɪ]
Bad bath [bɑ:θ]; ~**eanstalt** baths [bɑ:ðz]
baden *(Wanne)* to have a bath; *(schwimmen)* to swim [swɪm]
Badeort seaside resort ['si:saɪd rɪ'zɔ:t]
bald soon [su:n]; **so ~ wie möglich** as soon as possible ['pɒsəbl]
Ball ball [bɔ:l]; *(Fest)* ball, dance [dɑ:ns]
Band, das *(Haar~)* ribbon ['rɪbən]; **der** ~ volume ['vɒljʊm]; *(Ton~)* tape [teɪp]
Bank bank [bæŋk]; *(Sitz~)* bench [bentʃ]
Batterie battery ['bætərɪ]
bauen to build [bɪld]
Bauer farmer ['fɑ:mə]
Bauernhof farm [fɑ:m]
Baum tree [tri:]
beabsichtigen to intend to [ɪn'tend tu:]
beachten to pay attention to [peɪ‿ə'tenʃn tu:]
Beanstandung complaint [kəm'pleɪnt]
beantworten to reply [rɪ'plaɪ], to answer ['ɑ:nsə]
bearbeiten to work on ['wɜ:k‿ɒn]
Becher cup [kʌp], mug [mʌg]
Bedauern regret [rɪ'gret] **bedauern** to regret [rɪ'gret]
bedecken to cover ['kʌvə]
bedeuten to mean [mi:n]
bedeuten to mean [mi:n]
bedeutend important [ɪm'pɔ:tnt]
Bedeutung *(Sinn)* meaning ['mi:nɪŋ]; *(Wichtigkeit)* importance [ɪm'pɔ:təns]
bedienen to serve ['sɜ:v], to attend to [ə'tend tu:]
Bedienung service ['sɜ:vɪs]

Bedingung condition [kən'dɪʃn]
beeilen, s. ~ to hurry ['hʌrɪ]
beenden to finish ['fɪnɪʃ]
befinden, s. ~ to be [bi:]; *(sich fühlen)* to feel [fi:l]
befolgen to follow ['fɒləʊ]
befördern to transport [træns'pɔ:t]
befreundet sein to be friends [frendz]
befriedigt satisfied ['sætɪsfaɪd]
befürchten to fear [fɪə], to be afraid (of) [ə'freɪd]
begegnen to meet [mi:t]
begeistert (von) enthusiastic (about) [ɪnˌθju:zɪ'æstɪk (ə'baʊt)]
Beginn beginning [bɪ'gɪnɪŋ], start [stɑ:t]
beginnen to begin [bɪ'gɪn], to start [stɑ:t]
begleiten to accompany [ə'kʌmpənɪ]
begrüßen to greet [gri:t], to welcome ['welkəm]
behalten to keep [ki:p]
Behälter container [kən'teɪnə]
behandeln to treat [tri:t]
Behandlung treatment ['tri:tmənt]
behaupten to maintain [meɪn'teɪn]; *(bestimmt)* to insist [ɪn'sɪst]
behilflich, jdm ~ sein to help s.o. [help]
Behörde authorities [ɔ:'θɒrɪtɪz]
bei *(nahe)* near [nɪə]; ~ **Tag/Nacht** by day/night [baɪ 'deɪ/'naɪt]; ~ **Tisch** at table [ət 'teɪbl]; ~**m Essen** when eating [wen 'i:tɪŋ]; ~ **diesem Wetter** in weather like this [ɪn 'weðə laɪk 'ðɪs]
beide both [bəʊθ]
Beifall applause [ə'plɔ:z]
Beileid condolence(s) [kən'dəʊləns(ɪz)]
beinahe nearly ['nɪəlɪ], almost ['ɔ:lməʊst]
Beispiel example [ɪg'zɑ:mpl]; **zum ~** for example [fr‿ɪg'zɑ:mpl]
beißen to bite [baɪt]
bekannt well-known ['wel'nəʊn]; ~ **machen** to introduce [ˌɪntrə'dju:s]
Bekannte, der, die acquaintance [ə'kweɪntəns], friend [frend]
Bekanntschaft acquaintance [ə'kweɪntəns]
beklagen, s. ~ (über) to complain (of/about) [kəm'pleɪn‿(əv/ə'baʊt)]
bekommen to get [get]
belästigen to bother ['bɒðə]
belegen, einen Platz ~ reserve a seat [rɪ'zɜ:v‿ə 'si:t]
beleidigen to offend [ə'fend], to insult [ɪn'sʌlt]
Beleidigung insult ['ɪnsʌlt]
beleuchtet lit up ['lɪt 'ʌp]; *(festlich)* illuminated [ɪ'lju:mɪneɪtɪd]
Belgien Belgium ['beldʒəm]
Belgier/in Belgian ['beldʒən]
Belieben, nach just as you like ['dʒʌst‿əz jʊ 'laɪk]
belohnen to reward [rɪ'wɔ:d]
Belohnung reward [rɪ'wɔ:d]
bemerken to notice ['nəʊtɪs]; *(sagen)* to remark [rɪ'mɑ:k]
bemühen, s. ~ to try hard ['traɪ 'hɑ:d]
benachrichtigen to inform [ɪn'fɔ:m]
Benehmen behaviour [bɪ'heɪvjə], manners ['mænəz]
benötigen to need [ni:d]
benutzen to use [ju:z]; *(Verkehrsmittel)* to take [teɪk]
Benzin petrol ['petrəl], *(Am)* gas [gæs]
beobachten to observe [əb'zɜ:v], to watch [wɒtʃ]
bequem comfortable ['kʌmftəbl]
Bequemlichkeit comfort ['kʌmfət]
berechnen to calculate ['kælkjʊleɪt]
berechtigt entitled to [ɪn'taɪtld tu:]
bereit ready ['redɪ]
bereits already [ɔ:l'redɪ]
Berg mountain ['maʊntɪn]
bergab downhill ['daʊn'hɪl]
bergauf uphill ['ʌp'hɪl]
Bericht report [rɪ'pɔ:t]
Beruf job [dʒɒb], profession [prə'feʃn]
beruhigen, s. ~ to calm down ['kɑ:m 'daʊn]
berühmt famous ['feɪməs]
berühren to touch [tʌtʃ]
Berührung contact ['kɒntækt]
beschädigen to damage ['dæmɪdʒ]
Beschädigung damage ['dæmɪdʒ]
beschaffen to obtain [əb'teɪn]
beschäftigt busy ['bɪzɪ]
Bescheid wissen to know [nəʊ]
bescheinigen to certify ['sɜ:tɪfaɪ]
beschleunigen to accelerate [ək'seləreɪt], to speed up ['spi:d 'ʌp]
beschließen to decide [dɪ'saɪd]; *(s. entscheiden)* to make up one's mind ['meɪk ʌp wʌnz 'maɪnd]
beschreiben to describe [dɪs'kraɪb]
beschützen to protect [prə'tekt]
Beschwerde complaint [kəm'pleɪnt]
beschweren, s. ~ (über) to complain (about) [kəm'pleɪn (ə'baʊt)]
besetzt *(Platz)* occupied ['ɒkjʊpaɪd], taken ['teɪkn]; *(voll)* full [fʊl]; *(Telefon)* engaged [ɪn'geɪdʒd]
besichtigen to visit ['vɪzɪt]

Besitz possession [pəˈzeʃn]; *(Eigentum)* property [ˈprɒpətɪ]
besitzen to own [əʊn]
Besitzer/in owner [ˈəʊnə]
besonders particularly [pəˈtɪkjʊləlɪ], especially [ɪˈspeʃlɪ]
besorgen to get [get]
besorgt anxious [ˈæŋkʃəs], concerned [kənˈsɜːnd]
Besorgung purchase [ˈpɜːtʃəs]
besser better [ˈbetə]
bestätigen to confirm [kənˈfɜːm]
beste(r, s) best [best]
bestehen auf to insist on [ɪnˈsɪst‿ɒn]; ~ **aus** to consist of [kənˈsɪst‿əv]
bestimmt certain(ly) [ˈsɜːtn(lɪ)]
Besuch visit [ˈvɪzɪt]
besuchen, jdn ~ to visit s.o. [ˈvɪzɪt], to call on s.o. [ˈkɔːl‿ɒn]
beten to pray [preɪ]
betrachten to look at [ˈlʊk‿ət]; *(ansehen als)* to consider [kənˈsɪdə]
beträchtlich considerable [kənˈsɪdrəbl]
Betrag amount [əˈmaʊnt]
betragen to be [biː], to come to [ˈkʌm tʊ]
betreffend concerning [kənˈsɜːnɪŋ]
betreten to enter [ˈentə]
betrinken, s. ~ to get drunk [ˈget ˈdrʌŋk]
Betrug *(Gaunerei)* swindle [ˈswɪndl]; *(Handel)* fraud [frɔːd]
betrügen to cheat [tʃiːt]
betrunken drunk [drʌŋk]
Bett bed [bed]; **zu** ~ **gehen** to go to bed [ˈgəʊ tə ˈbed]
beunruhigen, s. ~ to worry [ˈwʌrɪ]
beurteilen to judge [dʒʌdʒ]
Beutel bag [bæg]; *(Geld)* purse [pɜːs]
bevor before [bɪˈfɔː]
bewachen to guard [gɑːd]
bewegen to move [muːv]
bewegt *(Gefühl)* touched [tʌtʃt]; *(Meer)* rough [rʌf]
Bewegung movement [ˈmuːvmənt]
Beweis proof [pruːf]
beweisen to prove [pruːv]
Bewohner inhabitant [ɪnˈhæbɪtənt]
bewundern to admire [ədˈmaɪə]
bewußt conscious [ˈkɒnʃəs]
bezahlen to pay [peɪ]
bezaubernd charming [ˈtʃɑːmɪŋ]
Bezeichnung description [dɪˈskrɪpʃn]
beziehen, s. ~ **auf** to refer to [rɪˈfɜː tuː]
biegen to bend [bend]
Biene bee [biː]
bieten to offer [ˈɒfə]
Bild picture [ˈpɪktʃə]; *(Abbildung)* illustration [ˌɪləsˈtreɪʃn]; *(Gemälde)* painting [ˈpeɪntɪŋ]
bilden to form [fɔːm]
billig cheap [tʃiːp]
binden to tie up [ˈtaɪ ˈʌp], to fasten [ˈfɑːsn]
Bindfaden string [strɪŋ]
Birne *(el)* bulb [bʌlb]; *(Obst)* pear [peə]
bis to [tuː]; *(zeitlich)* till [tɪl], until [ənˈtɪl]; ~ **jetzt** till now [tɪl ˈnaʊ]
bißchen, ein ~ a bit [bɪt]
bitte please [pliːz]; **Bitte** request [rɪˈkwest] **wie** ~ Pardon? [ˈpɑːdn]
bitten, jdn um etw ~ to ask s.o. for s.th. [ɑːsk]
bitter bitter [ˈbɪtə]
Blatt leaf [liːf]
bleiben to remain [rɪmeɪn], to stay [steɪ]
bleich pale [peɪl]
Blick look [lʊk]; *(Ausblick)* view [vjuː]
blind blind [blaɪnd]
blinken *(Auto)* to indicate [ˈɪndɪkeɪt], to signal [ˈsɪgnl]
Blitz lightning [ˈlaɪtnɪŋ]; *(Foto)* flash [flæʃ]
blöd(e) silly [ˈsɪlɪ], stupid [ˈstjuːpɪd]
blühen to blossom [ˈblɒsəm], to bloom [bluːm]
Blume flower [ˈflaʊə]
Boden ground [graʊnd]; *(Fuß~)* floor [flɔː]
Boot boat [bəʊt]
Bord, an ~ **gehen** to go on board [bɔːd]
böse evil [ˈiːvl]; *(ungezogen)* naughty [ˈnɔːtɪ]; *(verärgert)* angry [ˈæŋgrɪ]
Botschaft *(dipl. Vertretung)* embassy [ˈembəsɪ]
Brand fire [ˈfaɪə]
Braten roast [rəʊst], **braten** to roast [rəʊst], joint [dʒɔɪnt] to grill [grɪl]; *(in der Pfanne)* to fry [fraɪ]
brauchen to need [niːd], to want [wɒnt]; *(Zeit)* to take [teɪk]
braun brown [braʊn]
brechen to break [breɪk]
breit broad [brɔːd], wide [waɪd]
brennen to burn [bɜːn]
Brief letter [ˈletə]
Brieftasche wallet [ˈwɒlɪt]
Briefwechsel correspondence [ˌkɒrɪsˈpɒndəns]
Brille glasses [ˈglɑːsɪz]
bringen *(her~)* to bring [brɪŋ]; *(weg~)* to take [teɪk]

Bruder brother ['brʌðə]
Brunnen fountain ['faʊntɪn]; *(natürlich)* well [wel]
Buch book [bʊk]
buchen *(Platz)* to book [bʊk]
Büchse box [bɒks], case [keɪs]; *(Konserve)* tin [tɪn], *(Am)* can [kæn]; ~**nöffner** tin-opener ['tɪnˌəʊpnə]
buchstabieren to spell [spel]
Bucht bay [beɪ]
Bügeleisen iron ['aɪən]
Bummel stroll [strəʊl]
Bund *(Gemüse)* bunch [bʌnʃ]
bunt colourful ['kʌləfʊl]; *(abwechslungsreich)* varied ['veərɪd]
Büro office ['ɒfɪs]
Bürste brush [brʌʃ]
bürsten to brush [brʌʃ]
Busch bush [bʊʃ]

C

Café café ['kæfeɪ]
Chauffeur driver ['draɪvə]
Chef head [hed], boss [bɒs]
Chor choir ['kwaɪə]
Cousin/e cousin ['kʌzn]

D

da *(Ort)* there [ðeə]; *(Zeit)* then [ðen]; *(Grund)* as [æz], because [bɪ'kɒz]
dafür sein to be for it ['fɔ:r‿ɪt]
dagegen sein to be against it [ə'genst‿ɪt]
daheim at home [ət‿'həʊm]
daher *(Grund)* therefore ['ðeəfɔ:]
damals then [ðen], at that time [taɪm]
Dame lady ['leɪdɪ]
danach afterwards ['ɑ:ftəwədz]
Dank thanks [θæŋks]
dankbar thankful ['θæŋkfʊl]
danken to thank [θæŋk]
dann then [ðen]
dasein *(anwesend)* to be present ['preznt], to be there [ðeə]
daß that [ðæt]
dasselbe the same [seɪm]
Datum date [deɪt]
Dauer duration [djʊə'reɪʃən]
dauern to last [lɑ:st]
Decke *(Bett~)* blanket ['blæŋkɪt]; *(Zimmer~)* ceiling ['si:lɪŋ]
defekt faulty ['fɔ:ltɪ], defective [dɪ'fektɪv]
dein your [jɔ:]
demnächst very soon ['verɪ 'su:n], before long [bɪ'fɔ: 'lɒŋ]
denken (an) to think (of) ['θɪŋk‿əv]
denn for [fɔ:]
derselbe the same [seɪm]
deshalb therefore ['ðeəfɔ:]
deutlich distinct [dɪs'tɪŋkt]
deutsch German ['dʒɜ:mən]
Deutsche, der, die German ['dʒɜ:mən]
Deutschland Germany ['dʒɜ:mənɪ]
Dia slide [slaɪd]
Diagnose diagnosis [ˌdaɪəg'nəʊsɪs]
dich you [ju:]
dicht *(Nebel)* dense [dens]; ~ **dabei** near by ['nɪə 'baɪ]
dick thick [θɪk]; *(Person)* stout [staʊt], fat [fæt]; *(geschwollen)* swollen ['swəʊlən]
dienen to serve [sɜ:v]
Dienst service ['sɜ:vɪs]; *(Gefälligkeit)* favour ['feɪvə]
diese(r, s) this [ðɪs], *(pl)* these [ði:z]; *(dort)* that [ðæt], *(pl)* those [ðəʊz]
Ding thing [θɪŋ]
dir to you ['tə‿'ju:]; *(unmittelb. hinter d. Verb)* you [ju:]
direkt direct [dɪ'rekt]; *(sofort)* immediately [ɪ'mi:djətlɪ]
Direktion management ['mænɪdʒmənt]
Direktor director [dɪ'rektə], manager ['mænɪdʒə]; *(Schule)* headmaster [ˌhed'mɑ:stə]
doch yet [jet], however [haʊ'evə]
Doktor/in doctor ['dɒktə]
Dokument document ['dɒkjʊmənt]
doppelt *(adj)* double ['dʌbl]; *(adv)* twice [twaɪs]
Dorf village ['vɪlɪdʒ]
dort there [ðeə]; ~ **hin** that way ['ðæt weɪ]; ~ **oben/unten** up/ down there ['ʌp/'daʊn 'ðeə]
Dose box [bɒks]; *(Konserve)* tin [tɪn], *(Am)* can [kæn]; ~**nöffner** tin-opener ['tɪnˌəʊpənə]
Draht wire ['waɪə]
draußen outside [ˌaʊt'saɪd]
drehen to turn [tɜ:n]
drin, drinnen inside [ˌɪn'saɪd], indoors [ˌɪn'dɔ:z]
dringend urgent ['ɜ:dʒənt]
dritte(r,-s) third [θɜ:d]
Drittel, ein~ a third [ə 'θɜ:d]

drittens thirdly [ˈθɜːdlɪ]
drüben over there [ˈəʊvə ˈðeə]
drücken *(stoßen)* to push [pʊʃ]; *(Knopf)* to press [pres]
du you [juː]
dumm stupid [ˈstjuːpɪd]
dunkel dark [dɑːk]
dünn thin [θɪn]; *(schlank)* slim [slɪm], slender [ˈslendə]
durch through [θruː]; *(quer ~)* across [əˈkrɒs]; *(Mittel)* by (means of) [baɪ (ˈmiːnz‿əv)]
durchaus nicht not at all [ˈnɒt‿ət‿ˈɔːl]
Durchgang passage [ˈpæsɪdʒ]; *(Tor)* gateway [ˈgeɪtweɪ]
Durchreise, auf der ~ passing through [ˈpɑːsɪŋ ˈθruː]; **~visum** transit-visa [ˈtrænsɪtˌviːzə]
durchschnittlich *(adj)* average [ˈævrɪdʒ]; *(adv)* on average
dürfen to be allowed [əˈlaʊd]
Durst thirst [θɜːst]
durstig sein to be thirsty [ˈθɜːstɪ]

E

eben *(flach)* flat [flæt]; *(glatt)* smooth [smuːð]; *(zeitlich)* just now [ˈdʒʌst ˈnaʊ]
Ebene plain [pleɪn]
echt genuine [ˈdʒenjʊɪn]
Ecke corner [ˈkɔːnə]
Ehe marriage [ˈmærɪdʒ]
Ehefrau wife [waɪf]
Ehemann husband [ˈhʌzbənd]
Ehepaar married couple [ˈmærɪd ˈkʌpl]
eher *(lieber)* rather [ˈrɑːðə]
Ehre honour [ˈɒnə]
Ei egg [eg]
eigen own [əʊn]; *(eigenartig)* peculiar [pɪˈkjuːljə]; *(seltsam)* strange [streɪndʒ], odd [ɒd]
Eigenschaft quality [ˈkwɒlɪtɪ], characteristic [ˌkærɪktəˈrɪstɪk]
eigentlich actual(ly) [ˈæktʃʊəl(ɪ)]
Eigentümer/in owner [ˈəʊnə]
eilig urgent [ˈɜːdʒənt]; **es ~ haben** to be in a hurry [ˈhʌrɪ]
ein(e) one [wʌn]
einander each other [ˈiːtʃ ˈʌðə]
einbiegen to turn [tɜːn]; **~ nach rechts/links** to turn right/left [raɪt/left]
Eindruck impression [ɪmˈpreʃn]
einfach simple [ˈsɪmpl]
Einfahrt entrance [ˈentrəns], gateway [ˈgeɪtweɪ]
Einfuhr import [ˈɪmpɔːt]
Eingang entrance [ˈentrəns]
einheimisch native [ˈneɪtɪv], local [ˈləʊkl]
einig sein to agree [əˈgriː]
einige some [sʌm]; *(bei Frage, Verneinung, Bedingung)* any [ˈenɪ]
einigen, s. to agree [əˈgriː]
einkaufen to buy [baɪ], to go shopping [gəʊ ˈʃɒpɪŋ]
einladen to invite [ɪnˈvaɪt]
Einladung invitation [ˌɪnvɪˈteɪʃn]
einmal once [wʌns]
einpacken to wrap [ræp], to pack [pæk]
einreisen to enter (a country) [ˈentə]
eins one [wʌn]
einsam *(Mensch)* lonely [ˈləʊnlɪ]; *(Haus usw.)* secluded [sɪˈkluːdɪd], isolated [ˈaɪsəleɪtɪd]
einschalten to switch on [ˈswɪtʃ‿ˈɒn]
einschlafen to fall asleep [ˈfɔːl‿əˈsliːp]
einschließen to lock in/up [ˈlɒk ˈɪn/ˈʌp]
eintreffen to arrive (at) [əˈraɪv(‿ət)]
eintreten to enter (a room) [ˈentə]
Eintritt entrance [ˈentrəns]; **~ verboten!** no admittance! [ˈnəʊ‿ədˈmɪtəns]; **~skarte** (admission) ticket [(ədˈmɪʃn) ˈtɪkɪt]
Eintrittspreis admission charge [ədˈmɪʃn ˈtʃɑːdʒ]
Einverständnis agreement [əˈgriːmənt], consent [kənˈsent]
einwerfen *(Briefe)* to post [pəʊst]
einwickeln to wrap up [ˈræp ˈʌp]
einwilligen to consent to [kənˈsent tuː]
Einwohner inhabitant [ɪnˈhæbɪtənt]
Einzelheit detail [ˈdiːteɪl]
einzeln individual [ˌɪndɪˈvɪdjʊəl], separate [ˈseprət]
einzig only [ˈəʊnlɪ]; **~artig** unique [juːˈniːk]
Eis ice [aɪs]; *(Speise~)* ice-cream [ˈaɪsˈkriːm]
Eisen iron [ˈaɪən]
elektrisch electric [ɪˈlektrɪk]
Eltern parents [ˈpeərənts]
emanzipiert emancipated [ɪˈmænsɪpeɪtɪd]
Empfang reception [rɪˈsepʃn]
empfangen to receive [rɪˈsiːv]; *(begrüßen)* to greet [griːt], to welcome [ˈwelkəm]
empfehlen to recommend [ˌrekəˈmend]
Empfehlung recommendation [ˌrekəmenˈdeɪʃn]

Ende end [end]
enden to end
endgültig *(adj)* definite ['definɪt]; *(adv)* definitely ['definɪtlɪ]
endlich finally ['faɪnəlɪ]
eng narrow ['nærəʊ]; *(Kleider)* tight [taɪt]
England England ['ɪŋglənd]
Engländer/in Englishman/-woman ['ɪŋglɪʃmən/-ˌwʊmən]
englisch English ['ɪŋglɪʃ]
Enkel/in grandson ['grænsʌn]/granddaughter ['grænˌdɔ:tə]
entdecken to discover [dɪs'kʌvə]
entfernt distant ['dɪstənt]
Entfernung distance ['dɪstəns]
entgegengesetzt opposite ['ɒpəzɪt]
enthalten to contain [kən'teɪn]
entlang along [ə'lɒŋ]
entscheiden to decide [dɪ'saɪd]
entschließen s.~ to make up one's mind ['meɪk ʌp wʌnz 'maɪnd]
entschlossen sein to be determined [dɪ'tɜ:mɪnd]
Entschluß decision [dɪ'sɪʒn]
entschuldigen to excuse [ɪks'kju:z]; ~ **Sie bitte!** excuse me, please! [ɪks'kju:z mi: pli:z]; **s.** ~ to apologize [ə'pɒlədʒaɪz]
Entschuldigung excuse [ɪks'kju:s]; **Ich bitte um** ~**!** I beg your pardon! [aɪ 'beg jɔ: 'pɑ:dn]
enttäuscht disappointed [ˌdɪsə'pɔɪntɪd]
entweder ... oder either ... or ['aɪðə ... 'ɔ:]
entwickeln to develop [dɪ'veləp]
Entwicklung development [dɪ'veləpmənt]
entzückend charming ['tʃɑ:mɪŋ], delightful [dɪ'laɪtfʊl]
entzückt delighted [dɪ'laɪtɪd]
er he [hi:]
Erde earth [ɜ:θ]
Erdgeschoß ground-floor ['graʊnd'flɔ:]
ereignen, s.~ to happen ['hæpn]
Ereignis event [ɪ'vent]
erfahren to learn [lɜ:n], to hear [hɪə]; *(adj)* experienced [ɪks'pɪərɪənst]
Erfahrung experience [ɪks'pɪərɪəns]
erfinden to invent [ɪn'vent]
Erfolg success [sək'ses]
erfreut (über) pleased (with) [pli:zd (wɪð)], glad (of) [glæd (‿əv)]
Erfrischung refreshment [rɪ'freʃmənt]
Ergebnis result [rɪ'zʌlt]
ergreifen to seize [si:z]
erhalten to receive [rɪ'si:v], to get [get]
erhältlich obtainable [əb'teɪnəbl], available [ə'veɪləbl]
erhöhen *(Preise)* to increase [ɪn'kri:s]
erholen, s.~ to recover [rɪ'kʌvə]
Erholung recovery [rɪ'kʌvərɪ]; rest [rest]
erinnern, jdn an etw~ to remind [rɪ'maɪnd] s.o. of s.th.; **s.** ~ to remember [rɪ'membə]
erkennen to recognize ['rekəgnaɪz]; *(erfassen)* to realize ['rɪəlaɪz]
erklären to declare [dɪ'kleə]; *(deutlich machen)* to explain [ɪks'pleɪn]
erkundigen, s.~ to inquire [ɪn'kwaɪə]
erlangen to obtain [əb'teɪn], to get [get]
erlauben to allow [ə'laʊ], to permit [pə'mɪt]
Erlaubnis permission [pə'mɪʃn]
erledigen to settle ['setl]
Ermäßigung reduction [rɪ'dʌkʃn]
ermöglichen to make possible ['meɪk 'pɒsəbl]
erneuern to renew [rɪ'nju:]
ernst serious ['sɪərɪəs]
Ernte harvest ['hɑ:vɪst]
erreichen to reach [ri:tʃ]
Ersatz replacement [rɪ'pleɪsmənt]; *(Ausgleich)* compensation [ˌkɒmpen'seɪʃn]
erscheinen to appear [ə'pɪə]; *(Buch)* to come out ['kʌm 'aʊt]
erschöpft exhausted [ɪg'zɔ:stɪd]
erschrecken to frighten ['fraɪtn], to startle ['stɑ:tl]; *(erschrocken sein)* to be alarmed [ə'lɑ:md]
ersetzen to replace [rɪ'pleɪs]; *(Schaden)* to make good ['meɪk 'gʊd]
erst *(zuerst)* first of all ['fɜ:st‿əv‿ɔ:l]; *(nicht früher als)* only ['əʊnlɪ]
erste(r,-s) first [fɜ:st]
erstens first(ly) ['fɜ:st(lɪ)]
erstklassig first-class ['fɜ:st 'klɑ:s]
ertragen to bear [beə]
Erwachsene(r) adult ['ædʌlt]
erwarten to expect [ɪks'pekt], to wait for ['weɪt fɔ:]
erwidern to reply [rɪ'plaɪ]
erzählen to tell [tel]
erzeugen to produce [prə'dju:s]
Erzeugnis product ['prɒdʌkt]
Erziehung education [ˌedjʊ'keɪʃn]
es it [ɪt]; ~ **gibt** there is [ðeər‿ɪz], there are [ðeər‿ɑ:]
Esel donkey ['dɒŋkɪ]
eßbar edible ['edɪbl]

A/Z

essen to eat [i:t] **Essen** *(Mahlzeit)* meal [mi:l]; *(Nahrung)* food [fu:d]
etwa about [əˈbaʊt]
etwas something [ˈsʌmθɪŋ]; *(verneint, fragend)* anything [ˈenɪθɪŋ]; *(ein wenig)* a little [ˈlɪtl]
euch you [ju:]
euer your [jɔ:]
Europa Europe [ˈjʊərəp]
Europäer/in European [ˌjʊərəˈpɪən]
europäisch European
eventuell *(adj)* possible [ˈpɒsəbl]; *(adv)* perhaps [pəˈhæps]
extra extra [ˈekstrə], special [ˈspeʃl]

F

Fabrik factory [ˈfæktərɪ]
Faden thread [θred], cotton [ˈkɒtn]
fähig capable of [ˈkeɪpəbl‿əv]
fahren *(mit dem Zug, Auto)* to go [gəʊ] by train, car etc.; *(lenken)* to drive [draɪv]
Fahrer/in driver [ˈdraɪvə]
Fahrgast passenger [ˈpæsɪndʒə]
Fahrstuhl lift [lɪft], *(Am)* elevator [ˈelɪveɪtə]
Fahrt *(Reise)* journey [ˈdʒɜ:nɪ], trip [trɪp]; *(See)* voyage [ˈvɔɪɪdʒ]; *(Auto)* drive [draɪv]
fair fair [feə]
Fall *(Vorfall)* case [keɪs]
fallen to fall [fɔ:l]
falls in case [ɪn ˈkeɪs], if [ɪf]
falsch wrong [rɒŋ]; *(betrügerisch)* deceitful [dɪˈsi:tfʊl]
Familie family [ˈfæmɪlɪ]; ~**nname** surname [ˈsɜ:neɪm]
fangen to catch [kætʃ]
Farbe colour [ˈkʌlə]
farbig coloured [ˈkʌləd]
fast almost [ˈɔ:lməʊst], nearly [ˈnɪəlɪ]
faul lazy [ˈleɪzɪ]; *(Obst)* rotten [ˈrɒtn]
Feder feather [ˈfeðə]; *(Schreib~)* pen [pen]; *(elastisch)* spring [sprɪŋ]
fehlen to be missing [ˈmɪsɪŋ]
Fehler *(den man macht)* mistake [mɪsˈteɪk]; *(den man hat)* fault [fɔ:lt]
feierlich *(ernst)* solemn [ˈsɒləm]; *(fröhlich)* festive [ˈfestɪv]
Feiertag holiday [ˈhɒlədɪ]
feilschen to haggle [ˈhægl]
fein *(dünn)* fine [faɪn]; *(zart)* delicate [ˈdelɪkɪt]; *(vornehm)* distinguished [dɪsˈtɪŋgwɪʃt]
Feld field [fi:ld]
Fell fur [fɜ:], *(Schafs~)* fleece [fli:s]
Fels rock [rɒk]; *(Klippe)* cliff [klɪf]
Ferien holidays [ˈhɒlədɪz], *(Am)* vacation [vəˈkeɪʃən]; **in** ~ on holiday [ɒn ˈhɒlədɪ]
Fernglas binoculars [bɪˈnɒkjʊləz]
fertig *(bereit)* ready [ˈredɪ]; *(vollendet)* finished [ˈfɪnɪʃt]
fest firm [fɜ:m]; **Fest** celebration(s) [ˌselɪˈbreɪʃn(z)]; *(dauernd)* solid [ˈsɒlɪd]; party [ˈpɑ:tɪ] *(hart)* rigid [ˈrɪdʒɪd]
festsetzen to fix [fɪks]
fett fat [fæt]
feucht moist [mɔɪst], damp [dæmp]
Feuer fire [ˈfaɪə]
feuergefährlich inflammable [ɪnˈflæməbl]
Feuerlöscher fire extinguisher [ˈfaɪərɪksˌtɪŋgwɪʃə]
Feuermelder fire alarm [ˈfaɪərəˌlɑ:m]
Feuerwehr fire brigade [ˈfaɪəbrɪˌgeɪd]
Feuerwerk fireworks [ˈfaɪəwɜ:ks]
Feuerzeug lighter [ˈlaɪtə]
Filiale branch (office) [brɑ:ntʃ (ˈɒfɪs)]
Film film [fɪlm], *(Am)* movie [ˈmu:vɪ]; *(Foto)* (roll of) film [(rəʊl‿əv) fɪlm]
Filter filter [ˈfɪltə]
finden to find [faɪnd]
finster dark [dɑ:k]
Firma firm [fɜ:m], company [ˈkʌmpənɪ]
Fisch fish [fɪʃ]; ~**händler** fishmonger [ˈfɪʃˌmʌŋgə]
fischen to fish [fɪʃ]
fit fit [fɪt]
flach flat [flæt]; *(eben)* level [ˈlevl]
Flamme flame [fleɪm]
Flasche bottle [ˈbɒtl]
Fleck(en) stain [steɪn]; ~**mittel** stain-remover [ˈsteɪnrɪˌmu:və]
Fleisch meat [mi:t]
fleißig industrious [ɪnˈdʌstrɪəs], hard-working [ˈhɑ:d ˈwɜ:kɪŋ]
flicken to mend [mend]; *(Wäsche)* to darn [dɑ:n]
Fliege fly [flaɪ]
fliegen to fly [flaɪ]
fließen to flow [fləʊ]
flirten to flirt [flɜ:t]
Fluß river [ˈrɪvə]
flüssig liquid [ˈlɪkwɪd]
folgen to follow [ˈfɒləʊ]
fordern to demand [dɪˈmɑ:nd], to ask [ɑ:sk]
Forderung demand [dɪˈmɑ:nd]; *(Anspruch)* claim [kleɪm]
Form form [fɔ:m], shape [ʃeɪp]

Format size [saɪz], format ['fɔ:mæt]
Formular form [fɔ:m]
fort away [ə'weɪ]
Fortschritt progress ['prəʊgres]
fortsetzen to continue [kən'tɪnjʊ]
Foto photo(graph) ['fəʊtəʊ (grɑ:f)]
Fotoapparat camera ['kæmrə]
fotografieren to take a photo ['teɪk ə 'fəʊtəʊ]
Fracht freight [freɪt]
Frage question ['kwestʃn]; *(Problem)* problem ['prɒbləm]
fragen to ask [ɑ:sk]
französisch French [frentʃ]
Frau woman ['wʊmən]; *(Ehe~)* wife [waɪf]; *(Anrede)* Madam ['mædəm]; *(vor Namen)* Mrs ['mɪsɪz]
Fräulein young lady ['jʌŋ 'leɪdɪ]; *(Anrede, vor Namen)* Miss [mɪs]
frei free [fri:]; *(von Abgaben)* exempt [ɪg'zempt]; **im Freien** in the open air ['əʊpən 'eə]
fremd strange [streɪndʒ]; *(ausländisch)* foreign ['fɒrən]; *(unbekannt)* unknown ['ʌn'nəʊn]
Fremde, der die stranger ['streɪndʒə]; *(Ausländer)* foreigner ['fɒrənə]
Fremdenführer guide [gaɪd]
Freude joy [dʒɔɪ], pleasure ['pleʒə]
freuen, s. ~ (über) to be pleased (with/about) ['pli:zd wɪð/ə'baʊt)]; **s. ~ auf** to look forward to ['lʊk 'fɔ:wəd tu:]
Freund/in (boy)friend/(girl)friend [('bɔɪ)frend/('gɜ:l)frend]
freundlich friendly ['frendlɪ], kind [kaɪnd]
Freundlichkeit kindness ['kaɪndnɪs]
Freundschaft friendship ['frenʃɪp]
Friede peace [pi:s]
frieren to be cold [kəʊld], to freeze [frɪ:z]
frisch fresh [freʃ]; *(kühl)* cool [ku:l]; *(neu)* new [nju:]; *(Wäsche)* clean [kli:n]
froh glad [glæd]; *(glücklich)* happy ['hæpɪ]; *(lustig)* merry ['merɪ]
früh early ['ɜ:lɪ]
früher *(eher)* earlier ['ɜ:lɪə]
frühstücken to have breakfast [hæv 'brekfəst]
fühlen to feel [fi:l]
führen to lead [li:d]
Führer *(für Fremde)* guide [gaɪd]
füllen to fill [fɪl]
Fundbüro lost-property office ['lɒst'prɒpətɪ ˌɒfɪs]
Funke spark [spɑ:k]
funktionieren to work [wɜ:k]
für for [fɔ:]
Furcht fear [fɪə]
fürchten to fear [fɪə]; **s. ~ vor** to be afraid of [ə'freɪd]
fürchterlich terrible ['terəbl], dreadful ['dredfʊl]
Fußgänger/in pedestrian [pɪ'destrɪən]
Futter *(Kleidung)* lining ['laɪnɪŋ]; *(Tier~)* food [fu:d], feed [fi:d]

G

gähnen to yawn [jɔ:n]
Gang *(Auto)* gear [gɪə]; *(Essen)* course [kɔ:s]; *(Durchgang)* passage ['pæsɪdʒ]; *(Flur)* corridor ['kɒrɪdɔ:]
ganz *(adj)* whole [həʊl]; *(pl)* all [ɔ:l]; *(vollständig)* entire [ɪn'taɪə], complete [kəm'pli:t]; *(adv)* quite [kwaɪt]
gar *(gekocht)* cooked [kʊkt], done [dʌn]; **~ nicht** not at all ['nɒt‿ət‿'ɔ:l]
Garage garage ['gærɑ:dʒ]
Garantie guarantee [ˌgærən'ti:]
Garten garden ['gɑ:dn]
Gast guest [gest]
Gastfreundschaft hospitality [ˌhɒspɪ'tælɪtɪ]
Gastgeber/in host/hostess [həʊst/'həʊstɪs]
Gasthaus/~hof hotel [həʊ'tel], inn [ɪn]
Gebäude building ['bɪldɪŋ]
geben to give [gɪv]
Gebet prayer [preə]
geboren born [bɔ:n]
Gebrauch use [ju:s]
gebrauchen to use [ju:z]
gebräuchlich common ['kɒmən]
Gebühren fees [fi:z]
Geburt birth [bɜ:θ]; **~sort** birthplace ['bɜ:θpleɪs]
gebürtig aus born in ['bɔ:n‿ɪn]; *(Land)* native of ['neɪtɪv‿əv]
Geburtstag birthday ['bɜ:θdeɪ]
Gedanke thought [θɔ:t]
Geduld patience ['peɪʃns]
geduldig patient ['peɪʃnt]
Gefahr danger ['deɪndʒə]
gefährlich dangerous ['deɪndʒrəs]
gefallen to please [pli:z]
Gefallen, das pleasure ['pleʒə]; **~, der** favour ['feɪvə]
Gefälligkeit favour ['feɪvə]
Gefäß container [kən'teɪnə]

Gefühl feeling ['fi:lɪŋ]
gegen against [ə'genst]; *(Sport)* versus ['vɜ:səs]; *(in Richtung auf)* towards [tə'wɔ:dz]; *(zeitlich)* about [ə'baʊt]
Gegend region ['ri:dʒən], area ['eərɪə], district ['dɪstrɪkt]
Gegenstand object ['ɒbdʒɪkt], item ['aɪtəm]; *(Gesprächs~)* topic ['tɒpɪk]
Gegenteil opposite ['ɒpəzɪt], contrary ['kɒntrərɪ]; **im** ~ on the contrary
gegenüber opposite ['ɒpəzɪt]
Gegenwert equivalent [ɪ'kwɪvələnt]
geheim secret ['si:krɪt]
gehen to go [gəʊ]; *(zu Fuß)* to walk [wɔ:k]; **geradeaus** ~ to go straight on ['streɪt 'ɒn]; **vorwärts** ~ to go on; **zurück**~ to go back [bæk]
gehören to belong to [bɪ'lɒŋ tu:]
Gelände ground [graʊnd]
Geld money ['mʌnɪ]; ~**beutel** purse [pɜ:s]; ~**strafe** fine [faɪn]; ~**stück** coin [kɔɪn]
Geldwechsel *(Schild)* bureau de change ['bjʊərəʊ də 'ʃɑ:nʒ]
Gelegenheit occasion [ə'keɪʒən]; *(günstige ~)* opportunity [ˌɒpə'tju:nɪtɪ]
gelegentlich *(adv)* occasionally [ə'keɪʒnəlɪ]
gelten to be valid ['vælɪd]
gemein mean [mi:n]; *(ordinär)* vulgar ['vʌlgə]
gemeinsam *(adj)* common ['kɒmən]; *(adv)* together [tə'geðə]
gemischt mixed [mɪkst]
gemütlich comfortable ['kʌmftəbl], cosy ['kəʊzɪ]
genau exact(ly) [ɪg'zækt(lɪ)]; ~**so ... wie** just as ... as ['dʒʌst‿əz ... əz]
Genauigkeit accuracy ['ækjʊrəsɪ]
genehmigen to grant permission [grɑ:nt pə'mɪʃn]
genießen to enjoy [ɪn'dʒɔɪ]
genug enough [ɪ'nʌf], sufficient [sə'fɪʃənt]
Genuß enjoyment [ɪn'dʒɔɪmənt]
geöffnet open ['əʊpn]
gerade straight [streɪt]; *(zeitlich)* just [dʒʌst]
geradeaus straight on ['streɪt 'ɒn]
Geräusch noise [nɔɪz]
gerecht just [dʒʌst], fair [feə]
Gericht *(Essen)* dish [dɪʃ]; *(Justiz)* (law) court [(lɔ:)kɔ:t]
gering little ['lɪtl], small [smɔ:l]; ~**er** less [les]
gern gladly ['glædlɪ]; **nicht** ~ reluctantly [rɪ'lʌktəntlɪ]
Geruch smell [smel]
Gesang singing [sɪŋɪŋ]
Geschäft *(Laden)* shop [ʃɒp], *(Am)* store [stɔ:]; *(Firma, Handel)* business ['bɪznɪs]
geschehen to happen ['hæpn]; **was ist** ~**?** what has happened? ['wɒt həz 'hæpnd]
Geschenk present ['preznt], gift [gɪft]
Geschichte history ['hɪstərɪ]; *(Erzählung)* story ['stɔ:rɪ]
geschickt skilful ['skɪlfʊl]
geschlossen shut [ʃʌt], closed [kləʊzd]
Geschmack taste [teɪst]
Geschwindigkeit speed [spi:d]
Gesellschaft society [sə'saɪətɪ]; *(Begleitung)* company ['kʌmpənɪ]
Gespräch conversation [ˌkɒnvə'seɪʃn], talk [tɔ:k]
gesund healthy ['helθɪ]
Gesundheit health [helθ]
getrennt separate ['seprət]
gewähren to grant [grɑ:nt]
gewaltig enormous [ɪ'nɔ:məs]
Gewebe fabric ['fæbrɪk]
Gewicht weight [weɪt]
Gewinn profit ['prɒfɪt]
gewinnen to gain [geɪn]; *(siegen)* to win [wɪn]
gewiß *(adj)* certain ['sɜ:tn], sure [ʃʊə]; *(adv)* certainly ['sɜ:tnlɪ]
gewissenhaft conscientious [ˌkɒnʃɪ'enʃəs]
Gewitter thunderstorm ['θʌndəstɔ:m]
gewöhnen, s. ~ **an** to get used to [ju:st]
Gewohnheit habit ['hæbɪt]
gewöhnlich usual ['ju:ʒʊəl], ordinary ['ɒdnrɪ]; *(ordinär)* vulgar ['vʌlgə]; **wie** ~ as usual [əz 'ju:ʒʊəl]
gewohnt usual ['ju:ʒʊəl]; **etwas** ~ **sein** to be used to s.th. ['jʊ:st tʊ]
gibt, es there is [ðeər‿ɪz], there are [ðeər‿ɑ:]
Gift poison ['pɔɪzn]
giftig poisonous ['pɔɪznəs]
Gipfel summit ['sʌmɪt]
Gips plaster ['plɑ:stə]
Gitarre guitar [gɪ'tɑ:]
Gitter bars [bɑ:z]; *(Geländer)* railings ['reɪlɪŋz]
glänzen to shine [ʃaɪn]
glänzend radiant ['reɪdjənt], brilliant ['brɪljənt]; *(fig)* splendid ['splendɪd], glorious ['glɔ:rɪəs]

Glas glass [glɑ:s]

glatt *(eben)* smooth [smu:ð]; *(schlüpfrig)* slippery [ˈslɪpərɪ]

Glaube faith [feɪθ]

glauben to believe [bɪˈli:v]

gleich same [seɪm]; *(sofort)* immediately [ɪˈmi:djətlɪ], at once [ət ˈwʌns]

gleichen to look like [ˈlʊk ˈlaɪk]

gleichfalls also [ˈɔ:lsəʊ], likewise [ˈlaɪkwaɪz]

gleichwertig equivalent [ɪˈkwɪvələnt]

gleichzeitig simultaneously [ˌsɪməlˈteɪnjəslɪ]

Glück luck [lʌk]; *(Erfolg)* success [səkˈses]; **viel ~!** good luck! [ˈgʊd ˈlʌk]; ~ **haben** to be lucky [ˈlʌkɪ]

glücklich happy [ˈhæpɪ]; *(Glück gehabt)* lucky [ˈlʌkɪ]

Glückwunsch congratulations [kənˌgrætjʊˈleɪʃnz]

Glut heat [hi:t]

Gott God [gɒd]; ~ **sei Dank!** thank goodness! [ˈθæŋk ˈgʊdnɪs]

Grad degree [dɪˈgri:]

gratis free [fri:]

gratulieren to congratulate [kənˈgrætjʊleɪt]

Grenze border [ˈbɔ:də]

Griff *(Hand~)* handle [ˈhændl]

groß big [bɪg], large [lɑ:dʒ]; *(Statur)* tall [tɔ:l]; *(bedeutend)* great [greɪt]

großartig great [greɪt]

Größe *(Umfang)* size [saɪz]; *(Länge, Höhe)* height [haɪt]

Großmutter grandmother [ˈgrænˌmʌðə]

Großvater grandfather [ˈgrænˌfɑ:ðə]

Grund reason [ˈri:zn], cause [kɔ:z]; *(Beweg~)* motive [ˈməʊtɪv]

Gruppe group [gru:p]

grüßen to greet [gri:t]

gültig valid [ˈvælɪd]

Gültigkeit validity [vəˈlɪdɪtɪ]

günstig favourable [ˈfeɪvrəbl]

gut *(adj)* good [gʊd]; *(adv)* well [wel]

Gutschein voucher [ˈvaʊtʃə]

H

haben to have [hæv]

Hahn cock [kɒk]; *(Wasser~)* tap [tæp]

Haken hook [hʊk]; *(Kleider~)* peg [peg]

halb half [hɑ:f]

Hälfte half [hɑ:f], *(pl)* halves [hɑ:vz]

Halle hall [hɔ:l]

hallo hello [həˈləʊ]

halt! halt! [hɔ:lt], stop! [stɒp]

haltbar durable [ˈdjʊərəbl]; ~ **sein** *(Lebensmittel)* to keep [ki:p]

halten to keep [ki:p]; *(dauern)* to last [lɑ:st]; *(stehen bleiben)* to stop [stɒp]

Hammer hammer [ˈhæmə]

Hand hand [hænd]

handgemacht handmade [ˈhændˈmeɪd]

Handtasche handbag [ˈhændbæg]

Hang *(Ab~)* slope [sləʊp]

hängen to hang [hæŋ]

hart hard [hɑ:d], solid [ˈsɒlɪd]

häßlich ugly [ˈʌglɪ]

häufig *(adv)* frequently [ˈfri:kwəntlɪ]

Haupteingang main entrance [ˈmeɪn ˈentrəns]

hauptsächlich *(adj)* principal [ˈprɪnsəpəl]; *(adv)* especially [ɪsˈpeʃəlɪ]

Hauptstadt capital [ˈkæpɪtl]

Haus house [haʊs]

Haustür front door [ˈfrʌnt ˈdɔ:]

heben to lift [lɪft]

Heft *(Schreib~)* exercise book [ˈeksəsaɪz bʊk]; *(Zeitschrift)* magazine [ˌmægəˈzi:n]

heilig holy [ˈhəʊlɪ]

Heimat home [həʊm], native country [ˈneɪtɪv ˈkʌntrɪ]

heimlich secret [ˈsi:krɪt]

Heimreise return journey [rɪˈtɜ:n ˈdʒɜ:nɪ], journey home [ˈdʒɜ:nɪ ˈhəʊm]

Heirat marriage [ˈmærɪdʒ]

heiraten to marry [ˈmærɪ]

heiß hot [hɒt]

heißen to be called [bɪ ˈkɔ:ld]; **wie ~ Sie?** what's your name? [ˈwɒts jɔ: ˈneɪm]

heiter cheerful [ˈtʃɪəfʊl]; *(Wetter)* bright [braɪt], clear [klɪə]

heizen to heat [hi:t]

Heizöl fuel oil [ˈfjʊəl‿ɔɪl]

hektisch hectic [ˈhektɪk]

helfen, jdm ~ to help s.o. [help]

hell bright [braɪt]

herabsetzen *(Preise)* to reduce [rɪˈdju:s]

heraufsetzen *(Preise)* to raise [reɪz]

herausgeben *(Geld)* to give change for [gɪv ˈtʃeɪndʒ fɔ:]

herb *(Wein)* dry [draɪ]

herein! come in! [ˈkʌm ˈɪn]

hereinkommen to come in [ˈkʌm ˈɪn]

Hering *(Fisch)* herring [ˈherɪŋ]; *(Zeltpflock)* tent peg [ˈtent ˌpeg]

Herr gentleman ['dʒentlmən]; *(vor Namen)* Mr ['mɪstə]
herrlich glorious ['glɔ:rɪəs], splendid ['splendɪd]
Herz heart [hɑ:t]
herzlich warm [wɔ:m], sincere [sɪn'sɪə]
Herzlichkeit warmth [wɔ:mθ], sincerity [sɪn'serɪtɪ]
heute today [tə'deɪ]; ~ **abend** this evening [ðɪs‿'i:vnɪŋ]; ~ **nacht** tonight [tə'naɪt]
hier here [hɪə]
hierher this way ['ðɪs 'weɪ]
Hilfe help [help], aid [eɪd]; **erste** ~ first aid ['fɜ:st 'eɪd]
Himmel sky [skaɪ]; *(rel)* heaven ['hevn]
hinaufgehen to go up ['gəʊ 'ʌp]
hinausgehen to go out ['gəʊ 'aʊt], to leave [lɪ:v]
hindern to prevent [prɪ'vent], to hinder ['hɪndə]
hineingehen to go in ['gəʊ 'ɪn], to enter ['entə]
hinlegen to put down ['pʊt 'daʊn]; **s.** ~ to lie down ['laɪ 'daʊn]
hinsetzen, s. ~ to sit down ['sɪt 'daʊn]
hinten at the back [bæk]
hinter behind [bɪ'haɪnd]
hinterlassen to leave [li:v]
hinterlegen to deposit [dɪ'pɒzɪt]
hinuntergehen to go down ['gəʊ 'daʊn]
hinzufügen to add [æd]
Hobby hobby ['hɒbɪ]
hoch high [haɪ]
höchstens at the most [ət ðə 'məʊst], at best [ət 'best]
Hochzeit wedding ['wedɪŋ]
Hof yard [jɑ:d]
hoffen to hope [həʊp]
höflich polite [pə'laɪt]
Höflichkeit politeness [pə'laɪtnɪs]
Höhe height [haɪt]
Höhepunkt highlight ['haɪlaɪt]; *(Karriere)* peak [pi:k], height [haɪt]; *(Film, Theaterstück)* climax ['klaɪmæks]
holen to fetch [fetʃ]
Holz wood [wʊd]; *(Brenn~)* firewood ['faɪəwʊd]
Honorar fee [fi:]
hören to hear [hɪə]; **zu**~ to listen ['lɪsn] (to)
Hotel hotel [həʊ'tel]
hübsch pretty ['prɪtɪ]
Hügel hill [hɪl]
Hund dog [dɒg]
hundert a hundred ['hʌndrəd]; ~ **mal** a hundred times [taɪmz]
Hunger hunger ['hʌŋgə]
hungrig hungry ['hʌŋgrɪ]
husten to cough [kɒf]
Hütte hut [hʌt], cottage ['kɒtɪdʒ]

I

ich I [aɪ]
Idee idea [aɪ'dɪə]
ihr *(poss prn, f)* her [hɜ:], *(pl)* their [ðeə]
Imbiß snack [snæk]
immer always ['ɔ:lweɪz]
imstande sein to be able to ['eɪbl tu:]
in in [ɪn]
inbegriffen included [ɪn'klu:dɪd]
informieren to inform [ɪn'fɔ:m]
Inhalt contents ['kɒntents]
Inland home [həʊm]; inland ['ɪnlænd]
innen inside ['ɪn'saɪd]
Innere, das ~ the inside
innerhalb *(zeitlich)* within [wɪ'ðɪn]
Insekt insect ['ɪnsekt]
Insel island ['aɪlənd]
Inserat advertisement [əd'vɜ:tɪsmənt]
interessant interesting ['ɪntrɪstɪŋ]
Interesse interest ['ɪntrɪst]
interessieren, s. ~ **(für)** to be interested (in) ['ɪntrɪstɪd]
international international [ˌɪntə'næʃənl]
inzwischen meanwhile [ˌmi:n'waɪl]
Ire Irishman ['aɪrɪʃmən]
irgendein(e, er, es) someone ['sʌmwʌn]
irgendwie somehow ['sʌmhaʊ]
irgendwo, ~ **hin** somewhere ['sʌmweə]
Irin Irishwoman ['aɪrɪʃˌwʊmən]
irisch Irish ['aɪrɪʃ]
Irland Ireland ['aɪələnd], Eire ['eərə]
irren, s. ~ to be mistaken [mɪs'teɪkən]
Irrtum mistake [mɪs'teɪk]

J

Jahr year [jɜ:]
Jahreszeit season ['si:zn]
jährlich annual(ly) ['ænjʊəl(ɪ)]
je *(jemals)* ever ['evə]; *(jeweils)* every ['evrɪ]
jeder every ['evrɪ]; ~ **beliebige** any ['enɪ]; ~ **einzelne** each [ɪ:tʃ]; ~ **mann** everybody ['evrɪˌbɒdɪ]

jedesmal every time ['evrɪ 'taɪm]
jedoch however [haʊ'evə]
jemals ever ['evə]
jemand somebody ['sʌmbədɪ]; *(in verneinten u. fragenden Sätzen)* anybody ['enɪˌbɒdɪ]
jene that [ðæt], *(pl)* those [ðəʊz]
jenseits beyond [bɪ'jɒnd]
jetzt now [naʊ]
jucken to itch [ɪtʃ]
Jugend youth [ju:θ]
jung young [jʌŋ]
Junge boy [bɔɪ]
Junggeselle bachelor ['bætʃələ]

K

Kabine cabin ['kæbɪn]
Kaffee coffee ['kɒfɪ]
Kahn boat [bəʊt]
Kakerlake cockroach ['kɒkrəʊtʃ]
kalt cold [kəʊld]
Kanal canal [kə'næl]; channel ['tʃænl]
Kapelle *(Gebäude)* chapel ['tʃæpl]; *(Musik~)* band [bænd]
kaputt broken ['brəʊkn], out of order [aʊt‿əv 'ɔ:də]
Karte card [kɑ:d]; **Eintritts~** ticket ['tɪkɪt]; **Land~** map [mæp]; **Post~** postcard ['pəʊstkɑ:d]; **Speise~** menu ['menju:]
Kasse cash-desk ['kæʃdesk]; *(Theater~)* booking-(box-)office ['bʊkɪŋ('bɒks)ˌɒfɪs]
Katze cat [kæt]
Kauf purchase ['pɜ:tʃəs]
kaufen to buy [baɪ]
Käufer buyer ['baɪə]; *(Kunde)* customer ['kʌstəmə]
Kaufhaus department store [dɪ'pɑ:tmənt stɔ:]
Kaugummi chewing-gum ['tʃu:ɪŋgʌm]
kaum hardly ['hɑ:dlɪ], scarcely ['skeəslɪ]
Kaution security [sɪ'kjʊərɪtɪ]
kein no [nəʊ]
keine(r, s) nobody ['nəʊbədɪ]
keinesfalls on no account [ɒn 'nəʊ‿ə'kaʊnt]
kennen to know [nəʊ]; **~ lernen** to meet [mi:t]
kennenlernen, jdn to get to know s.o. [ˌget tə 'nəʊ]
Kenntnis knowledge ['nɒlɪdʒ]
Kennzeichen mark [mɑ:k]; *(Auto)* number plate ['nʌmbəpleɪt]
Keramik pottery ['pɒtərɪ]
Kerze candle ['kændl]
Kette chain [tʃeɪn]; *(Hals~)* necklace ['neklɪs]
Kind child [tʃaɪld], *(pl)* children ['tʃɪldrən]
Kissen cushion ['kʊʃn]; *(Kopf~)* pillow ['pɪləʊ]
Kiste box [bɒks], chest [tʃest]
Klang sound [saʊnd]
klar clear [klɪə]
Klasse class [klɑ:s]
Kleidung clothing ['kləʊðɪŋ]
klein little [lɪtl], small [smɔ:l]
Klima climate ['klaɪmɪt]
Klingel bell [bel]
klingeln to ring [rɪŋ]
klug clever ['klevə], intelligent [ɪn'telɪdʒənt]
knipsen *(Photo)* to take a snap(shot) ['teɪk ə 'snæp(ʃɒt)]
Knopf button ['bʌtn]
Knoten knot [nɒt]
kochen to cook [kʊk]; *(Kaffee, Tee)* to make [meɪk]; *(Wasser)* to boil [bɔɪl]
Koffer suitcase ['sju:tkeɪs]
Kohle coal [kəʊl]
Kollege/Kollegin colleague ['kɒli:g]
kommen to come [kʌm]
Kompaß compass ['kʌmpəs]
Kondom condom ['kɒndəm]
können to be able to ['eɪbl tʊ]
Konsulat consulate ['kɒnsjʊlɪt]
konsultieren to consult [kən'sʌlt]
Kontakt contact ['kɒntækt]
kontrollieren *(beherrschen)* to control [kən'trəʊl]; *(nachprüfen)* to check [tʃek]
Kopie copy ['kɒpɪ]
Korb basket ['bɑ:skɪt]
Körper body ['bɒdɪ]
korrekt correct [kə'rekt]
kosten to cost [kɒst], **Kosten** costs [kɒsts], expenses [ɪks'pensɪz]
kostenlos free (of charge) [fri: (əv 'tʃɑ:dʒ)]
kostspielig expensive [ɪks'pensɪv]
Kraft force [fɔ:s], strength [streŋθ]
kräftig strong [strɒŋ]
krank ill [ɪl], sick [sɪk]; **~ werden** to be taken ill ['teɪkn 'ɪl]
Krankenwagen ambulance ['æmbjʊləns]
kreativ creative [kri:'eɪtɪv]
Kredit credit ['kredɪt]
Kreuzung *(Straßen~)* crossroads ['krɒsrəʊdz], intersection [ˌɪntə'sekʃn]

Krieg war [wɔ:]
kritisieren to criticize ['krɪtɪsaɪz]
Küche kitchen ['kɪtʃɪn]
Kuh cow [kaʊ]
kühl cool [ku:l]
Kultur culture ['kʌltʃə]
Kummer *(Trauer)* grief [gri:f]; *(Ärger)* problems ['prɒbləmz]
kümmern, s. ~ um to look after s.o./s.th. [ˌlʊk‿'ɑ:ftə], to take care of s.o./s.th. [teɪk 'keər‿əv]
Kunde/Kundin customer ['kʌstəmə]
Kurs course [kɔ:s]; *(Wechsel~)* exchange rate [ɪks'tʃeɪndʒ reɪt]
Kurve bend [bend], curve [kɜ:v]
kurz short [ʃɔ:t]
kurzfristig at short notice [ət 'ʃɔ:t 'nəʊtɪs]
Kuß kiss [kɪs]
küssen to kiss [kɪs]
Küste coast [kəʊst]

L

lachen to laugh [lɑ:f]
lächerlich ridiculous [rɪ'dɪkjʊləs]
Laden shop [ʃɒp], *(Am)* store [stɔ:]
Lage situation [ˌsɪtjʊ'eɪʃn]; *(eines Ortes)* position [pə'zɪʃn]
Lampe lamp [læmp]
Land country ['kʌntrɪ]; *(Gegensatz zu Wasser)* land [lænd]
Landgut estate [ɪs'teɪt]
Landhaus manor (house) ['mænə (haʊs)]
Landsmann fellow countryman ['feləʊ 'kʌntrɪmən]
lang long [lɒŋ]
Länge length [leŋθ]
langsam slow(ly) ['sləʊ(lɪ)]
langweilig boring ['bɔ:rɪŋ]
Lärm noise [nɔɪz]
lassen to let [let]
lästig annoying [ə'nɔɪɪŋ]
Lastwagen lorry [ˌlɒrɪ], *(Am)* truck [trʌk]
laufen *(rennen)* to run [rʌn]; *(gehen)* to go [gəʊ]; *(zu Fuß gehen)* to walk [wɔ:k]
Laune mood [mu:d]
laut loud [laʊd]; *(Lärm)* noisy ['nɔɪzɪ]
läuten to ring [rɪŋ]
Lautsprecher loudspeaker [ˌlaʊd'spi:kə]
Leben life [laɪf], **leben** to live [lɪv] *(pl)* lives [laɪvz]
lebend alive [ə'laɪv]
Lebensmittel food [fu:d]
lebhaft lively ['laɪvlɪ]
Leder leather ['leðə]
ledig single ['sɪŋgl]
leer empty ['emptɪ]
legen to put [pʊt]
lehren to teach [ti:tʃ]
leicht easy ['i:zɪ]; *(geringfügig)* slight [slaɪt]; *(Gewicht)* light [laɪt]
leider unfortunately [ʌn'fɔ:tʃnɪtlɪ]
leihen *(jdm)* to lend [lend]; *(von jdm)* to borrow ['bɒrəʊ]
leise quiet ['kwaɪət]
Leiter, der head [hed], boss [bɒs], manager ['mænɪdʒə]; **~, die** ladder ['lædə]
Leitung *(el)* wire ['waɪə]; *(tele)* line [laɪn]; *(Gas, Wasser)* pipe [paɪp]
lernen to learn [lɜ:n]
lesen to read [ri:d]
letzte(r, s) last [lɑ:st]
leuchtend shining ['ʃaɪnɪŋ], bright [braɪt]
Leuchtturm lighthouse ['laɪthaʊs]
leugnen to deny [dɪ'naɪ]
Leute people ['pi:pl]
Licht light [laɪt]; **~ anmachen/ ausmachen** to switch on/off the light ['swɪtʃ 'ɒn/'ɒf]
lieb nice [naɪs]; **jdn ~ haben** to be fond of s.o. ['fɒnd‿əv]; **Lieber Georg!** Dear George, ['dɪə 'dʒɔ:dʒ]
Liebe love [lʌv]
lieben to love [lʌv]
liebenswürdig kind [kaɪnd]
Liebenswürdigkeit kindness ['kaɪndnɪs]
lieber *(adv)* rather ['rɑ:ðə]; **etw ~ haben** to prefer [prɪ'fɜ:]
Liebling darling ['dɑ:lɪŋ]; *(Lieblings~)* favourite ['feɪvrɪt]
Lied song [sɒŋ]
liefern to deliver [dɪ'lɪvə]
liegen to lie [laɪ]
liegenlassen, etw ~ to forget s.th. [fə'get]
Linie line [laɪn]
linke(r, -s) left(-hand) ['left(ˌhænd)]
links on the left, to the left [left]
Liste list [lɪst]
loben to praise [preɪz]
Loch hole [həʊl]; *(Reifen)* puncture ['pʌŋktʃə]
logisch logical ['lɒdʒɪkl]; *(selbstverständlich)* of course [əv 'kɔ:s]
Lohn wages ['weɪdʒɪz]; *(Belohnung)* reward [rɪ'wɔ:d]

Lokal *(Gaststätte)* restaurant ['restərɔ̃:ŋ]; *(Kneipe)* pub [pʌb]

löschen to extinguish [ɪks'tɪŋgwɪʃ], to put out ['pʊt 'aʊt]

lösen to untie ['ʌn'taɪ], to undo ['ʌn'du:]

Luft air [eə]

lüften to air [eə]

Luftzug draught [drɑ:ft]

Lüge lie [laɪ]

Lust pleasure ['pleʒə], joy [dʒɔɪ]; *(Begierde)* desire [dɪ'zaɪə], lust [lʌst]

lustig merry ['merɪ]; *(erheiternd)* funny ['fʌnɪ]

luxuriös luxurious [lʌg'zjʊərɪəs]

Luxus luxury ['lʌkʃərɪ]

M

machen to do [du:]; *(herstellen)* to make [meɪk]; ~ **lassen** to have made [meɪd]

Mädchen girl [gɜ:l]

mager thin [θɪn]; *(Fleisch)* lean [li:n]

Mahlzeit meal [mi:l]

Mal time [taɪm]; **ein~** once [wʌns]; **zwei~** twice [twaɪs]; **jedes~** every time ['evrɪ 'taɪm]

malen to paint [peɪnt]

man one [wʌn]

Mangel *(Fehlen)* lack [læk], shortage ['ʃɔ:tɪdʒ]; *(Fehler)* fault [fɔ:lt]

Mann man [mæn], *(pl)* men [men]; *(Ehe~)* husband ['hʌzbənd]

männlich male [meɪl]

Mannschaft *(Sport)* team [ti:m]; *(Schiff)* crew [kru:]

Mappe folder ['fəʊldə]; *(Aktentasche)* briefcase ['bri:fkeɪs]

Marke *(Brief~)* stamp [stæmp]; *(Handels~)* brand [brænd], trademark ['treɪdmɑ:k]

Maschine machine [mə'ʃi:n]

Maß measure ['meʒə]

mäßig moderate ['mɒdərɪt]

Material material [mə'tɪərɪəl]

Meer sea [si:]

mehr more [mɔ:]; ~ **als** more than; ~ **oder weniger** more or less ['mɔ:r‿ɔ: 'les]

Meile mile [maɪl]; *(ca. 1,6 km)*

mein my [maɪ]; ~**erseits** as for me ['æz fə 'mi:]; ~**etwegen** I don't mind ['aɪ dəʊnt 'maɪnd]

meinen to think [θɪŋk]

Meinung opinion [ə'pɪnjən], view [vju:]; **nach meiner** ~ in my opinion

melden to announce [ə'naʊns]; *(berichten)* to inform [ɪn'fɔ:m]

Menge quantity ['kwɒntɪtɪ]; *(Menschen~)* crowd [kraʊd]; **eine** ~ a lot of [ə 'lɒt‿əv]

Mensch person ['pɜ:sn], man/woman [mæn/'wʊmən]; *(der ~)* man [mæn]

menschlich human ['hju:mən]; *(human)* humane [hjʊ'meɪn]

merken to be aware of [ə'weər‿əv]; **s. etw** ~ to remember s.th. [rɪ'membə]

Messe *(rel)* mass [mæs]; *(Ausstellung)* fair [feə], exhibition [ˌeksɪ'bɪʃn]

messen to measure ['meʒə]

mich me [mi:]

Miete rent [rent]

mieten to rent [rent], to hire ['haɪə]

mild mild [maɪld]

mindestens at least [ət 'li:st]

minus minus ['maɪnəs]

Minute minute ['mɪnɪt]

mir me [mi:], to me

mißtrauen to distrust [dɪs'trʌst]

Mißverständnis misunderstanding [ˌmɪsʌndə'stændɪŋ]

mißverstehen to misunderstand [ˌmɪsʌndə'stænd]

mit with [wɪð]

mitbringen to bring [brɪŋ]

Mitleid pity ['pɪtɪ]

mitnehmen to take [teɪk]

Mittag noon [nu:n]; ~**essen** lunch [lʌntʃ]; ~**s** at noon

Mitte middle ['mɪdl]

mitteilen to inform [ɪn'fɔ:m]

Mitteilung announcement [ə'naʊnsmənt]; *(Haus~)* memo ['meməʊ]

Mittel means [mi:nʒ]; *(Heil~)* remedy ['remɪdɪ]

Mitternacht midnight ['mɪdnaɪt]; **um** ~ at midnight

Möbel furniture ['fɜ:nɪtʃə]

möblieren to furnish ['fɜ:nɪʃ]

Mode fashion ['fæʃn]

modern modern ['mɒdn], up to date ['ʌp tə 'deɪt]

mögen *(gern haben)* to like [laɪk]; *(wünschen)* to want [wɒnt]

möglich possible ['pɒsəbl]

Möglichkeit possibility [ˌpɒsə'bɪlɪtɪ]

Mole pier [pɪə]

Moment moment ['məʊmənt]

Monat month [mʌnθ]

monatlich monthly ['mʌnθlɪ]

Mond moon [mu:n]

Morgen morning ['mɔ:nɪŋ]

Möwe seagull ['si:gʌl]
Mücke gnat [næt], midge [mɪdʒ]
müde tired ['taɪəd]
Mühe trouble ['trʌbl], effort ['efət]; **s. ~ geben** to take pains ['teɪk 'peɪnz]
Müll rubbish ['rʌbɪʃ], *(Am)* garbage ['gɑ:bɪdʒ]
Mülltonne dustbin ['dʌstbɪn], *(Am)* trashcan ['træʃkæn]
münden *(Fluß)* to flow into [fləʊ‿'ɪntʊ]; *(Straße)* to run into [rʌn‿'ɪntʊ]
Mündung *(Fluß)* mouth [maʊθ]; *(Straße)* end [end]
Münze coin [kɔɪn]
müssen to have to ['hæv tʊ]; **wir/sie ~** we/they must [mʌst]; **ich werde ~** I shall have to [ʃəl 'hæv tʊ]; **ich habe ~** I have had to [həv 'hæd tʊ]
Musik music ['mju:zɪk]
Muster model ['mɒdl]; *(Probe)* sample ['sɑ:mpl]
Mutter mother ['mʌðə]

N

nach after ['ɑ:ftə]; **~ London** to London [tʊ 'lʌndən]
Nachbar/in neighbour ['neɪbə]
nachgehen to follow ['fɒləʊ]; *(Uhr)* to be slow [sləʊ]
nachher afterwards ['ɑ:ftəwədz]
nachlässig careless ['keəlɪs], negligent ['neglɪdʒənt]
Nachmittag afternoon [ˌɑ:ftə'nu:n]; **~s** in the afternoon
nachprüfen to check [tʃek]
Nachricht message ['mesɪdʒ]
Nachrichten news [nju:z]
nachsehen to have a look [hæv‿ə 'lʊk], to check [tʃek]
nächste next [nekst]
Nacht night [naɪt]; **heute ~** tonight [tə'naɪt]
Nachteil disadvantage [ˌdɪsəd'vɑ:ntɪdʒ]
nackt naked ['neɪkɪd], nude [nju:d]
Nadel needle ['ni:dl]
Nagel nail [neɪl]
nahe near [nɪə], close [kləʊs]; **~ bei** close to
Nähe, in der ~ von near [nɪə]
nähern, s. ~ to approach [ə'prəʊtʃ]
nahrhaft nourishing ['nʌrɪʃɪŋ]
Nahrung food [fu:d]; **~smittel** food(stuffs) ['fu:d(stʌfs)]

Name name [neɪm]
naß wet [wet], moist [mɔɪst]; *(durchnäßt)* soaked [səʊkt]
Nation nation ['neɪʃn]
Natur nature ['neɪtʃə]
natürlich *(adj)* natural ['nætʃrəl]; *(adv)* of course [əv 'kɔ:s]
neben next to [nekst tʊ], beside [bɪ'saɪd]
neblig misty ['mɪstɪ], *(dichter)* foggy ['fɒgɪ]
Neffe nephew ['nevju:]
negativ negative ['negətɪv]
nehmen to take [teɪk]
nennen to name [neɪm], to call [kɔ:l]
nervös nervous ['nɜ:vəs]
nett nice [naɪs]
Netz net [net]
neu new [nju:]; *(kürzlich)* recent ['ri:snt]
neugierig curious ['kjʊərɪəs]
Neuheit innovation [ˌɪnə'veɪʃn]
Neuigkeit news [nju:z]
neulich the other day [ðɪ‿'ʌðə 'deɪ]
nicht not [nɒt]; **~ einmal** not even ['nɒt‿'i:vən]; **gar ~** not at all ['nɒt‿ət 'ɔ:l]; **noch ~** not yet ['nɒt 'jet]
Nichte niece [ni:s]
nichts nothing ['nʌθɪŋ]; **sonst ~** nothing else [els]
nie never ['nevə]
nieder, niedrig low [ləʊ]
niemand nobody ['nəʊbədɪ]
niesen to sneeze [sni:z]
nirgends nowhere ['nəʊweə]
noch still [stɪl]; **~ nicht** not yet ['nɒt 'jet]
Nonne nun [nʌn]
Norden north [nɔ:θ]
Nordirland Northern Ireland ['nɔ:ðən 'aɪələnd]
nördlich northern ['nɔ:ðən]; **~ von** (to the) north of
Nordsee, die North Sea ['nɔ:θ 'si:]
normal normal ['nɔ:ml]; *(Format)* standard ['stændəd]
normalerweise normally ['nɔ:məlɪ], usually ['ju:ʒʊəlɪ]
Notfall, im ~ in case of emergency [ɪn 'keɪs‿əv ɪ'mɜ:dʒənsɪ]
notieren to make a note of ['meɪk ə 'nəʊt‿əv]
nötig necessary ['nesɪsrɪ]
notwendig necessary ['nesɪsrɪ]
Notwendigkeit necessity [nɪ'sesɪtɪ]
nüchtern sober ['səʊbə]
numerieren to number ['nʌmbə]
Nummer number ['nʌmbə]

A/Z

nun now [naʊ]
nur only ['əʊnlɪ]
nützlich useful ['ju:sfʊl]
nutzlos useless ['ju:slɪs]

O

ob whether ['weðə]
oben up [ʌp]; **dort** ~ up there [ʌp 'ðeə]; **nach** ~ up [ʌp]; *(im Haus)* upstairs [ˌʌp'steəz]
obwohl although [ɔ:l'ðəʊ]
oder or [ɔ:]
Ofen stove [stəʊv]
offen open ['əʊpn]
öffentlich public ['pʌblɪk]
offiziell official [ə'fɪʃl]
öffnen to open ['əʊpn]
Öffnungszeiten opening hours ['əʊpnɪŋ ˌaʊəz], hours of business ['aʊəz‿əv 'bɪznɪs]
oft often ['ɒfn]
ohne without [wɪ'ðaʊt]
ohnmächtig unconscious [ʌn'kɒnʃəs]; ~ **werden** to faint [feɪnt]
Öl oil [ɔɪl]
Onkel uncle ['ʌŋkl]
operieren to operate ['ɒpəreɪt]
Orden *(rel)* order ['ɔ:də]
ordentlich neat [ni:t], orderly ['ɔ:dəlɪ]
Ordnung order ['ɔ:də]
Ort place [pleɪs]; *(Stelle)* spot [spɒt]
Ortschaft village ['vɪlɪdʒ], town [taʊn]
Osten east [i:st]
Österreich Austria ['ɔ:strɪə]
Österreicher/in Austrian ['ɔ:strɪən]
Ozean ocean ['əʊʃn]

P

Paar, ein ~ a pair of [ə 'peər‿əv]; **paar, ein** ~ a few [fju:] *(Ehe~)* couple ['kʌpl]
Päckchen package ['pækɪdʒ]
packen to pack [pæk]
Packung packet ['pækɪt], pack [pæk]; *(Pralinen)* box [bɒks]
Paket parcel ['pɑ:sl]
Panorama panorama [ˌpænə'rɑ:mə]
Park park [pɑ:k]
parken to park [pɑ:k]
Party party ['pɑ:tɪ]
Paß passport ['pɑ:spɔ:t]; *(Gebirge)* pass [pɑ:s]
Passage passage ['pæsɪdʒ]; *(Laden~)* arcade [ɑ:'keɪd]
passen to fit [fɪt]; *(zusagen)* to suit [sju:t]
passieren to happen ['hæpn]
Pauschale flat rate ['flæt 'reɪt]
Pelz fur ['fɜ:]
Peripherie outskirts ['aʊt-skɜ:ts]
Person person ['pɜ:sn]
Personal staff [stɑ:f]
Personalien particulars [pə'tɪkjʊləz]
persönlich personal ['pɜ:snl]
Pfad path [pɑ:θ]
Pfand deposit [dɪ'pɒzɪt], security [sɪ'kjʊərɪtɪ]; ~**leihe** pawnshop ['pɔ:nʃɒp]
Pfeife pipe [paɪp]
Pflanze plant [plɑ:nt]
Pflicht duty ['dju:tɪ]
pflücken to pick [pɪk]
Plakat poster ['pəʊstə]
Plan plan [plæn]; *(Entwurf)* draft [drɑ:ft]
Plastik, das plastic ['plæstɪk]; ~**, die** sculpture ['skʌlptʃə]
Platte *(Gericht)* dish [dɪʃ]; *(Schall~)* record ['rekɔ:d]
Plattenspieler record-player ['rekɔ:dˌpleɪə]
Platz place [pleɪs]; *(Sitz~)* seat [si:t]
platzen to burst [bɜ:st]
plötzlich suddenly ['sʌdnlɪ]
plus plus [plʌs]
Politik politics ['pɒlɪtɪks]; *(bestimmte ~)* policy ['pɒlɪsɪ]
positiv positive ['pɒzɪtɪv]
Post post [pəʊst], mail [meɪl]
praktisch practical ['præktɪkl]
Predigt sermon ['sɜ:mən]
Preis *(Kosten)* price [praɪs]; *(Gewinn)* prize [praɪz]
Priester priest [pri:st]
prima fantastic [fæn'tæstɪk], great [greɪt]
privat private ['praɪvɪt]
pro per [pɜ:]
Probe experiment [ɪks'perɪmnt], trial ['traɪəl]
Produkt product ['prɒdʌkt]
Programm programme ['prəʊgræm]
Prospekt prospectus [prəs'pektəs], leaflet ['li:flɪt], brochure ['brəʊʃə]
protestieren to protest [prə'test]
provisorisch provisional [prə'vɪʒənl], temporary ['temprərɪ]
Prozent percent [pə'sent]; ~**satz** percentage [pə'sentɪdʒ]
Prozession procession [prə'seʃn]
prüfen to examine [ɪg'zæmɪn]

Prüfung examination [ɪɡˌzæmɪˈneɪʃən], exam [ɪɡˈzæm]
Publikum public [ˈpʌblɪk]; *(Zuschauer)* audience [ˈɔ:djəns]
Pulver powder [ˈpaʊdə]
Punkt point [pɔɪnt]; *(Satz)* full stop [ˈfʊl ˈstɒp]
pünktlich *(adj)* punctual [ˈpʌŋktjʊəl]; *(adv)* on time [ɒn ˈtaɪm]
Puppe doll [dɒl]; *(Hand~)* puppet [ˈpʌpɪt]
putzen to clean [kli:n]

Q

Qualität quality [ˈkwɒlɪtɪ]
Qualle jellyfish [ˈdʒelɪfɪʃ]
Quelle source [sɔ:s]; *(Wasser)* spring [sprɪŋ]
quer durch straight across/through [ˈstreɪt‿əˈkrɒs/θru:]
quittieren to give a receipt [ɡɪv ə rɪˈsi:t]
Quittung receipt [rɪˈsi:t]

R

Rabatt discount [ˈdɪskaʊnt]
Radio radio [ˈreɪdɪəʊ], wireless [ˈwaɪəlɪs]; ~**apparat** radio
Rand edge [edʒ], brink [brɪŋk]
rasch *(adj)* quick [kwɪk]; *(adv)* quickly [ˈkwɪklɪ]
Rasen lawn [lɔ:n], grass [ɡrɑ:s]
rasieren to shave [ʃeɪv]
Rat advice [ədˈvaɪs]; **jdn um ~ fragen** to ask [ɑ:sk] s.o.'s advice
raten to advise [ədˈvaɪz]; *(erraten)* to guess [ɡes]
Rauch smoke [sməʊk]
rauchen to smoke [sməʊk]
Raum space [speɪs]; *(Räumlichkeit)* room [ru:m]
rechnen to work out [ˈwɜ:k ˈaʊt], to calculate [ˈkælkjʊleɪt]
Rechnung bill [bɪl]
Recht *(Anspruch)* right [raɪt]; **Recht und Ordnung** law and order [ˈlɔ:‿ən‿ˈɔ:də]
recht haben to be right
rechte(r, -s) right(-hand) [ˈraɪt(ˌhænd)]
rechts on the right, to the right [raɪt]
rechtzeitig *(adv)* in time [ɪn ˈtaɪm]
reden to talk [tɔ:k]
regelmäßig regular [ˈreɡjʊlə]
regeln to settle [ˈsetl]
Regierung government [ˈɡʌvnmənt]
regnen to rain [reɪn]
reich rich [rɪtʃ]
reichen *(aus~)* to be sufficient [səˈfɪʃnt]; *(über~)* to hand [hænd], to pass [pɑ:s]; *(s. erstrecken)* to stretch [stretʃ]
reichlich ample [ˈæmpl], plenty of [ˈplentɪ‿əv]
Reichtum wealth [welθ]
reif ripe [raɪp]; *(geistig, körperlich)* mature [məˈtjʊə]
Reihe row [rəʊ]
reinigen to clean [kli:n]
Reinigung *(Geschäft)* (dry-) cleaners [(ˈdraɪ) ˈkli:nəz]
Reise journey [ˈdʒɜ:nɪ]; *(Schiffs~)* voyage [ˈvɔɪɪdʒ]
Reisebüro travel agency [ˈtrævl ˈeɪdʒənsɪ]
Reiseführer guide [ɡaɪd]
Reisegesellschaft party [ˈpɑ:tɪ]
reisen to travel [ˈtrævl]; ~ **nach** to go to [ˈɡəʊ tʊ]
Reisende, der, die traveller [ˈtrævlə], tourist [ˈtʊərɪst]
Reiseroute route [ru:t]
reißen *(kaputtgehen)* to tear [teə]; *(ziehen)* to pull [pʊl]
Reklame advertisement [ədˈvɜ:tɪsmənt]
reklamieren to complain [kəmˈpleɪn]
rennen to run [rʌn]
Reparatur repair [rɪˈpeə]; ~**werkstatt** workshop [ˈwɜ:kʃɒp], *(Auto)* garage [ˈɡærɑ:dʒ]
reparieren to repair [rɪˈpeə]
reservieren to reserve [rɪˈzɜ:v]
Rest rest [rest]
Restaurant restaurant [ˈrestərɔ̃:ŋ]
retten to save [seɪv]
Revue revue [rɪˈvju:] show [ʃəʊ]
richtig right [raɪt]; *(geeignet)* proper [ˈprɒpə]
richtigstellen, etw ~ to put s.th. right [ˈpʊt ˈraɪt]
Richtung direction [dɪˈrekʃn]
riechen to smell [smel]
Riegel *(Schloß)* bolt [bəʊlt]; *(Schokolade)* bar [bɑ:]
Riemen strap [stræp]
Ring ring [rɪŋ]
Risiko risk [rɪsk]
Rohr tube [tju:b]
Route route [ru:t]
Rückfahrt return journey [rɪˈtɜ:n ˈdʒɜ:nɪ]

Rückkehr return [rɪ'tɜ:n]
Rucksack rucksack ['rʌksæk]
Rücksicht consideration [kən,sɪdə'reɪʃən]
rücksichtslos inconsiderate [,ɪnkən'sɪdərɪt]
rückwärts backwards ['bækwədz]
rufen to call [kɔ:l]
Ruhe rest [rest]; *(seelisch)* calm [kɑ:m]; *(Stille)* silence ['saɪləns]
ruhen *(aus~)* to rest [rest]
ruhig silent ['saɪlənt], quiet ['kwaɪət], calm [kɑ:m]
rund round [raʊnd]
Runde *(Getränke)* round [raʊnd]; *(Leichtathletik)* lap [læp]; *(Boxkampf)* round [raʊnd]

S

Saal room [ru:m]; *(größerer)* hall [hɔ:l]
Sache thing [θɪŋ]; *(Angelegenheit)* matter ['mætə], affair [ə'feə]
Sack bag [bæg], sack [sæk]
sagen to say [seɪ]; *(mitteilen)* to tell [tel]
Saison season ['si:zn]; **außerhalb der ~** in the off season ['ɒf ,si:zn]
sammeln to collect [kə'lekt]
Sammlung collection [kə'lekʃn]
satt full [fʊl]
Satz sentence ['sentəns]
sauber clean [kli:n]
sauer sour ['saʊə]
Schachtel box [bɒks]
schade, es ist it's a pity ['pɪtɪ]; **wie ~!** what a pity! ['wɒt‿ə 'pɪtɪ]
schaden to harm [hɑ:m], **Schaden** damage ['dæmɪdʒ] to damage ['dæmɪdʒ]
Schadenersatz compensation [,kɒmpen'seɪʃn], damages ['dæmɪdʒɪz]
schädlich harmful ['hɑ:mfʊl]
Schaf sheep [ʃi:p]
schaffen to make [meɪk], to create [kri:'eɪt]
Schalter *(Bank)* counter ['kaʊntə]; *(Fahrkarten~)* ticket-office ['tɪkɪt‿'ɒfɪs]; *(el)* switch [swɪtʃ]
scharf sharp [ʃɑ:p]; *(Geschmack)* hot [hɒt]
Schatten shadow ['ʃædəʊ]
schätzen *(Person)* to like [laɪk]; *(Wert)* to estimate ['estɪmeɪt]
schauen to look [lʊk]
Schaufenster shop window ['ʃɒp 'wɪndəʊ]
Scheibe *(Fenster)* pane [peɪn]; *(Brot)* slice [slaɪs]
Schein *(Licht)* light [laɪt]; *(Geld~)* note [nəʊt]; *(Anschein)* appearance [ə'pɪərəns]
scheinen to seem [si:m]; *(glänzen)* to shine [ʃaɪn]
schenken to give as a present ['gɪv‿əz‿ə 'preznt]
Schere scissors ['sɪzəz]
Scherz joke [dʒəʊk]
schicken to send [send]
schieben to push [pʊʃ]
schießen to shoot [ʃu:t]
Schild sign [saɪn]
Schilf reed(s) [ri:d(z)]
schimpfen *(fluchen)* to swear; *(sich beklagen)* to grumble ['grʌmbl], to complain [kəm'pleɪn]
Schirm umbrella [ʌm'brelə]
Schlaf sleep [sli:p]; **~mittel** sleeping pill ['sli:pɪŋ pɪl]; **~wagen** sleeper ['sli:pə]; **~zimmer** bedroom ['bedrʊm]
schlafen to sleep [sli:p]
Schlag blow [bləʊ]; **~anfall** stroke [strəʊk]
schlagen to hit [hɪt], beat [bi:t]; *(Uhr)* to strike [straɪk]
Schlamm mud [mʌd]
Schlange snake [sneɪk]; **~ stehen** to queue (up) ['kju: ('ʌp)]
schlank slim [slɪm], slender ['slendə]
schlau clever ['klevə]
Schlauch tube [tju:b]
schlecht *(adj)* bad [bæd]; *(adv)* badly ['bædlɪ]
schließen to shut [ʃʌt], to close [kləʊz]
schlimm bad [bæd]; **~er** worse [wɜ:s]; **~st** worst [wɜ:st]
Schloß castle ['kɑ:sl]; *(Tür)* lock [lɒk]
Schluck sip [sɪp]
Schluß *(Ende)* end [end]; *(Folgerung)* conclusion [kən'klu:ʒn]
schmal narrow ['nærəʊ]; *(Mensch)* slim [slɪm], thin [θɪn]
schmecken (nach) to taste (of) ['teɪst (əv)]
schmerzen to hurt [hɜ:t]
schmerzhaft painful ['peɪnfʊl]
schminken, s. ~ to put on make-up ['pʊt‿ɒn 'meɪkʌp]
schmuggeln to smuggle ['smʌgl]
Schmutz dirt [dɜ:t]; *(Schlamm)* mud [mʌd]
schmutzig dirty ['dɜ:tɪ]

schnarchen to snore [snɔ:]
schneiden to cut [kʌt]
schneien to snow [snəʊ]
schnell *(adj)* quick [kwɪk], fast [fɑ:st]
Schnellimbiß snack-bar ['snækbɑ:]
Schnur string [strɪŋ]; *(el)* lead [li:d]
Schnürsenkel shoelace ['ʃu:leɪs]
schon already [ɔ:l'redɪ]
schön beautiful ['bju:təfl]; **Schönheit** beauty ['bju:tɪ]
Schotte Scotsman ['skɒtsmən]
Schottin Scotswoman ['skɒts,wʊmən]
schottisch Scottish ['skɒtɪʃ]
Schottland Scotland ['skɒtlənd]
schrecklich terrible ['terəbl], awful ['ɔ:fʊl], dreadful ['dredfʊl]
schreiben to write [raɪt]
schreien to shout [ʃaʊt]; *(schrill)* to scream [skri:m]
Schrift *(Hand~)* (hand)writing [('hænd),raɪtɪŋ]
schriftlich in writing [ɪn 'raɪtɪŋ]
Schritt step [step]
schüchtern shy [ʃaɪ]
Schuh shoe [ʃu:]
Schuld guilt [gɪlt]; **es ist meine** ~ it's my fault [fɔ:lt]; *(Geld)* debt [det]
schulden to owe [əʊ]
Schule school [sku:l]
Schuß shot [ʃɒt]
Schutz protection [prə'tekʃn]
schwach weak [wi:k], feeble ['fɪ:bl]
Schwäche weakness ['wi:knɪs]
Schwager brother-in-law ['brʌðərɪnlɔ:]
Schwägerin sister-in-law ['sɪstərɪnlɔ:]
schwanger pregnant ['pregnənt]
Schweigen silence ['saɪləns] **schweigen** to be silent ['saɪlənt], to keep quiet ['ki:p 'kwaɪət]; ~**d** silent
Schweiz Switzerland ['swɪtsələnd]
Schweizer/in Swiss(man/woman) ['swɪs('mæn/'wʊmən)]; **ich bin Schweizer(in)** I'm Swiss [aɪm 'swɪs]
schwer heavy ['hevɪ]; *(Krankheit)* serious ['sɪərɪəs]; *(schwierig)* difficult ['dɪfɪkəlt]
Schwester sister ['sɪstə]; *(Kranken~)* nurse [nɜ:s]; *(Ordens~)* nun [nʌn]
schwierig difficult ['dɪfɪkəlt]
Schwierigkeit difficulty ['dɪfɪkəltɪ]
schwimmen to swim [swɪm]
schwindeln (lügen) to tell fibs [tel 'fɪbz]; *(beim Spiel usw.)* to cheat ['tʃi:t]
Schwindler swindler ['swɪndlə]
schwindlig dizzy ['dɪzɪ], giddy ['gɪdɪ]

schwitzen to perspire [pəs'paɪə], to sweat [swet]
See *(Meer)* sea [si:]; **der** ~ lake [leɪk]; ~**reise** voyage ['vɔɪɪdʒ], *(Kreuzfahrt)* cruise [kru:z]
Seeigel sea urchin ['si:ɜ:tʃɪn]
sehen to see [si:]
sehr very ['verɪ]; *(bei Verb)* very much ['verɪ 'mʌtʃ]
Seil rope [rəʊp]
sein *(poss prn)* *m* his [hɪz]; *n* its [ɪts]
seit *(Zeitpunkt)* since [sɪns]; *(Zeitraum)* for [fɔ:]; ~**dem** since then ['sɪns 'ðen]; ~ **wann?** since when? ['sɪns 'wen]
Seite side [saɪd]; *(Buch)* page [peɪdʒ]
Sekunde second ['seknd]
selbst, ich habe es ~ **gemacht** I did it myself [maɪ'self]; *(adv)* even ['i:vn], ~ **wenn** even if ['i:vn‿'ɪf]
Selbstbedienung self-service [,self'sɜ:vɪs]
selten *(adj)* rare [reə]; *(adv)* seldom ['seldəm]
senden to send [send]; *(Radio, Fernsehen)* to broadcast ['brɔ:dkɑ:st]
Sendung *(Radio, Fernsehen)* programme ['prəʊgræm]
servieren to serve [sɜ:v]
setzen to put [pʊt]; **s.** ~ to sit down ['sɪt 'daʊn]
Sex sex [seks]
sicher safe [seɪf]; *(gewiß)* sure [ʃʊə], certain(ly) ['sɜ:tn(lɪ)]
Sicherheit safety ['seɪftɪ]; *(Garantie)* security [sɪ'kjʊərɪtɪ]; ~**snadel** safety-pin ['seɪftɪpɪn]
Sicherung *(el)* fuse [fju:z]
Sicht *(Sehweite)* visibility [,vɪzɪ'bɪlətɪ]; *(Aus~)* view [vju:]
sichtbar visible ['vɪzəbl]
sie *(sing)* she [ʃi:]; **Sie** you [ju:] *(pl)* they [ðeɪ]
Signal signal ['sɪgnl]
singen to sing [sɪŋ]
Sinn sense [sens]
Sitz seat [si:t]; *(Wohn~)* (place of) residence [('pleɪs‿əv) 'rezɪdəns]; *(von Firma usw.)* headquarters [,hed'kwɔ:təz]
sitzen to sit [sɪt]
so so [səʊ], thus [ðʌs]
sofort at once [ət 'wʌns], immediately [ɪ'mɪ:djətlɪ]
sogar even ['i:vn]
Sohn son [sʌn]
solange as long as [əz 'lɒŋ‿əz]

solch such [sʌtʃ]
sollen *(müssen)* to have to ['hæv tʊ]; **Sie sollten** you ought to [jʊ ɔ:t‿tʊ]
Sonder- special ['speʃl]
sondern but [bʌt]
Sonne sun [sʌn]; **beim ~ naufgang** at sunrise ['sʌnraɪz]; **beim ~ nuntergang** at sunset ['sʌnset]
Sonnenbrille sunglasses ['sʌnglɑ:sɪz], *(Am)* shades [ʃeɪdz]
sonnig sunny ['sʌnɪ]
sonst else [els]; *(Gegensatz)* otherwise ['ʌðəwaɪz]
Sorge *(Pflege)* care [keə]; *(Besorgnis)* worry ['wʌrɪ]
sorgen für to look after ['lʊk‿'ɑ:ftə]; **s. ~ um** to be worried about ['wʌrɪd‿ə'baʊt]
Sorgfalt care [keə]
sorgfältig careful ['keəfʊl]
Sorte sort [sɔ:t], kind [kaɪnd]; *(Zigaretten)* brand [brænd]
sparen to save [seɪv]
Spaß *(Scherz)* joke [dʒəʊk]; *(Gaudi)* fun [fʌn]
spät late [leɪt]
später later ['leɪtə]
spazierengehen to go for a walk ['gəʊ fər‿ə 'wɔ:k]
Spaziergang walk [wɔ:k], stroll [strəʊl]; **einen ~ machen** to go for a walk [gəʊ fər‿ə 'wɔ:k]
Sperre *(Bahnhof)* barrier ['bærɪə]
Spesen expenses [ɪks'pensɪz]
speziell special ['speʃl]
spielen to play [pleɪ]
Spielzeug toy [tɔɪ]
Spiritus *(Brenn~)* spirit ['spɪrɪt]; **~kocher** spirit stove [stəʊv]
spitz pointed ['pɔɪntɪd]; *(Bleistift usw.)* sharp [ʃɑ:p]
Spitze point [pɔɪnt]; *(Gebirge)* summit ['sʌmɪt], top [tɒp]; *(Gewebe)* lace [leɪs]
Sport sport [spɔ:t]; **~platz** sports ground ['spɔ:tsgraʊnd]
Sprache language ['læŋgwɪdʒ]
sprechen to speak [spi:k]
springen to jump [dʒʌmp]
Spur trace [treɪs]
Staat state [steɪt]
Stadt town [taʊn]; **~plan** town plan ['taʊn 'plæn], city map ['sɪtɪ 'mæp]; **~teil** district ['dɪstrɪkt]
stammen to come from ['kʌm frɒm]
Stange *(Zigaretten)* carton (of 200 cigarettes) ['kɑ:tən]
stark strong [strɒŋ]; *(dick)* thick [θɪk]; *(Schmerzen)* severe [sɪ'vɪə]
Stärke strength [streŋθ]
starten to start [stɑ:t]; *(Flugzeug)* to take off ['teɪk‿'ɒf]
statt instead of [ɪn'sted‿əv]
stattfinden to take place ['teɪk 'pleɪs]
Staub dust [dʌst]
stechen to sting [stɪŋ]
Stecknadel pin [pɪn]
Steg *(Landungs~)* landing stage ['lændɪŋ steɪdʒ]
stehen to stand [stænd]
stehenbleiben to stop [stɒp]
stehlen to steal [sti:l]
steigen to climb [klaɪm]
steil steep [sti:p]
Stein stone [stəʊn]
steinig stony ['stəʊnɪ]
Stelle *(Ort)* spot [spɒt], place [pleɪs]; *(Arbeit)* job [dʒɒb], position [pə'zɪʃn]
stellen to put [pʊt]
Stellung position [pə'zɪʃn]; *(Beruf)* job [dʒɒb], position [pə'zɪʃn]
Stempel stamp [stæmp]
sterben to die [daɪ]
Stern star [stɑ:]
stets always ['ɔ:lweɪz]
still *(ruhig)* quiet ['kwaɪət[, silent ['saɪlənt[; *(unbewegt)* still [stɪl], calm [kɑ:m]
Stimme voice [vɔɪs]; *(Votum)* vote [vəʊt]
stimmen *(richtig sein)* to be right/true [raɪt/tru:]; *(wählen)* to vote [vəʊt]
stinken to smell [smel], to stink [stɪŋk]
Stock stick [stɪk]; **im dritten ~** on the third floor [flɔ:]
Stockwerk floor [flɔ:]
Stoff material [mə'tɪərɪəl]
stören to disturb [dɪs'tɜ:b], to bother ['bɒðə]
Störung disturbance [dɪs'tɜ:bəns]; *(Unterbrechung)* interruption [ˌɪntə'rʌpʃn]
Stoß push [pʊʃ], shove [ʃʌv]
stoßen to push [pʊʃ]
Strafe punishment ['pʌnɪʃmənt]; *(Geld~)* fine [faɪn]
Strahl beam [bi:m], ray [reɪ]; *(Wasser)* jet [dʒet]
Strand beach [bi:tʃ]
Straße street [stri:t]; *(Land~)* road [rəʊd]
Strauß *(Blumen)* bunch of flowers ['bʌntʃ‿əv 'flaʊəz]

Strecke distance ['dɪstns]; *(Bahn)* line [laɪn]; *(Straße)* road [rəʊd], route [ru:t]
Streichholz match [mætʃ]; ~**schachtel** matchbox ['mætʃbɒks]
Streit quarrel ['kwɒrl], argument ['ɑ:gjʊmənt]
streiten to argue ['ɑ:gju:], to quarrel ['kwɒrl]
streng strict [strɪkt], severe [sɪ'vɪə]
Strom *(Fluß)* river ['rɪvə]; *(el)* current ['kʌrnt]
Strömung current ['kʌrnt]
Stück piece [pi:s]; *(Theater~)* play [pleɪ]
studieren to study ['stʌdɪ]
Stuhl chair [tʃeə]
Stunde hour ['aʊə]; **eine halbe** ~ half an hour ['hɑ:fən'aʊə]; **eine Viertel**~ a quarter of an hour ['kwɔ:tr‿əv‿ən 'aʊə]; *(Unterrichts~)* lesson ['lesn]
Sturm storm [stɔ:m]
Sturz fall [fɔ:l]
stürzen *(fallen)* to fall [fɔ:l]
suchen to look for ['lʊk fɔ:]
Süden south [saʊθ]
südlich southern ['sʌðən]; ~ **von** south of
Summe sum [sʌm]; *(Betrag)* amount [ə'maʊnt]
Sumpf marsh [mɑ:ʃ]; *(tropisch)* swamp [swɒmp]
süß sweet [swi:t]
Swimmingpool swimming pool ['swɪmɪŋpu:l]
sympathisch nice [naɪs], pleasant ['pleznt]

T

Tabak tobacco [tə'bækəʊ]
Tag day [deɪ]
tanken to fill up ['fɪl 'ʌp]
Tante aunt [ɑ:nt]
Tanz dance [dɑ:ns]
Tasche pocket ['pɒkɪt]; *(Hand~)* bag [bæg]
Tat action ['ækʃən], act [ækt]; **in der** ~ indeed [ɪn'dɪ:d]
Tätigkeit activity [æk'tɪvɪtɪ]; *(Beruf)* job [dʒɒb], work [wɜ:k]
Tatsache fact [fækt]
tauschen to exchange [ɪks'tʃeɪndʒ], to swap [swɒp]; *(Geld)* to change [tʃeɪndʒ]
täuschen, s.~ to be mistaken [mɪs'teɪkn], to be wrong [rɒŋ]
Taxi taxi ['tæksɪ], *(Am)* cab [kæb]
Teil part [pɑ:t]
teilen to divide [dɪ'vaɪd]; *(mit jdm)* to share [ʃeə]
teilnehmen (an) to take part (in) ['teɪk 'pɑ:t (ɪn)]
telefonieren to make a phone call [meɪk‿ə 'fəʊnkɔ:l]; to phone [fəʊn], to ring (up) ['rɪn ('ʌp)]
Teller plate [pleɪt]
Termin appointment [ə'pɔɪntmənt]; *(Frist)* deadline ['dedlaɪn]
teuer dear [dɪə], expensive [ɪks'pensɪv]
tief deep [di:p]; *(niedrig)* low [ləʊ]
Tier animal ['ænɪml]
Tip tip [tɪp]
Tisch table ['teɪbl]
Tochter daughter ['dɔ:tə]
Tod death [deθ]
Toilette toilet ['tɔɪlɪt], lavatory ['lævətrɪ]; ~**npapier** toilet paper ['tɔɪlɪt,peɪpə]
Ton sound [saʊnd]; *(Umgangston)* tone [təʊn]; *(Farbe)* shade [ʃeɪd]
Tonwaren earthenware ['ɜ:θnweə]
Topf pot [pɒt]
Tor, das ~ gate [geɪt]; *(Fußball usw.)* goal [gəʊl]
tot dead [ded]
Tour tour [tʊə], excursion [ɪks'kɜ:ʃən], trip [trɪp]
Tourist/in tourist ['tʊərɪst]
Tracht dress [dres], costume ['kɒstju:m]
tragen to carry ['kærɪ]; *(Kleidung)* to wear [weə]
transportieren to transport [træn'spɔ:t]
Traum dream [dri:m]
träumen to dream [dri:m]
traurig sad [sæd]
treffen to meet [mi:t]
trennen to separate ['sepəreɪt]; *(teilen)* to divide [dɪ'vaɪd]
Treppe stairs [steəz], staircase ['steəkeɪs]; *(im Freien)* steps [steps]
treu loyal ['lɔɪl], faithful ['feɪθfʊl]
trinkbar drinkable ['drɪŋkəbl]
trinken to drink [drɪŋk]
trocken dry [draɪ]
trocknen to dry [draɪ]
Tropfen drop [drɒp] **tropfen** to drip [drɪp]; *(Nase)* to run [rʌn]
trotz in spite of [ɪn 'spaɪt‿əv]

trotzdem nevertheless [ˌnevəðəˈles]
trüb *(Flüssigkeit)* cloudy [ˈklaʊdɪ]; *(Wetter)* cloudy, overcast [ˈəʊvəkɑ:st]
tschüß cheerio [ˌtʃɪərɪˈəʊ], 'bye [baɪ]
Tube tube [tju:b]
Tuch cloth [klɒθ]; *(Kopf~)* scarf [skɑ:f]
tüchtig capable [ˈkeɪpəbl], efficient [ɪˈfɪʃnt]
tun to do [du:]
Tunnel tunnel [ˈtʌnl]
Tür door [dɔ:]
Tüte bag [bæg]; *(Eis)* cornet [ˈkɔ:nət]
typisch typical [ˈtɪpɪkl]

U

übel bad [bæd]; **mir ist ~** I feel sick [aɪ fɪ:l ˈsɪk]
üben to practise [ˈpræktɪs]
über over [ˈəʊvə]
überall everywhere [ˈevrɪweə]
überbringen to deliver [dɪˈlɪvə]
überfallen to attack [əˈtæk], to assault [əˈsɔ:lt], *(auf der Straße)* to mug [mʌg]
überflüssig superfluous [sjʊˈpɜ:flʊəs]
überfüllt overcrowed [ˌəʊvəˈkraʊdɪd]
Übergang crossing [ˈkrɒsɪŋ]; *(Wechsel)* [transɪtɪɒn [trænˈzɪʃn]
übergeben to hand over [ˌhænd ˈəʊvə]
überholen to overtake [ˌəʊvəˈteɪk]
übernachten to stay [steɪ], *(eine Nacht)* spend the night [ˈspend ðə ˈnaɪt]
übernehmen to take on/over [ˌteɪk‿ˈɒn/əʊvə]
überqueren to cross [krɒs]
überrascht surprised [səˈpraɪzd]
überreden to persuade [pəˈsweɪd]
überschreiten to cross [krɒs]
Übersee overseas [ˌəʊvəˈsi:z]
übersetzen to translate [trænsˈleɪt]
übertragbar transferable [trænsˈfɜ:rəbl]
übertrieben exaggerated [ɪgˈzædʒəreɪtɪd]
überweisen to transfer [trænsˈfɜ:]
überzeugen to convince [kənˈvɪns]
üblich usual [ˈju:ʒʊəl]
übrig left [left] **~bleiben** to be left
übrigens by the way [baɪ ðə ˈweɪ]
Übung practice [ˈpræktɪs]; *(Sport, Lehrbuch)* exercise [ˈeksəsaɪz]

Ufer *(Fluß)* bank [bæŋk]; *(Meer)* shore [ʃɔ:]
Uhr *(Armband~)* watch [wɒtʃ]; *(Wand~)* clock [klɒk]
um *(herum)* around [əˈraʊnd]; *(Zeitangabe)* at [æt], *(gegen)* about [əˈbaʊt]
umarmen to hug [hʌg], to embrace [ɪmˈbreɪs]
umgekehrt reverse [rɪˈvɜ:s]; **in ~er Richtung** in the opposite direction [ɪn ðɪ‿ˈɒpəzɪt dɪˈrekʃn]
umkehren to turn back [ˈtɜ:n ˈbæk]
Umrechnung conversion [kənˈvɜ:ʃn], **~skurs** exchange rate [ɪksˈtʃeɪnʒ ˌreɪt]
umsehen, s. ~ to look around [ˌlʊk‿əˈraʊnd]
umsonst *(gratis)* free (of charge) [ˈfri: (əv ˈtʃɑ:dʒ)]; *(vergeblich)* in vain [ɪn ˈveɪn]
Umstände circumstances [ˈsɜ:kəmstənsɪz]; *(Schwierigkeiten)* trouble [ˈtrʌbl]
umsteigen to change [tʃeɪnʒ]
umtauschen to change [tʃeɪnʒ]
Umweg detour [ˈdi:tʊə]
Umwelt environment [ɪnˈvaɪərnmənt]
umziehen to move [mu:v]; **s. ~** to change [tʃeɪnʒ]
unangenehm unpleasant [ʌnˈpleznt]
unanständig rude [ru:d]
unbedingt *(adv)* really [ˈrɪəlɪ]; **~!** certainly! [ˈsɜ:tnlɪ], of course! [əv ˈkɔ:s]
unbekannt unknown [ˌʌnˈnəʊn]
unbequem uncomfortable [ʌnˈkʌmftəbl]
unbeständig *(Wetter)* changeable [ˈtʃeɪnʒəbl]
unbestimmt indefinite [ɪnˈdefɪnɪt]
und and [ænd]; **~ so weiter** and so on [ənd ˈsəʊ‿ɒn]
undankbar ungrateful [ʌnˈgreɪtfʊl]
unecht false [fɔ:ls]
unentbehrlich indispensable [ˌɪndɪsˈpensəbl]
unentschlossen undecided [ˌʌndɪˈsaɪdɪd]
unerfahren inexperienced [ˌɪnɪksˈpɪərɪənst]
unerfreulich unpleasant [ʌnˈpleznt]
unerträglich intolerable [ɪnˈtɒlrəbl], unbearable [ʌnˈbeərəbl]
unerwartet unexpected [ˌʌnɪksˈpektɪd]
unerwünscht unwelcome [ʌnˈwelkəm]
unfähig incapable [ɪnˈkeɪpəbl] (of), incompetent [ɪnˈkɒmpɪtənt]

Unfall accident ['æksɪdənt]
unfreundlich unkind [ʌn'kaɪnd], unfriendly [ˌʌn'frendlɪ]
ungeeignet unsuited [ˌʌn'sju:tɪd], unfit [ˌʌn'fɪt]
ungefähr about [ə'baʊt]
ungemütlich uncomfortable [ʌn'kʌmftəbl]
ungenau inexact [ˌɪnɪg'zækt]
ungenügend insufficient [ˌɪnsə'fɪʃnt]
ungerecht unfair [ˌʌn'feə], unjust [ˌʌn'dʒʌst]
Ungerechtigkeit injustice [ɪn'dʒʌstɪs]
ungern reluctantly [rɪ'lʌktəntlɪ]
ungesund unhealthy [ʌn'helθɪ]
ungewiß uncertain [ʌn'sɜ:tn]
ungewöhnlich unusual [ʌn'ju:ʒʊəl]
unglaublich incredible [ɪn'kredəbl]
Unglück *(Unfall)* accident ['æksɪdənt]; *(Unheil)* misfortune [mɪs'fɔ:tʃən]
unglücklich *(traurig)* unhappy [ʌn'hæpɪ]; *(Pech gehabt)* unlucky [ʌn'lʌkɪ]
unglücklicherweise unfortunately [ʌn'fɔ:tʃnɪtlɪ]
ungültig invalid [ɪn'vælɪd]
ungünstig unfavourable ['ʌn'feɪvrəbl]
unhöflich impolite [ˌɪmpə'laɪt]
Unkosten expenses [ɪks'pensɪz]
unmittelbar immediate(ly) [ɪ'mi:djət(lɪ)]
unmodern old-fashioned [ˌəʊld'fæʃnd]
unmöglich impossible [ɪm'pɒsəbl]
unnötig unnecessary [ʌn'nesɪsrɪ]
unnütz useless ['ju:slɪs]
Unordnung disorder [dɪs'ɔ:də]
unpraktisch unpractical [ˌʌn'præktɪkl]
Unrecht *(Ungerechtigkeit)* injustice [ɪn'dʒʌstɪs]
unrecht haben to be wrong [rɒŋ]
unregelmäßig irregular [ɪ'regjʊlə]
unruhig restless ['restlɪs]
uns us [ʌs]
unschuldig innocent ['ɪnəsnt]
unser, e our ['aʊə]
unsicher unsafe [ˌʌn'seɪf]; *(ungewiß)* uncertain [ʌn'sɜ:tn]
unten below [bɪ'ləʊ]; **dort** ~ down there ['daʊn 'ðeə]
unter under ['ʌndə]; *(zwischen)* among [ə'mʌŋ]; ~ **anderem** among other things [ə'mʌŋ 'ʌðə θɪŋz]; ~**halb** below [bɪ'ləʊ]
unterbrechen to interrupt [ˌɪntə'rʌpt]
Unterführung subway ['sʌbweɪ]
unterhalten, s.~ to talk [tɔ:k]
unterhaltend amusing [ə'mju:zɪŋ], entertaining [ˌentə'teɪnɪŋ]
Unterhaltung *(Gespräch)* conversation [ˌkɒnvə'seɪʃn]; *(Vergnügen)* entertainment [ˌentə'teɪnmənt]
Unterkunft accommodation [əˌkɒmə'deɪʃn]
Unternehmen firm [fɜ:m]
unterrichten to inform [ɪn'fɔ:m]; *(Schule)* to teach [ti:tʃ]
unterscheiden to distinguish [dɪs'tɪŋgwɪʃ]; **s.** ~ **von** to differ from ['dɪfə frəm]
Unterschied difference ['dɪfrəns]
unterschreiben to sign [saɪn]
Unterschrift signature ['sɪgnɪtʃə]
Unterstützung support [sə'pɔ:t]
untersuchen to examine [ɪg'zæmɪn]
unterwegs on the way [ɒn ðə 'weɪ]
unverbindlich without obligation [wɪ'ðaʊt ˌɒblɪ'geɪʃn]
unvermeidlich inevitable [ɪn'evɪtəbl]
unverschämt impertinent [ɪm'pɜ:tɪnənt], cheeky ['tʃi:kɪ]
unvollständig incomplete [ˌɪnkəm'pli:t]
unvorsichtig careless ['keəlɪs]
unwahrscheinlich unlikely [ʌn'laɪklɪ], improbable [ɪm'prɒbəbl]
unwichtig unimportant [ˌʌnɪm'pɔ:tənt]
unwohl unwell [ˌʌn'wel]
unzufrieden dissatisfied [ˌdɪs'sætɪsfaɪd]
Urlaub holidays ['hɒlədɪz], *(Am)* vacation [və'keɪʃn]
Ursache cause [kɔ:z]; *(Grund)* reason ['ri:zn]
Urteil judgement ['dʒʌdʒmənt]; *(Meinung)* opinion [ə'pɪnjən]
urteilen to judge [dʒʌdʒ]

V

Vater father ['fɑ:ðə]
Vaterland native country ['neɪtɪv 'kʌntrɪ]
verabreden, s.~ to arrange to meet [ə'reɪnʒ tə 'mi:t]
Verabredung *(formell)* appointment [ə'pɔɪntmənt]; *(fam)* date [deɪt]
verabschieden, s. ~ to say goodbye [seɪ ˌgʊd'baɪ]
verändern to change [tʃeɪnʒ]
Veränderung change [tʃeɪndʒ]

A/Z

veranstalten to organize [ˈɔ:gənaɪz], to arrange [əˈreɪnʒ]
Veranstaltung event [ɪˈvent]
verantwortlich responsible [rɪsˈpɒnsəbl]
Verband *(med)* dressing [ˈdresɪŋ], bandage [ˈbændɪdʒ]
verbessern to improve [ɪmˈpru:v]; *(Fehler)* to correct [kəˈrekt]
verbieten to forbid [fəˈbɪd]
verbinden *(med)* to dress [dres], to bandage [ˈbændɪdʒ]; *(tele)* to connect [kəˈnekt]
Verbindung connection [kəˈnekʃn]
Verbot ban [bæn]
verboten! forbidden! [fəˈbɪdn], prohibited! [prəˈhɪbɪtɪd]
Verbrauch consumption [kənˈsʌmpʃn]
verbrennen to burn [bɜ:n]
verbringen *(Zeit)* to spend [spend]
Verdacht suspicion [səsˈpɪʃn]
verderben to spoil [spɔɪl]; *(schlecht werden)* to go bad/off [gəʊ ˈbæd/ˈɒf]
verdienen to earn [ɜ:n]; *(wert sein)* to deserve [dɪˈzɜ:v]
Verdienst, der ~ earnings [ˈɜ:nɪŋz]; **das** ~ merit [ˈmerɪt], **es ist ihr** ~ it's thanks to her [ɪts ˈθæŋks tə ˈhɜ:]
verdorben spoiled [ˈspɔɪlt]; *(faul)* rotten [ˈrɒtn]; *(sittlich)* corrupt [kəˈrʌpt]
Verein association [əˌsəʊsɪˈeɪʃn], club [klʌb]
vereinbaren to agree on [əˈgri:‿ɒn]
Verfassung *(Staats~)* constitution [ˌkɒnstɪˈtju:ʃn]; *(Zustand)* state [steɪt]
verfehlen to miss [mɪs]
Vergangenheit past [pɑ:st]
vergehen *(Zeit)* to pass [pɑ:s]
vergessen to forget [fəˈget]
vergewaltigen to rape [reɪp]
Vergleich comparison [kəmˈpærɪsn]
vergleichen to compare [kəmˈpeə]
Vergnügen pleasure [ˈpleʒə]
Verhandlung negotiations [nɪˌgəʊʃɪˈeɪʃnz]; *(Straf~)* trial [ˈtraɪl]
verheimlichen to conceal [kənˈsi:l], to keep secret [ki:p ˈsi:krɪt]
verheiratet (mit) married [ˈmærɪd] (to)
verhindern to prevent [pri:ˈvent]
Verhütungsmittel contraceptive [ˌkɒntrəˈseptɪv]
verirren, s.~ to lose one's way [ˈlu:z wʌnz ˈweɪ], to get lost [get ˈlɒst]
Verkauf sale [seɪl]
verkaufen to sell [sel]
Verkehr traffic [ˈtræfɪk]
verkehren *(Verkehrsmittel)* to run [rʌn]
Verkehrsbüro tourist information office [ˈtʊərɪst‿ɪnfəˈmeɪʃn‿ˌɒfɪs]
verlangen to ask for [ˈɑ:sk fɔ:]; *(fordern)* to demand [dɪˈmɑ:nd]
verlängern to extend [ɪkˈstend]
verlassen to leave [li:v]
Verletzte, der, die ~ injured person [ˈɪnʒəd ˈpɜ:sn]
verlieren to lose [lu:z]
verloben s.~ **mit** to get engaged to [ɪnˈgeɪdʒd]
Verlobte, der/die fiancé/fiancée [fɪˈɑ:nseɪ]
Verlust loss [lɒs]
vermeiden to avoid [əˈvɔɪd]
vermieten to let [let], to rent [rent]
Vermittler agent [ˈeɪdʒənt]
vermuten to suppose [səˈpəʊz] to assume [əˈsju:m]
Vermutung guess [ges], assumption [əˈsʌmʃn]
vernachlässigen to neglect [nɪˈglekt]
vernünftig reasonable [ˈri:znəbl], sensible [ˈsensəbl]
verpacken to wrap [ˈræp], to pack [pæk]
Verpackung wrapping [ˈræpɪŋ], packing [ˈpækɪŋ]
Verpflegung food [fu:d]
verpflichtet sein to be obliged to [əˈblaɪdʒd]
Verpflichtung obligation [ˌɒblɪˈgeɪʃn]
verrechnen, s.~ to miscalculate [ˌmɪsˈkælkjʊleɪt], to make a mistake [ˈmeɪk‿ə mɪsˈteɪk]
verreisen to go on a journey [ˈdʒɜ:nɪ], to go away [ˈgəʊ‿əˈweɪ]
verrückt mad [mæd], crazy [ˈkreɪzɪ]
versäumen *(verpassen)* to miss [mɪs]
verschaffen to get hold of [get ˈhəʊld‿əv], to obtain [əbˈteɪn]
verschieben *(zeitlich)* to put off [ˈpʊt ˈɒf], to postpone [ˌpəʊsˈpəʊn]
verschieden different [ˈdɪfrənt]
verschließen to lock [lɒk]
Verschluß lock [lɒk]
verschwinden to disappear [ˌdɪsəˈpɪə]
Versehen, aus ~ by mistake [baɪ mɪsˈteɪk]
versenden to dispatch [dɪsˈpætʃ]
versichern *(sagen)* to assure [əˈʃʊə]; *(Eigentum, Leben)* to insure [ɪnˈʃʊə]
Versicherung insurance [ɪnˈʃʊərns]

versorgen mit to provide with [prəˈvaɪd wɪð]
verspäten, s. ~ to be late [leɪt]
Versprechen promise [ˈprɒmɪs], **versprechen** to promise [ˈprɒmɪs]
Verstand brains [breɪnz], intelligence [ɪnˈtelɪdʒəns]; *(Vernunft)* reason [ˈri:zn]
verständigen, jdn to inform s.o. [ɪnˈfɔ:m]; **s.** ~ to come to an understanding with [ˌʌndəˈstændɪŋ]
verstecken to hide [haɪd]
verstehen to understand [ˌʌndəˈstænd]
verstopft blocked (up) [blɒkt (ˈʌp)]
Versuch attempt [əˈtempt]
versuchen to try [traɪ]; *(Speisen)* to taste [teɪst]
vertauschen *(verwechseln)* to mistake for [mɪsˈteɪk fɔ:], to mix up [ˈmɪks‿ˈʌp]
verteidigen to defend [dɪˈfend]
verteilen to distribute [dɪsˈtrɪbju:t]
Verteilung distribution [ˌdɪstrɪˈbju:ʃn]
Vertrag contract [ˈkɒntrækt]
vertragen to take [teɪk], to stand [stænd]
Vertrauen confidence [ˈkɒnfɪdəns]
vertrauen to trust [ˈtrʌst]
vertrauensvoll confident [ˈkɒnfɪdənt]
verunglücken to have an accident [ˈæksɪdənt]
verursachen to cause [kɔ:z]
Verwaltung administration [ədˌmɪnɪsˈtreɪʃn]
verwandt related [rɪˈleɪtɪd]
verwechseln to mistake for [mɪsˈteɪk fɔ:]
verwenden to employ [ɪmˈplɔɪ], to use [ju:z]
Verwendung use [ju:s]
verwirklichen to realize [ˈrɪəlaɪz], to fulfil [fʊlˈfɪl]
Verzeichnis list [lɪst], directory [dɪˈrektərɪ]
verzeihen to forgive [fəˈgɪv]
verzögern to delay [dɪˈleɪ]
verzollen to pay duty on [peɪ ˈdju:tɪ‿ɒn]
verzweifelt desperate [ˈdesprɪt]
viel a lot of [ə ˈlɒt‿əv]; *(Frage, Verneinung)* much [mʌtʃ]
vielleicht perhaps [pəˈhæps], maybe [ˈmeɪbi:]
vielmehr rather [ˈrɑ:ðə]
viereckig square [skweə]
Viertel, ein a quarter [ˈkwɔ:tə]
Villa villa [ˈvɪlə]
Vogel bird [bɜ:d]
Volk people [ˈpi:pl]
voll full [fʊl]; *(überfüllt)* crowded [ˈkraʊdɪd]
vollenden to complete [kəmˈpli:t]
vollkommen perfect [ˈpɜ:fɪkt]
Vollmacht power of attorney [ˈpaʊər‿əv‿əˈtɜ:nɪ]
vollständig *(adj)* complete [kəmˈpli:t]
Volt volt [vəʊlt]
von *(Herkunft)* from [frɒm]; *(Eigenschaft)* of [ɒv]; *(Passiv)* by [baɪ]
vor *(räumlich)* in front of [ɪn ˈfrʌnt‿əv]; *(zeitlich)* before [bɪˈfɔ:]; ~ **allem** above all [əˈbʌv‿ˈɔ:l]
voraus, im ~ in advance [ɪn‿ədˈvɑ:ns]
vorbei past [pɑ:st], over [ˈəʊvə]
vorbeigehen to pass [pɑ:s]
vorbeikommen *(besuchen)* to call in [ˈkɔ:l‿ˈɪn]
vorbereiten to prepare [prɪˈpeə]
vorbestellen to order in advance [ˈɔ:dər‿ɪn‿ədˈvɑ:ns], to book [bʊk]
Vorfahrt right of way [ˈraɪt‿əv ˈweɪ]
Vorfall occurrence [əˈkʌrəns]; *(Zwischenfall)* incident [ˈɪnsɪdənt]
vorgehen *(geschehen)* to happen [ˈhæpn]; *(Uhr)* to be fast [fɑ:st]
Vorhang curtain [ˈkɜ:tn]
vorher before [bɪˈfɔ:]
vorläufig *(adj)* temporary [ˈtemprərɪ]; *(adv)* for the time being [fə ðə ˈtaɪm ˈbi:ɪŋ]
vorletzte(r, -s) last but one [ˈlɑ:st bʌt ˈwʌn]
Vormittag morning [ˈmɔ:nɪŋ]; ~**s** in the morning
vorn in front [ɪn ˈfrʌnt]
vornehm distinguished [dɪsˈtɪŋgwɪʃt], posh [pɒʃ]
Vorort, Vorstadt suburb [ˈsʌbɜ:b]
Vorrat stock [stɒk], store [stɔ:], provisions [prəˈvɪʒəns]
Vorschlag suggestion [səˈdʒestʃn]
vorschlagen to suggest [səˈdʒest]
Vorschrift rule [ru:l]
Vorsicht caution [ˈkɔ:ʃn]; ~**!** look out! [ˈlʊk ˈaʊt]
vorsichtig careful [ˈkeəfʊl], cautious [ˈkɔ:ʃəs]
vorstellen to introduce [ˌɪntrəˈdju:s]
Vorstellung introduction [ˌɪntrəˈdʌkʃn]; *(Begriff)* notion [ˈnəʊʃn], idea [aɪˈdɪə]; *(Theater)* performance [pəˈfɔ:məns]
Vorteil advantage [ədˈvɑ:ntɪdʒ]

vorteilhaft advantageous [ˌædvənˈteɪdʒəs]
vorüber past [pɑːst], over [ˈəʊvə], gone [gɒn]
vorübergehen to pass [pɑːs]
vorübergehend temporary [ˈtemprəri]
Vorwand pretext [ˈpriːtekst]
vorwärts forward(s) [ˈfɔːwəd(z)]
vorzeigen to show [ʃəʊ]
vorziehen to prefer [prɪˈfɜː]
Vorzug preference [ˈprefrəns]; *(Vorteil)* advantage [ədˈvɑːntɪdʒ]

W

Waage scales [skeɪlz]
wach awake [əˈweɪk]
wachsen to grow [grəʊ]
wagen to dare [deə], **Wagen** *(Auto)* car [kɑː], *(Am)* automobile [ˈɔːtəməʊbiːl]; *(Zug)* carriage [ˈkærɪdʒ], coach [kəʊtʃ]
Wahl choice [tʃɔɪs]; *(Politik)* election [ɪˈlekʃn]
wählen to choose [tʃuːz]; *(Politik)* to vote [vəʊt]; *(tele)* to dial [ˈdaɪəl]
wahr true [truː]
während *(prp)* during [ˈdjʊərɪŋ]; *(conj)* while [waɪl]
Wahrheit truth [truːθ]
wahrscheinlich *(adj)* probable [ˈprɒbəbl]; *(adv)* probably [ˈprɒbəblɪ]
Wahrscheinlichkeit probability [ˌprɒbəˈbɪlɪtɪ]
Wales Wales [weɪlz]
Waliser/in Welshman/Welshwoman [ˈwelʃmən/ˈwelʃˌwʊmən]
walisisch Welsh [welʃ]
Wand wall [wɔːl]
wandern to hike [haɪk], to ramble [ˈræmbl]
Ware product [ˈprɒdʌkt] ~**n** goods [gʊdz]; ~**nhaus** department store [dɪˈpɑːtmənt stɔː]
warm warm [wɔːm]
Wärme heat [hiːt]
wärmen to warm [wɔːm], to heat [hiːt]
warnen (vor) to warn (of/about) [ˈwɔːn əv/əˈbaʊt]
warten (auf) to wait (for) [weɪt]
was what [wɒt]; ~ **für ein/eine ...?** what sort of ...? [ˈwɒt ˈsɔːt‿əv]
Wäsche *(Bett~)* linen [ˈlɪnɪn]; *(Unter~)* underwear [ˈʌndəweə]; *(zum Waschen)* dirty washing [ˈdɜːtɪ ˈwɒʃɪŋ]
waschen to wash [wɒʃ]
Wasser water [ˈwɔːtə]
Watt *(el)* watt [wɒt]; *(Natur)* mudflats [ˈmʌdflæts]
Wechsel change [tʃeɪnʒ]; *(Austausch)* exchange [ɪksˈtʃeɪnʒ]
Wechselgeld change [tʃeɪnʒ]
wechseln *(Geld)* to change [tʃeɪnʒ]
wecken to wake [weɪk]
Wecker alarm clock [əˈlɑːm klɒk]
weder ... noch neither ... nor [ˈneɪðə ... ˈnɔː]
Weg way [weɪ]; **weg** away [əˈweɪ], *(Pfad)* path [pɑːθ]; gone [gɒn] *(Straße)* road [rəʊd]
wegen because of [bɪˈkɒz‿əv]
weggehen to go away [ˈgəʊ‿əˈweɪ], to leave [liːv]
wegnehmen to take away [ˈteɪk‿əˈweɪ]
wegschicken to send off/away [ˈsend ˈɒf/əˈweɪ]
weiblich female [ˈfiːmeɪl]; *(fraulich)* feminine [ˈfemɪnɪn]
weich soft [sɒft]
weigern, s. to refuse [rɪˈfjuːz]
weil because [bɪˈkɒz], since [sɪns]
Weinberg vineyard [ˈvɪnjəd]
weinen to cry [kraɪ]
Weise manner [ˈmænə], way [weɪ]
weit *(Gegenteil von eng)* wide [waɪd]; *(Weg)* long [lɒŋ]; *(entfernt)* far [fɑː]
Welt world [wɔːld]
wenden to turn [tɜːn]; **s. an jdn** ~ to see s.o. [siː]
wenig little [ˈlɪtl], few [fjuː]; **ein** ~ a little; **ein** ~ **von ...** a bit of ... [ə ˈbɪt‿əv]; ~**er** less [ˈles]; **das** ~**ste** the least [liːst]
wenigstens at least [ət ˈliːst]
wenn *(Bedingung)* if [ɪf]; *(zeitlich)* when [wen]
werden to become [bɪˈkʌm]
werfen to throw [θrəʊ]
werktags on weekdays [ˈwiːkdeɪz]
Wert value [ˈvæljuː]
wert, viel ~ **sein** to be worth a lot [wɜːθ ə ˈlɒt]
wertlos worthless [ˈwɜːθlɪs]
Wertsachen valuables [ˈvæljʊəblz]
Wespe wasp [wɒsp]
westlich western [ˈwestən]
Wettbewerb competition [ˌkɒmpɪˈtɪʃn]
Wette bet [bet]
wetten to bet [bet]

Wetter weather ['weðə]
wichtig important [ɪm'pɒtnt]
wie *(Frage)* how [haʊ]; *(Vergleich)* like [laɪk]
wieder again [ə'gen]
wiederbekommen to get back ['get 'bæk]
wiedergeben to give back ['gɪv 'bæk], to return [rɪ'tɜ:n]
wiederholen to repeat [rɪ'pi:t]
wiederkommen to come back ['kʌm 'bæk], to return [rɪ'tɜ:n]
wiedersehen to see again ['si: ə'gen], to meet again ['mi:t ə'gen]
wiegen to weigh [weɪ]
Wiese meadow ['medəʊ]
Wild game [geɪm]; **wild** wild(ly) [waɪld(lɪ)] *(Rot~)* deer [dɪə], *(Fleisch)* venison ['venɪzn]
willkommen welcome ['welkəm]
windig windy ['wɪndɪ]
Winkel *(Ecke)* corner ['kɔ:nə]
winken to wave [weɪv]
wir we [wi:]
wirklich real [rɪəl]; *(echt)* true [tru:]; *(adv)* really ['rɪəlɪ]
Wirklichkeit reality [rɪ'ælɪtɪ]
wirksam effective [ɪ'fektɪv]
Wirkung effect [ɪ'fekt]
Wirt landlord ['lænlɔ:d]
Wirtin landlady ['læn,leɪdɪ]
Wissen knowledge ['nɒlɪdʒ], **wissen** to know [nəʊ]
Witz joke [dʒəʊk]
Woche week [wi:k]; **in einer** ~ today week [tə'deɪ 'wi:k]
wochentags on weekdays ['wi:kdeɪz]
wöchentlich *(adj)* weekly ['wi:klɪ]; *(adv)* once a week ['wʌns‿ə 'wi:k]
Wohl well-being [,wel'bi:ɪŋ]; **wohl** *(adv)* well [wel] ~**befinden** good health ['gʊd 'helθ]
wohlhabend wealthy ['welθɪ], well-off ['wel 'ɒf]
wohlwollend kind [kaɪnd]
wohnen to live [lɪv], to stay [steɪ]
Wohnort, ~**sitz** (place of) residence [(pleɪs‿əv) 'rezɪdəns]
Wohnung flat [flæt], *(Am)* apartment [ə'pɑ:tmənt]; **möblierte** ~ furnished flat ['fɜ:nɪʃt 'flæt]
Wolkenkratzer skyscraper ['skaɪ,skreɪpə]
wollen *(wünschen)* to want [wɒnt], to wish [wɪʃ]
Wort word [wɜ:d]
wunderbar wonderful ['wʌndəfʊl], marvellous ['mɑ:vləs]
wundern, s. ~ **(über)** to be surprised (at) [sə'praɪzd‿(ət)]
Wunsch wish [wɪʃ]; *(Bitte)* request [rɪ'kwest]
wünschen to want [wɒnt]; to wish for [wɪʃ]
Wurf throw [θrəʊ]
Würfel cube [kju:b]; *(Spiel~)* dice [daɪs]
Wurm worm [wɜ:m]
Wut rage [reɪdʒ]
wütend furious ['fjʊərɪəs]

Z

Zahl number ['nʌmbə] figure ['fɪgə]
zahlen to pay [peɪ]
zählen to count [kaʊnt]
zahlreich numerous ['nju:mərəs]
Zahlung payment ['peɪmənt]
Zange tongs [tɒŋz]
zanken, s. ~ to quarrel ['kwɒrl]
zart *(weich)* tender ['tendə]; *(fühlend)* sensitive ['sensɪtɪv]
zärtlich tender ['tendə]
Zeichen sign [saɪn]
zeichnen to draw [drɔ:]
zeigen to show [ʃəʊ]
Zeit time [taɪm]; **von** ~ **zu** ~ from time to time [frəm 'taɪm tə 'taɪm]; **zur** ~ now [naʊ], at present [ət 'preznt]
Zeitlang, eine ~ for a while [fər‿ə 'waɪl]
Zeitung newspaper ['nju:s,peɪpə]; ~**händler** newsagent ['nju:z,eɪdʒnt]; ~**skiosk** newsstand ['nju:z,stænd]
zentral central ['sentrl]
Zentrum centre ['sentə], *(Am)*center ['sentə]
zerbrechen to break [breɪk], to smash [smæʃ]
zerbrechlich fragile ['frædʒaɪl]
zerreißen to tear [teə]
zerstören to destroy [dɪs'trɔɪ]
Zeuge witness ['wɪtnɪs]
Zeugnis *(vom Arbeitgeber)* reference ['refrəns]; *(Schule)* report [rɪ'pɔ:t]; *(Bescheinigung)* certificate [sə'tɪfɪkɪt]
ziehen to pull [pʊl]
Ziel aim [eɪm]; *(Reise~)* destination [,destɪ'neɪʃn]
ziemlich fairly ['feəlɪ], rather ['rɑ:ðə], pretty ['prɪtɪ]

Zigarette cigarette [ˌsɪgəˈret]
Zigarillo cigarillo [ˌsɪgəˈrɪləʊ]
Zigarre cigar [sɪˈgɑː]
zögern to hesitate [ˈhezɪteɪt]
Zoll duty [ˈdjuːtɪ]; ~**amt** customs house [ˈkʌstəmhaʊs]; ~**beamter** customs officer [ˈkʌstəmz ˌɒfɪsə]
zornig angry [ˈæŋgrɪ]
zu *(Richtung)* to [tuː]; *(mit adj)* too [tuː]; ~ **sehr,** ~ **viel** too much [ˈtuː ˈmʌtʃ]; *(geschlossen)* shut [ʃʌt], closed [kləʊzd]
zubereiten to prepare [prɪˈpeə]; *(Getränke)* to mix [mɪks]; *(Speisen)* to cook [kʊk]
zudecken to cover [ˈkʌvə]
zuerst (at) first [(ət) ˈfɜːst]
Zufall chance [tʃɑːns], coincidence [kəʊˈɪnsɪdns]
zufällig by chance [baɪ ˈtʃɑːns]
zufrieden satisfied [ˈsætɪsfaɪd]
Zugang entrance [ˈentrəns], way in [ˌweɪ‿ˈɪn]
zugreifen to grab [græb]; **greifen Sie zu!** help yourself!
zugunsten in favour of [ɪn ˈfeɪvər‿əv]
zuhören to listen [ˈlɪsn]
Zukunft future [ˈfjuːtʃə]
zukünftig future [ˈfjuːtʃə]
zulassen *(erlauben)* to permit [pɜːˈmɪt]; *(Auto)* to license [ˈlaɪsns]
zulässig permitted [pəˈmɪtɪd], allowed [əˈlaʊd]
zuletzt finally [ˈfaɪnəlɪ]; last [lɑːst]
zumachen to close [kləʊz], to shut [ʃʌt]
zunächst first (of all) [ˈfɜːst(‿əv‿ɔːl)]
zunehmen *(dicker werden)* to put on weight [ˈpʊt‿ɒnˈweɪt]; *(anwachsen)* to increase [ɪnˈkriːs]
zurück back [bæk]
zurückbringen to bring back [ˈbrɪŋ ˈbæk]
zurückfahren to return [rɪˈtɜːn], to drive back [ˌdraɪv ˈbæk]
zurückgeben to give back [ˌgɪv ˈbæk]
zurückkehren to come back [ˌkʌm ˈbæk]
zurücklassen to leave (behind) [ˌliːv (bɪˈhaɪnd)]
zurückweisen to reject [rɪˈdʒekt]; to refuse [rɪˈfjuːz]
zurückzahlen to pay back [ˈpeɪ ˈbæk], to refund [riːˈfʌnd]
zurückziehen, s. to retire [rɪˈtaɪə], to withdraw [wɪðˈdrɔː]
zusagen *(Einladung)* to accept [əkˈsept]
zusammen together [təˈgeðə]
zusammenrechnen to add up [ˌæd‿ˈʌp]
Zusammenstoß collision [kəˈlɪʒn], crash [kræʃ]
zusätzlich *(adj)* additional [əˈdɪʃənl]; *(adv)* in addition [ɪn‿əˈdɪʃn]
zuschauen to watch [wɒtʃ]
Zuschauer spectator [spekˈteɪtə]; *(Fernseh~)* viewer [ˈvjuːə]
zuschließen to lock (up) [lɒk (ˈʌp)]
Zustand state [steɪt], condition [kənˈdɪʃn]
zuständig responsible [rɪˈspɒnsəbl]
zusteigen to get on [ˌget‿ˈɒn]
zustimmen to agree (to) [əˈgriː (tʊ)]
zuverlässig reliable [rɪˈlaɪəbl]
zuviel too much [ˈtuː ˈmʌtʃ]; ~**e** too many [ˈtuː ˈmenɪ]
Zwang compulsion [kəmˈpʌlʃn], obligation [ˈɒblɪˈgeɪʃn]
Zweck purpose [ˈpɜːpəs]
zwecklos useless [ˈjuːslɪs], pointless [ˈpɔɪntlɪs]
zweckmäßig suitable [ˈsjuːtəbl]; *(nützlich)* useful [ˈjuːsfʊl]
Zweifel doubt [daʊt]; **ohne** ~ doubtless [ˈdaʊtlɪs]
zweifelhaft doubtful [ˈdaʊtfʊl]
zweifellos without doubt [wɪˈðaʊt ˈdaʊt], doubtless [ˈdaʊtlɪs]
zweifeln an etw to doubt s.th. [daʊt]
zweite(r, -s) second [ˈseknd]
zweitens second(ly) [ˈseknd(lɪ)]
zwingen to force [fɔːs], to compel [kəmˈpel]
zwischen between [bɪˈtwiːn]; *(zwischen mehreren)* among [əˈmʌŋ]
Zwischenfall incident [ˈɪnsɪdnt]

A/Z

Wörterbuch Englisch–Deutsch

A

abbreviation [əˌbriːvɪ'eɪʃn] Abkürzung
able ['eɪbl] fähig, imstande; **be able to** ['eɪbl tuː] imstande sein, können
about [ə'baʊt] ungefähr, etwa; *(zeitlich)* gegen
above all [ə'bʌv‿'ɔːl] vor allem
abroad [ə'brɔːd] im/ins Ausland
absent ['æbsnt] abwesend
accelerate [ək'seləreɪt] beschleunigen
accept [ək'sept] annehmen; *(Einladung)* zusagen
acceptance [ək'septəns] Annahme
accident ['æksɪdənt] Unfall; **have an accident** verunglücken
accommodation [əˌkɒmə'deɪʃn] Unterkunft
accompany [ə'kʌmpənɪ] begleiten
account [ə'kaʊnt] Rechnung; Konto; **on no account** [ɒn 'nəʊ‿ə'kaʊnt] keinesfalls
accuracy ['ækjʊrəsɪ] Genauigkeit
acquaintance [ə'kweɪntəns] Bekanntschaft; der, die Bekannte
across [ə'krɒs] quer durch
act [ækt] Tat; handeln
action ['ækʃən] Tat
activity [æk'tɪvɪtɪ] Tätigkeit
actual(ly) ['æktʃʊəl(ɪ)] eigentlich
add [æd] hinzufügen; **add up** [ˌæd‿'ʌp] zusammenrechnen; **in addition** [ɪn‿ə'dɪʃn] *(adv)* zusätzlich; **additional** [ə'dɪʃənl] *(adj)* zusätzlich
address [ə'dres] Anschrift, Adresse; adressieren
administration [ədˌmɪnɪs'treɪʃn] Verwaltung
admire [əd'maɪə] bewundern
admission charge [əd'mɪʃn 'tʃɑːdʒ] Eintrittspreis
adult ['ædʌlt] Erwachsene(r)
advance [əd'vɑːns] vorrücken; **in advance** [ɪn‿əd'vɑːns] im voraus
advantage [əd'vɑːntɪdʒ] Vorzug; Vorteil
advantageous [ˌædvən'teɪdʒəs] vorteilhaft
advertisement [əd'vɜːtɪsmənt] Anzeige; Reklame
advice [əd'vaɪs] Rat
advise [əd'vaɪz] raten
affair [ə'feə] *(Angelegenheit)* Sache
afraid [ə'freɪd] erschrocken; **be afraid (of)** s. fürchten (vor); befürchten
after ['ɑːftə] nach
afternoon [ˌɑːftə'nuːn] Nachmittag; **in the afternoon** nachmittags
afterwards ['ɑːftəwədz] nachher, danach
again [ə'gen] wieder
against [ə'genst] gegen; **be against it** [ə'genst‿ɪt] dagegen sein
age [eɪdʒ] Alter
agency ['eɪdʒənsɪ] Agentur
agent ['eɪdʒənt] Vermittler
agree [ə'griː] s. einigen; einig sein; *(vereinbaren)* ausmachen; **agree (to)** [ə'griː (tʊ)] zustimmen; **agree on** [ə'griː‿ɒn] vereinbaren
agreeable [ə'grɪəbl] angenehm
agreement [ə'griːmənt] Einverständnis
aid [eɪd] Hilfe; **first aid** ['fɜːst 'eɪd] erste Hilfe
aim [eɪm] Ziel
air [eə] Luft; lüften
alarm clock [ə'lɑːm klɒk] Wecker
alarmed [ə'lɑːmd] erschrocken
algae ['ældʒiː] Algen
alive [ə'laɪv] lebend
all [ɔːl] alle; ganz; jede(r, s)
allow [ə'laʊ] erlauben
allowed [ə'laʊd] zulässig; **be allowed** dürfen
almost ['ɔːlməʊst] fast, beinahe
alone [ə'ləʊn] allein
along [ə'lɒŋ] entlang
already [ɔːl'redɪ] bereits, schon
also ['ɔːlsəʊ] auch, gleichfalls
alter ['ɔːltə] ändern
although [ɔːl'ðəʊ] obwohl
always ['ɔːlweɪz] immer, stets
ambulance ['æmbjʊləns] Krankenwagen
America [ə'merɪkə] Amerika
American [ə'merɪkn] Amerikaner/in
among [ə'mʌŋ] zwischen; **among other things** [ə'mʌŋ 'ʌðə θɪŋz] unter anderem
amount [ə'maʊnt] Betrag
ample ['æmpl] reichlich

amusing [əˈmjuːzɪŋ] unterhaltend
and [ænd] und
and so on [ənd ˈsəʊ‿ɒn] und so weiter
angry [ˈæŋgrɪ] zornig; *(verärgert)* böse
animal [ˈænɪml] Tier
announce [əˈnaʊns] melden, anmelden
announcement [əˈnaʊnsmənt] Mitteilung
annoying [əˈnɔɪɪŋ] lästig
annual(ly) [ˈænjʊəl(ɪ)] jährlich
another time [əˈnʌðə ˈtaɪm] ein andermal
answer [ˈɑːnsə] Antwort; antworten, beantworten
anxious [ˈæŋkʃəs] besorgt
any [ˈenɪ] jeder beliebige; *(bei Frage, Verneinung, Bedingung)* einige
anybody [ˈenɪˌbɒdɪ] *(in verneinten u. fragenden Sätzen)* jemand
anything [ˈenɪθɪŋ] *(verneint, fragend)* etwas
apartment [əˈpɑːtmənt] Wohnung
apologize [əˈpɒlədʒaɪz] s. entschuldigen
apparently [əˈpærəntlɪ] anscheinend
appear [əˈpɪə] erscheinen
appearance [əˈpɪərəns] *(Anschein)* Schein
appetite [ˈæpɪtaɪt] Appetit
applause [əˈplɔːz] Beifall
appointment [əˈpɔɪntmənt] Termin; *(formell)* Verabredung
approach [əˈprəʊtʃ] s. nähern
arcade [ɑːˈkeɪd] *(Laden-)* Passage
area [ˈeərɪə] Gegend
argue [ˈɑːgjuː] streiten
argument [ˈɑːgjʊmənt] Streit
around [əˈraʊnd] *(herum)* um
arrange [əˈreɪnʒ] veranstalten
arrive (at) [əˈraɪv(‿ət)] eintreffen
article [ˈɑːtɪkl] Artikel
as [æz] *(Grund)* da; **as if** [æz ˈɪf] *(bei Vergleich)* als ob; **just as you like** [ˈdʒʌst‿əz jʊ ˈlaɪk] nach Belieben
ask [ɑːsk] fragen, fordern, auffordern; **ask for** [ˈɑːsk fɔː] verlangen; **ask s. o. for s. th.** [ɑːsk] jdn um etw bitten
assault [əˈsɔːlt] überfallen
association [əˌsəʊsɪˈeɪʃn] Verein
assume [əˈsjuːm] vermuten
assumption [əˈsʌmʃn] Vermutung, Annahme
assure [əˈʃʊə] *(sagen)* versichern
at [æt] *(Zeitangabe)* um
Atlantic [ətˈlæntɪk] Atlantik
attack [əˈtæk] überfallen
attempt [əˈtempt] Versuch
attend to [əˈtend tuː] bedienen
attendant [əˈtendənt] *(Wächter)* Aufseher/in
attention [əˈtenʃn] Achtung; **pay attention (to)** [peɪ‿əˈtenʃn tuː] achtgeben (auf), beachten
attentive [əˈtentɪv] aufmerksam
audience [ˈɔːdjəns] Zuschauer, Publikum
aunt [ɑːnt] Tante
Austria [ˈɔːstrɪə] Österreich
Austrian [ˈɔːstrɪən] Österreicher/in
authorities [ɔːˈθɒrɪtɪz] Behörde
automatic [ˌɔːtəˈmætɪk] automatisch
automobile [ˈɔːtəməʊbiːl] *(Am)* Wagen
available [əˈveɪləbl] erhältlich
average [ˈævrɪdʒ] *(adj)* durchschnittlich; **on average** *(adv)* durchschnittlich
avoid [əˈvɔɪd] vermeiden
awake [əˈweɪk] wach
aware [əˈweə] bewußt; **be aware of** [əˈweər‿əv] merken
away [əˈweɪ] weg, fort; **go away** [ˈgəʊ‿əˈweɪ] weggehen; **send off/away** [ˈsend ˈɒf/əˈweɪ] wegschicken; **take away** [ˈteɪk‿əˈweɪ] wegnehmen
awful [ˈɔːfʊl] schrecklich

B

baby [ˈbeɪbɪ] Baby
bachelor [ˈbætʃələ] Junggeselle
back [bæk] zurück; **at the back** hinten; **bring back** [ˈbrɪŋ ˈbæk] zurückbringen; **come back** [ˌkʌm ˈbæk] zurückkehren, wiederkommen; **drive back** [ˌdraɪv ˈbæk] zurückfahren; **get back** [ˈget ˈbæk] wiederbekommen; **give back** [ˈgɪv ˈbæk] wiedergeben, zurückgeben; **pay back** [ˈpeɪ ˈbæk] zurückzahlen
backwards [ˈbækwədz] rückwärts
bad [bæd] schlimm, schlecht, übel; **go bad/off** [gəʊ ˈbæd/ˈɒf] *(schlecht werden)* verderben
badly [ˈbædlɪ] *(adv)* schlecht
bag [bæg] Sack, Tüte, Beutel; *(Hand-)* Tasche
ball [bɔːl] Ball; *(Fest)* Ball
ban [bæn] Verbot
band [bænd] Musikkapelle
bandage [ˈbændɪdʒ] *(med)* Verband; verbinden

bank [bæŋk] Bank; *(Fluß)* Ufer
bar [bɑː] *(Schokolade)* Riegel
barrier ['bærɪə] *(Bahnhof)* Sperre
bars [bɑːz] Gitter
basket ['bɑːskɪt] Korb
bath [bɑːθ] Bad; **have a bath** *(Wanne)* baden
baths [bɑːðz] Badeanstalt
battery ['bætərɪ] Batterie
bay [beɪ] Bucht
be [biː] sein *(betragen, s. befinden*
beach [biːtʃ] Strand
beam [biːm] Strahl
bear [beə] ertragen
beat [biːt] schlagen
beautiful ['bjuːtəfl] schön
beauty ['bjuːtɪ] Schönheit
because [bɪ'kɒz] weil; *(Grund)* da; **because of** [bɪ'kɒz‿əv] wegen
become [bɪ'kʌm] werden
bed [bed] Bett; **go to bed** ['gəʊ tə 'bed] zu Bett gehen
bedroom ['bedrʊm] Schlafzimmer
bee [biː] Biene
before [bɪ'fɔː] *(zeitlich)* vor, bevor, vorher
begin [bɪ'gɪn] anfangen, beginnen
beginning [bɪ'gɪnɪŋ] Anfang, Beginn
behaviour [bɪ'heɪvjə] Benehmen
behind [bɪ'haɪnd] hinter
Belgian ['beldʒən] Belgier/in
Belgium ['beldʒəm] Belgien
believe [bɪ'liːv] glauben
bell [bel] Klingel
belong to [bɪ'lɒŋ tuː] gehören
below [bɪ'ləʊ] unterhalb, unten
bench [bentʃ] *(Sitz-)* Bank
bend [bend] Kurve; biegen
beside [bɪ'saɪd] neben
besides [bɪ'saɪdz] außerdem
best [best] beste(r, s); **at best** [ət 'best] höchstens
bet [bet] Wette; wetten
better ['betə] besser
between [bɪ'twiːn] zwischen
beyond [bɪ'jɒnd] jenseits
big [bɪg] groß
bill [bɪl] Rechnung
binoculars [bɪ'nɒkjʊləz] Fernglas
bird [bɜːd] Vogel
birth [bɜːθ] Geburt
birthday ['bɜːθdeɪ] Geburtstag
birthplace ['bɜːθpleɪs] Geburtsort
bit [bɪt] bißchen; **a bit of ...** [ə 'bɪt‿əv] ein wenig von ...
bite [baɪt] beißen
bitter ['bɪtə] bitter
blanket ['blæŋkɪt] *(Bett-)* Decke
blind [blaɪnd] blind
blocked (up) [blɒkt ('ʌp)] verstopft
bloom [bluːm] blühen
blossom ['blɒsəm] blühen
blow [bləʊ] Schlag
board [bɔːd] Brett; Bord; **go on board** [bɔːd] an Bord gehen
boat [bəʊt] Boot, Kahn
body ['bɒdɪ] Körper
boil [bɔɪl] *(Wasser)* kochen
bolt [bəʊlt] *(Schloß)* Riegel
book [bʊk] Buch; *(Platz)* buchen, vorbestellen; **booking-(box-)office** ['bʊkɪŋ('bɒks)ˌɒfɪs] *(Theater-)* Kasse
border ['bɔːdə] Grenze
boring ['bɔːrɪŋ] langweilig
born [bɔːn] geboren; **born in** ['bɔːn‿ɪn] gebürtig aus
borrow ['bɒrəʊ] *(von jdm)* leihen
boss [bɒs] der Leiter, Chef
both [bəʊθ] beide
bother ['bɒðə] belästigen, stören
bottle ['bɒtl] Flasche
box [bɒks] Kiste, Schachtel, *(Pralinen)* Packung; Büchse, Dose
boy [bɔɪ] Junge
brains [breɪnz] Verstand
branch (office) [brɑːntʃ ('ɒfɪs)] Filiale
brand [brænd] *(Zigaretten)* Sorte; *(Handels-)* Marke
break [breɪk] zerbrechen, brechen; **break off** [ˌbreɪk 'ɒf] abbrechen; **break open** [ˌbreɪk 'əʊpn] aufbrechen
breakfast ['brekfəst] Frühstück; **have breakfast** [hæv 'brekfəst] frühstükken
breath [breθ] Atem
breathing ['briːðɪŋ] Atmen
breathless ['breθlɪs] atemlos
briefcase ['briːfkeɪs] *(Aktentasche)* Mappe
bright [braɪt] hell, leuchtend; *(Wetter)* heiter
brilliant ['brɪljənt] glänzend
bring [brɪŋ] mitbringen; *(her)*bringen
brink [brɪŋk] Rand
broad [brɔːd] breit
broadcast ['brɔːdkɑːst] *(Radio, Fernsehen)* senden
brochure ['brəʊʃə] Prospekt
broken ['brəʊkn] kaputt
brother ['brʌðə] Bruder
brother-in-law ['brʌðərɪnlɔː] Schwager
brown [braʊn] braun

brush [brʌʃ] Bürste; bürsten
build [bɪld] bauen
building [ˈbɪldɪŋ] Gebäude
bulb [bʌlb] *(el)* Birne
bunch [bʌnʃ] *(Gemüse)* Bund; **bunch of flowers** [ˈbʌntʃ‿əv ˈflaʊəz] *(Blumen)* Strauß
bureau de change [ˈbjʊərəʊ də ˈʃɑ:nʒ] *(Schild)* Geldwechsel
burn [bɜ:n] brennen; verbrennen
burst [bɜ:st] platzen
bush [bʊʃ] Busch
business [ˈbɪznɪs] *(Firma, Handel)* Geschäft
busy [ˈbɪzɪ] beschäftigt
but [bʌt] aber; sondern
button [ˈbʌtn] Knopf
buy [baɪ] kaufen, einkaufen
buyer [ˈbaɪə] Käufer
by [baɪ] *(Passiv)* von; **by (means of)** [baɪ (ˈmɪ:nz‿əv)] *(Mittel)* durch; **by day/night** [baɪ ˈdeɪ/ˈnaɪt] bei Tag/Nacht
'bye [baɪ] tschüß

C

cab [kæb] Taxi
cabin [ˈkæbɪn] Kabine
café [ˈkæfeɪ] Café
calculate [ˈkælkjʊleɪt] rechnen, berechnen
call [kɔ:l] rufen; aufrufen; anrufen; nennen; **call for** [ˈkɔ:l fɔ:] abholen; **call in** [ˈkɔ:l‿ˈɪn] *(besuchen)* vorbeikommen; **call on s. o.** [ˈkɔ:l‿ɒn] jdn besuchen; **be called** [bɪ ˈkɔ:ld] heißen
calm [kɑ:m] *(seelische)* Ruhe; ruhig, *(unbewegt)* still; **calm down** [ˈkɑ:m ˈdaʊn] s. beruhigen
camera [ˈkæmrə] Fotoapparat
can [kæn] Büchse, Dose
canal [kəˈnæl] Kanal
cancel [ˈkænsl] *(Zimmer, Fahr-, Flugkarten)* abbestellen
candle [ˈkændl] Kerze
capable [ˈkeɪpəbl] tüchtig; **capable of** [ˈkeɪpəbl‿əv] fähig
capital [ˈkæpɪtl] Hauptstadt
car [kɑ:] Auto, Wagen
card [kɑ:d] Karte
care [keə] *(Pflege)* Sorge; Sorgfalt; **take care of s. o./s. th.** [teɪk ˈkeər‿əv] s. um kümmern, aufpassen (auf)
careful [ˈkeəfʊl] vorsichtig, sorgfältig
careless [ˈkeəlɪs] unvorsichtig, nachlässig
carriage [ˈkærɪdʒ] *(Zug)* Wagen
carry [ˈkærɪ] tragen; **carry out** [ˈkærɪ ˈaʊt] *(Arbeit)* ausführen
carton (of 200 cigarettes) [ˈkɑ:tən] *(Zigaretten)* Stange
case [keɪs] *(Vorfall)* Fall; Behälter; **in any case** [ɪn ˈenɪ keɪs] auf alle Fälle
cash-desk [ˈkæʃdesk] Kasse
castle [ˈkɑ:sl] Schloß
cat [kæt] Katze
catch [kætʃ] fangen
cause [kɔ:z] Ursache, Anlaß, Grund; verursachen
caution [ˈkɔ:ʃn] Vorsicht
cautious [ˈkɔ:ʃəs] vorsichtig
ceiling [ˈsi:lɪŋ] *(Zimmer-)*Decke
celebration(s) [ˌselɪˈbreɪʃn(z)] Fest
center [ˈsentə] Zentrum
central [ˈsentrl] zentral
centre [ˈsentə] Zentrum
certain [ˈsɜ:tn] *(adj)* gewiß, bestimmt, sicher; **certainly** [ˈsɜ:tnlɪ] *(adv)* gewiß, unbedingt
certificate [səˈtɪfɪkɪt] *(Bescheinigung)* Zeugnis
certify [ˈsɜ:tɪfaɪ] bescheinigen
chain [tʃeɪn] Kette
chair [tʃeə] Stuhl
chance [tʃɑ:ns] Zufall; **by chance** [baɪ ˈtʃɑ:ns] zufällig
change [tʃeɪnʒ] Wechsel, Veränderung; Wechselgeld; verändern; *(Geld)* wechseln, umtauschen; umsteigen; s. umziehen; **give change for** [gɪv ˈtʃeɪndʒ fɔ:] *(Geld)* herausgeben
changeable [ˈtʃeɪnʒəbl] *(Wetter)* unbeständig
channel [ˈtʃænl] Kanal; **the English Channel** [ˈɪŋglɪʃ ˈtʃænl] Ärmelkanal
chapel [ˈtʃæpl] *(Gebäude)* Kapelle
characteristic [ˌkærɪktəˈrɪstɪk] Eigenschaft
charming [ˈtʃɑ:mɪŋ] entzückend, bezaubernd
cheap [tʃi:p] billig
cheat [ˈtʃi:t] *(beim Spiel usw.)* schwindeln, betrügen
check [tʃek] kontrollieren, nachprüfen, nachsehen
cheeky [ˈtʃi:kɪ] unverschämt
cheerful [ˈtʃɪəfʊl] heiter
cheerio [ˌtʃɪərɪˈəʊ] tschüß
chest [tʃest] Kiste
chewing-gum [ˈtʃu:ɪŋgʌm] Kaugummi

child [tʃaɪld] Kind; **children** [ˈtʃɪldrən] *(pl)* Kinder
choice [tʃɔɪs] Auswahl, Wahl
choir [ˈkwaɪə] Chor
choose [tʃu:z] wählen
cigar [sɪˈgɑ:] Zigarre
cigarette [ˌsɪgəˈret] Zigarette
cigarillo [ˌsɪgəˈrɪləʊ] Zigarillo
circumstances [ˈsɜ:kəmstənsɪz] Umstände
city map [ˈsɪtɪ ˈmæp] Stadtplan
claim [kleɪm] *(Anspruch)* Forderung
class [klɑ:s] Klasse
clean [kli:n] sauber; *(Wäsche)* frisch; putzen, reinigen; **(dry-) cleaners** [(ˈdraɪ) ˈkli:nəz] *(Geschäft)* Reinigung
clear [klɪə] klar, *(Wetter)* heiter
clever [ˈklevə] klug, schlau
cliff [klɪf] *(Klippe)* Fels
climate [ˈklaɪmɪt] Klima
climax [ˈklaɪmæks] *(Film, Theaterstück)* Höhepunkt
climb [klaɪm] steigen
clock [klɒk] *(Wanduhr)* Uhr
close [kləʊs] nahe; schließen, zumachen; **close to** nahe bei
closed [kləʊzd] geschlossen
cloth [klɒθ] Tuch
clothing [ˈkləʊðɪŋ] Kleidung
cloudy [ˈklaʊdɪ] *(Flüssigkeit)* trüb; *(Wetter)* bewölkt, bedeckt
club [klʌb] Verein
coach [kəʊtʃ] *(Zug)* Wagen
coal [kəʊl] Kohle
coast [kəʊst] Küste
cock [kɒk] Hahn
cockroach [ˈkɒkrəʊtʃ] Kakerlake
coffee [ˈkɒfɪ] Kaffee
coin [kɔɪn] Geldstück, Münze
coincidence [kəʊˈɪnsɪdns] Zufall
cold [kəʊld] kalt; **be cold** frieren
colleague [ˈkɒli:g] Kollege/Kollegin
collect [kəˈlekt] sammeln
collection [kəˈlekʃn] Sammlung
collision [kəˈlɪʒn] Zusammenstoß
colour [ˈkʌlə] Farbe
coloured [ˈkʌləd] farbig
colourful [ˈkʌləfʊl] bunt
come [kʌm] kommen; **come from** [ˈkʌm frɒm] stammen; **come to** [ˈkʌm tʊ] betragen; **come in!** [ˈkʌm ˈɪn] herein! **come out** [ˈkʌm ˈaʊt] *(Buch)* erscheinen
comfort [ˈkʌmfət] Bequemlichkeit
comfortable [ˈkʌmftəbl] bequem, gemütlich
common [ˈkɒmən] *(adj)* gemeinsam; gebräuchlich, gewöhnlich
company [ˈkʌmpənɪ] Firma; *(Begleitung)* Gesellschaft
compare [kəmˈpeə] vergleichen
comparison [kəmˈpærɪsn] Vergleich
compass [ˈkʌmpəs] Kompaß
compel [kəmˈpel] zwingen
compensation [ˌkɒmpenˈseɪʃn] *(Ausgleich)* Ersatz, Schadenersatz
competition [ˌkɒmpɪˈtɪʃn] Wettbewerb
complain [kəmˈpleɪn] reklamieren; *(sich beklagen)* schimpfen; **complain (of/about)** [kəmˈpleɪn‿(əv/əˈbaʊt)] s. beklagen (über), beschweren
complaint [kəmˈpleɪnt] Beanstandung, Beschwerde
complete [kəmˈpli:t] *(vollständig)* ganz; vollenden
compulsion [kəmˈpʌlʃn] Zwang
conceal [kənˈsi:l] verheimlichen
concerned [kənˈsɜ:nd] besorgt
concerning [kənˈsɜ:nɪŋ] betreffend
conclusion [kənˈklu:ʒn] *(Folgerung)* Schluß
condition [kənˈdɪʃn] Bedingung; Zustand
condolence(s) [kənˈdəʊləns(ɪz)] Beileid
condom [ˈkɒndəm] Kondom
confidence [ˈkɒnfɪdəns] Vertrauen
confident [ˈkɒnfɪdənt] vertrauensvoll
confirm [kənˈfɜ:m] bestätigen
congratulate [kənˈgrætjʊleɪt] gratulieren
congratulations [kənˌgrætjʊˈleɪʃnz] Glückwunsch
connect [kəˈnekt] *(tele)* verbinden
connection [kəˈnekʃn] Verbindung
conscientious [ˌkɒnʃɪˈenʃəs] gewissenhaft
conscious [ˈkɒnʃəs] bewußt
consent [kənˈsent] Einverständnis; **consent to** [kənˈsent tu:] einwilligen
consider [kənˈsɪdə] *(ansehen als)* betrachten
considerable [kənˈsɪdrəbl] beträchtlich
consideration [kənˌsɪdəˈreɪʃən] Rücksicht
consist of [kənˈsɪst‿əv] bestehen aus
constitution [ˌkɒnstɪˈtju:ʃn] *(Staats-)* Verfassung
consulate [ˈkɒnsjʊlɪt] Konsulat
consult [kənˈsʌlt] konsultieren
consumption [kənˈsʌmpʃn] Verbrauch

contact [ˈkɒntækt] Kontakt, Berührung
contain [kənˈteɪn] enthalten
container [kənˈteɪnə] Behälter, Gefäß
contents [ˈkɒntents] Inhalt
continue [kənˈtɪnjʊ] fortsetzen
contraceptive [ˌkɒntrəˈseptɪv] Verhütungsmittel
contract [ˈkɒntrækt] Vertrag
contrary [ˈkɒntrərɪ] Gegenteil
control [kənˈtrəʊl] *(beherrschen)* kontrollieren
conversation [ˌkɒnvəˈseɪʃn] Gespräch, Unterhaltung
conversion [kənˈvɜːʃn] Umrechnung
convince [kənˈvɪns] überzeugen
cook [kʊk] kochen; *(Speisen)* zubereiten; **cooked** [kʊkt] *(gekocht)* gar
cool [kuːl] frisch, kühl
copy [ˈkɒpɪ] Kopie
corner [ˈkɔːnə] Ecke, Winkel
cornet [ˈkɔːnət] *(Eis)*Tüte
correct [kəˈrekt] korrekt; *(Fehler)* verbessern
correspondence [ˌkɒrɪsˈpɒndəns] Briefwechsel
corridor [ˈkɒrɪdɔː] *(Flur)* Gang
corrupt [kəˈrʌpt] *(sittlich)* verdorben, bestechlich; bestechen
cost [kɒst] kosten
costs [kɒsts] Kosten
costume [ˈkɒstjuːm] Tracht
cosy [ˈkəʊzɪ] gemütlich
cottage [ˈkɒtɪdʒ] Hütte
cotton [ˈkɒtn] Baumwolle, Baumwollgarn
cough [kɒf] husten
count [kaʊnt] zählen
counter [ˈkaʊntə] *(Bank)* Schalter
country [ˈkʌntrɪ] Land; **native country** [ˈneɪtɪv ˈkʌntrɪ] Vaterland; **fellow countryman** [ˈfeləʊ ˈkʌntrɪmən] Landsmann
couple [ˈkʌpl] Paar; Ehepaar
coupon [ˈkuːpɒn] Abschnitt
course [kɔːs] Kurs; *(Essen)* Gang; **of course** [əv ˈkɔːs] selbstverständlich; natürlich
cousin [ˈkʌzn] Cousin/e
cover [ˈkʌvə] zudecken, bedecken
cow [kaʊ] Kuh
crash [kræʃ] Zusammenstoß
crazy [ˈkreɪzɪ] verrückt
create [kriːˈeɪt] schaffen
creative [kriːˈeɪtɪv] kreativ
credit [ˈkredɪt] Kredit
crew [kruː] *(Schiff)* Mannschaft
criticize [ˈkrɪtɪsaɪz] kritisieren
cross [krɒs] überqueren, überschreiten; Kreuz; ärgerlich
crossing [ˈkrɒsɪŋ] Übergang
crossroads [ˈkrɒsrəʊdz] *(Straßen-)* Kreuzung
crowd [kraʊd] Menschenmenge
crowded [ˈkraʊdɪd] *(überfüllt)* voll
cruise [kruːz] *(Kreuzfahrt)* Seereise
cry [kraɪ] weinen
cube [kjuːb] Würfel
culture [ˈkʌltʃə] Kultur
cup [kʌp] Becher
curious [ˈkjʊərɪəs] neugierig
current [ˈkʌrnt] *(el)* Strom, Strömung
curtain [ˈkɜːtn] Vorhang
curve [kɜːv] Kurve
cushion [ˈkʊʃn] Kissen
customer [ˈkʌstəmə] Kunde/Kundin
customs house [ˈkʌstəmhaʊs] Zollamt
customs officer [ˈkʌstəmz ˌɒfɪsə] Zollbeamter
cut [kʌt] schneiden

D

damage [ˈdæmɪdʒ] Beschädigung, Schaden; beschädigen, schaden
damages [ˈdæmɪdʒɪz] Schadenersatz
damp [dæmp] feucht
dance [dɑːns] Tanz
danger [ˈdeɪndʒə] Gefahr
dangerous [ˈdeɪndʒrəs] gefährlich
dare [deə] wagen
dark [dɑːk] dunkel, finster
darling [ˈdɑːlɪŋ] Liebling
darn [dɑːn] *(Wäsche)* flicken
date [deɪt] *(fam)* Verabredung; Datum; **up to date** [ʌp tə ˈdeɪt] modern
daughter [ˈdɔːtə] Tochter
day [deɪ] Tag; **every day** [ˈevrɪ ˈdeɪ] alle Tage, täglich
dead [ded] tot
deadline [ˈdedlaɪn] *(Frist)* Termin
dear [dɪə] teuer; **Dear George,** [ˈdɪə ˈdʒɔːdʒ] Lieber Georg!
death [deθ] Tod
debt [det] *(Geld)* Schuld
deceitful [dɪˈsiːtfʊl] betrügerisch
decide [dɪˈsaɪd] entscheiden, beschließen
decision [dɪˈsɪʒn] Entschluß
declare [dɪˈkleə] erklären
decline [dɪˈklaɪn] ablehnen
deep [diːp] tief

deer [dɪə] Rotwild
defective [dɪˈfektɪv] defekt
defend [dɪˈfend] verteidigen
definite [ˈdefɪnɪt] *(adj)* endgültig; **definitely** [ˈdefɪnɪtlɪ] *(adv)* endgültig
degree [dɪˈgriː] Grad
delay [dɪˈleɪ] Aufschub; verzögern
delicate [ˈdelɪkɪt] *(zart)* fein
delighted [dɪˈlaɪtɪd] entzückt
delightful [dɪˈlaɪtfʊl] entzückend
deliver [dɪˈlɪvə] überbringen, liefern
demand [dɪˈmɑːnd] Forderung; fordern, verlangen
dense [dens] *(Nebel)* dicht
deny [dɪˈnaɪ] leugnen
department [dɪˈpɑːtmənt] *(Dienststelle)* Amt
department store [dɪˈpɑːtmənt stɔː] Kaufhaus, Warenhaus
departure [dɪˈpɑːtʃə] Abreise
deposit [dɪˈpɒzɪt] Pfand; hinterlegen
describe [dɪsˈkraɪb] beschreiben
description [dɪˈskrɪpʃn] Bezeichnung
deserve [dɪˈzɜːv] *(wert sein)* verdienen
desire [dɪˈzaɪə] *(Begierde)* Lust
desperate [ˈdesprɪt] verzweifelt
destination [ˌdestɪˈneɪʃn] *(Reise-)* Ziel
destroy [dɪsˈtrɔɪ] zerstören
detail [ˈdiːteɪl] Einzelheit
detailed [ˈdiːteɪld] ausführlich
determined [dɪˈtɜːmɪnd] entschlossen
detour [ˈdiːtʊə] Umweg
develop [dɪˈveləp] entwickeln
development [dɪˈveləpmənt] Entwicklung
diagnosis [ˌdaɪəgˈnəʊsɪs] Diagnose
dial [ˈdaɪəl] *(tele)* wählen
dice [daɪs] *(pl von die) (Spiel-)*Würfel
die [daɪ] Würfel; sterben
differ from [ˈdɪfə frəm] s. unterscheiden von
difference [ˈdɪfrəns] Unterschied
different(ly) [ˈdɪfrənt(lɪ)] verschieden, anders
difficult [ˈdɪfɪkəlt] schwierig, schwer
difficulty [ˈdɪfɪkəltɪ] Schwierigkeit
direct [dɪˈrekt] direkt
direction [dɪˈrekʃn] Richtung
director [dɪˈrektə] Direktor
directory [dɪˈrektərɪ] Verzeichnis
dirt [dɜːt] Schmutz
dirty [ˈdɜːtɪ] schmutzig
disadvantage [ˌdɪsədˈvɑːntɪdʒ] Nachteil
disappear [ˌdɪsəˈpɪə] verschwinden
disappointed [ˌdɪsəˈpɔɪntɪd] enttäuscht
discount [ˈdɪskaʊnt] Rabatt
discover [dɪsˈkʌvə] entdecken
dish [dɪʃ] Platte; *(Essen)* Gericht
disorder [dɪsˈɔːdə] Unordnung
dispatch [dɪsˈpætʃ] versenden
dissatisfied [ˌdɪsˈsætɪsfaɪd] unzufrieden
distance [ˈdɪstəns] Abstand, Entfernung, Strecke
distant [ˈdɪstənt] entfernt
distinct [dɪsˈtɪŋkt] deutlich
distinguish [dɪsˈtɪŋgwɪʃ] unterscheiden
distinguished [dɪsˈtɪŋgwɪʃt] fein, vornehm
distribute [dɪsˈtrɪbjuːt] verteilen
distribution [ˌdɪstrɪˈbjuːʃn] Verteilung
district [ˈdɪstrɪkt] Gegend, Stadtteil
distrust [dɪsˈtrʌst] mißtrauen
disturb [dɪsˈtɜːb] stören
disturbance [dɪsˈtɜːbəns] Störung
divide [dɪˈvaɪd] teilen, trennen
dizzy [ˈdɪzɪ] schwindlig
do [duː] tun, machen
doctor [ˈdɒktə] Doktor/in
document [ˈdɒkjʊmənt] Dokument
dog [dɒg] Hund
doll [dɒl] Puppe
done [dʌn] erledigt, fertig; *(gekocht)* gar
donkey [ˈdɒŋkɪ] Esel
door [dɔː] Tür; **front door** [ˈfrʌnt ˈdɔː] Haustür
double [ˈdʌbl] *(adj)* doppelt
doubt [daʊt] Zweifel; **without doubt** [wɪˈðaʊt ˈdaʊt] zweifellos; **doubt s. th.** [daʊt] zweifeln an etw
doubtful [ˈdaʊtfʊl] zweifelhaft
doubtless [ˈdaʊtlɪs] zweifellos, ohne Zweifel
down [daʊn] abwärts; **up/ down there** [ˈʌp/ˈdaʊn ˈðeə] dort oben/unten; **downhill** [ˈdaʊnˈhɪl] bergab
draft [drɑːft] *(Entwurf)* Plan
draught [drɑːft] Luftzug
draw [drɔː] zeichnen
dreadful [ˈdredfʊl] schrecklich, fürchterlich
dream [driːm] Traum; träumen
dress [dres] Kleidung, Tracht; s. anziehen; *(med)* verbinden
dressing [ˈdresɪŋ] *(med)* Verband
drink [drɪŋk] trinken
drinkable [ˈdrɪŋkəbl] trinkbar
drip [drɪp] tropfen

A/Z

drive [draɪv] *(Auto)* Fahrt; *(lenken)* fahren; **drive a car** [draɪv] Autofahren
driver [ˈdraɪvə] Chauffeur, Fahrer/in
drop [drɒp] Tropfen
drunk [drʌŋk] betrunken; **get drunk** [ˈget ˈdrʌŋk] s. betrinken
dry [draɪ] trocken; *(Wein)* herb, trokken
durable [ˈdjʊərəbl] haltbar
duration [djʊəˈreɪʃən] Dauer
during [ˈdjʊərɪŋ] *(prp)* während
dust [dʌst] Staub
dustbin [ˈdʌstbɪn] Mülltonne
duty [ˈdju:tɪ] Pflicht; Zoll; **pay duty on** [peɪ ˈdju:tɪ‿ɒn] verzollen

E

each [i:tʃ] jeder einzelne; **each other** [ˈi:tʃ ˈʌðə] einander
earlier [ˈɜ:lɪə] *(eher)* früher
early [ˈɜ:lɪ] früh
earn [ɜ:n] verdienen
earnings [ˈɜ:nɪŋz] der Verdienst
earth [ɜ:θ] Erde
earthenware [ˈɜ:θnweə] Tonwaren
east [i:st] Osten
easy [ˈi:zɪ] leicht
eat [i:t] essen; **when eating** [wen ˈi:tɪŋ] beim Essen
edge [edʒ] Rand
edible [ˈedɪbl] eßbar
education [ˌedjʊˈkeɪʃn] Erziehung, Ausbildung
effect [ɪˈfekt] Wirkung
effective [ɪˈfektɪv] wirksam
efficient [ɪˈfɪʃnt] tüchtig
effort [ˈefət] Mühe, Anstrengung
egg [eg] Ei
Eire [ˈeərə] Irland
either ... or [ˈaɪðə ... ˈɔ:] entweder ... oder
election [ɪˈlekʃn] *(Politik)* Wahl
electric [ɪˈlektrɪk] elektrisch
elevator [ˈelɪveɪtə] Fahrstuhl
else [els] sonst
elsewhere [ˈelsˈwɛə] anderswo
emancipated [ɪˈmænsɪpeɪtɪd] emanzipiert
embassy [ˈembəsɪ] *(dipl. Vertretung)* Botschaft
embrace [ɪmˈbreɪs] umarmen
emergency [ɪˈmɜ:dʒənsɪ] Notfall; **in case of emergency** [ɪn ˈkeɪs‿əv ɪˈmɜ:dʒənsɪ] im Notfall
employ [ɪmˈplɔɪ] anwenden, verwenden
empty [ˈemptɪ] leer
enclosure [ɪnˈkləʊʃə] *(Brief)* Anlage
end [end] Ende, Schluß; *(Straße)* Mündung; **to end** enden
engaged [ɪnˈgeɪdʒd] *(Telefon)* besetzt; **get engaged to** s. verloben mit
England [ˈɪŋglənd] England
English [ˈɪŋglɪʃ] englisch; **in English** auf Englisch; **Englishman/-woman** [ˈɪŋglɪʃmən/-ˌwʊmən] Engländer/in
enjoy [ɪnˈdʒɔɪ] genießen
enjoyment [ɪnˈdʒɔɪmənt] Genuß
enormous [ɪˈnɔ:məs] gewaltig
enough [ɪˈnʌf] genug
enter [ˈentə] betreten, hineingehen; **enter (a country)** einreisen; **enter (a room)** eintreten
entertaining [ˌentəˈteɪnɪŋ] unterhaltend
entertainment [ˌentəˈteɪnmənt] *(Vergnügen)* Unterhaltung
enthusiastic (about) [ɪnˌθju:zɪˈæstɪk (əˈbaʊt)] begeistert (von)
entire [ɪnˈtaɪə] *(vollständig)* ganz
entitled to [ɪnˈtaɪtld tu:] berechtigt
entrance [ˈentrəns] Einfahrt, Eingang; Zugang, Eintritt; **main entrance** [ˈmeɪn ˈentrəns] Haupteingang
environment [ɪnˈvaɪərnmənt] Umwelt
equipment [ɪˈkwɪpmənt] *(Ausrüstung)* Ausstattung
equivalent [ɪˈkwɪvələnt] Gegenwert; gleichwertig
especially [ɪsˈpeʃəlɪ] *(adv)* hauptsächlich, besonders
estate [ɪsˈteɪt] Landgut
estimate [ˈestɪmeɪt] *(Wert)* schätzen
Europe [ˈjʊərəp] Europa
European [ˌjʊərəˈpɪən] Europäer/in
even [ˈi:vn] sogar; **not even** [ˈnɒt‿i:vən] nicht einmal; **even if** [ˈi:vn‿ɪf] *(adv)* sogar wenn
evening [ˈi:vnɪŋ] Abend; **in the evening** am Abend; **this evening** [ðɪs‿ˈi:vnɪŋ] heute abend
event [ɪˈvent] Ereignis, Veranstaltung
ever [ˈevə] je, jemals
every [ˈevrɪ] jeder; **every time** [ˈevrɪ ˈtaɪm] jedesmal
everybody [ˈevrɪˌbɒdɪ] jedermann
everything [ˈevrɪθɪŋ] alles
everywhere [ˈevrɪweə] überall
evil [ˈi:vl] böse
exact(ly) [ɪgˈzækt(lɪ)] genau
exaggerated [ɪgˈzædʒəreɪtɪd] übertrieben

exam [ɪgˈzæm] Prüfung
examination [ɪgˌzæmɪˈneɪʃən] Prüfung
examine [ɪgˈzæmɪn] prüfen, untersuchen
example [ɪgˈzɑ:mpl] Beispiel; **for example** [fr‿ɪgˈzɑ:mpl] zum Beispiel
excellent [ˈeksələnt] ausgezeichnet
except [ɪkˈsept] außer
exception [ɪkˈsepʃn] Ausnahme
exchange [ɪksˈtʃeɪndʒ] Austausch, Wechsel; tauschen, austauschen
exchange rate [ɪksˈtʃeɪndʒ reɪt] Wechselkurs
excursion [ɪksˈkɜ:ʃən] Tour
excuse [ɪksˈkju:s] Entschuldigung; entschuldigen; **excuse me, please!** [ɪksˈkju:z mi: pli:z] Entschuldigen Sie bitte!
exempt [ɪgˈzempt] *(von Abgaben)* frei
exercise [ˈeksəsaɪz] *(Sport, Lehrbuch)* Übung
exercise book [ˈeksəsaɪz bʊk] *(Schreib-)*Heft
exhausted [ɪgˈzɔ:stɪd] erschöpft
exhibition [ˌeksɪˈbɪʃn] Ausstellung, Messe
exit [ˈegzɪt] Ausgang; *(Autobahn-)* Ausfahrt
expect [ɪksˈpekt] erwarten
expenses [ɪksˈpensɪz] Spesen, Unkosten, Ausgaben, Kosten
expensive [ɪksˈpensɪv] kostspielig, teuer
experience [ɪksˈpɪərɪəns] Erfahrung
experienced [ɪksˈpɪərɪənst] *(adj)* erfahren
experiment [ɪksˈperɪmnt] Probe
expire [ɪkˈspaɪə] ablaufen
explain [ɪksˈpleɪn] *(deutlich machen)* erklären
explicit(ly) [ɪksˈplɪsɪt(lɪ)] ausdrücklich
expression [ɪksˈpreʃn] Ausdruck
extend [ɪkˈstend] verlängern
external [eksˈtɜ:nl] äußerlich
extinguish [ɪksˈtɪŋgwɪʃ] löschen
extra [ˈekstrə] extra
extraordinary [ɪksˈtrɔ:dnrɪ] außergewöhnlich
eye [aɪ] Auge

F

fabric [ˈfæbrɪk] Gewebe
fact [fækt] Tatsache
factory [ˈfæktərɪ] Fabrik
faint [feɪnt] ohnmächtig werden
fair [feə] *(Ausstellung)* Messe; gerecht, fair; *(Frau, Wetter)* schön
fairly [ˈfeəlɪ] ziemlich
faith [feɪθ] Glaube
faithful [ˈfeɪθfʊl] treu
fall [fɔ:l] Sturz; stürzen, fallen
false [fɔ:ls] unecht
family [ˈfæmɪlɪ] Familie
famous [ˈfeɪməs] berühmt
fan [fæn] Anhänger/in
fantastic [fænˈtæstɪk] prima
far [fɑ:] *(entfernt)* weit
farm [fɑ:m] Bauernhof
farmer [ˈfɑ:mə] Bauer
fashion [ˈfæʃn] Mode
fast [fɑ:st] *(adj)* schnell; **be fast** *(Uhr)* vorgehen
fasten [ˈfɑ:sn] binden
fat [fæt] fett; *(Person)* dick
father [ˈfɑ:ðə] Vater
fault [fɔ:lt] Fehler *(den man hat)*, Mangel; **it's my fault** es ist meine Schuld
faulty [ˈfɔ:ltɪ] defekt
favour [ˈfeɪvə] Dienst, Gefälligkeit; **in favour of** [ɪn ˈfeɪvər‿əv] zugunsten
favourable [ˈfeɪvrəbl] günstig
fear [fɪə] Angst, Furcht; fürchten, befürchten
feather [ˈfeðə] Feder
fee [fi:] Honorar
feeble [ˈfi:bl] schwach
feed [fi:d] *(Tier-)*Futter
feel [fi:l] fühlen; *(sich fühlen)* s. befinden
feeling [ˈfi:lɪŋ] Gefühl
fees [fi:z] Gebühren
female [ˈfi:meɪl] weiblich
feminine [ˈfemɪnɪn] *(fraulich)* weiblich
festive [ˈfestɪv] *(fröhlich)* feierlich
fetch [fetʃ] holen
few [fju:] wenig; **a few** ein paar
fiancé/fiancée [fɪˈɑ:nseɪ] der/die Verlobte
fib [ˈfɪb] Lüge, Schwindel; **tell fibs** [tel ˈfɪbz] schwindeln (lügen)
field [fi:ld] Feld
figure [ˈfɪgə] Nummer, Zahl
fill [fɪl] füllen; **fill up** [ˈfɪl ˈʌp] tanken
film [fɪlm] Film
filter [ˈfɪltə] Filter
finally [ˈfaɪnəlɪ] zuletzt, endlich
find [faɪnd] finden
fine [faɪn] Strafe, Geldstrafe; *(dünn)* fein
finish [ˈfɪnɪʃ] beenden

finished [ˈfɪnɪʃt] *(vollendet)* fertig
fire [ˈfaɪə] Feuer, Brand
fire alarm [ˈfaɪərəˌlɑːm] Feuermelder
fire brigade [ˈfaɪəbrɪˌgeɪd] Feuerwehr
fire extinguisher [ˈfaɪərɪksˌtɪŋgwɪʃə] Feuerlöscher
firewood [ˈfaɪəwʊd] Brennholz
fireworks [ˈfaɪəwɜːks] Feuerwerk
firm [fɜːm] fest, Firma, Unternehmen
first [fɜːst] erste(r, s); **first (of all)** [ˈfɜːst(‿əv‿ɔːl)] zunächst; **first(ly)** [ˈfɜːst(lɪ)] erstens; **(at) first** [(ət) ˈfɜːst] zuerst; **first-class** [ˈfɜːst ˈklɑːs] erstklassig
fish [fɪʃ] Fisch; fischen, angeln; **go fishing** [gəʊ ˈfɪʃɪŋ] angeln gehen
fishmonger [ˈfɪʃˌmʌŋgə] Fischhändler
fit [fɪt] fit; passen
fix [fɪks] festsetzen
flame [fleɪm] Flamme
flash [flæʃ] *(Foto)* Blitz
flat [flæt] Wohnung; *(flach)* eben; **furnished flat** [ˈfɜːnɪʃt ˈflæt] möblierte Wohnung
flat rate [ˈflæt ˈreɪt] Pauschale
fleece [fliːs] *(Schafs-)*Fell
flirt [flɜːt] flirten
floor [flɔː] *(Fußboden)* Boden; Stockwerk; **on the third floor** im dritten Stock
flow [fləʊ] fließen; **flow into** [fləʊ‿ˈɪntʊ] *(Fluß)* münden
flower [ˈflaʊə] Blume
fly [flaɪ] Fliege; fliegen
foggy [ˈfɒgɪ] *(sehr)* neblig
folder [ˈfəʊldə] Mappe
follow [ˈfɒləʊ] folgen *(nachgehen, befolgen)*
fond [fɒnd] zärtlich; **be fond of s. o.** [ˈfɒnd‿əv] jdn lieb haben
food [fuːd] Nahrung, Verpflegung, Lebensmittel, Essen; *(Tier-)*Futter; **food(stuffs)** [ˈfuːd(stʌfs)] Nahrungsmittel
for [fɔː] für; *(Zeitraum)* seit, *(Grund)* denn; **for this reason** [fɔː ˈðɪs ˈriːzn] aus diesem Grund; **be for it** [ˈfɔːr‿ɪt] dafür sein
forbid [fəˈbɪd] verbieten
forbidden! [fəˈbɪdn] verboten!
force [fɔːs] Kraft; zwingen
foreign [ˈfɒrən] fremd, ausländisch
foreign countries [ˈfɒrən ˈkʌntrɪz] Ausland
foreigner [ˈfɒrənə] Ausländer; der, die Fremde
forget [fəˈget] vergessen
forgive [fəˈgɪv] verzeihen
form [fɔːm] Formular, Form; bilden
format [ˈfɔːmæt] Format
forward(s) [ˈfɔːwəd(z)] vorwärts; **look forward to** [ˈlʊk ˈfɔːwəd tuː] s. freuen auf
fountain [ˈfaʊntɪn] *(Spring-)* Brunnen
fragile [ˈfrædʒaɪl] zerbrechlich
fraud [frɔːd] *(Handel)* Betrug
free [frɪː] gratis, frei; **free (of charge)** [friː (əv ˈtʃɑːdʒ)] kostenlos, umsonst
freeze [frɪːz] frieren
freight [freɪt] Fracht
French [frentʃ] französisch
frequently [ˈfriːkwəntlɪ] *(adv)* häufig
fresh [freʃ] frisch
friend [frend] Freund(in), der, die Bekannte; **(boy)friend/(girl)friend** [(ˈbɔɪ)frend/(ˈgɜːl)frend] Freund/in; **friendly** [ˈfrendlɪ] freundlich; **be friends** [frendz] befreundet sein
friendship [ˈfrenʃɪp] Freundschaft
frighten [ˈfraɪtn] erschrecken
from [frɒm] ab; *(Herkunft)* von, aus
front [frʌnt] Vorderseite; **in front** [ɪn ˈfrʌnt] vorn; **in front of** [ɪn ˈfrʌnt‿əv] *(räumlich)* vor
fry [fraɪ] *(in der Pfanne)* braten
fuel oil [ˈfjʊəl‿ɔɪl] Heizöl
fulfil [fʊlˈfɪl] verwirklichen
full [fʊl] voll, völlig, ganz
full stop [ˈfʊl ˈstɒp] *(Satz)* Punkt
fun [fʌn] *(Gaudi)* Spaß
funny [ˈfʌnɪ] *(erheiternd)* lustig
fur [fɜː] Fell, Pelz
furious [ˈfjʊərɪəs] wütend
furnish [ˈfɜːnɪʃ] möblieren
furnishings [ˈfɜːnɪʃɪŋz] *(von Zimmer usw.)* Ausstattung
furniture [ˈfɜːnɪtʃə] Möbel
fuse [fjuːz] *(el)* Sicherung
future [ˈfjuːtʃə] Zukunft; zukünftig

G

gadget [ˈgædʒɪt] Apparat
gain [geɪn] gewinnen
game [geɪm] Wild
garage [ˈgærɑːdʒ] *(Auto)* Reparaturwerkstatt, Garage
garbage [ˈgɑːbɪdʒ] *(Am)* Müll
garden [ˈgɑːdn] Garten
gas [gæs] Benzin
gate [geɪt] das Tor
gateway [ˈgeɪtweɪ] Einfahrt
gear [gɪə] *(Auto)* Gang

general [ˈdʒenrl] allgemein; **in general** [ɪn ˈdʒenrl] im allgemeinen
gentleman [ˈdʒentlmən] Herr
genuine [ˈdʒenjʊɪn] echt
German [ˈdʒɜːmən] der, die Deutsche; deutsch
Germany [ˈdʒɜːmənɪ] Deutschland
get [get] erhalten, erlangen, bekommen, besorgen; **get on** [ˌget‿ˈɒn] zusteigen; **get up** [ˈget ˈʌp] aufstehen; **get hold of** [get ˈhəʊld‿əv] verschaffen
giddy [ˈgɪdɪ] schwindlig
gift [gɪft] Geschenk
girl [gɜːl] Mädchen
give [gɪv] geben
glad [glæd] froh; **glad (of)** [glæd (‿əv)] erfreut (über)
gladly [ˈglædlɪ] gern
glass [glɑːs] Glas
glasses [ˈglɑːsɪz] Brille
glorious [ˈglɔːrɪəs] herrlich, *(fig)* glänzend
gnat [næt] Mücke
go [gəʊ] gehen, fahren, reisen; **go in** [ˈgəʊ ˈɪn] hineingehen; **go to** [ˈgəʊ tʊ] reisen nach; **go up** [ˈgəʊ ˈʌp] hinaufgehen; **go away** [ˈgəʊ‿əˈweɪ] verreisen; **go back** [bæk] *(zu Fuß)* zurückgehen; **go down** [ˈgəʊ ˈdaʊn] hinuntergehen; **go out** [ˈgəʊ ˈaʊt] hinausgehen; ausgehen; **go straight on** [ˈstreɪt ˈɒn] geradeaus gehen
goal [gəʊl] *(Fußball usw.)* das Tor
God [gɒd] Gott
gone [gɒn] weg, vorüber
good [gʊd] *(adj)* gut
goodbye [gʊdˈbaɪ] auf Wiedersehen; **say goodbye** [seɪ gʊdˈbaɪ] Abschied nehmen, s. verabschieden
goodness [ˈgʊdnɪs] Güte; **thank goodness!** [ˈθæŋk ˈgʊdnɪs] Gott sei Dank!
goods [gʊdz] Waren
government [ˈgʌvnmənt] Regierung
grab [græb] zugreifen
grandfather [ˈgrænˌfɑːðə] Großvater
grandmother [ˈgrænˌmʌðə] Großmutter
grant [grɑːnt] gewähren
grass [grɑːs] Rasen
great [greɪt] großartig; *(bedeutend)* groß, prima
greet [griːt] begrüßen, grüßen
grief [griːf] *(Trauer)* Kummer
grill [grɪl] braten
ground [graʊnd] Boden, Gelände
ground-floor [ˈgraʊndˈflɔː] Erdgeschoß
group [gruːp] Gruppe
grow [grəʊ] wachsen
grumble [ˈgrʌmbl] *(sich beklagen)* schimpfen
guarantee [ˌgærənˈtiː] Garantie
guard [gɑːd] bewachen
guess [ges] Vermutung; *(erraten)* raten
guest [gest] Gast
guide [gaɪd] *(für Fremde)* Führer, Fremdenführer, Reiseführer
guilt [gɪlt] Schuld
guitar [gɪˈtɑː] Gitarre

H

habit [ˈhæbɪt] Gewohnheit
haggle [ˈhægl] feilschen
half [hɑːf] halb; Hälfte; **halves** [hɑːvz] *(pl)* Hälften
hall [hɔːl] Halle; *(größerer)* Saal
halt! [hɔːlt] halt!
hammer [ˈhæmə] Hammer
hand [hænd] Hand; *(überreichen)* reichen; **hand in** [ˈhænd ˈɪn] abgeben; **hand over** [ˌhænd ˈəʊvə] übergeben
handbag [ˈhændbæg] Handtasche
handle [ˈhændl] *(Handgriff)* Griff
handmade [ˈhændˈmeɪd] handgemacht
hang [hæŋ] hängen, aufhängen
happen [ˈhæpn] s. ereignen, geschehen, passieren; **what has happened?** [ˈwɒt həz ˈhæpnd] was ist geschehen?
happy [ˈhæpɪ] froh, glücklich
hard [hɑːd] hart
hard-working [ˈhɑːd ˈwɜːkɪŋ] fleißig
hardly [ˈhɑːdlɪ] kaum
harm [hɑːm] schaden
harmful [ˈhɑːmfʊl] schädlich
harvest [ˈhɑːvɪst] Ernte
have [hæv] haben; **have to** [ˈhæv tʊ] müssen, sollen; **I shall have to** [ʃəl ˈhæv tʊ] ich werde müssen; **have a good time** [ˈhæv ə ˈgʊd ˈtaɪm] s. amüsieren
he [hiː] er
head [hed] der Leiter, Chef
headmaster [ˌhedˈmɑːstə] *(Schule)* Direktor
headquarters [ˌhedˈkwɔːtəz] *(von Firma usw.)* Sitz

health [helθ] Gesundheit; **good health** [ˈgʊd ˈhelθ] Wohlbefinden
healthy [ˈhelθɪ] gesund
hear [hɪə] erfahren, hören
heart [hɑːt] Herz
heat [hiːt] Wärme, Hitze; wärmen, heizen
heaven [ˈhevn] *(rel)* Himmel
heavy [ˈhevɪ] schwer
hectic [ˈhektɪk] hektisch
heel [hiːl] *(Schuh)*Absatz
height [haɪt] Größe, Höhe; *(Karriere)* Höhepunkt
hello [həˈləʊ] hallo
help [help] Hilfe; **help s. o.** [help] jdm helfen, jdm behilflich sein; **help yourself!** greifen Sie zu!
her [hɜː] *(poss prn, f)* ihr
here [hɪə] hier
herring [ˈherɪŋ] *(Fisch)* Hering
hesitate [ˈhezɪteɪt] zögern
hide [haɪd] Fell, Haut; verstecken, verbergen
high [haɪ] hoch
highlight [ˈhaɪlaɪt] Höhepunkt
hike [haɪk] wandern
hill [hɪl] Hügel
hinder [ˈhɪndə] hindern
hire [ˈhaɪə] mieten
his [hɪz] *(poss prn, m)* sein
history [ˈhɪstərɪ] Geschichte
hit [hɪt] schlagen
hobby [ˈhɒbɪ] Hobby
hole [həʊl] Loch
holiday [ˈhɒlədɪ] Feiertag; **on holiday** [ɒn ˈhɒlədɪ] in Ferien; **holidays** [ˈhɒlədɪz] Ferien, Urlaub
holy [ˈhəʊlɪ] heilig
home [həʊm] Heimat, Inland; **at home** [ət‿ˈhəʊm] daheim
honour [ˈɒnə] Ehre
hook [hʊk] Haken
hope [həʊp] hoffen
hospitality [ˌhɒspɪˈtælɪtɪ] Gastfreundschaft
host/hostess [həʊst/ˈhəʊstɪs] Gastgeber/in
hot [hɒt] heiß; *(Geschmack)* scharf
hotel [həʊˈtel] Hotel
hour [ˈaʊə] Stunde; **a quarter of an hour** [ˈkwɔːtr‿əv‿ən ˈaʊə] eine Viertelstunde; **half an hour** [ˈhɑːfənˈaʊə] eine halbe Stunde ; **every two hours** [ˈevrɪ ˈtuː ˈaʊəz] alle zwei Stunden; **hours of business** [ˈaʊəz‿əv ˈbɪznɪs] Öffnungszeiten
house [haʊs] Haus
how [haʊ] *(Frage)* wie
however [haʊˈevə] jedoch, doch
hug [hʌg] umarmen
human [ˈhjuːmən] menschlich
humane [hjʊˈmeɪn] *(human)* menschlich
hundred [ˈhʌndrəd] hundert
hunger [ˈhʌŋgə] Hunger
hungry [ˈhʌŋgrɪ] hungrig
hurry [ˈhʌrɪ] s. beeilen; **be in a hurry** es eilig haben
hurt [hɜːt] schmerzen
husband [ˈhʌzbənd] Ehemann
hut [hʌt] Hütte

I

I [aɪ] ich
ice [aɪs] Eis
ice-cream [ˈaɪsˈkriːm] Speiseeis
idea [aɪˈdɪə] Idee, Ahnung; *(Begriff)* Vorstellung; **no idea!** [ˈnəʊ aɪˈdɪə] keine Ahnung!
identity card [aɪˈdentɪtɪ kɑːd] *(Personal-)*Ausweis
if [ɪf] *(Bedingung)* wenn, falls
ill [ɪl] krank; **be taken ill** [ˈteɪkn ˈɪl] krank werden
illuminated [ɪˈljuːmɪneɪtɪd] *(festlich)* beleuchtet
illustration [ˌɪləsˈtreɪʃn] *(Abbildung)* Bild
immediate(ly) [ɪˈmiːdjət(lɪ)] unmittelbar, sofort, direkt
impertinent [ɪmˈpɜːtɪnənt] unverschämt
impolite [ˌɪmpəˈlaɪt] unhöflich
import [ˈɪmpɔːt] Einfuhr
importance [ɪmˈpɔːtəns] *(Wichtigkeit)* Bedeutung
important [ɪmˈpɔːtnt] bedeutend, wichtig
impossible [ɪmˈpɒsəbl] ausgeschlossen, unmöglich
impression [ɪmˈpreʃn] Eindruck
improbable [ɪmˈprɒbəbl] unwahrscheinlich
improve [ɪmˈpruːv] verbessern
in [ɪn] in
in case [ɪn ˈkeɪs] falls
incident [ˈɪnsɪdənt] Vorfall, Zwischenfall
included [ɪnˈkluːdɪd] inbegriffen
incomplete [ˌɪnkəmˈpliːt] unvollständig
inconsiderate [ˌɪnkənˈsɪdərɪt] unüberlegt, unbesonnen; rücksichtslos

increase [ɪn'kri:s] *(Preise)* erhöhen; *(anwachsen)* zunehmen
incredible [ɪn'kredəbl] unglaublich
indeed [ɪn'dɪ:d] in der Tat
indefinite [ɪn'defɪnɪt] unbestimmt
indicate ['ɪndɪkeɪt] *(hinweisen)* zeigen; *(Auto)* blinken
indispensable [ˌɪndɪs'pensəbl] unentbehrlich
individual [ˌɪndɪ'vɪdjʊəl] einzeln
indoors [ˌɪn'dɔ:z] drinnen, im Haus
industrious [ɪn'dʌstrɪəs] fleißig
inevitable [ɪn'evɪtəbl] unvermeidlich
inexact [ˌɪnɪg'zækt] ungenau
inexperienced [ˌɪnɪks'pɪərɪənst] unerfahren
inflammable [ɪn'flæməbl] feuergefährlich
inflate [ɪn'fleɪt] aufpumpen
inform [ɪn'fɔ:m] benachrichtigen, informieren, mitteilen; *(berichten)* melden; **inform s. o.** [ɪn'fɔ:m] jdn verständigen
information [ɪnfə'meɪʃn] Auskunft; **information office** [ɪnfə'meɪʃn 'ɒfɪs] Auskunftsstelle
inhabitant [ɪn'hæbɪtənt] Bewohner, Einwohner
injured person ['ɪnʒəd 'pɜ:sn] der, die Verletzte
injustice [ɪn'dʒʌstɪs] Ungerechtigkeit, Unrecht
inland ['ɪnlænd] Inland
inn [ɪn] Gasthaus/Gasthof
innocent ['ɪnəsnt] unschuldig
innovation [ˌɪnə'veɪʃn] Neuheit
inquire [ɪn'kwaɪə] Auskunft einholen, s. erkundigen
insect ['ɪnsekt] Insekt
inside ['ɪn'saɪd] innen, drin; **the inside** das Innere
insist [ɪn'sɪst] *(bestimmt)* behaupten; **insist on** [ɪn'sɪst‿ɒn] bestehen auf
instead of [ɪn'sted‿əv] statt, anstatt
insufficient [ˌɪnsə'fɪʃnt] ungenügend
insult ['ɪnsʌlt] Beleidigung; beleidigen
insurance [ɪn'ʃʊərns] Versicherung
insure [ɪn'ʃʊə] *(Eigentum, Leben)* versichern
intelligence [ɪn'telɪdʒəns] Verstand
intelligent [ɪn'telɪdʒənt] klug
intend to [ɪn'tend tu:] beabsichtigen
intention [ɪn'tenʃn] Absicht
interest ['ɪntrɪst] Interesse; **be interested (in)** ['ɪntrɪstɪd] s. interessieren (für)
interesting ['ɪntrɪstɪŋ] interessant
international [ˌɪntə'næʃənl] international
interrupt [ˌɪntə'rʌpt] unterbrechen
interruption [ˌɪntə'rʌpʃn] *(Unterbrechung)* Störung
intersection [ˌɪntə'sekʃn] *(Straßen-)* Kreuzung
intolerable [ɪn'tɒlrəbl] unerträglich
introduce [ˌɪntrə'dju:s] vorstellen, bekannt machen
introduction [ˌɪntrə'dʌkʃn] Vorstellung
invalid [ɪn'vælɪd] ungültig
invent [ɪn'vent] erfinden
invitation [ˌɪnvɪ'teɪʃn] Einladung
invite [ɪn'vaɪt] einladen, auffordern
Ireland ['aɪələnd] Irland; **Northern Ireland** ['nɔ:ðən 'aɪələnd] Nordirland
Irish ['aɪrɪʃ] irisch
Irishman ['aɪrɪʃmən] Ire
Irishwoman ['aɪrɪʃˌwʊmən] Irin
iron ['aɪən] Eisen; Bügeleisen; bügeln
irregular [ɪ'regjʊlə] unregelmäßig
island ['aɪlənd] Insel
isolated ['aɪsəleɪtɪd] abgelegen; *(Haus usw.)* einsam
it [ɪt] es
itch [ɪtʃ] jucken
item ['aɪtəm] Gegenstand
its [ɪts] *n* sein

J

jellyfish ['dʒelɪfɪʃ] Qualle
jet [dʒet] *(Wasser)*Strahl
job [dʒɒb] Stellung; *(Arbeit)* Stelle, Beruf
joint [dʒɔɪnt] Braten
joke [dʒəʊk] Spaß, Scherz, Witz
journey ['dʒɜ:nɪ] Fahrt, Reise; **go on a journey** verreisen; **on a journey** [ɒn‿ə 'dʒɜ:nɪ] auf der Reise; **return journey** [rɪ'tɜ:n 'dʒɜ:nɪ] Rückfahrt, Heimreise; **journey home** ['dʒɜ:nɪ 'həʊm] Heimreise
joy [dʒɔɪ] Lust, Freude
judge [dʒʌdʒ] urteilen, beurteilen
judgement ['dʒʌdʒmənt] Urteil
jump [dʒʌmp] springen
just [dʒʌst] *(zeitlich)* gerade, gerecht; **just as … as** ['dʒʌst‿əz … əz] genauso … wie

K

keep [ki:p] behalten; halten; *(ernähren)* unterhalten
kind [kaınd] Art, Sorte; freundlich, wohlwollend, liebenswürdig
kindness [ˈkaındnıs] Freundlichkeit, Liebenswürdigkeit
kiss [kıs] Kuß; küssen
kitchen [ˈkıtʃın] Küche
knock [nɒk] anklopfen
knot [nɒt] Knoten
know [nəʊ] kennen, wissen, Bescheid wissen; **get to know s. o.** [ˌget tə ˈnəʊ] jdn kennenlernen; **knowledge** [ˈnɒlıdʒ] Kenntnis, Wissen; **well-known** [ˈwelˈnəʊn] bekannt

L

lace [leıs] *(Gewebe)* Spitze
lack [læk] *(Fehlen)* Mangel
ladder [ˈlædə] die Leiter
lady [ˈleıdı] Dame; **young lady** [ˈjʌŋ ˈleıdı] Fräulein
lake [leık] der See
lamp [læmp] Lampe
land [lænd] *(Gegensatz zu Wasser)* Land
landing stage [ˈlændıŋ steıdʒ] *(Landungs)*Steg
landlady [ˈlænˌleıdı] Wirtin
landlord [ˈlænlɔ:d] Wirt
language [ˈlæŋgwıdʒ] Sprache
large [lɑ:dʒ] groß
last [lɑ:st] letzte(r, s); zuletzt; halten, dauern; **last but one** [ˈlɑ:st bʌt ˈwʌn] vorletzte(r, s)
late [leıt] spät; **be late** s. verspäten
later [ˈleıtə] später
laugh [lɑ:f] lachen
lavatory [ˈlævətrı] Toilette
law and order [ˈlɔ:‿ən‿ˈɔ:də] *(Anspruch)* Recht und Ordnung
lawn [lɔ:n] Rasen
lazy [ˈleızı] faul
lead [li:d] *(el)* Schnur; führen
leaf [li:f] Blatt
leaflet [ˈli:flıt] Prospekt
lean [li:n] *(Fleisch)* mager
learn [lɜ:n] erfahren, lernen
least [li:st] das wenigste; **at least** [ət ˈli:st] mindestens, wenigstens
leather [ˈleðə] Leder
leave [li:v] hinterlassen, abfahren (von), verlassen, weggehen, hinausgehen; **leave (behind)** [ˌli:v (bıˈhaınd)] zurücklassen; **leave (for)** [ˈli:v fɔ:] abreisen (nach)
left [left] übrig; **left(-hand)** [ˈleft(ˌhænd)] linke(r, s); **be left** übrig bleiben; **on the left, to the left** [left] links
lend [lend] *(jdm)* leihen
length [leŋθ] Länge
less [les] geringer, weniger
lesson [ˈlesn] Unterrichtsstunde
let [let] lassen; vermieten
letter [ˈletə] Brief
level [ˈlevl] *(eben)* flach
license [ˈlaısns] *(Auto)* zulassen
lie [laı] Lüge; lügen; liegen; **lie down** [ˈlaı ˈdaʊn] s. hinlegen
life [laıf] Leben; **lives** [laıvz] *(pl)* Leben
lift [lıft] Fahrstuhl; heben
light [laıt] Licht; *(Gewicht)* leicht; anzünden
lighter [ˈlaıtə] Feuerzeug
lighthouse [ˈlaıthaʊs] Leuchtturm
lightning [ˈlaıtnıŋ] Blitz
like [laık] *(Vergleich)* wie; *(Person)* schätzen; *(gern haben)* mögen
likewise [ˈlaıkwaız] gleichfalls
line [laın] *(Bahn)*Strecke, Linie; *(tele)* Leitung
linen [ˈlının] *(Bett)*Wäsche
lining [ˈlaınıŋ] *(Kleidung)* Futter
liquid [ˈlıkwıd] flüssig
list [lıst] Verzeichnis, Liste
listen [ˈlısn] zuhören
lit up [ˈlıt ˈʌp] beleuchtet
little [ˈlıtl] wenig, klein, gering; **a little** *(ein wenig)* etwas
live [lıv] leben, wohnen
lively [ˈlaıvlı] lebhaft
load [ləʊd] aufladen
local [ˈləʊkl] einheimisch
lock [lɒk] *(Tür)* Schloß, Verschluß; verschließen, abschließen; **lock (up)** [lɒk (ˈʌp)] zuschließen; **lock in/up** [ˈlɒk ˈın/ˈʌp] einschließen
logical [ˈlɒdʒıkl] logisch
lonely [ˈləʊnlı] *(Mensch)* einsam
long [lɒŋ] *(Weg)* weit, lang; **before long** [bıˈfɔ: ˈlɒŋ] demnächst; **as long as** [əz ˈlɒŋ‿əz] solange
look [lʊk] Blick; aussehen, schauen; **look at** [ˈlʊk‿ət] anschauen, ansehen, betrachten; **look for** [ˈlʊk fɔ:] suchen; **have a look** [hæv‿ə ˈlʊk] nachsehen;

A/Z

look after [lʊk ˈɑːftə] aufpassen (auf), sorgen für; **look around** [ˌlʊk‿əˈraʊnd] s. umsehen; **look like** [ˈlʊk ˈlaɪk] gleichen; **look out (for)** [lʊk ˈaʊt fɔː] achtgeben (auf); **look out!** [ˈlʊkˈaʊt] *(Vorsicht!)* Achtung!
lorry [ˌlɒrɪ] Lastwagen
lose [luːz] verlieren; **lose one's way** [ˈluːz wʌnz ˈweɪ] s. verirren
loss [lɒs] Verlust; **get lost** [get ˈlɒst] s. verirren; **lost-property office** [ˈlɒstˈprɒpətɪ ˌɒfɪs] Fundbüro
lot [lɒt] Los; **the lot** *(fam)* alles, der ganze Kram; **a lot of** [ə ˈlɒt‿əv] viel, eine Menge
loud [laʊd] laut
loudspeaker [ˌlaʊdˈspiːkə] Lautsprecher
love [lʌv] Liebe; lieben
low [ləʊ] *(niedrig)* tief, leise
loyal [ˈlɔɪl] treu
luck [lʌk] Glück; **good luck!** [ˈgʊd ˈlʌk] *(Erfolg)* viel Glück!
lucky [ˈlʌkɪ] *(Glück gehabt)* glücklich; **be lucky** *(Erfolg)* haben
lunch [lʌntʃ] Mittagessen
lust [lʌst] *(Begierde)* Lust
luxurious [lʌgˈzjʊərɪəs] luxuriös
luxury [ˈlʌkʃərɪ] Luxus

M

machine [məˈʃiːn] Maschine
mad [mæd] verrückt
Madam [ˈmædəm] *(Anrede)* Frau
magazine [ˌmægəˈziːn] *(Zeitschrift)* Heft
mail [meɪl] Post; aufgeben
maintain [meɪnˈteɪn] behaupten
make [meɪk] *(herstellen)* machen, schaffen; *(Kaffee, Tee)* kochen; **make good** [ˈmeɪk ˈgʊd] *(Schaden)* ersetzen; **make up one's mind** [ˈmeɪk ʌp wʌnz ˈmaɪnd] *(s. entscheiden)* beschließen; **put on make-up** [ˈpʊt‿ɒn ˈmeɪkʌp] s. schminken
male [meɪl] männlich
man [mæn] Mann; *(der)* Mensch
management [ˈmænɪdʒmənt] Direktion
manager [ˈmænɪdʒə] Direktor, der Leiter
manner [ˈmænə] Weise; **manners** [ˈmænəz] Benehmen
manor (house) [ˈmænə (haʊs)] Landhaus
map [mæp] Landkarte
mark [mɑːk] Kennzeichen
marriage [ˈmærɪdʒ] Heirat, Ehe
married couple [ˈmærɪd ˈkʌpl] Ehepaar
marry [ˈmærɪ] heiraten
marsh [mɑːʃ] Sumpf
marvellous [ˈmɑːvləs] wunderbar
mass [mæs] *(rel)* Messe
match [mætʃ] Streichholz
matchbox [ˈmætʃbɒks] Streichholzschachtel
material [məˈtɪərɪəl] Material, Stoff
matter [ˈmætə] Angelegenheit, Sache; **settle a matter** [setl] eine Angelegenheit erledigen
mature [məˈtjʊə] *(geistig, körperlich)* reif
maybe [ˈmeɪbiː] vielleicht
me [miː] mir, mich; **as for me** [ˈæz fə ˈmiː] meinerseits; **to me** mir
meadow [ˈmedəʊ] Wiese
meal [miːl] Essen, Mahlzeit
mean [miːn] gemein; bedeuten
meaning [ˈmiːnɪŋ] *(Sinn)* Bedeutung
means [miːnʒ] Mittel
meanwhile [ˌmiːnˈwaɪl] inzwischen
measure [ˈmeʒə] Maß; messen
meat [miːt] Fleisch
meet [miːt] treffen, kennenlernen, begegnen; **arrange to meet** [əˈreɪnʒ tə ˈmiːt] s. verabreden; **meet again** [ˈmiːt əˈgen] wiedersehen
memo [ˈmeməʊ] *(Haus)* Mitteilung
men [men] *(pl)* Mann
mend [mend] flicken
menu [ˈmenjuː] Speisekarte
merit [ˈmerɪt] das Verdienst
merry [ˈmerɪ] lustig, froh
message [ˈmesɪdʒ] Nachricht
middle [ˈmɪdl] Mitte
midge [mɪdʒ] Mücke
midnight [ˈmɪdnaɪt] Mitternacht
mild [maɪld] mild
mile [maɪl] Meile
mind [maɪnd] Gedächtnis, Verstand, Sinn; (be-)merken, sich hüten vor, (be-)achten; **I don't mind** [ˈaɪ dəʊnt ˈmaɪnd] meinetwegen; **make up one's mind** [ˈmeɪk ʌp wʌnz ˈmaɪnd] s. entschließen
minus [ˈmaɪnəs] minus
minute [ˈmɪnɪt] Minute
miscalculate [ˌmɪsˈkælkjʊleɪt] s. verrechnen
misfortune [mɪsˈfɔːtʃən] *(Unheil)* Unglück

Miss [mɪs] *(Anrede, vor Namen)* Fräulein; **miss** verfehlen; *(verpassen)* versäumen; **be missing** ['mɪsɪŋ] fehlen
mistake [mɪs'teɪk] Fehler *(den man macht)*, Irrtum; **mistake for** [mɪs'teɪk fɔ:] vertauschen, verwechseln; **by mistake** [baɪ mɪs'teɪk] aus Versehen; **make a mistake** ['meɪk‿ə mɪs'teɪk] einen Fehler machen, s. verrechnen; **be mistaken** [mɪs'teɪkn] s. täuschen, s. irren
misty ['mɪstɪ] neblig
misunderstand [ˌmɪsʌndə'stænd] mißverstehen
misunderstanding [ˌmɪsʌndə'stændɪŋ] Mißverständnis
mix [mɪks] *(Getränke)* zubereiten; **mix up** ['mɪks‿'ʌp] *(verwechseln)* vertauschen
mixed [mɪkst] gemischt
model ['mɒdl] Muster
moderate ['mɒdərɪt] mäßig
modern ['mɒdn] modern
moist [mɔɪst] naß, feucht
moment ['məʊmənt] Moment, Augenblick
money ['mʌnɪ] Geld
month [mʌnθ] Monat
monthly ['mʌnθlɪ] monatlich
mood [mu:d] Laune
moon [mu:n] Mond
more [mɔ:] mehr; **more or less** ['mɔ:r‿ɔ: 'les] mehr oder weniger; **more than** mehr als
morning ['mɔ:nɪŋ] Morgen, Vormittag
most [məʊst] meist, am meisten; **at the most** [ət ðə 'məʊst] höchstens
mother ['mʌðə] Mutter
motive ['məʊtɪv] *(Beweggrund)* Grund
mountain ['maʊntɪn] Berg
mouth [maʊθ] Mund; *(Fluß)* Mündung
move [mu:v] bewegen; umziehen
movement ['mu:vmənt] Bewegung
movie ['mu:vɪ] Film
Mr ['mɪstə] *(vor Namen)* Herr
Mrs ['mɪsɪz] *(vor Namen)* Frau
much [mʌtʃ] viel
mud [mʌd] Schlamm, Schmutz
mud-flats ['mʌdflæts] *(Natur)* Watt
mug [mʌg] Becher; *(auf der Straße)* überfallen
music ['mju:zɪk] Musik
must [mʌst] müssen
my [maɪ] mein; **I did it myself** [maɪ'self] ich habe es selbst gemacht

N

nail [neɪl] Nagel
naked ['neɪkɪd] nackt
name [neɪm] Name; nennen; **what's your name?** ['wɒts jɔ: 'neɪm] wie heißen Sie?
narrow ['nærəʊ] schmal, eng
nation ['neɪʃn] Nation
native ['neɪtɪv] einheimisch; **native of** ['neɪtɪv‿əv] *(Land)* gebürtig aus; **native country** ['neɪtɪv 'kʌntrɪ] Heimat
natural ['nætʃrəl] *(adj)* natürlich
nature ['neɪtʃə] Natur
naughty ['nɔ:tɪ] *(ungezogen)* böse
near [nɪə] nahe, in der Nähe von, bei; **near by** ['nɪə 'baɪ] dicht dabei
nearly ['nɪəlɪ] beinahe, fast
neat [ni:t] ordentlich
necessary ['nesɪsrɪ] nötig, notwendig
necessity [nɪ'sesɪtɪ] Notwendigkeit
necklace ['neklɪs] Halskette
need [ni:d] brauchen, benötigen
needle ['ni:dl] Nadel
negative ['negətɪv] negativ
neglect [nɪ'glekt] vernachlässigen
negligent ['neglɪdʒənt] nachlässig
negotiations [nɪˌgəʊʃɪ'eɪʃnz] Verhandlung
neighbour ['neɪbə] Nachbar/in
neither ['naɪðə] *(nachgestellt)* auch nicht; **neither … nor** ['neɪðə … 'nɔ:] weder … noch
nephew ['nevju:] Neffe
nervous ['nɜ:vəs] nervös
net [net] Netz
never ['nevə] nie
nevertheless [ˌnevəðə'les] trotzdem
new [nju:] neu, frisch
news [nju:z] Nachrichten, Neuigkeit
newsagent ['nju:zˌeɪdʒnt] Zeitungshändler
newspaper ['nju:sˌpeɪpə] Zeitung
newsstand ['nju:zˌstænd] Zeitungskiosk
next [nekst] nächste(r, s); **next to** [nekst tʊ] neben
nice [naɪs] nett, lieb, sympathisch
niece [ni:s] Nichte
night [naɪt] Nacht, Abend
no [nəʊ] kein
nobody ['nəʊbədɪ] keine(r, s), niemand

noise [nɔɪz] Geräusch, Lärm
noisy [ˈnɔɪzɪ] *(Lärm)* laut
noon [nuːn] Mittag; **at noon** mittags
nor [nɔː] *(nachgestellt)* auch nicht
normal [ˈnɔːml] normal
normally [ˈnɔːməlɪ] normalerweise
north [nɔːθ] Norden
North Sea [ˈnɔːθ ˈsiː] die Nordsee
northern [ˈnɔːðən] nördlich
not [nɒt] nicht; **not at all** [ˈnɒt‿ət ˈɔːl] gar nicht, durchaus nicht; **not yet** [ˈnɒt ˈjet] noch nicht
note [nəʊt] Aufzeichnung; Geldschein; **make a note of** [ˈmeɪk ə ˈnəʊt‿əv] notieren
nothing [ˈnʌθɪŋ] nichts; **nothing but** [ˈnʌθɪŋ bʌt] *(bei Vergleich)* nichts als; **nothing else** [els] sonst nichts
notice [ˈnəʊtɪs] bemerken
notion [ˈnəʊʃn] *(Begriff)* Vorstellung
nourishing [ˈnʌrɪʃɪŋ] nahrhaft
now [naʊ] nun, zur Zeit, jetzt; **just now** [ˈdʒʌst ˈnaʊ] *(zeitlich)* eben; **till now** [tɪl ˈnaʊ] *(zeitlich)* bis jetzt
nowhere [ˈnəʊweə] nirgends
nude [njuːd] nackt
number [ˈnʌmbə] Nummer; numerieren
number plate [ˈnʌmbəpleɪt] *(Auto-)* Kennzeichen
numerous [ˈnjuːmərəs] zahlreich
nun [nʌn] *(Ordensschwester)* Nonne
nurse [nɜːs] Krankenschwester

O

object [ˈɒbdʒɪkt] Gegenstand
obligation [ˌɒblɪˈgeɪʃn] Verpflichtung, Zwang; **without obligation** [wɪˈðaʊt ˌɒblɪˈgeɪʃn] unverbindlich; **be obliged to** [əˈblaɪdʒd] verpflichtet sein
observe [əbˈzɜːv] beobachten
obtain [əbˈteɪn] beschaffen, verschaffen, erlangen
obtainable [əbˈteɪnəbl] erhältlich
occasion [əˈkeɪʒən] Gelegenheit, Anlaß
occasionally [əˈkeɪʒnəlɪ] *(adv)* gelegentlich
occupied [ˈɒkjʊpaɪd] *(Platz)* besetzt
occurrence [əˈkʌrəns] Vorfall
ocean [ˈəʊʃn] Ozean
odd [ɒd] *(seltsam)* eigen
of [ɒv] *(Eigenschaft)* von; *(Material)* aus; **of course!** [əv ˈkɔːs] *(adv)* natürlich, selbstverständlich!
offend [əˈfend] beleidigen
offer [ˈɒfə] anbieten, bieten
office [ˈɒfɪs] *(Dienststelle)* Amt, Büro
official [əˈfɪʃl] amtlich, offiziell
often [ˈɒfn] oft
oil [ɔɪl] Öl
old [əʊld] alt
old-fashioned [ˌəʊldˈfæʃnd] unmodern
on [ɒn] an, auf; **on Sunday** [ˈsʌndɪ] am Sonntag; **on the Thames** [temz] an der Themse
once [wʌns] einmal; **all at once** [ˈɔːl‿ət ˈwʌns] auf einmal; **at once** [ət ˈwʌns] sofort, gleich
one [wʌn] man, ein(e), eins; **one and a half** [ˈwʌn‿ənd‿ə ˈhɑːf] anderthalb
only [ˈəʊnlɪ] einzig; *(nicht früher als)* erst, nur
open [ˈəʊpn] offen, geöffnet; öffnen, aufmachen; **in the open air** [ˈəʊpən ˈeə] im Freien
opening hours [ˈəʊpnɪŋ ˌaʊəz] Öffnungszeiten
operate [ˈɒpəreɪt] operieren
opinion [əˈpɪnjən] Ansicht, Urteil, Meinung
opportunity [ˌɒpəˈtjuːnɪtɪ] *(günstige)* Gelegenheit
opposite [ˈɒpəzɪt] Gegenteil; entgegengesetzt; gegenüber; **in the opposite direction** [ɪn ðɪ‿ˈɒpəzɪt dɪˈrekʃn] in entgegengesetzter Richtung
or [ɔː] oder
order [ˈɔːdə] Ordnung; *(rel)* Orden; Bestellung; bestellen; **out of order** [aʊt‿əv ˈɔːdə] kaputt; **order in advance** [ˈɔːdər‿ɪn‿ədˈvɑːns] vorbestellen
orderly [ˈɔːdəlɪ] ordentlich
ordinary [ˈɒdnrɪ] gewöhnlich
organize [ˈɔːgənaɪz] veranstalten
other [ˈʌðə] der, die, das andere; **the other day** [ðɪ‿ˈʌðə ˈdeɪ] neulich
otherwise [ˈʌðəwaɪz] *(Gegensatz)* sonst
ought to [ɔːt‿tʊ] sollen
our [ˈaʊə] unser(e)
outside [ˌaʊtˈsaɪd] außen, außerhalb, draußen
outskirts [ˈaʊt-skɜːts] Peripherie
outward [ˈaʊtwəd] äußerlich
over [ˈəʊvə] über, vorüber, vorbei
over there [ˈəʊvə ˈðeə] drüben
overcrowed [ˌəʊvəˈkraʊdɪd] überfüllt
overseas [ˌəʊvəˈsiːz] Übersee
overtake [ˌəʊvəˈteɪk] überholen

owe [əʊ] schulden
own [əʊn] eigen, besitzen
owner ['əʊnə] Besitzer/in, Eigentümer/in

P

pack [pæk] Packung; packen, einpakken, verpacken
package ['pækɪdʒ] Päckchen
packet ['pækɪt] Packung
packing ['pækɪŋ] Verpackung
page [peɪdʒ] *(Buch)* Seite
painful ['peɪnfʊl] schmerzhaft
take pains ['teɪk 'peɪnz] s. Mühe geben
paint [peɪnt] malen
painting ['peɪntɪŋ] *(Gemälde)* Bild
pair[peər] Paar; **a pair of** [ə 'peər‿əv] ein Paar
pale [peɪl] bleich
pane [peɪn] *(Fenster)*Scheibe
panorama [ˌpænə'rɑːmə] Panorama
paragraph ['pærəgrɑːf] *(Abschnitt)* Absatz
parcel ['pɑːsl] Paket
pardon ['pɑːdn] Verzeihung; **I beg your pardon!** [aɪ 'beg jɔː 'pɑːdn] Ich bitte um Entschuldigung; **Pardon?** ['pɑːdn] wie bitte?
parents ['peərənts] Eltern
park [pɑːk] Anlage; Park; *(Auto)* abstellen, parken
part [pɑːt] Teil
particularly [pə'tɪkjʊləlɪ] besonders
particulars [pə'tɪkjʊləz] Personalien, nähere Angaben
party ['pɑːtɪ] Reisegesellschaft; Party, Fest
pass [pɑːs] *(Gebirge)* Paß; *(überreichen)* reichen; *(Zeit)* vergehen, vorübergehen, vorbeigehen; **passage** ['pæsɪdʒ] Durchgang, Gang, Passage; **passenger** ['pæsɪndʒə] Fahrgast; **passing through** ['pɑːsɪŋ 'θruː] auf der Durchreise
passport ['pɑːspɔːt] Paß
past [pɑːst] Vergangenheit; vorüber, vorbei
path [pɑːθ] Weg, Pfad
patience ['peɪʃns] Geduld
patient ['peɪʃnt] geduldig
pawnshop ['pɔːnʃɒp] Pfandleihe
pay [peɪ] zahlen, bezahlen
payment ['peɪmənt] Zahlung
peace [piːs] Friede
peak [piːk] *(Karriere)* Höhepunkt
pear [peə] *(Obst)* Birne
peculiar [pɪ'kjuːljə] *(eigenartig)* eigen
pedestrian [pɪ'destrɪən] Fußgänger/in
peg [peg] Kleiderhaken
pen [pen] Schreibfeder
people ['piːpl] Volk, Leute
per [pɜː] pro
percent [pə'sent] Prozent
percentage [pə'sentɪdʒ] Prozentsatz
perfect ['pɜːfɪkt] vollkommen
performance [pə'fɔːməns] *(Theater)* Vorstellung
perhaps [pə'hæps] vielleicht; *(adv)* eventuell
permission [pə'mɪʃn] Erlaubnis; **grant permission** [grɑːnt pə'mɪʃn] genehmigen
permit [pə'mɪt] erlauben, zulassen
permitted [pə'mɪtɪd] zulässig
person ['pɜːsn] Mensch, Person
personal ['pɜːsnl] persönlich
perspire [pəs'paɪə] schwitzen
persuade [pə'sweɪd] überreden
petrol ['petrəl] Benzin
phone [fəʊn] telefonieren, anrufen; **make a phone call** [meɪk‿ə 'fəʊnkɔːl] telefonieren
photo ['fəʊtəʊ] *(Foto)* Aufnahme; **photo(graph)** ['fəʊtəʊ (grɑːf)] Foto; **take a photo** ['teɪk ə 'fəʊtəʊ] fotografieren
pick [pɪk] pflücken
pick out ['pɪk 'aʊt] aussuchen
picture ['pɪktʃə] Bild; **take pictures** [teɪk 'pɪktʃəz] *(Foto)* aufnehmen
piece [piːs] Stück
pier [pɪə] Mole
pillow ['pɪləʊ] Kopfkissen
pin [pɪn] Stecknadel
pipe [paɪp] *(Gas, Wasser)* Leitung, Pfeife
pity ['pɪtɪ] Mitleid; **it's a pity** es ist schade; **what a pity!** ['wɒt‿ə 'pɪtɪ] wie schade!
place [pleɪs] Stelle, Platz, Ort
plain [pleɪn] Ebene
plan [plæn] Plan
plant [plɑːnt] Pflanze
plaster ['plɑːstə] Gips
plastic ['plæstɪk] das Plastik
plate [pleɪt] Teller
play [pleɪ] *(Theater)*Stück; spielen
pleasant ['pleznt] sympathisch, angenehm
please [pliːz] bitte; gefallen; **be pleased (with/about)** ['pliːzd wɪð/ə'baʊt)] s. freuen (über)

A/Z

pleasure ['pleʒə] Freude, das Gefallen, Lust, Vergnügen
plenty of ['plentɪ‿əv] reichlich
plus [plʌs] plus
pocket ['pɒkɪt] Tasche
point [pɔɪnt] Spitze, Punkt
pointed ['pɔɪntɪd] spitz
pointless ['pɔɪntlɪs] zwecklos
poison ['pɔɪzn] Gift
poisonous ['pɔɪznəs] giftig
policy ['pɒlɪsɪ] *(bestimmte)* Politik
polite [pə'laɪt] höflich
politeness [pə'laɪtnɪs] Höflichkeit
politics ['pɒlɪtɪks] Politik
poor [pʊə] arm
posh [pɒʃ] vornehm
position [pə'zɪʃn] *(Beruf)* Stellung; *(eines Ortes)* Lage
positive ['pɒzɪtɪv] positiv
possession [pə'zeʃn] Besitz
possibility [ˌpɒsə'bɪlɪtɪ] Möglichkeit
possible ['pɒsəbl] möglich; eventuell; **make possible** ['meɪk 'pɒsəbl] ermöglichen
post [pəʊst] Post; *(Briefe)* einwerfen, *(Post)* aufgeben; **to/at the post-office** ['pəʊstˌɒfɪs] auf die/der Post
postcard ['pəʊstkɑ:d] Postkarte
poster ['pəʊstə] Plakat
postpone [ˌpəʊs'pəʊn] *(zeitlich)* verschieben
pot [pɒt] Topf
pottery ['pɒtərɪ] Keramik
powder ['paʊdə] Pulver
power of attorney ['paʊər‿əv‿ə'tɜ:nɪ] Vollmacht
practical ['præktɪkl] praktisch
practice ['præktɪs] Übung
practise ['præktɪs] üben; *(Beruf)* ausüben
praise [preɪz] loben
pray [preɪ] beten
prayer [preə] Gebet
prefer [prɪ'fɜ:] *(adv)* etw lieber haben, vorziehen
preference ['prefrəns] Vorzug
pregnant ['pregnənt] schwanger
prepare [prɪ'peə] vorbereiten, zubereiten
present ['preznt] Geschenk; anwesend; **at present** [ət 'preznt] zur Zeit; **be present** *(anwesend)* dasein; **give as a present** ['gɪv‿əz‿ə 'preznt] schenken
press [pres] *(Knopf)* drücken
pretext ['pri:tekst] Vorwand
pretty ['prɪtɪ] ziemlich; hübsch
prevent [pri:'vent] verhindern, hindern
price [praɪs] *(Kosten)* Preis
priest [pri:st] Priester
principal ['prɪnsəpəl] *(adj)* hauptsächlich
private ['praɪvɪt] privat
prize [praɪz] *(Gewinn)* Preis
probability [ˌprɒbə'bɪlɪtɪ] Wahrscheinlichkeit
probable ['prɒbəbl] *(adj)* wahrscheinlich
probably ['prɒbəblɪ] *(adv)* wahrscheinlich
problem ['prɒbləm] Problem, Frage
problems ['prɒbləmz] Ärger, Kummer
procession [prə'seʃn] Prozession
produce [prə'dju:s] erzeugen
product ['prɒdʌkt] Erzeugnis, Produkt, Ware
profession [prə'feʃn] Beruf
profit ['prɒfɪt] Gewinn
programme ['prəʊgræm] Programm; *(Radio, Fernsehen)* Sendung
progress ['prəʊgres] Fortschritt
prohibited! [prə'hɪbɪtɪd] verboten!
promise ['prɒmɪs] Versprechen; versprechen
pronounce [prə'naʊns] aussprechen
pronunciation [prəˌnʌnsɪ'eɪʃn] Aussprache
proof [pru:f] Beweis
proper ['prɒpə] *(geeignet)* richtig
property ['prɒpətɪ] *(Eigentum)* Besitz
prospectus [prəs'pektəs] Prospekt
protect [prə'tekt] beschützen
protection [prə'tekʃn] Schutz
protest [prə'test] protestieren
prove [pru:v] beweisen
provide (with) [prə'vaɪd wɪð] versorgen (mit)
provisional [prə'vɪʒənl] provisorisch
provisions [prə'vɪʒəns] Vorrat
pub [pʌb] Kneipe, Lokal
public ['pʌblɪk] Publikum; öffentlich
pull [pʊl] ziehen, reißen
pump up ['pʌmp 'ʌp] aufpumpen
punctual ['pʌŋktjʊəl] *(adj)* pünktlich
puncture ['pʌŋktʃə] *(Reifen)* Loch
punishment ['pʌnɪʃmənt] Strafe
puppet ['pʌpɪt] *(Hand)*Puppe
purchase ['pɜ:tʃəs] Besorgung, Kauf
purpose ['pɜ:pəs] Zweck; **on purpose** [ɒn 'pɜ:pəs] absichtlich
purse [pɜ:s] Geldbeutel
push [pʊʃ] Stoß; stoßen, drücken, schieben

put [pʊt] legen, stellen, setzen; **put off** ['pʊt 'ɒf] *(zeitlich)* verschieben, aufschieben; **put on** ['pʊt 'ɒn] anziehen; aufladen; **put up** ['pʊt 'ʌp] aufstellen; **put down** ['pʊt 'daʊn] hinlegen; **put out** ['pʊt 'aʊt] *(Feuer usw.)* ausmachen, löschen

Q

quality ['kwɒlɪtɪ] Qualität, Eigenschaft
quantity ['kwɒntɪtɪ] Menge
quarrel ['kwɒrl] Streit; streiten, s. zanken
a quarter ['kwɔ:tə] ein Viertel
question ['kwestʃn] Frage
queue (up) ['kju: ('ʌp)] Schlange stehen
quick [kwɪk] *(adj)* schnell; *(adj)* rasch
quickly ['kwɪklɪ] *(adv)* rasch
quiet ['kwaɪət] leise, ruhig; **keep quiet** ['ki:p 'kwaɪət] schweigen
quite [kwaɪt] *(adv)* ganz

R

radiant ['reɪdjənt] glänzend
radio ['reɪdɪəʊ] Radio
rage [reɪdʒ] Wut
railings ['reɪlɪŋz] *(Geländer)* Gitter
rain [reɪn] regnen
raise [reɪz] *(Preise)* heraufsetzen
ramble ['ræmbl] wandern
rape [reɪp] vergewaltigen
rare [reə] *(adj)* selten
rather ['rɑ:ðə] *(adv)* lieber, vielmehr, eher, ziemlich
ray [reɪ] Strahl
reach [ri:tʃ] erreichen
read [ri:d] lesen
ready ['redɪ] fertig, bereit
real [rɪəl] wirklich
reality [rɪ'ælɪtɪ] Wirklichkeit
realize ['rɪəlaɪz] *(erfassen)* erkennen, verwirklichen
really ['rɪəlɪ] *(adv)* unbedingt; *(adv)* wirklich
reason ['ri:zn] *(Vernunft)* Verstand, Anlaß, Grund, Ursache
reasonable ['ri:znəbl] vernünftig
receipt [rɪ'si:t] Quittung; **give a receipt** [gɪv ə rɪ'si:t] quittieren
receive [rɪ'si:v] erhalten, empfangen
recent ['ri:snt] *(kürzlich)* neu
reception [rɪ'sepʃn] Empfang, Aufnahme
recognize ['rekəgnaɪz] erkennen
recommend [ˌrekə'mend] empfehlen
recommendation [ˌrekəmen'deɪʃn] Empfehlung
record ['rekɔ:d] Schallplatte
record-player ['rekɔ:dˌpleɪə] Plattenspieler
recover [rɪ'kʌvə] s. erholen
recovery [rɪ'kʌvərɪ] Erholung
reduce [rɪ'dju:s] *(Preise)* herabsetzen
reduction [rɪ'dʌkʃn] Ermäßigung
reed(s) [ri:d(z)] Schilf
refer to [rɪ'fɜ: tu:] s. beziehen auf
reference ['refrəns] *(vom Arbeitgeber)* Zeugnis
refreshment [rɪ'freʃmənt] Erfrischung
refund [ri:'fʌnd] zurückzahlen
refuse [rɪ'fju:z] zurückweisen, s. weigern, ablehnen
region ['ri:dʒən] Gegend
register ['redʒɪstə] s. anmelden; *(Gepäck)* aufgeben
regret [rɪ'gret] Bedauern; bedauern
regular ['regjʊlə] regelmäßig
reject [rɪ'dʒekt] zurückweisen
related [rɪ'leɪtɪd] verwandt
reliable [rɪ'laɪəbl] zuverlässig
reluctantly [rɪ'lʌktəntlɪ] ungern, nicht gern
remind s. o. of s. th. [rɪ'maɪnd] jdn an etw erinnern
remain [rɪmeɪn] bleiben
remark [rɪ'mɑ:k] *(sagen)* bemerken
remedy ['remɪdɪ] Heilmittel
remember [rɪ'membə] s. erinnern; **remember s. th.** [rɪ'membə] s. etw merken
remote [rɪ'məʊt] abgelegen
renew [rɪ'nju:] erneuern
rent [rent] Miete; mieten, vermieten
repair [rɪ'peə] Reparatur; reparieren
repeat [rɪ'pi:t] wiederholen
replace [rɪ'pleɪs] ersetzen
replacement [rɪ'pleɪsmənt] Ersatz
reply [rɪ'plaɪ] erwidern, antworten, beantworten
report [rɪ'pɔ:t] Bericht; *(Schule)* Zeugnis
request [rɪ'kwest] Wunsch, Bitte
reserve [rɪ'zɜ:v] reservieren; **reserve a seat** [rɪ'zɜ:v‿ə 'si:t] einen Platz belegen
residence, (place of) residence [('pleɪs‿əv) 'rezɪdəns] Wohnsitz, Wohnort

A/Z

responsible [rɪsˈpɒnsəbl] verantwortlich, zuständig
rest [rest] Rest, Ruhe, Erholung; ruhen, s. ausruhen
restaurant [ˈrestərɔ̃:ŋ] Lokal, Restaurant
restless [ˈrestlɪs] unruhig
result [rɪˈzʌlt] Ergebnis
retire [rɪˈtaɪə] s. zurückziehen
return [rɪˈtɜ:n] Rückkehr; wiederkommen, zurückkehren; wiedergeben
reverse [rɪˈvɜ:s] umgekehrt
revue [rɪˈvju:] Show, Revue
reward [rɪˈwɔ:d] Belohnung; belohnen
ribbon [ˈrɪbən] das *(Haar-)*Band
rich [rɪtʃ] reich
ridiculous [rɪˈdɪkjʊləs] lächerlich
right [raɪt] *(Anspruch)* Recht; richtig; **right(-hand)** [ˈraɪt(ˌhænd)] rechts, rechte(r, s); **be right** recht haben; **put s. th. right** [ˈpʊt ˈraɪt] etw richtigstellen; **on the right, to the right** [raɪt] rechts; **be right** [raɪt] *(richtig sein)* stimmen
rigid [ˈrɪdʒɪd] *(hart)* fest
ring [rɪŋ] Ring; läuten, anrufen, klingeln; **ring (up)** [ˈrɪn (ˈʌp)] telefonieren
ripe [raɪp] reif
risk [rɪsk] Risiko
river [ˈrɪvə] Strom, Fluß
road [rəʊd] *(Landstraße)* Straße, Weg
roast [rəʊst] Braten; braten
rock [rɒk] Fels
room [ru:m] Saal; *(Räumlichkeit)* Raum
rope [rəʊp] Seil
rotten [ˈrɒtn] *(Obst)* faul, verdorben
rough [rʌf] *(Meer)* bewegt
round [raʊnd] rund; *(Boxkampf)* Runde; *(Getränke)* Runde
route [ru:t] Route; *(Straße)* Strecke
row [rəʊ] Reihe
rubbish [ˈrʌbɪʃ] Müll, Abfall
rucksack [ˈrʌksæk] Rucksack
rude [ru:d] unanständig
rule [ru:l] Vorschrift
run [rʌn] rennen, laufen; *(Nase)* tropfen; *(Verkehrsmittel)* verkehren; **run into** [rʌn‿ˈɪntʊ] *(Straße)* münden

S

sack [sæk] Sack
sad [sæd] traurig
safe [seɪf] sicher
safety [ˈseɪftɪ] Sicherheit; **safety-pin** [ˈseɪftɪpɪn] Sicherheitsnadel
sale [seɪl] Verkauf; **(clearance) sale** [(ˈklɪərəns) seɪl] Ausverkauf
same [seɪm] gleich; **the same** dasselbe, derselbe
sample [ˈsɑ:mpl] *(Probe)* Muster
satisfied [ˈsætɪsfaɪd] befriedigt, zufrieden
save [seɪv] retten; sparen
say [seɪ] sagen
scales [skeɪlz] Waage
scarcely [ˈskeəslɪ] kaum
scarf [skɑ:f] *(Kopf-)* Tuch; Schal
school [sku:l] Schule
scissors [ˈsɪzəz] Schere
Scotland [ˈskɒtlənd] Schottland
Scotsman [ˈskɒtsmən] Schotte
Scotswoman [ˈskɒtsˌwʊmən] Schottin
Scottish [ˈskɒtɪʃ] schottisch
scream [skri:m] *(schrill)* schreien
sculpture [ˈskʌlptʃə] die Skulptur
sea [si:] die See, Meer
seagull [ˈsi:gʌl] Möwe
seaside resort [ˈsi:saɪd rɪˈzɔ:t] Badeort
season [ˈsi:zn] Saison, Jahreszeit; **in the off season** [ˈɒf ˌsi:zn] außerhalb der Saison
seat [si:t] Sitz, Sitzplatz
secluded [sɪˈklu:dɪd] *(Haus usw.)* einsam
second [ˈseknd] zweite(r, s), Sekunde; **second(ly)** [ˈseknd(lɪ)] zweitens
secret [ˈsi:krɪt] heimlich, geheim; **keep secret** [ki:p ˈsi:krɪt] verheimlichen
security [sɪˈkjʊərɪtɪ] Sicherheit, Schutz; Kaution, Bürgschaft
see [si:] sehen; **see again** [ˈsi: əˈgen] wiedersehen; **see s. o.** [si:] s. an jdn wenden
seem [si:m] scheinen
seize [si:z] ergreifen
seldom [ˈseldəm] *(adv)* selten
self-service [ˌselfˈsɜ:vɪs] Selbstbedienung
sell [sel] verkaufen
send [send] senden, schicken; **send for** [ˈsend fɔ:] abholen lassen
sense [sens] Sinn
sensible [ˈsensəbl] vernünftig
sensitive [ˈsensɪtɪv] zartfühlend, sensibel
sentence [ˈsentəns] Satz
separate [ˈseprət] getrennt, einzeln; trennen

A/Z

serious ['sɪərɪəs] ernst; *(Krankheit)* schwer
sermon ['sɜ:mən] Predigt
serve [sɜ:v] servieren, bedienen, dienen
service ['sɜ:vɪs] Dienst, Bedienung
set [set] setzen, hin-, aufstellen; *(Fernseh)*Apparat
settle ['setl] regeln, erledigen
severe [sɪ'vɪə] *(Wunde, Unfall)* schwer; *(Urteil, Winter)* streng
sex [seks] Sex
shade [ʃeɪd] *(Farbe)* Ton
shades [ʃeɪdz] *(Am)* Sonnenbrille
shadow ['ʃædəʊ] Schatten
shape [ʃeɪp] Form
share [ʃeə] *(mit jdm)* teilen
sharp [ʃɑ:p] scharf; *(Bleistift usw.)* spitz
shave [ʃeɪv] rasieren
she [ʃi:] *(sing)* sie
sheep [ʃi:p] Schaf
shine [ʃaɪn] scheinen, glänzen; **shining** ['ʃaɪnɪŋ] leuchtend
shoe [ʃu:] Schuh; **shoelace** ['ʃu:leɪs] Schnürsenkel
shoot [ʃu:t] schießen
shop [ʃɒp] Geschäft, Laden; **shop window** ['ʃɒp 'wɪndəʊ] Schaufenster; **go shopping** [gəʊ 'ʃɒpɪŋ] einkaufen
shore [ʃɔ:] *(Meer)* Ufer
short [ʃɔ:t] kurz; **at short notice** [ət 'ʃɔ:t 'nəʊtɪs] kurzfristig
short-cut ['ʃɔ:tkʌt] *(Weg)* Abkürzung
shortage ['ʃɔ:tɪdʒ] *(Fehlen)* Mangel
shot [ʃɒt] Schuß
shout [ʃaʊt] schreien
shove [ʃʌv] Stoß
show [ʃəʊ] zeigen, vorzeigen; Ausstellung; Revue
shut [ʃʌt] *(geschlossen)* zu; schließen, zumachen
shy [ʃaɪ] schüchtern
sick [sɪk] krank; **I feel sick** [aɪ fɪ:l 'sɪk] mir ist übel
side [saɪd] Seite
sign [saɪn] Schild, Zeichen; unterschreiben
signal ['sɪgnl] Signal; *(Auto)* blinken
signature ['sɪgnɪtʃə] Unterschrift
silence ['saɪləns] *(Stille)* Ruhe, Schweigen
silent ['saɪlənt] ruhig; **be silent** schweigen
silly ['sɪlɪ] blöd(e)
similar ['sɪmɪlə] ähnlich
simple ['sɪmpl] einfach
simultaneously [ˌsɪməl'teɪnjəslɪ] gleichzeitig
since [sɪns] *(Zeitpunkt)* seit; weil; **since then** ['sɪns 'ðen] *(Zeitraum)* seitdem; **since when?** ['sɪns 'wen] *(Zeitraum)* seit wann?
sincere [sɪn'sɪə] herzlich
sincerity [sɪn'serɪtɪ] Herzlichkeit
sing [sɪŋ] singen; **singing** [sɪŋɪŋ] Gesang
single ['sɪŋgl] ledig
sip [sɪp] Schluck
sister ['sɪstə] Schwester
sister-in-law ['sɪstərɪnlɔ:] Schwägerin
sit [sɪt] sitzen; **sit down** ['sɪt 'daʊn] s. setzen, s. hinsetzen
situation [ˌsɪtjʊ'eɪʃn] Lage
size [saɪz] Format; *(Umfang)* Größe
skilful ['skɪlfʊl] geschickt
sky [skaɪ] Himmel
skyscraper ['skaɪˌskreɪpə] Wolkenkratzer
sleep [sli:p] Schlaf; schlafen; **fall asleep** ['fɔ:l‿ə'sli:p] einschlafen
sleeper ['sli:pə] Schlafwagen
sleeping pill ['sli:pɪŋ pɪl] Schlafmittel
slender ['slendə] schlank, dünn
slice [slaɪs] *(Brot)*Scheibe
slide [slaɪd] Dia
slight [slaɪt] *(geringfügig)* leicht
slim [slɪm] dünn, schmal, schlank; *(dünner werden)* abnehmen
slippery ['slɪpərɪ] *(schlüpfrig)* glatt
slope [sləʊp] *(Abhang)* Hang
slow(ly) ['sləʊ(lɪ)] langsam; **be slow** [sləʊ] *(Uhr)* nachgehen
small [smɔ:l] gering, klein
smash [smæʃ] zerbrechen
smell [smel] Geruch; riechen, stinken
smoke [sməʊk] Rauch; rauchen
smooth [smu:ð] *(eben)* glatt
smuggle ['smʌgl] schmuggeln
snack [snæk] Imbiß
snack-bar ['snækbɑ:] Schnellimbiß
snake [sneɪk] Schlange
snapshot ['snæpʃɒt] *(Foto)* Aufnahme; **take a snap(shot)** ['teɪk ə 'snæp(ʃɒt)] *(Photo)* knipsen
sneeze [sni:z] niesen
snore [snɔ:] schnarchen
snow [snəʊ] schneien
so [səʊ] also, so
soaked [səʊkt] *(durchnäßt)* naß
sober ['səʊbə] nüchtern
society [sə'saɪətɪ] Gesellschaft
soft [sɒft] weich
solemn ['sɒləm] *(ernst)* feierlich

solid ['sɒlɪd] *(dauernd)* fest, hart
some [sʌm] einige
somebody ['sʌmbədɪ] jemand
somehow ['sʌmhaʊ] irgendwie
someone ['sʌmwʌn] irgendein(e, er, es)
someone else ['sʌmwʌn 'els] ein anderer
something ['sʌmθɪŋ] etwas
somewhere ['sʌmweə] irgendwohin, irgendwo
son [sʌn] Sohn
song [sɒŋ] Lied
soon [su:n] bald; **very soon** ['verɪ 'su:n] demnächst; **as soon as possible** ['pɒsəbl] so bald wie möglich
sort [sɔ:t] Sorte, Art
sound [saʊnd] Klang, Ton
sour ['saʊə] sauer
source [sɔ:s] Quelle
south [saʊθ] Süden; **south of** südlich von
southern ['sʌðən] südlich
souvenir [ˌsu:və'nɪə] Andenken
space [speɪs] Raum
spark [spɑ:k] Funke
speak [spi:k] sprechen
special ['speʃl] speziell, Sonder-, extra
spectator [spek'teɪtə] Zuschauer
speed [spi:d] Geschwindigkeit; **speed up** ['spi:d 'ʌp] beschleunigen
spell [spel] buchstabieren
spend [spend] ausgeben; *(Zeit)* verbringen; **spend the night** ['spend ðə 'naɪt] *(eine Nacht)* übernachten
spirit ['spɪrɪt] Seele, Temperament, Geist; *(Brenn)*Spiritus; **spirit stove** [stəʊv] Spirituskocher
splendid ['splendɪd] herrlich; *(fig)* glänzend
spoil [spɔɪl] verderben
spoiled ['spɔɪlt] verdorben
sport [spɔ:t] Sport
sports ground ['spɔ:tsgraʊnd] Sportplatz
spot [spɒt] *(Ort)* Stelle
spring [sprɪŋ] *(elastisch)* Feder; *(Wasser)* Quelle; Frühling; springen
square [skweə] viereckig
staff [stɑ:f] Personal
stain [steɪn] Fleck(en); **stain-remover** ['steɪnrɪˌmu:və] Fleck(en)-mittel
staircase ['steəkeɪs] Treppe
stairs [steəz] Treppe
stamp [stæmp] Stempel; *(Brief)* Marke
stand [stænd] stehen; ertragen
standard ['stændəd] *(Format)* normal
star [stɑ:] Stern
start [stɑ:t] Beginn; beginnen, starten; *(Motor)* anspringen; **start (from)** [stɑ:t (frɒm)] abfahren (von)
startle ['stɑ:tl] erschrecken
state [steɪt] Staat; Zustand; feststellen, aussagen
statement ['steɪtmənt] Angabe; **make a statement;** [meɪk] eine Aussage machen
stay [steɪ] Aufenthalt; s. aufhalten, wohnen, bleiben, übernachten
steal [sti:l] stehlen
steep [sti:p] steil
step [step] Schritt
steps [steps] *(im Freien)* Treppe
stick [stɪk] Stock
still [stɪl] *(unbewegt)* still; noch
sting [stɪŋ] stechen
stink [stɪŋk] stinken
stock [stɒk] Vorrat
stone [stəʊn] Stein
stony ['stəʊnɪ] steinig
stop [stɒp] *(Zug)* Aufenthalt; aufhören, s. aufhalten, anhalten, stehenbleiben, abbrechen, halten; **stop!** [stɒp] halt!
store [stɔ:] Geschäft, Laden; Vorrat
storm [stɔ:m] Sturm
story ['stɔ:rɪ] *(Erzählung)* Geschichte
stout [staʊt] *(Person)* dick
stove [stəʊv] Ofen
straight [streɪt] gerade; **straight on** ['streɪt 'ɒn] geradeaus; **straight across/through** ['streɪt‿ə'krɒs/'θru:] quer durch
strange [streɪndʒ] *(seltsam)* eigen, fremd
stranger ['streɪndʒə] der, die Fremde
strap [stræp] Riemen
street [stri:t] Straße; **in the street** auf der Straße
strength [streŋθ] Stärke, Kraft
strenuous ['strenjʊəs] anstrengend
stretch [stretʃ] *(s. erstrecken)* reichen
strict [strɪkt] streng
strike [straɪk] *(Uhr)* schlagen
string [strɪŋ] Schnur, Bindfaden
stroke [strəʊk] Schlaganfall
stroll [strəʊl] Bummel, Spaziergang; spazierengehen
strong [strɒŋ] stark, kräftig
study ['stʌdɪ] studieren
stupid ['stju:pɪd] dumm, blöd(e)
suburb ['sʌbɜ:b] Vorstadt, Vorort
subway ['sʌbweɪ] Unterführung
success [sək'ses] Erfolg

such [sʌtʃ] solch
suddenly [ˈsʌdnlɪ] plötzlich
sufficient [səˈfɪʃənt] genug; **be sufficient** [səˈfɪʃnt] *(ausreichen)* reichen
suggest [səˈdʒest] vorschlagen
suggestion [səˈdʒestʃn] Vorschlag
suit [sju:t] Anzug; *(zusagen)* passen
suitable [ˈsju:təbl] zweckmäßig
suitcase [ˈsju:tkeɪs] Koffer
sum [sʌm] Summe
summit [ˈsʌmɪt] Gipfel
sun [sʌn] Sonne; **at sunrise** [ˈsʌnraɪz] beim Sonnenaufgang; **at sunset** [ˈsʌnset] beim Sonnenuntergang
sunglasses [ˈsʌnglɑ:sɪz] Sonnenbrille
sunny [ˈsʌnɪ] sonnig
superfluous [sjʊˈpɜ:flʊəs] überflüssig
support [səˈpɔ:t] Unterstützung
supporter [səˈpɔ:tə] Anhänger/in
suppose [səˈpəʊz] *(vermuten)* annehmen
sure [ʃʊə] sicher, gewiß
surname [ˈsɜ:neɪm] Familienname
surprised [səˈpraɪzd] überrascht; **be surprised (at)** [səˈpraɪzd‿(ət)] s. wundern (über)
suspicion [səsˈpɪʃn] Verdacht
swamp [swɒmp] *(tropisch)* Sumpf
swap [swɒp] tauschen
swear [sweə] schwören, fluchen
sweat [swet] schwitzen
sweet [swi:t] süß
swim [swɪm] baden, schwimmen
swimming pool [ˈswɪmɪŋpu:l] Swimmingpool
swindle [ˈswɪndl] *(Gaunerei)* Betrug
swindler [ˈswɪndlə] Schwindler
Swiss(man/woman) [ˈswɪs(ˈmæn/ˈwʊmən)] Schweizer/in; **I'm Swiss** [aɪm ˈswɪs] ich bin Schweizer(in)
switch [swɪtʃ] *(el)* Schalter; **switch on/off the light** [ˈswɪtʃ ˈɒn/ˈɒf] Licht anmachen/ausmachen
Switzerland [ˈswɪtsələnd] Schweiz
swollen [ˈswəʊlən] *(geschwollen)* dick

T

table [ˈteɪbl] Tisch; **at table** bei Tisch
take [teɪk] nehmen; *(an-, ein-, weg-)* nehmen; *(Speise)* zu sich nehmen; *(Verkehrsmittel)* benutzen; *(Zeit)* brauchen; **take off** [ˈteɪk‿ˈɒf] *(Flugzeug)* starten, *(etwas)* abnehmen, ausziehen; **take on/over** [ˌteɪk‿ˈɒn/ˈəʊvə] übernehmen; **take part (in)** [ˈteɪk ˈpɑ:t (ɪn)] teilnehmen (an); **take place** [ˈteɪk ˈpleɪs] stattfinden
taken [ˈteɪkn] *(Platz)* besetzt
talk [tɔ:k] Gespräch; reden, s. unterhalten
tall [tɔ:l] *(Statur)* groß
tap [tæp] *(Wasserhahn)* Hahn
tape [teɪp] Tonband
taste [teɪst] Geschmack; *(Speisen)* versuchen; **taste (of)** [ˈteɪst (əv)] schmecken (nach)
taxi [ˈtæksɪ] Taxi
teach [ti:tʃ] *(Schule)* unterrichten, lehren
team [ti:m] *(Sport)* Mannschaft
tear [teə] *(kaputtgehen)* reißen, zerreißen
tell [tel] erzählen, ausrichten, sagen
temporary [ˈtemprərɪ] *(adj)* vorläufig, vorübergehend, provisorisch
tender [ˈtendə] zärtlich; *(weich)* zart
tent [ˈtent] Zelt; **tent peg** [ˈtent ˌpeg] *(Zeltpflock)* Hering
terrible [ˈterəbl] fürchterlich, schrecklich
than [ðæn] *(bei Vergleich)* als; **better than** [ˈbetə ðæn] *(bei Vergleich)* besser als
thank [θæŋk] danken; **thankful** [ˈθæŋkfʊl] dankbar; **thanks** [θæŋks] Dank; **it's thanks to her** [ɪts ˈθæŋks tə ˈhɜ:] es ist ihr zu verdanken
that [ðæt] diese(r, s) *(dort);* jene; daß
then [ðen] *(Zeit)* da, dann, damals
there [ðeə] *(Ort)* da, dort, dorthin; **be there** *(anwesend)* dasein; **there are** [ðeər‿ɑ:] es gibt; **there is** [ðeər‿ɪz] es gibt; **therefore** [ˈðeəfɔ:] *(Grund)* daher, deshalb
these [ði:z] *(pl)* diese
they [ðeɪ] *(pl)* sie
thick [θɪk] dick *(Gedränge, Haar, Nebel etc.)* dicht
thin [θɪn] dünn; mager, schmal; spärlich, dürftig
thing [θɪŋ] Ding, Sache
think [θɪŋk] meinen; **think (of)** [ˈθɪŋk‿əv] denken (an)
third [θɜ:d] dritte(r, s); **a third** [ə ˈθɜ:d] ein Drittel
thirdly [ˈθɜ:dlɪ] drittens
thirst [θɜ:st] Durst; **be thirsty** [ˈθɜ:stɪ] durstig sein
this [ðɪs] diese(r, s)
those [ðəʊz] *(pl von that)* diese; jene

A/Z

thought [θɔ:t] Gedanke
thread [θred] Faden
through [θru:] durch
throw [θrəʊ] Wurf; werfen
thunderstorm [ˈθʌndəstɔ:m] Gewitter
thus [ðʌs] so, also
ticket [ˈtɪkɪt] *(Fahr-, Flug-, Eintritts-)* Karte; **admission ticket** [ədˈmɪʃn ˈtɪkɪt] Eintrittskarte; **ticket-office** [ˈtɪkɪt-‿ˈɒfɪs] *(Fahrkarten-)*Schalter
tie up [ˈtaɪ ˈʌp] binden
tight [taɪt] *(Kleider)* eng
till [tɪl] *(zeitlich)* bis
time [taɪm] Zeit; Mal; **at that time** damals; **in time** [ɪn ˈtaɪm] *(adv)* rechtzeitig; **on time** [ɒn ˈtaɪm] *(adv)* pünktlich; **for the time being** [fə ðə ˈtaɪm ˈbi:ɪŋ] *(adv)* vorläufig; **from time to time** [frəm ˈtaɪm tə ˈtaɪm] von Zeit zu Zeit; **a hundred times** [taɪmz] hundertmal
tin [tɪn] *(Konserve)* Büchse, Dose; **tin-opener** [ˈtɪnˌəʊpənə] Dosenöffner, Büchsenöffner
tip [tɪp] Tip; Trinkgeld
tired [ˈtaɪəd] müde
to [tu:] *(Richtung)* zu; *(Zeit)* bis; **to London** [tʊ ˈlʌndən] nach London
tobacco [təˈbækəʊ] Tabak
today [təˈdeɪ] heute
together [təˈgeðə] zusammen; *(adv)* gemeinsam
toilet [ˈtɔɪlɪt] Toilette; **toilet paper** [ˈtɔɪlɪtˌpeɪpə] Toilettenpapier
tone [təʊn] *(Umgangston)* Ton
tongs [tɒŋz] Zange
tonight [təˈnaɪt] heute nacht
too [tu:] *(nachgestellt)* auch; *(mit adj)* zu; **too many** [ˈtu: ˈmenɪ] zu viele; **too much** [ˈtu: ˈmʌtʃ] zuviel; *(mit adj)* zu viel, zu sehr
top [tɒp] *(Gebirge)* Spitze
topic [ˈtɒpɪk] *(Gesprächs-)*Thema
touch [tʌtʃ] berühren
touched [tʌtʃt] *(Gefühl)* bewegt
tour [tʊə] Tour
tourist [ˈtʊərɪst] Tourist/in; der, die Reisende; **tourist information office** [ˈtʊərɪst‿ɪnfəˈmeɪʃn‿ɒfɪs] Verkehrsbüro
towards [təˈwɔ:dz] *(in Richtung auf)* gegen
town [taʊn] Ortschaft, Stadt; **town plan** [ˈtaʊn ˈplæn] Stadtplan
toy [tɔɪ] Spielzeug
trace [treɪs] Spur
trademark [ˈtreɪdmɑ:k] Handelsmarke
traffic [ˈtræfɪk] Verkehr
train [treɪn] Zug; **go by train** [gəʊ] *(mit dem Zug)* fahren
training [ˈtreɪnɪŋ] Ausbildung
transfer [trænsˈfɜ:] überweisen
transferable [trænsˈfɜ:rəbl] übertragbar
transit-visa [ˈtrænsɪtˌvi:zə] Durchreisevisum
translate [trænsˈleɪt] übersetzen
transport [trænsˈpɔ:t] transportieren, befördern
trashcan [ˈtræʃkæn] *(Am)* Mülltonne
travel [ˈtrævl] reisen; **travel agency** [ˈtrævl ˈeɪdʒənsɪ] Reisebüro
traveller [ˈtrævlə] der, die Reisende
treat [tri:t] behandeln
treatment [ˈtri:tmənt] Behandlung
tree [tri:] Baum
trial [ˈtraɪl] Versuch, Prüfung, Probe; *(Straf-)*Verhandlung
trip [trɪp] Tour; *(Reise)* Fahrt
trouble [ˈtrʌbl] *(Schwierigkeiten)* Umstände, Mühe
truck [trʌk] *(Am)* Lastwagen
true [tru:] wahr; *(echt)* wirklich
trust [ˈtrʌst] vertrauen
truth [tru:θ] Wahrheit
try [traɪ] versuchen; **try on** [ˈtraɪ ˈɒn] anprobieren; **try hard** [ˈtraɪ ˈhɑ:d] s. bemühen
tube [tju:b] Schlauch, Tube, Rohr
tunnel [ˈtʌnl] Tunnel
turn [tɜ:n] drehen, wenden; einbiegen; **turn off** [ˈtɜ:n ˈɒf] *(abdrehen)* abstellen; *(Licht usw.)* ausmachen; **turn back** [ˈtɜ:n ˈbæk] umkehren; **turn right/left** [raɪt/left] einbiegen nach rechts/links
twice [twaɪs] zweimal; *(adv)* doppelt
typical [ˈtɪpɪkl] typisch

U

ugly [ˈʌglɪ] häßlich
umbrella [ʌmˈbrelə] Schirm
unbearable [ʌnˈbeərəbl] unerträglich
uncertain [ʌnˈsɜ:tn] unsicher, ungewiß
uncle [ˈʌŋkl] Onkel
uncomfortable [ʌnˈkʌmftəbl] ungemütlich, unbequem
unconscious [ʌnˈkɒnʃəs] ohnmächtig
undecided [ˌʌndɪˈsaɪdɪd] unentschlossen
under [ˈʌndə] unter
understand [ˌʌndəˈstænd] verstehen; **come to an understanding with** [ˌʌndəˈstændɪŋ] s. verständigen mit

A/Z

underwear [ˈʌndəweə] Unterwäsche
undo [ˈʌnˈduː] lösen
undress [ˈʌnˈdres] s. ausziehen
unemployed [ˌʌnɪmˈplɔɪd] arbeitslos
unexpected [ˌʌnɪksˈpektɪd] unerwartet
unfair [ˌʌnˈfeə] ungerecht
unfavourable [ˈʌnˈfeɪvrəbl] ungünstig
unfit [ˌʌnˈfɪt] ungeeignet
unfortunately [ʌnˈfɔːtʃnɪtlɪ] unglücklicherweise, leider
unfriendly [ˌʌnˈfrendlɪ] unfreundlich
ungrateful [ʌnˈgreɪtfʊl] undankbar
unhappy [ʌnˈhæpɪ] *(traurig)* unglücklich
unhealthy [ʌnˈhelθɪ] ungesund
unimportant [ˌʌnɪmˈpɔːtənt] unwichtig
unique [juːˈniːk] einzigartig
unjust [ˌʌnˈdʒʌst] ungerecht
unkind [ʌnˈkaɪnd] unfreundlich
unknown [ˌʌnˈnəʊn] unbekannt, fremd
unlikely [ʌnˈlaɪklɪ] unwahrscheinlich
unload [ˌʌnˈləʊd] abladen
unlucky [ʌnˈlʌkɪ] *(Pech)* unglücklich
unnecessary [ʌnˈnesɪsrɪ] unnötig
unpack [ˈʌnˈpæk] auspacken
unpleasant [ʌnˈpleznt] unerfreulich, unangenehm
unpractical [ˌʌnˈpræktɪkl] unpraktisch
unsafe [ˌʌnˈseɪf] unsicher
unsuited [ˌʌnˈsjuːtɪd] ungeeignet
untie [ˈʌnˈtaɪ] lösen
until [ənˈtɪl] *(zeitlich)* bis
unusual [ʌnˈjuːʒʊəl] ungewöhnlich
unwelcome [ʌnˈwelkəm] unerwünscht
unwell [ˌʌnˈwel] unwohl
up [ʌp] aufwärts, nach oben, oben; **up there** [ʌp ˈðeə] dort oben
uphill [ˈʌpˈhɪl] bergauf
upstairs [ˌʌpˈsteəz] *(im Haus)* nach oben
urgent [ˈɜːdʒənt] dringend, eilig
us [ʌs] uns
use [juːs] Verwendung, Gebrauch, Anwendung; anwenden, verwenden, gebrauchen, benutzen; **get used to** [juːst] s. gewöhnen an; **be used to s. th.** [ˈjʊːst tʊ] etwas gewöhnt sein
useful [ˈjuːsfʊl] zweckmäßig, nützlich
useless [ˈjuːslɪs] nutzlos, unnütz, zwecklos
usual [ˈjuːʒʊəl] gewohnt, gewöhnlich, üblich; **as usual** [əz ˈjuːʒʊəl] wie gewöhnlich
usually [ˈjuːʒʊəlɪ] normalerweise

V

vacation [vəˈkeɪʃən] Ferien, Urlaub
vain [ˈveɪn] eitel; zwecklos; **in vain** [ɪn ˈveɪn] *(vergeblich)* umsonst
valid [ˈvælɪd] gültig; **be valid** gelten
validity [vəˈlɪdɪtɪ] Gültigkeit
valuables [ˈvæljʊəblz] Wertsachen
value [ˈvæljuː] Wert
varied [ˈveərɪd] *(abwechslungsreich)* bunt
vending machine [ˈvendɪŋ məˈʃiːn] *(Waren)*Automat
venison [ˈvenɪzn] *(Fleisch)* Wild
versus [ˈvɜːsəs] *(Sport)* gegen
very [ˈverɪ] sehr; **very much** [ˈverɪ ˈmʌtʃ] *(bei Verb)* sehr
view [vjuː] Sicht, Aussicht, *(Ausblick)* Blick; Ansicht, Meinung; **viewer** [ˈvjuːə] *(Fernseh)*Zuschauer
villa [ˈvɪlə] Villa
village [ˈvɪlɪdʒ] Ortschaft, Dorf
vineyard [ˈvɪnjəd] Weinberg
visibility [ˌvɪzɪˈbɪlətɪ] *(Sehweite)* Sicht
visible [ˈvɪzəbl] sichtbar
visit [ˈvɪzɪt] Besuch; besichtigen; **visit s. o.** [ˈvɪzɪt] jdn besuchen
voice [vɔɪs] Stimme
volt [vəʊlt] Volt
volume [ˈvɒljʊm] *(Umfang)* Volumen; *(Klang)* Lautstärke; *(Buch)* Band
vote [vəʊt] *(Wahl)* Stimme; *wählen*
voucher [ˈvaʊtʃə] Gutschein
voyage [ˈvɔɪɪdʒ] Seereise, Seefahrt
vulgar [ˈvʌlgə] *(ordinär)* gewöhnlich

W

wages [ˈweɪdʒɪz] Lohn
wait (for) [weɪt] warten (auf), erwarten
wake [weɪk] wecken; **wake up** [ˈweɪk ˈʌp] aufwecken, aufwachen
Wales [weɪlz] Wales
walk [wɔːk] Spaziergang; laufen, *(zu Fuß)* gehen; **go for a walk** [ˈgəʊ fər‿ə ˈwɔːk] spazierengehen, einen Spaziergang machen
wall [wɔːl] Wand
wallet [ˈwɒlɪt] Brieftasche
want [wɒnt] brauchen; wollen
war [wɔː] Krieg
warm [wɔːm] herzlich, warm; wärmen
warmth [wɔːmθ] Herzlichkeit
warn (of/about) [ˈwɔːn əv/əˈbaʊt] warnen (vor)

wash [wɒʃ] waschen; **dirty washing** [ˈdɜːtɪ ˈwɒʃɪŋ] Wäsche *(zum Waschen)*
wasp [wɒsp] Wespe
watch [wɒtʃ] *(Armband)* Uhr; zuschauen, beobachten
water [ˈwɔːtə] Wasser
watt [wɒt] *(el)* Watt
wave [weɪv] winken
way [weɪ] Weise, Weg; **way in** [ˌweɪ‿ˈɪn] Zugang; **by the way** [baɪ ðə ˈweɪ] übrigens; **on the way** [ɒn ðə ˈweɪ] unterwegs; **right of way** [ˈraɪt‿əv ˈweɪ] Vorfahrt; **that way** [ˈðæt weɪ] dorthin; **this way** [ˈðɪs ˈweɪ] hierher; **way out** [ˈweɪ ˈaʊt] Ausgang
we [wiː] wir
weak [wiːk] schwach
weakness [ˈwiːknɪs] Schwäche
wealth [welθ] Reichtum
wealthy [ˈwelθɪ] wohlhabend
wear [weə] *(Kleidung)* tragen
weather [ˈweðə] Wetter; **in weather like this** [ɪn ˈweðə laɪk ˈðɪs] bei diesem Wetter
wedding [ˈwedɪŋ] Hochzeit
week [wiːk] Woche; **once a week** [ˈwʌns‿ə ˈwiːk] *(adv)* wöchentlich; **today week** [təˈdeɪ ˈwiːk] in einer Woche; **on weekdays** [ˈwiːkdeɪz] wochentags, werktags; **weekly** [ˈwiːklɪ] *(adj)* wöchentlich
weigh [weɪ] wiegen
weight [weɪt] Gewicht; **put on weight** [ˈpʊt‿ɒnˈweɪt] *(dicker werden)* zunehmen
welcome [ˈwelkəm] willkommen, empfangen, begrüßen
well [wel] Brunnen, *(Öl-)* Quelle; *(adv)* wohl; *(adv)* gut; **well-being** [ˌwelˈbiːɪŋ] Wohl; **well-off** [ˈwel ˈɒf] wohlhabend
Welsh [welʃ] walisisch
Welshman/Welshwoman [ˈwelʃmən/ˈwelʃˌwʊmən] Waliser/in
west [west] Westen
western [ˈwestən] westlich
wet [wet] naß
what [wɒt] was; **what sort of … ?** [ˈwɒt ˈsɔːt‿əv] was für ein/eine … ?
when [wen] *(zeitlich)* wenn; *(zeitlich)* als
whether [ˈweðə] ob
while [waɪl] *(conj)* während; **for a while** [fər‿ə ˈwaɪl] eine Zeitlang
whole [həʊl] *(adj)* ganz
wide [waɪd] breit; *(Gegenteil von eng)* weit
wife [waɪf] Ehefrau
wild(ly) [waɪld(lɪ)] wild
win [wɪn] *(siegen)* gewinnen
windy [ˈwɪndɪ] windig
wire [ˈwaɪə] Draht; *(el)* Leitung
wireless [ˈwaɪəlɪs] Radio
wish [wɪʃ] Wunsch; *(wünschen)* wollen; **wish for** wünschen
with [wɪð] mit
withdraw [wɪðˈdrɔː] s. zurückziehen
within [wɪˈðɪn] *(zeitlich)* innerhalb
without [wɪˈðaʊt] ohne
witness [ˈwɪtnɪs] Zeuge
woman [ˈwʊmən] Frau
wonderful [ˈwʌndəfʊl] wunderbar
wood [wʊd] Holz
word [wɜːd] Wort
work [wɜːk] *(Beruf)* Tätigkeit, Arbeit; arbeiten, funktionieren; **work on** [ˈwɜːk‿ɒn] bearbeiten; **work out** [ˈwɜːk ˈaʊt] rechnen
workshop [ˈwɜːkʃɒp] Reparaturwerkstatt
world [wɔːld] Welt
worm [wɜːm] Wurm
worry [ˈwʌrɪ] *(Besorgnis)* Sorge, s. beunruhigen; **be worried about** [ˈwʌrɪd‿əˈbaʊt] s. sorgen um
worse [wɜːs] schlimmer
worst [wɜːst] am schlimmsten
worth [wɜːθ] Wert; **be worth a lot** [wɜːθ ə ˈlɒt] viel wert sein
worthless [ˈwɜːθlɪs] wertlos
wrap [ræp] einpacken, verpacken; **wrap up** [ˈræp ˈʌp] einwickeln
wrapping [ˈræpɪŋ] Verpackung
write [raɪt] schreiben; **write down** [ˈraɪt ˈdaʊn] aufschreiben; **(hand)writing** [(ˈhænd)ˌraɪtɪŋ] *(Hand-)*Schrift; **in writing** [ɪn ˈraɪtɪŋ] schriftlich
wrong [rɒŋ] falsch; **be wrong** s. täuschen, unrecht haben

Y

yard [jɑːd] Hof
yawn [jɔːn] gähnen
year [jɜː] Jahr
yet [jet] doch
you [juː] du, ihr, dich; *(unmittelb. hinter d. Verb)* dir, Sie, euch, Ihnen
young [jʌŋ] jung
your [jɔː] euer, dein, Ihr
youth [juːθ] Jugend